Uni-Taschenbücher 716

UTB

Eine Arbeitsgemeinschaft der Verlage

Birkhäuser Verlag Basel und Stuttgart
Wilhelm Fink Verlag München
Gustav Fischer Verlag Stuttgart
Francke Verlag München
Paul Haupt Verlag Bern und Stuttgart
Dr. Alfred Hüthig Verlag Heidelberg
Leske Verlag + Budrich GmbH Opladen
J. C. B. Mohr (Paul Siebeck) Tübingen
C. F. Müller Juristischer Verlag – R. v. Decker's Verlag Heidelberg
Quelle & Meyer Heidelberg
Ernst Reinhardt Verlag München und Basel
F. K. Schattauer Verlag Stuttgart–New York
Ferdinand Schöningh Verlag Paderborn
Dr. Dietrich Steinkopff Verlag Darmstadt
Eugen Ulmer Verlag Stuttgart
Vandenhoek & Ruprecht in Göttingen und Zürich
Verlag Dokumentation München-Pullach

Hans Jürgen Heringer · Günther Öhlschläger
Bruno Strecker · Rainer Wimmer

Einführung in die Praktische Semantik

Quelle & Meyer Heidelberg

Dr. Hans Jürgen Heringer, ord. Professor für germanistische Linguistik an der Universität Tübingen
Dr. Günther Öhlschläger, Wiss. Assistent für germanistische Linguistik an der Universität Heidelberg
Dr. Bruno Strecker, Wiss. Assistent für germanistische Linguistik an der Universität Tübingen
Dr. Rainer Wimmer, Privatdozent für germanistische Linguistik an der Universität Heidelberg

CIP-Kurztitelaufnahme der Deutschen Bibliothek

Einführung in die praktische Semantik
Hans-Jürgen Heringer ... – 1. Aufl. – Heidelberg : Quelle und Meyer, 1977.
    (Uni-Taschenbücher ; 716)
    ISBN 3-494-02083-3
NE: Heringer, Hans-Jürgen [Mitarb.]

Bildnachweis. Abbildungen wurden u. a. entnommen aus: Deutscher Hockey-Bund, Hockey in Deutschland; Diem, Weltgeschichte des Sports; Harris, Sport in Greece; Mender, Das Ballspiel; Schober, Optische Täuschungen; Tyler, The tolkien companion.

Printed in Germany. Gesamtherstellung: Druckhaus Darmstadt. Umschlagentwurf: Alfred Krugmann, Stuttgart.

Inhaltsverzeichnis

Vorwort

Wenn wir miteinander sprechen, handeln wir nach bestimmten Regeln. Dies ist der Grundgedanke der praktischen Semantik, die aus dem Versuch entstand, Ansätze der sprachanalytischen Philosophie und besonders der Spätphilosophie Wittgensteins für die Linguistik methodisch fruchtbar zu machen. Wir können die Konsequenzen, die sich aus dieser Annahme für eine linguistische Semantik ergeben, hier nicht im einzelnen ausführen, wollen aber schon im Vorwort einige erwähnen:

– Die Bedeutung eines sprachlichen Zeichens kennen heißt wissen, wie es verwendet werden kann, d. h. wie man mit ihm handeln kann, welche Regeln für seinen Gebrauch gelten.

– Das Verstehen sprachlicher Handlungen beruht auf der Kenntnis von Regeln.

– Mißverstehen ist gewöhnlich darauf zurückzuführen, daß die Kommunikationspartner nach unterschiedlichen Regeln handeln.

– Wenn wir die Bedeutung eines sprachlichen Zeichens beschreiben wollen, müssen wir seinen Zusammenhang innerhalb einer sozialen Lebensform berücksichtigen.

Im weiteren Verlauf des Buchs werden diese und andere Konsequenzen detailliert ausgefaltet und begründet, um den Leser einzuführen in die theoretischen Grundlagen und Grundgedanken, vor allem aber in die Arbeitsweisen und Methoden der praktischen Semantik. Unser Ziel ist also nicht die Vermittlung isolierten theoretischen Wissens. Vielmehr geht es in der Zielsetzung der praktischen Semantik um die Anwendbarkeit der theoretischen Ergebnisse für die Sprachpraxis und darum, daß jeder Leser die vorgeführten Methoden selbst anwenden und sie u. U. sogar schon weitervermitteln kann. Nur auf diese Weise kann man die Verständigungsprobleme verringern, Mißverstehen besser bemerken, seine Ursachen schneller herausfinden und es beheben.

Da alle möglichen Mißverständnisse und Regelverschiedenheiten nicht antizipiert und etwa in Form einer Handlungsgrammatik aufgelistet werden können, haben wir uns zu einer paradigmatischen Methode der Einführung in die praktische Semantik entschlossen. Wir wollen sozusagen in actu die Methoden vorführen anhand von fünfzehn Beiträgen, die – jeweils ausgehend von der Analyse eines Beispielmaterials – bestimmte besonders wichtige Problemkomplexe behandeln. Die Themen betreffen teilweise bestimmte theoretische Grundlagen, teilweise bestimmte Arbeitsweisen, Methoden und Beschreibungsverfahren der praktischen Semantik. Die Beiträge sind problemorientiert geschrieben. Dies hat zur Folge, daß wir auf eine Auseinandersetzung mit der jeweils einschlägigen Literatur verzichtet haben. Statt dessen geben wir am Ende jedes Beitrags einige bibliographische Hinweise, die eine eingehendere Beschäftigung mit dem jeweiligen Thema ermöglichen sollen.

Die Arbeit mit dem vorliegenden Buch, etwa in Seminarveranstaltungen, kann beispielsweise so aussehen, daß die Beiträge kritisch gelesen und diskutiert werden, daß die Thematik aufgrund der bibliographischen Hinweise vertieft wird, und daß die Texte im Anhang, aber auch Ausgangsmaterialien anderer Beiträge dazu benutzt werden, die gewonnenen Erkenntnisse praktisch anzuwenden und damit auch zu vertiefen. Die Materialien im Anhang sind so ausgewählt, daß sie vielfältig nutzbar sind, nicht nur im Zusammenhang mit den Beiträgen, in denen auf sie verwiesen wird. Zwar setzen bestimmte Beiträge die Lektüre anderer voraus – so sollte beispielsweise Beitrag 4 nach Beitrag 1, Beitrag 8 nach Beitrag 5 und 7, Beitrag 10 nach Beitrag 9 gelesen werden – doch ist die Reihenfolge generell nicht so systematisch, daß sie in der von uns gewählten Reihenfolge gelesen werden müßten. Ebensogut können einzelne Beiträge allein gelesen und bearbeitet werden. Als Einstiegslektüre eignen sich unserer Meinung nach besonders die Beiträge 1, 2, 3, 7 und 14.

Die Gesamtkonzeption des Buchs wurde von den Autoren gemeinsam erarbeitet, die einzelnen Beiträge aber von einzelnen konzipiert und ausgearbeitet. Die Beiträge 4, 5, 8, 12, 14 und 15 stammen von H. J. Heringer, die Beiträge 7 und 13 von G. Øhlschläger, die Beiträge 9, 10 und 11 von B. Strecker, die Beiträge 2, 3 und 6 von R. Wimmer.

Heidelberg/Tübingen, Juli 1977   Die Autoren

1. Grundlagen menschlicher Kommunikation

1.1. Kontakt mit Außerirdischen

Der Mensch ist das sprechende Lebewesen. Er erkennt seinesgleichen daran, daß es spricht. Mit allem, was kommuniziert, oder von dem er glaubt, daß es kommuniziert, sucht er Verständigung. Auch zu außerirdischen Zivilisationen. Extraterrestrische Kontakte können auf dreierlei Weise geknüpft werden: Besuch anderer Planeten, Überbringung von Botschaften durch unbemannte Raumschiffe oder Senden von Botschaften mit elektromagnetischen Signalen. In der letzten Art der Kommunikation befinden wir uns schon. Seit mindestens drei Jahren werden Botschaften zur Kontaktaufnahme mit außerirdischen Intelligenzen ins All gestrahlt. Jetzt sind sogar die ersten Bedenken laut geworden, ob dies klug ist. Schließlich könnten wir damit kosmische Eroberer auf unsere Spur locken.

Die gesendeten Botschaften werden formuliert in der Lingua Cosmica (Lincos). Lincos ist auf mathematischer Basis konstruiert und habe den Vorteil, daß alle logisch denkenden Lebewesen sie verstehen müßten. Hier sind zwei Botschaften in Lincos:

Lektion 1   A.B.C.D.E.F.G.H.I.J.K.L.M.N.P.Q.R.S.T.U.V.W.Y.Z.

Lektion 2-10   AA,B; AAA,C; AAAA,D; AAAAA,E; AAAAAA,F; AAAAAAA,G;
                   AAAAAAAA,H; AAAAAAAAA,I; AAAAAAAAAA,J.

Lektion 11-21   AKALB; AKAKALC; AKAKAKALD; AKALB; BKALC; CKALD;
                   DKALE; BKELG; GLEKB; FKDLJ; JLFKD.

Lektion 22-24   CMALB; DMALC; IMGLB.

Lektion 25-28   CKNLC; HKNLH; DMDLN; EMELN.

Lektion 29-35   JLAN; JKALAA; JKBLAB; AAKALAB. JKJLBN;
                   JKJKJLCN. FNKGLFG.

Lektion 36-38   BPCLF; EPBLJ; FPJLFN.

Lektion 39-41   FQBLC; JQBLE; FNQFLJ.

Lektion 42-43   CRBLI; BRELCB.

Lektion 44-47   JPJLJRBLSLANN; JPJPJLJRCLTLANNN. JPSLT; JPTLJRD.

Lektion 48-49   AQJLU; UQJLAQSLV.

Lektion 50-58   ULWA; UPBLWB; AWDMALWDLDPU. VLWNA; VPCLWNC.
                   VQJLWNNA; VQSLWNNNA. JPEWFGHLEFWGH; SPEWFGHLEFGWH.

Lektion 59-61   GIWIHYHN; TKCYT. ZYCWADAF.

Lektion 62   DPZPWNNIBRCQC.

Selbstverständlich kann jeder Leser leicht testen, wieweit er selbst
logisch denken kann. Er schaue sich dazu die Botschaften genauer an!
Nun wollen wir unsere Leser nicht gleich zu Anfang frustrieren und
deshalb einige Erklärungen zu den beiden Botschaften geben. Damit
wird es auch möglich, die Bedingungen und Annahmen zu ermitteln,
denen diese Botschaften unterliegen. Vielleicht wird damit dem Leser
auch Trost gespendet, der sie nicht entschlüsseln konnte, weil er nämlich sieht, wieso bestimmte Annahmen ihrer Verfasser nicht zutreffen.
Bei der ersten Botschaft handelt es sich um ein Bild, auf dem verschiedene Dinge dargestellt sind: Drei Menschen, Mann und Frau –
man beachte die Geschlechtsteile –, die ihr geschlechtsloses Kind an
den Händen halten und freundlich mit der andern Hand winken.
Darüber ein fischähnliches Lebewesen und Wellen, die auf einen be-

wässerten Planeten deuten. Ganz oben ist der Atomaufbau von Kohlenstoff, Sauerstoff und Wasserstoff dargestellt, links von oben nach unten schließlich unsere Ziffern in einer Form, die ein Mathematiker sofort als Dualsystem erkennt.

Die zweite Botschaft ist hier nicht in kodierter Form gegeben, die ja nur aus Einsern und Nullen besteht, sondern etwas verständlicher, damit ihre Struktur deutlich wird. Der Sinn der Botschaft soll sein, dem fremden Partner mitzuteilen, daß wir auf der Erde leben. Dies wird in besonderer Weise bewerkstelligt: Es wird nämlich versucht, den Partner die Sprache Lincos erst zu lehren und ihm dann bestimmte Mitteilungen mit dieser Sprache zu machen. Deshalb ist die gesamte Botschaft in Lektionen eingeteilt. Lektion 1 bietet zuerst einmal den Stoff, aus dem unsere Sprache gemacht ist, ein lateinisches Alphabet von 24 Buchstaben. In 2–10 werden die Zahlen bis 10 eingeführt. Der Partner soll erkennen, daß A der 1 entspricht, AA natürlich der 2, die zugleich dann mit B gleichgesetzt wird usw. In den Lektionen 11–21 werden dann Rechnungen vorgeführt: Es werden das Pluszeichen ›K‹ und das Gleichheitszeichen ›L‹ eingeführt. Das ganze gipfelt in 62 darin, daß die Formel für das Volumen einer Kugel mitgeteilt wird. Der Partner – so meint man – könne daraus entnehmen, daß die Botschaft von einem kugelförmigen Himmelskörper komme. Da außerdem in der Formel explizit das Verhältnis von Erd- und Sonnenradius aufgenommen ist, könne der Partner messerscharf schließen, die Botschaft komme von der Erde.

Wir haben dieses Material hier nicht abgedruckt, weil wir glauben, daß es ein brennendes Problem der Linguistik oder der Kommunikationsanalyse sei, Kontakte mit außerirdischen Lebewesen aufzunehmen. Es gibt zuviel Kommunikationsprobleme auf der Erde, als daß wir uns auf solche Abenteuer einlassen oder gar der Linguistik neue Betätigungsfelder eröffnen müßten.

Wir glauben aber, daß sich das Material gut dafür eignet, grundlegende Eigenschaften menschlicher Kommunikation herauszuarbeiten. Denn es handelt sich um einen Grenzfall von Kommunikation, ja es ist fraglich, ob man hier überhaupt von Kommunikation sprechen kann. Und die Beantwortung dieser Frage setzt gerade eine Klärung voraus, was unter Kommunikation zu verstehen ist, d. h. welche Bedingungen erfüllt sein müssen, um sinnvollerweise sagen zu können, daß ein A mit einem B kommuniziert.

Was heißt also »mit Lebewesen auf anderen Planeten kommunizieren«? Was hat man sich darunter vorzustellen? Ist dies überhaupt Kommunikation? Was ist eigentlich Kommunikation? Diesen Fragen wollen wir in diesem Beitrag genauer nachgehen.

Ein wesentliches Ziel bei der Abfassung der Botschaft ist es, den Empfänger darauf zu bringen, daß es sich hier nicht um sog. kosmisches Rauschen handelt, also um Signale natürlichen Ursprungs. Was auf den ersten Blick wie ein Sammelsurium von Einsen und Nullen aussieht, soll der kosmische Empfänger vielmehr auf bestimmte Regelmäßigkeiten hin untersuchen. Er soll also gerade die Hypothese haben, daß die Signalfolge in bestimmter Weise strukturiert ist. Das ist wesentliche Voraussetzung dafür, daß er überhaupt ein Verständnis anstrebt, und dafür, daß dieses Verständnis gelingt.

Für die Struktur des Bildes der Botschaft 1 ist es beispielsweise wichtig, die Längen der Zeilen zu erkennen. Denn nur, wer an der richtigen Stelle umbricht, wird das abgedruckte Bild bekommen. Dies ist ein Problem der sog. Segmentierung, das darin besteht, Einschnitte in eine Folge von Zeichen so zu legen, daß sinnvolle Ausdrücke entstehen. Segmentierungsprobleme tauchen natürlich nicht nur in dieser Form der Zeilenfindung auf, sondern besonders auch bei sprachlichen Ausdrücken. So kann man sich z. B. fragen, wie die wichtige Funktion des Semikolons in Botschaft 2 oder die des Punkts in der Verschlüsselung wahrgenommen wird. Bei Ausdrücken unserer Sprache würden wir sagen, daß damit Satzeinschnitte gekennzeichnet werden. Ein analoges Problem ist natürlich, wie in einer verschlüsselten Botschaft der Form (1) die Einschnitte zu legen sind, um zu erkennen, daß bestimmte Folgen gerade dem entsprechen, was in der Abbildung als Buchstabe wiedergegeben ist:

(1)   0000101010000100101000011010100010001010001010101010

Reicht das A bis zur dritten oder vierten Stelle? Wir können annehmen, daß diese Segmentierungsprobleme nicht gelöst werden können, daß man vielmehr auf die Ingeniosität der Empfänger hofft.

Ein anderes Problem der Struktur liegt darin, daß wir an jeder Stelle eines durch Segmentierung ermittelten oder bekannten Zeichens auch ein anderes Zeichen einsetzen können. Tun wir das, so bekommt der Ausdruck in der Regel eine andere Bedeutung. Wir erzeugen beispielsweise aus ›Geld blinkt‹ durch Ersetzung ›Geld stinkt‹. Die Abgrenzung der Bedeutungsunterschiede der verschiedenen Zeichen ist aber ein strukturelles Problem: Jedes Zeichen steht in einem Zusammenhang mit anderen Zeichen. Seine Bedeutung ist gegeben im Kontrast zu anderen Zeichen. Wenn ich die Bedeutung eines Zeichens demonstrieren will, muß ich seine Verwendung demonstrieren. Dies wird in Botschaft 2 z. B. durch die Lektionen 11–21 versucht. Denn hier wird etwas über den Zusammenhang der Zahlen ausgesagt, beispielsweise, daß $1 + 1 = 2$ ist. Es wird also ein Zusammenhang zwischen 1 und 2 eingeführt, der nicht in gleicher Weise zwischen 1 und 3 besteht. Würde ich jemandem die Bedeutung von ›C‹ demonstrieren durch die Gleichung $1 + 1 = C$, so hätte ich eben dadurch ›C‹ nicht die normale Bedeutung gegeben. Ich hätte es als 2 und nicht als 3 definiert, was es in diesem System heißt.

Es ist so selbstverständlich, daß zu jeder Verständigung Zeichen gehören, daß wir bisher schon immer von dieser Ausdrucksweise Gebrauch machen mußten. Wir haben auch gesehen, daß die für Verständigung notwendige Struktur besteht in den Zeichen. Dabei ist zu bedenken, daß Zeichen zwei Aspekte haben: Einerseits die sog. materiale Seite, zum Beispiel bestimmte Laute, Radiosignale, Anordnungen von Linien auf Papier u. dgl., andererseits das, was man mit den Zeichen sagen kann. Beides gehört eng zusammen und macht gemeinsam das Zeichen aus. Wenn ich z. B. ›C‹ als 2 einführe, so habe ich natürlich ein anderes Zeichen, als wenn ich es als 3 einführe. Wir würden in einem gewissen Sinn auch eine andere Sprache einführen, wenn wir den Zeichen andere Bedeutungen geben. Daran sehen wir, daß Zeichen immer an eine bestimmte Sprache gebunden sind. Wenn wir das Zeichen ›i‹ für ein lateinisches Wort verwenden, also im Zusammenhang der lateinischen Sprache, bedeutet es deshalb auch etwas ganz anderes, als wenn wir es für ein Wort des Englischen verwenden, nämlich soviel wie ›geh‹ im einen und soviel wie ›ich‹ im anderen Fall.

Damit ein A und ein B kommunizieren können, ist es aber nicht ausreichend, daß beide eine Sprache beherrschen, sie müssen die gleiche Sprache beherrschen: Wenn man mit einem Marsianer, der kein Deutsch spricht und versteht, Deutsch spricht, kann man ebensowenig sagen, man kommuniziere mit ihm, wie man sagen würde, daß er mit uns kommuniziert, wenn er uns gegenüber marsianische Sätze äußert und wir kein Marsianisch verstehen. Charakteristisch dafür, daß man sagen kann

(2)   A kommuniziert mit B.

scheint also zu sein, daß dies umkehrbar ist, d. h. daß auch B so handeln kann, daß man sagen könnte:

(3)   B kommuniziert mit A.

Dieses *kann* in »daß auch B so handeln kann« ist nicht nur als Forderung der naturgegebenen Fähigkeit zu verstehen, überhaupt so handeln zu können, sondern geht auf die erlernte Fähigkeit, auf die vorhandene Kompetenz, so handeln zu können. In der naturgegebenen Fähigkeit des Menschen, diese Kompetenz auch erwerben zu können, besteht vielleicht der entscheidende Unterschied zu Marsianern: Bei Menschen kann ich aber potentiell mit jedem kommunizieren, weil ich die Fähigkeit habe, jede Sprache zu erlernen, ebenso wie alle meine möglichen Kommunikationspartner die Fähigkeit haben, meine Sprache zu erlernen. Wie das mit Marsianern bestellt ist, wissen wir nicht. Vielleicht wie bei Tieren? (Vgl. Anhang Beispiel 1)

Der wesentliche Aspekt der Strukturiertheit von Zeichen besteht darin, daß man bestimmte Einschnitte machen m u ß , daß man Zeichen so und so zu verstehen hat oder verstehen s o l l usw. Dies rührt daher, daß die Verwendung solcher Zeichen von Regeln bestimmt ist. Wie wir gesehen haben, sind ›C‹ oder ›i‹ keine Zeichen an sich, sondern werden erst dadurch zu Zeichen, daß es für sie bestimmte Regeln gibt, wie man sie verwenden darf und wie man sie verstehen kann. Denn, wenn man mit jeder Äußerung etwa von ›i‹ oder ›C‹ Beliebiges meinen bzw. bei jeder Äußerung eines andern Beliebiges verstehen könnte, wenn sie also beliebig verwendbar wären, könnte man eben nichts mehr meinen und nichts verstehen. Zum Verstehen von Zeichen ist es notwendig, daß ihre Verwendung bestimmten Regeln folgt. Eine Sprache ist erst durch das Bestehen von Regeln konstituiert, und folglich heißt eine Sprache sprechen nichts anderes als die Regeln zu beherrschen, die diese Sprache konstituieren, d. h. nach diesen Regeln handeln bzw. Handlungen nach diesen Regeln verstehen zu können. Statt ›die Regeln für die Verwendung eines sprachlichen Zeichens kennen‹ kann man auch – um eine andere, gebräuchlichere Redeweise aufzunehmen – sagen ›die Bedeutung eines sprachlichen Zeichens kennen‹. Denn, wenn man sagt, daß jemand die Bedeutung des Zeichens kennt, meint man nichts anderes, als daß er weiß, wie es verwendet wird, was man mit ihm machen kann, wann man es verwenden kann, wie man Verwendungen von ihm zu verstehen hat usw. Das Bestehen bzw. die Kenntnis von Regeln ist deshalb eine notwendige Voraussetzung für jedes Kommunizieren, wie überhaupt für jegliche soziale Interaktion. Erst, wenn Individuen über bestimmte intersubjektiv gültige Regeln verfügen, ist es ihnen möglich zu kommunizieren, d. h. sich verständlich zu machen und andere zu verstehen. Begründet und gesichert wird die intersubjektive Gültigkeit von Regeln durch gemeinsame Praxis, in der die Regeln auch erlernt werden: Man kann sich nur dann nach einer Regel richten, wenn es »einen ständigen Gebrauch, eine Gepflogenheit gibt«. »Es kann nicht ein einziges Mal nur ein Mensch einer Regel gefolgt sein ... Einer Regel folgen, eine Mitteilung machen, einen Befehl geben, eine Schachpartie spielen sind G e p f l o g e n h e i t e n (Gebräuche, Institutionen)!« (Wittgenstein, Philosophische Untersuchungen)

Aber woher kennen wir die Regeln unserer Sprache? Nun, wir lernen sie. Deshalb ist die Idee der Botschaft 2 auch attraktiv. Hier soll dem Partner die Möglichkeit geboten werden, die Regeln und damit die

Sprache Lincos zu lernen. Bedenken wir nun aber, wie der potentielle Partner aufgrund dieser Botschaft die Regeln herausbekommen kann, so sehen wir, daß diese Hoffnung trügerisch ist. Was muß der Sender alles annehmen, damit er seine Hoffnung auf Verständigung aufrecht erhalten kann? Damit sind wir bei einem weiteren und entscheidenden Punkt dieser Analyse.

Die Verfasser der Botschaft machen eine Reihe von Annahmen, die nicht plausibel erscheinen:

- Wie soll der kosmische Empfänger sehen, daß in Botschaft 1 Menschen dargestellt sind? Ist vorausgesetzt, daß er weiß, was ein Mensch ist, wie er aussieht usw.?
- Wie soll er bestimmte Figurationen als Wellen sehen? Ist vorausgesetzt, daß er Wasser kennt, Wellen kennt usw.?
- Was soll es heißen, daß der Empfänger logisch denken können muß?
- Inwiefern ist es vernünftig, eine Botschaft zu senden, die jeder Mathematiker versteht? Müssen jene Lebewesen die Mathematik kennen?

Auf einige dieser Fragen kann man sich Antworten ausdenken. Aber die grundlegende Frage bleibt ungeklärt: Selbstverständlich könnte ein Mathematiker bestimmte mathematische Dinge verstehen. Aber nur, wenn er die Schreibweise kennt. Wie soll er denn ohne Kenntnis weiterer Gemeinsamkeiten darauf kommen, daß es sich um eine mathematische Formel handelt? Oder wie soll er zum Beispiel darauf kommen, daß es sich in Lektion 11–21 um Rechnungen, nicht um Wörter handelt?

Die Verfasser der Botschaften erscheinen irgendwie inkonsequent: Einerseits gehen sie davon aus, daß die Empfänger ganz verschieden von uns Menschen sein können, andererseits nehmen sie an, daß sie uns doch sehr ähnlich sind. Natürlich ist damit nicht prinzipiell erwiesen, daß Annahmen über den Partner jeder Verständigung zugrundeliegen müssen. Aber immerhin ist es den Verfassern der Botschaft nicht gelungen, einigermaßen voraussetzungslos zu kommunizieren.

1.2. Was heißt Kommunizieren?

Wir haben bisher analysierend einige grundlegende Eigenschaften der Kommunikation herausdestilliert. Das konnten wir tun, weil wir alle einen Begriff davon haben, weil wir alle täglich in Kommunikationen engagiert sind. Aber wäre nicht eine genauere und systematischere Bestimmung wünschenswert? Vielleicht kommen wir ein Stück weiter, wenn wir den üblichen Weg gehen und uns in Wörterbüchern informieren. Hier sind einige Wörterbuchartikel zum Stichwort *Kommunikation* und *sich verständigen.*

(4) *Kommunikation:* Austausch von → Informationen zwischen dynamischen Systemen bzw. Teilsystemen, die in der Lage sind, Informationen aufzunehmen, zu speichern, umzuformen usw.
Das Informationen emittierende System wird auch als → Sender bezeichnet, das Informationen empfangende System als → Empfänger. Der Elementarvorgang der Kommunikation wird durch die → Kommunikationskette schematisch dargestellt.
Von besonderem Interesse ist der Spezialfall, in dem Sender und Empfänger Menschen bzw. Gruppen von Menschen sind und die Kommunikation mit Hilfe der (geschriebenen oder gesprochenen) natürlichen Sprache stattfindet. Kommunikation dieser Art ist Gegenstand der Kommunikationsforschung, die sich vor allem als Anwendung der → Informationstheorie auf die Probleme der allgemeinen Sprachwissenschaft herausgebildet hat.
Im Sinne der → Systemtheorie liegt Kommunikation dann vor, wenn dynamische Systeme informationell gekoppelt sind. → Kopplung

(5) 2) *verständlich machen, verdeutlichen* (*vgl.* verständig [3]); *machen, dasz jemand oder etwas verstanden wird. selten absolut:* ein aal nebst einer schlangen gemahlt, verständiget, dasz ein aufrichtiger freund von falschen heuchelfreunden ... nicht wol zu unterscheiden sey TREUER *d. Dädalus* (1675) 1, 3; statt des verständigenden wortes aber ergriff er plötzlich meine beiden hände STORM 5, 156. *auszergewöhnlich ist die ersetzung der passiven durch die reflexive form:* vor labialen pflegt m einzutreten oder zu schwinden ... auf diesem wege verständigt sich lat. ambi J. Grimm *kl. schriften* 3, 158. CAMPE *will ein solches* verständigen *mit recht durch* verständlichen *ersetzt wissen; doch hat dieses sich nicht durchsetzen können (s. d.).*

(6) Kommunikation (lat. *communicare* = jemanden an etwas teilnehmen lassen, sich mit jemandem verständigen) meint (im nachrichtentechnischen Sinne) den Austausch (bzw. die Übertragung von → Information (zwischen ›Systemen‹). Sprachliche Kommunikation ist dann der Austausch von pragmatischer Information zwischen Individuen in einer bestimmten Kommunikationssituation. Ausgangspunkt der sprachlichen Kommunikation ist (z. B.) der Wunsch eines Sprechers (bzw. Schreibers), eine bestimmte pragmatische Information zu vermitteln oder zu erhalten bzw. seine Intention, (unter der Voraussetzung einer bestimmten Hörer- bzw. Lesererwartung) mit einer (oder mehreren) Person(en) Kontakte aufzunehmen.
Kommunikation vollzieht sich in verschiedenen Bereichen:
1. im menschlichen Bereich
1.1 sprachliche Kommunikation
1.1.1 Mensch – Mensch
1.1.2 Mensch – Maschine (Verkehrsampel, Computer u. dgl.)
1.2 nicht-sprachliche Kommunikation (Aktion, Gestik, Mimik etc.)

2. im nicht-menschlichen Bereich (etwa im Tierbereich (z. B. ›Sprache‹ der Bienen), in der Genetik, zwischen maschinellen Systemen etc.).

(7) *Kommunikation* [von lat. ›Gemeinsamkeit‹, ›Mitteilung‹], Verständigung, Übermittlung von → Information, sei es durch Zeichen aller Art (z. B. Ausdruck, Sprache) oder durch formalistische Verständigungssysteme (K. Bühler: ›semantische Einrichtungen‹). K. hält gesellschaftliche Gebilde zusammen.

K. ist nicht auf den Menschen beschränkt. Im Tierreich ist die Zuordnung von Signalen zu Sachverhalten überwiegend erbbedingt. Ausdruckshaltungen, -bewegungen und -laute, Gesichtsmimik und Intentionsbewegungen werden beantwortet oder wirken stimmungsübertragend (›anstekkend‹). Wutäußerungen können gemeinsamen Angriff auslösen, Angstzeichen gemeinsame Flucht.

(8) *Kommunikation.* K. ist zwischenmenschliche Verständigung, intentional gesteuerte Mitteilung oder Gemeinsammachen von → Information mithilfe von Signalen, Zeichensystemen, vor allem durch Sprache in Zeichensituationen. K. ist immer Kommunikation über etwas, dabei partnerbezogen dialogisch und funktional mit Handlungen und Einwirkungen auf die natürliche und gesellschaftliche Umwelt verbunden; in der K. werden Denken und Handeln aufeinander bezogen. Der Mensch ist ein kommunizierendes Wesen, er ist »wie eingesponnen in Kommunikation«, er kann »nicht nicht kommunizieren« (Watzlawick u. a.; dt. [3]1972). K. ist in der Regel nicht einseitig, sondern ein zyklischer Prozeß, in dem sich die Zustände von »Sender« und »Empfänger« durch *Lernen* im Sinne einer Optimierung ständig verändern; Sender und Empfänger bilden ein System. Eine scharfe Trennung von sprachlicher und aktionaler, bzw. verbaler und nicht-verbaler K. ist schwierig, auch zwischen kommunikativem Handeln und → Diskurs (Habermas 1971), so daß der Begriff der K. einerseits alles menschliche und tierische Verhalten (schließlich auch das lernender Automaten) umfassen kann, andererseits aber sich auf sprachliche Verständigung zwischen Menschen hin verengt, wobei nicht selten das Spezifische der Zeichensituation (vgl. →Organonmodell) aus dem Blick gerät und bei Außerachtlassung von Inhalt und Gegenstand K. als Miteinanderreden aufgefaßt wird.

Im Sinne der → Informationstheorie ist K. Informationsaustausch zwischen dynamischen/informationsverarbeitenden, rückkoppelnden Systemen, der durch Sender, Kanal und Empfänger im → Kommunikationsprozeß konstituiert wird. Aus dieser mathematisch-kybernetischen Sicht sind Motive und Intentionen irrelevant, da semantische und pragmatische Phänomene wie syntaktische beobachtet und gemessen werden. Für die → Pragmatik dagegen determinieren die hergestellten Beziehungen eine bestimmte Verständigungsebene, von der aus Interaktionen und Inhalte erst ihren Sinn erhalten.

Bei der K. wird eine bestimmte Menge von → Information aktiviert, die man in → Denotat, → Konnotat und individuelle Assoziationen unterteilen kann. Beide Partner müssen dazu über einen gleichen/ähnlichen → Kode und ein Vorwissen (Horizont) verfügen, das im Text oder in der Redefolge selbst nicht enthalten ist, sondern vorausgesetzt/präsupponiert wird.

Gängige Nachschlagewerke bieten uns ein ziemlich verwirrendes Bild, wenn wir sie ratsuchend aufschlagen. Unsere Textauswahl kann zwar nicht unbedingt als repräsentativ gelten, zeigt aber doch ganz charakteristische Tendenzen zeitgenössischer Erläuterungen zum Begriff der Kommunikation, der in den Augen vieler nicht nur in der Linguistik, sondern auch in benachbarten Wissenschaften und über den engeren Kreis der Wissenschaften hinaus zu einem Schlüsselbegriff, wenn nicht zu einem sinnentleerten Schlagwort geworden ist. Unter (4), (5) und (6) haben wir – hauptsächlich aus Platzgründen – nur Ausschnitte der jeweiligen Wörterbuchartikel abgedruckt. Wir halten dieses Verfahren in unserem Zusammenhang jedoch für gerechtfertigt, da es uns nicht auf eine umfassende Würdigung der einzelnen Artikel ankommt, sondern darauf, den Kommunikationsbegriff schlaglichtartig aus verschiedenen Richtungen zu beleuchten, um so unsere eigene Auffassung deutlicher zu machen.

Wer ältere Nachschlagewerke konsultiert, findet dort nur selten ein Stichwort *Kommunikation,* und wenn er es findet, begegnet ihm darunter oft nicht das, was er aus heutiger Sicht vielleicht erwartet hätte. Er muß nach verwandten Ausdrücken wie etwa *Verständigung, sich verständigen, verständlich machen* Ausschau halten und wird dann dort informiert allein oder doch in jedem Fall hauptsächlich über Kommunikation zwischen Menschen, während in zeitgenössischen Wörterbüchern und Lexika normalerweise auch – wenn nicht sogar schwerpunktmäßig – ein sehr viel weiterer Kommunikationsbegriff erläutert wird, nach dem es möglich und sinnvoll scheint, auch von einer Kommunikation zwischen Mensch und Maschine, zwischen Maschinen, zwischen Menschen und Tieren, zwischen Tieren untereinander und zwischen allen möglichen anderen biologischen Systemen zu sprechen. Der Artikel (4) dokumentiert schon mit seinem ersten Satz beispielhaft diese moderne Tendenz, während der nachfolgende Text aus dem Grimmschen Wörterbuch die angedeutete ältere Tradition wiedergibt. Das Verwirrende der Erläuterungen zum Kommunikationsbegriff in den meisten neueren Nachschlagewerken und auch in unseren Beispieltexten – ausgenommen (5) – liegt nun gerade in der Art und Weise, wie versucht wird, die Erscheinungen m e n s c h l i c h e r Kommunikation in ein umfassenderes Kommunikationsmodell, dem der weitere Kommunikationsbegriff zugrundeliegt, zu integrieren. Die verschiedenen Verfasser können sich nämlich anscheinend nicht damit zufrieden geben, unterschiedliche Kommunikationsbegriffe nebeneinanderzustellen, vielmehr wollen sie eine einheitliche

Betrachtungsweise erreichen, und zwar offenbar mit eindeutiger Dominanz des kybernetischen Kommunikationsbegriffs, wie er knapp im ersten Absatz von (4) vorgestellt wird. So wird in (4) gesagt, die Anwendung des Sender-Empfänger-Modells nachrichtentechnischer Herkunft auf die menschliche Kommunikation sei »von besonderem Interesse«, und die Behandlung sprachwissenschaftlicher Fragen auf der Grundlage dieses Modells wird für möglich gehalten.

Nach der nachrichtentechnisch-kybernetischen Auffassung von Kommunikation besteht jegliches Kommunizieren darin, daß etwas mitgeteilt wird, daß Informationen ausgetauscht bzw. von einem System zum anderen übertragen werden. Diese Auffassung erweist sich gerade für den Bereich menschlicher Kommunikation als zu eng. Unsere Lincos-Botschaften geben gute Beispiele dafür. Wenn beispielsweise jemand jemandem dankt, kann man zwar sagen, es seien Worte gewechselt oder ausgetauscht worden; das zu sagen scheint aber trivial und oberflächlich, weil zu unspezifisch. Schon ›Worte wechseln‹ heißt wohl mehr als akustische oder andere Signale übertragen, was die Domäne von Nachrichtentechnik und Kybernetik ist. Wer aber nicht nur nebensächliche, sondern die wesentlichen Aspekte menschlichen Kommunizierens erfassen will, muß seine Aufmerksamkeit darauf richten, was mit bestimmten sprachlichen Ausdrücken in bestimmten Situationen gemeint wird und was Kommunikationspartner tun, wenn sie bestimmte Ausdrücke verwenden. Wäre es sinnvoll, die Handlung ›jemandem danken‹ als Informationsübertragung zu verstehen? Worin bestünde die Information? In welcher Weise wäre sie vor dem Akt des Dankens (der »Übertragung«) im Sprecher vorhanden? (Im letzten Absatz von (8) heißt es, bei der Kommunikation werde eine bestimmte Menge von Information aktiviert.) Man könnte die Redeweise vorschlagen, beim Danken werde mitgeteilt, daß man jemandem danke. Dieser Vorschlag erscheint aber fragwürdig, wenn man bedenkt, daß die Mitteilung: ›Ich teile Ihnen mit, daß ich Ihnen danke‹ etwas völlig anderes ist als eine Äußerung von ›Ich danke Ihnen‹ in entsprechender Situation.
Einerseits ist dieser Kommunikationsbegriff für menschliches Kommunizieren durch die Beschränkung auf das Mitteilen also zu eng, andererseits aber auch wieder zu weit. Denn bei den unwillkürlichen menschlichen Verhalten wie etwa Niesen, Rotwerden u. a. werden in diesem Sinn zwar Informationen mitgeteilt, aber man würde kaum davon sprechen, daß man mit Niesen kommuniziere. Denn so würde ein ganz wesentlicher Aspekt unseres Kommunizierens verlorengehen, der darin besteht, daß wir beim Kommunizieren intentionale Handlungen ausführen. Also nur, was intentional ist, kann in diesem Sinn

für die Kommunikation zählen. Darum erscheint der in (8) erwähnte Grundsatz Watzlawicks auch nur plausibel im Sinn des weiten Kommunikationsbegriffs. Nimmt man den Grundsatz ernst, so würde man das Spezifische menschlichen Kommunizierens übersehen.

Zusammenfassend können wir feststellen, daß die technizistische Interpretation menschlichen Kommunizierens geeignet ist, die wesentlichen Eigenschaften sprachlichen Handelns unberücksichtigt zu lassen und entscheidende Differenzen zwischen menschlicher Kommunikation einerseits und einem Informationsaustausch zwischen kybernetischen Systemen andererseits zu nivellieren. Das in den meisten Nachschlagewerken vermittelte Bild, daß die Kommunikation zwischen Menschen ein durch Spezifizierung zu erklärender Sonderfall von Kommunikation sei, ist trügerisch. Inwiefern dem ein anderer Kommunikationsbegriff überlegen ist, kann natürlich nur gezeigt werden durch seine Anwendung. Argumente für seine Überlegenheit sollen die folgenden Beiträge liefern.

1.3. Bedingungen des Kommunizierens

Wir möchten hier noch einmal die Bedingungen darstellen, die nach unserer Meinung erfüllt sein müssen, damit man mit Recht sagen kann:

(2) A kommuniziert mit B.

Diese Bedingungen wurden bereits in der Analyse des Lincos-Versuchs berührt und expliziert. Sie werden hier als eine Art programmatischer Ausblick zusammengestellt.

(i) An jeder Kommunikation sind mindestens zwei Partner beteiligt. Schon die Form des Satzes (2) zeigt, daß wir nur von Kommunikation sprechen können, wenn mindestens ein A und ein B beteiligt sind. B muß zwar nicht unbedingt auch mit A kommunizieren, wenn A mit B kommuniziert, aber potentiell muß er dazu in der Lage sein, und zwar potentiell in dem Sinne, daß er nicht erst die Fähigkeit hierzu erwerben muß. Im Fall der Extraterrestrischen ist diese Bedingung nicht erfüllt, man will erst dahin kommen. Dennoch ist es natürlich normal und üblich, daß wir miteinander kommunizieren, d. h. wenn einer mit dem anderen kommuniziert, wird der andere auch oft mit dem einen kommunizieren.

(ii) A handelt.
Diese Bedingung fordert willentliche Akte von A. Irgendwelche zufälligen oder naturgesetzmäßigen Ereignisse können bestenfalls als Verhalten im Sinne von Reiz und Reaktion gesehen werden. So kann

Rotwerden für den Partner B zwar ein Zeichen von irgend etwas sein, es wird aber in der Regel nicht von A eingesetzt, damit B dies sieht. Selbstverständlich kommt es vor, daß B etwas als kommunikative Handlung versteht, was von A nicht so gedacht war. Wenn beispielsweise A in einer bestimmten Situation schweigt, so könnte B das als Unterlassung der Kommunikation verstehen. Wenn es aber von A nicht so gemeint ist, dann liegt ein Mißverständnis vor.

(iii) A handelt symbolisch.
Kommunikative Handlungen sind komplex. Wenn beispielsweise A einen Satz äußert, meint er etwas damit. Er meint seine Äußerung des Satzes vielleicht als Behauptung, Bitte usw. Dies Meinen gelingt, weil es einen Regelzusammenhang für die Verwendung des Satzes gibt: Die Äußerung zählt als Behauptung. Wir sagen auch, daß die Äußerungshandlung erzeugt ist von der Behauptungshandlung. Die Erzeugtheit ist ein Charakteristikum sprachlicher Äußerungen. Sie erklärt die Intentionalität der Handlungen. Erzeugungen sind oft sehr komplex: A ärgert den B, indem er ihn fragt, ob er die Lösung der Aufgabe gefunden hat, indem er äußert ›Hast du's?‹
Das kommunikative Handeln ist nicht beschränkt auf eine Art des Handelns wie etwa Mitteilen oder Aussagen. Es gibt eine bunte Vielfalt sprachlicher Handlungen: Erzählen, Fragen, Antworten, Befehlen, Bitten, Trösten, Argumentieren, Beweisen, Provozieren und so fort.

(iv) A verwendet Symbole.
Diese Bedingung ist ein Sonderfall der Bedingung (iii), der besonders für sprachliche Handlungen wichtig wird. Während beispielsweise die kommunikative Handlung des Winkens auch symbolisch ist, würde man nicht sagen, daß dabei ein Symbol verwendet wird. Bei sprachlichen Handlungen jedoch werden Ausdrücke einer Sprache verwendet. Der Sinn der Ausdrücke besteht wesentlich darin, daß sie einen bestimmten Platz in der Struktur der Sprache einnehmen. Darüber hinaus sind die Zeichen selbst auch gemäß bestimmten Regeln und Strukturen aufgebaut: Es ist eine ausgezeichnete Eigenschaft menschlicher Sprachen, daß ihre Zeichen aus einem Inventar kleinerer Zeichen mittels Regeln zusammengesetzt werden können.

(v) B versteht A.
Der kommunikative Akt A's ist nur gelungen, wenn B ihn verstanden hat. Selbstverständlich kommt es vor, daß zwar die Äußerung, die Behauptung, die A macht, gelingt. Dennoch muß aber damit nicht der kommunikative Akt gelungen sein. Zum Gelingen des kommunikativen Aktes müssen A und B eine gleichartige oder sehr ähnliche Auffassung der Situation haben, in der die Handlung ausgeführt

wurde. Dazu müssen eine Reihe von Bedingungen und Annahmen erfüllt sein.

Die Bedingung, daß B den A verstehen muß, besagt nicht, daß B die Äußerung genauso verstehen muß, wie A sie gemeint hat. Wollte man dies als Bedingung annehmen, so würde wohl keine Kommunikation als gelungen anzusehen sein. Denn das Kriterium ist nicht anwendbar außerhalb neuer Kommunikationen.

Bibliographische Hinweise

Das Lincos-Material stammt von F. D. Drake. Eine informative Zusammenstellung findet sich in:

W. Schlosser, Kontaktaufnahme mit außerirdischen Zivilisationen, in: n + m. Naturwissenschaft und Medizin 6 (1969), Heft 29, 22–33.

Die Wörterbuchartikel entstammen folgenden Wörterbüchern:

(4) aus: Wörterbuch der Kybernetik, hrsg. von Prof. Dr. Georg Klaus, Berlin 1968.

(5) aus: W. Grimm, Deutsches Wörterbuch, Bd. 12.2., Leipzig 1951.

(6) aus: W. Welte, Moderne Linguistik, Terminologie/Bibliographie, Bd. I, München 1974.

(7) aus: Brockhaus Enzyklopädie, Bd. 10, Wiesbaden 1970.

(8) aus: Th. Lewandowski, Linguistisches Wörterbuch 1, Heidelberg 1973.

Grundlegende Einsichten in Funktion und Eigenheiten der menschlichen Sprache haben natürlich eine lange Tradition. Es sei hier nur auf zwei in unserem Zusammenhang wichtige Beiträge verwiesen:

F. Waismann, Logik, Sprache, Philosophie, Stuttgart 1976, bes. 351–372.

E. Sapir, The Unconscious Patterning of Behavior in Society, in: E. Sapir, Selected Writings, Berkeley 1958, 544–559.

Sapirs Grundthese ist, daß jedes soziale Verhalten strukturiert ist. Er behandelt Beispiele aus verschiedenen Bereichen, darunter auch sprachliche Strukturen als Paradigma.

In den vergangenen Jahren hat die kybernetische Auffassung der Kommunikation immer weiter um sich gegriffen. Besonders verbreitet sind die vielen Varianten des sog. Kommunikationsmodells, das besonders attraktiv erscheint, weil es als übersichtliche Strichzeichnung gegeben werden kann. Eine Kritik der technizistischen Sprachauffassung im Funkkolleg »Sprache« findet sich in:

U. Maas - D. Wunderlich, Pragmatik und sprachliches Handeln, Frankfurt a. M. ³1974, bes. 45–68.

Das Ungenügen der technisch-kybernetischen Sprachauffassung für sozialwissenschaftliche Fragestellungen wird differenziert dargelegt in:

G. Kurz, Warnung vor dem Wörtchen »Kode«, in: Linguistik und Didaktik 26 (1976), 154–164.

E. Koschmieder, Zur Informationstheorie und Kommunikationsforschung, in: Beiträge zur Linguistik und Informationsverarbeitung, Heft 16 (1969), 35–65.

B. Badura, Sprachbarrieren. Zur Soziologie der Kommunikation, Stuttgart/ Bad Cannstatt ²1973, bes. Kap. 1, 25–35.

Hierin führt Badura vor, was alles an einem technischen Kommunikationsmodell geändert werden müßte, damit es für den sozialen Bereich brauchbar würde.

Die Auffassung von Kommunikation als regelgeleitetem Handeln wird im Anschluß an die Spätphilosophie Wittgensteins in Grundzügen dargelegt und theoretisch fundiert in:

H. J. Heringer (Hg.), Der Regelbegriff in der praktischen Semantik, Frankfurt a. M. 1974.

Eine halbformale Sprache zur systematischen Beschreibung von Handlungen und besonders ihrer Erzeugungsstruktur entwickelt:

H. J. Heringer, Praktische Semantik, Stuttgart 1974, 40–72.

2. Gebrauchsweisen sprachlicher Ausdrücke

2.1. Unterschiedliche Gebrauchsweisen von sprachlichen Ausdrücken

Zahlreiche Mißverständnisse beim Kommunizieren sind auf unterschiedliche Gebrauchsweisen bestimmter Ausdrücke zurückzuführen. Verschiedene Sprecher und Hörer verbinden unterschiedliche Bedeutungen mit den Ausdrücken, oder sie verwenden sie unterschiedlich je nach Situationstyp, und daraus entstehen Verstehensschwierigkeiten. Kommunikationsprobleme dieser Art werden den Beteiligten häufig nicht bewußt. In vielen Fällen gestatten einfache Mißverständnisse auch entsprechend einfache Klärungen. Das ist aber nicht immer möglich. Es gibt auch Auseinandersetzungen über Wortbedeutungen, in denen klar wird, daß Bedeutungen als Gebrauchsweisen sprachlicher Ausdrücke letztlich in spezifischen Lebensformen gründen, und für die dann entsprechend keine einfachen, auf die jeweilige Situation bezogenen Lösungen vorgeschlagen werden können. Es zeigt sich dann, daß ein Streit um Worte oft eben nicht ein Streit nur um Worte ist, sondern nur dadurch verstanden und erklärt werden kann, daß man begreift, daß es im Streit um Worte um mehr geht und daß dieses Mehr der eigentliche Inhalt der Auseinandersetzung ist, ohne daß es jedoch möglich wäre, diesen Inhalt von den Wortbedeutungen zu trennen. Ein solcher Fall ist gegeben in dem folgenden Ausschnitt aus der Debatte des Deutschen Bundestages über die »Erklärung der Bundesregierung zur inneren Sicherheit« in der 155. Sitzung der 7. Wahlperiode am 13. März 1975. Der Redner ist Willy Brandt.

Was ich, meine verehrten Kollegen, an manchen Erörterungen dieser Wochen besonders bemängele, ist die Undifferenziertheit, ist der Mangel an Präzision, ist das Ineinanderrühren von Problemen, die alle für sich genommen ihre Bedeutung haben. Ich möchte eine besondere Form des Ineinanderrührens ansprechen, die ein besonderes Element der Infamie in sich trägt.

> (Zuruf von der CDU/CSU:
> Ihre Dortmunder Rede!)

Es ist üblich geworden, von den Terroristen als von »Linken« zu reden.

> (Reddemann [CDU/CSU]:
> Sind das etwa Rechte oder
> gar welche von der Mitte?)

Dies ist ein Sprachgebrauch, der nur zu gedankenlos – auch von mir selbst; deshalb kritisiere ich nicht nur andere, auch mich selbst – übernommen worden ist.

> (Reddemann [CDU/CSU]:
> Selbstkritik! – Dr. Carstens
> [Fehmarn] [CDU/CSU]:
> Nollau!)

Sicher steckt aber in einigen Fällen auch Absicht dahinter. Deshalb zwei Bemerkungen.

Erstens. Wer den Terroristen im Sinne des eigentlichen politischen Spektrums unseres Landes – politischen, sage ich – das Prädikat »links« zuerkennt, tut ihnen eine Ehre an, die ihnen nicht zusteht.

(Beifall bei der SPD und der FDP – Reddemann [CDU/ CSU]: Das ist politische Gesäßgeographie!)

Er bezieht sie in ein Schema ein – darüber läßt sich natürlich auch sonst streiten –, das dem parlamentarischen Raum entnommen ist. Ich sage mit Nachdruck: die Terroristen sind alles andere als »Linke« im Sinne des politischen und parlamentarischen Parteienspektrums. Sie haben damit nichts zu tun.

(Beifall bei der SPD und der FDP)

Sie sind vielmehr Leute, die der Reaktion in die Hände arbeiten.

(Lebhafter Beifall bei der SPD und der FDP)

Zweitens. Wer sie dennoch im doppeldeutigen Sinne als »Linke« bezeichnet, verunglimpft, bewußt oder unbewußt, die parlamentarische Linke,

(Reddemann [CDU/CSU]: Also haben Sie sich selbst verunglimpft!)

um diese wiederum bewußt oder unbewußt – bei Ihnen, Herr Reddemann, wohl eher das erste, bei anderen das zweite –,

(Beifall bei der SPD)

in die Nähe der Terroristen zu rücken.

Im Namen der parlamentarischen Linken – und dies ist die Rolle der Sozialdemokratie auch dort, wo sie in das Lager der neuen Mitte hineingewachsen ist –

(Lachen und Zurufe von der CDU/CSU)

weise ich diese Versuche entschieden zurück.

(Beifall bei der SPD und bei Abgeordneten der FDP – Möller [Lübeck] [CDU/ CSU]: Nostalgie! Nostalgie!)

Terroristische Gewalttäter, die den Sozialdemokraten Günter von Drenkmann ermordet haben und die unseren Kollegen Peter Lorenz entführt haben,

(Stücklen [CDU/CSU]: Von der CDU!)

haben mit den Interessen der breiten arbeitenden Schichten unseres Volkes, die durch die linke Seite in diesem Hause gewahrt werden,

(Widerspruch bei der CDU/CSU)

ganz gewiß nichts gemein.

(Lebhafter Beifall bei der SPD und der FDP – Reddemann [CDU/CSU]: Diesen Alleinvertretungsanspruch für die Arbeiterschaft haben bisher nur Sozialisten erhoben! – Weitere Zurufe von der CDU/CSU)

Im Gegenteil, sie sind unsere erbitterten Feinde.

(Erneuter Beifall bei der SPD und der FDP – Zurufe von der CDU/CSU)

– Das sind mir schöne Verbündete! In einem Augenblick, wo der Vorsitzende sagt, die Terroristen seien seine und seiner Partei erbitterte Feinde, versuchen Sie, hiergegen anzugehen, anstatt sich das zumindest in Anstand anzuhören.

(Lebhafter Beifall bei der SPD und der FDP – Reddemann [CDU/CSU]: Sie verdrehen Ihre eigenen Aussagen! – Weitere Zurufe von der CDU/CSU)

Brandt kritisiert in diesem Teil seines Beitrags zu der genannten Debatte einen bestimmten Gebrauch des von *links* abgeleiteten Substantivs *(die) Linke*. Anlaß seiner Sprachkritik ist der von ihm als »üblich geworden« bezeichnete Sprachgebrauch, nach dem Terroristen Linke seien. Die Berechtigung der Annahme, daß dieser Sprachgebrauch verbreitet ist, wird sogleich bestätigt durch den ersten Zwischenruf von Reddemann, dessen rhetorische Frage »Sind das etwa Rechte oder gar welche von der Mitte?« voraussetzt, daß man Terroristen – wenn man sie überhaupt einem der etablierten politischen Lager zurechnen kann – zur Linken zählen muß. Brandt will den Parlamentariern eine Erklärung der Bedeutung des Ausdrucks *(die) Linke* geben, so wie er ihn versteht, und er verfolgt mit dieser Erklärung natürlich normative Absichten, insofern er anstrebt, daß seine Gebrauchsweise des Ausdrucks auch von anderen übernommen wird. Dieser normative Anspruch ist es vor allem, der die Opposition zu Zwischenrufen provoziert, durch die zwar keine alternativen Interpretationen gegeben werden können, aber doch Hinweise auf schwache Stellen in den Ausführungen Brandts sowie Anhaltspunkte, wie man den Normierungsversuch des SPD-Vorsitzenden stören könnte. An wenigstens einer Stelle gibt Brandt auch relativ klar Anlaß zu derartigen Hinweisen.

Die ganze Auseinandersetzung, so wie sie in dem Bundestagsprotokoll dokumentiert ist, wäre in derselben Weise natürlich nicht möglich gewesen, wenn es sich nicht um einen Ausdruck wie *(die) Linke* gehandelt hätte, sondern um einen Ausdruck, der leicht und für jedermann verständlich eine hinweisende Erklärung zuließe wie etwa der Ausdruck *Apfel,* den man jemandem erklären kann, indem man auf einen Apfel oder mehrere Äpfel zeigt, indem man ihm einen Apfel in die Hand gibt oder etwa auch indem man ihm einen Apfel zu schmecken gibt. Demgegenüber erscheint der Ausdruck *(die) Linke* relativ abstrakt, weil sein Gebrauch nicht so leicht in Zusammenhang zu bringen ist mit Hinweisen auf materielle Gegenstände.

Brandt schneidet in dem zitierten Textabschnitt eine Reihe von Fragen an, die ihm für die Feststellung der Bedeutung von *(die) Linke* wichtig erscheinen, nämlich die Frage der Präzision der Wortbedeutung, die der Differenziertheit der Wortbedeutung, ferner das Problem, inwieweit der Wortgebrauch den Benutzern bewußt ist, und die Frage, inwieweit es berechtigt ist, bestimmte Personen mit einem bestimmten Prädikat zu belegen, und schließlich wird auch noch das Problem der Doppeldeutigkeit von Ausdrücken angesprochen. All diese Fragen sind in der Linguistik häufig und unter unterschiedlichen Aspekten und mit zum Teil sehr verschiedenen Zielsetzungen behandelt worden. Dies im einzelnen nachzuvollziehen oder auch nur in wesentlichen Ergebnissen zusammenzufassen, ist hier nicht möglich. Eine Erörterung des Textes gestattet aber eine Thematisierung der wichtigsten Probleme und kann darüber hinaus Wege andeuten, auf denen Lösungen zu finden sind.

Wir beginnen mit dem Problem der Präzision des Wortgebrauchs. Brandt vermißt in den Erörterungen über die innere Sicherheit der Bundesrepublik Deutschland, die der Debatte im Bundestag vorangegangen sind, Präzision, und zwar eine seines Erachtens wünschenswerte Präzision im Umgang mit den anstehenden Problemen, die ihrerseits zu erreichen wäre durch einen präziseren Wortgebrauch, hier: durch eine präzisere Verwendung des Ausdrucks *(die) Linke*. Es ist auch sonst durchaus üblich, derartige Verbindungen zwischen einem bestimmten Wortgebrauch und einem entsprechenden Umgang mit Problemen herzustellen, wie es Brandt hier tut. So spricht man etwa davon, präziser Wortgebrauch lasse auf ebenso präzises Denken schließen oder: klare Begrifflichkeit erlaube entsprechend klare Erkenntnis. Gegen die Herstellung derartiger Zusammenhänge läßt sich schon deshalb nur schwer argumentieren, weil Aussagen von solcher Tragweite über die jeweiligen Pendants (z. B. Denken, Erkenntnis, Problembehandlung) des Wortgebrauchs oft gar nicht anders zu machen und zu rechtfertigen sind als auf dem Wege eben über den Gebrauch des entsprechenden Worts; die Alternative ist häufig nur, von derartigen Aussagen überhaupt Abstand zu nehmen. Für Brandt hat die Herstellung eines größeren Zusammenhangs für seine wortsemantischen Erläuterungen einen guten Sinn; sie macht die Relevanz seiner Ausführungen deutlich: daß es eben nicht nur um Worte geht – wie man so sagt – sondern um Sachen, um die Gegenstände, die – da es sich nicht um materielle handelt – im wesentlichen erst in der Rede, d. h. im Wortgebrauch, konstituiert werden. Man hört oft sagen, ob Terroristen zu den Linken zu zählen seien, sei einfach Auffassungssache, man könne es so oder so sehen; das mag sein, daß man es so oder so sehen kann. Brandt fordert aber zu Recht, daß man den Sprachgebrauch reflektiert und ihn gegebenenfalls auch rechtfertigen kann, insbesondere dann, wenn er für andere schwerwiegende Folgen haben könnte.

Zur Präzisierung des Gebrauchs von *(die) Linke* macht Brandt einen relativ einfachen Vorschlag. Er nimmt die Sitzordnung der Parlamentarier im Parlament als Maßstab für eine Differenzierung des Parteienspektrums und stellt sich damit in eine Tradition, die auch in einschlägigen Wörterbucheinträgen zu dem Stichwort *Linke* gut dokumentiert ist (siehe unten). Zur parlamentarischen Linken gehören dann diejenigen Abgeordneten, die im Parlament aus der Sicht des Parlamentspräsidenten auf der linken Seite sitzen, und als politisch links können entsprechend alle diejenigen gelten, die zu den links sitzenden Abgeordneten gehören oder – das erweitert nun den Kreis der als Linke zu bezeichnenden Personen erheblich – deren Interessen von den auf der linken Seite des Parlaments sitzenden Abgeordneten vertreten werden. Brandt kann jetzt mit Bezug auf die Terroristen folgendermaßen argumentieren: Auf der linken Seite im Parlament sitzen keine Terroristen, und Auffassungen und Meinungen von Terroristen werden durch die Parlamentarier auf der linken Seite auch nicht vertreten.»Ich sage mit Nachdruck: die Terroristen sind alles andere als ›Linke‹ im Sinne des politischen und parlamentarischen Parteienspektrums. Sie haben damit nichts zu tun.« Also gibt es nach Brandt keine Rechtfertigung dafür, Terroristen als Linke zu bezeichnen, und wer es dennoch tut, stellt – bewußt oder unbewußt – eine Verbindung zwischen Auffassungen und Meinungen von Terroristen und denen von linken Parlamentariern her, eine Verbindung, die als »besondere Form des Ineinanderrührens« von Problemen »ein besonderes Element der Infamie in sich trägt«. Daß linke Parlamentarier keinerlei Interessen von Terroristen vertreten, kann Brandt natürlich nur in gewissermaßen negativer Abgrenzung aus der Sicht seiner Partei feststellen; weder er noch sonst jemand kann alle Terroristen danach befragen, durch wen sie ihre Interessen vertreten sehen würden. Bei dieser Abgrenzung beruft sich Brandt auf seine Autorität als Parteivorsitzender (vgl. seine Ausführungen am Ende des zitierten Textstücks); darin kann man einen besonderen Aspekt der Normativität seiner Erklärungen sehen.

Die Worterklärung Brandts und der damit verbundene Normierungsversuch werden von seiten der Opposition angegriffen, und zwar sowohl bezüglich des Maßstabs, den Brandt für den richtigen Gebrauch des Ausdrucks *(die) Linke* setzt, wie auch bezüglich der Präzisierungsversuche im einzelnen, die auf der Annahme dieses Maßstabs gründen. Als Brandt auf·seine Vorstellung »des eigentlichen politischen Spektrums unseres Landes« zu sprechen kommt, macht Reddemann den Zwischenruf: »Das ist politische Gesäßgeographie!« und deutet damit seine Kritik an Überlegungen zur parlamentarischen Sitzordnung an. Brandt selbst sieht sich gleich darauf veranlaßt, die Relativierungsmöglichkeit seines Schemas anzuerkennen (»darüber läßt sich natürlich auch sonst streiten«), und er weicht später sogar von der selbst gesetzten Norm ab, indem er für die Sozialdemokratie eine Rolle auch dort in Anspruch nimmt, »wo sie in das Lager der neuen Mitte hineingewachsen ist« – offensichtlich, um den Vertretungsanspruch seiner eigenen Partei auszuweiten. Dieser Versuch der Ausweitung des Vertretungsanspruchs kollidiert mit Brandts eigener Differenzierung des Parteienspektrums, die sich ja gerade dadurch auszeichnet, daß aufgrund des Maßstabs der Sitzordnung im Parlament relativ klare Grenzlinien zwischen Parteien und Parteiinteressen gezogen werden sollen. Brandts Ausdruck »neue Mitte« ist nicht zu rechtfertigen auf der Grundlage der Normen, die er selbst einzuführen versucht. Unter einem Hineinwachsen der SPD in »das Lager der neuen Mitte« wird die Entwicklung der Partei zu einer Volkspartei verstanden; ein Bezug zur parlamentarischen Sitzordnung ist hier nicht gegeben. Kein Wunder, daß der Protokollant des Deutschen Bundestages zu Brandts Bemerkung zum Vertretungsanspruch seiner Partei notieren muß: »(Lachen und Zurufe von der CDU/CSU)«.

Der Zwiespalt, in dem sich Brandt befindet und den die Opposition auszunutzen trachtet, wird noch einmal deutlich in der Auseinandersetzung um die Frage der Vertretung der »Interessen der breiten arbeitenden Schichten unseres Volkes«. Brandt möchte – seinem Prinzip getreu – gern Deckungsgleichheit zwischen den Interessen der Arbeiter und den Interessen der Parlamentarier auf der linken Seite des Hauses feststellen; eine derartige Feststellung setzt aber unabhängige Maßstäbe für eine Beurteilung der Interessen der Arbeiter voraus, die Brandt hier – wie auch vorher in der Abgrenzung gegenüber Terroristen – nicht anbieten kann; so hat die Opposition eine gute Gelegenheit zum Protest gegen den »Alleinvertretungsanspruch für die Arbeiterschaft«; und Brandt hat keine Möglichkeit, direkt zu kontern; er leitet stattdessen über zur Herausstellung seiner Autorität als Parteivorsitzender. Die normative Wirkung zu schwächen, die von dieser Autorität ausgeht, ist die Funktion verschiedener Zwischenrufe von seiten der Opposition. Reddemann beispielsweise versucht wiederholt, die Neigung des SPD-Vorsitzenden zur Selbstkritik kenntlich zu machen (vgl. seine Zwischenrufe: »Selbstkritik!« und: »Also haben Sie sich selbst verunglimpft!«).

In der Debatte zeigen sich unterschiedliche Auffassungen vom richtigen Gebrauch des Ausdrucks *(die) Linke*; und diesen unterschiedlichen Auffassungen werden wohl auch tatsächlich verschiedene Gebrauchsweisen entsprechen, die die Debattanten von dem strittigen Ausdruck normalerweise machen. In der alltäglichen Kommunikation werden verschiedene Gebrauchsweisen von Ausdrücken nur selten in der Form thematisiert, wie wir es in unserem Textstück finden. Anlässe dazu bieten sich nicht allzu häufig. Es müßte immerhin der Fall sein, daß die Kommunikationspartner aufgrund von Mißverständnissen oder anderen von ihnen bemerkten Kommunikationsstörungen auf jeweils relevante Unterschiede zwischen verschiedenen Gebrauchsweisen von Ausdrücken aufmerksam werden und darüber hinaus auch noch in der Lage sind, miteinander über solche Unterschiede zu sprechen. Oft werden Bedeutungsunterschiede von Ausdrücken gar nicht bemerkt, weil sie in der Kommunikation keine unmittelbaren Folgen haben, oder sie werden nicht als so gravierend angesehen, um thematisiert zu werden oder gar eine Kontroverse auszulösen. Wenn es aber zu Auseinandersetzungen über Bedeutungen kommt, stehen meist bestimmte Werturteile im Vordergrund: Man streitet sich darüber, wessen Sprachgebrauch der bessere, angemessenere, präzisere usw. sei. Bewertungsgrundlage bilden für die Parteien jeweils die eigenen Regeln, denen man zu folgen gelernt hat und die man dementsprechend leicht höher einzuschätzen geneigt ist als die der anderen. So sind Aussagen über einen bestimmten Sprachgebrauch, über bestimmte Gebrauchsweisen von Ausdrücken jeweils relativ in bezug auf angenommene Standards. Wittgenstein schreibt im Abschnitt 88 seiner Philosophischen Untersuchungen im Zusammenhang mit der Erörterung verschiedener Arten von Erklärungen: »›Unexakt‹, das ist eigentlich ein Tadel, und ›exakt‹ ein Lob. Und das heißt doch: das Unexakte erreicht sein Ziel nicht so vollkommen wie das Exaktere. Da kommt es also auf das an, was wir ›das Ziel‹ nennen.«

Wenn Brandt in unserem Textabschnitt einen präziseren und differenzierteren Gebrauch des Ausdrucks *(die) Linke* fordert, muß er ein Ziel, einen Maßstab setzen, woran er sich ausrichten kann, und er kann nicht ohne weiteres davon ausgehen, daß andere ähnliche oder gar gleiche Ziele bzw. Maßstäbe haben. Unterschiedliche Gebrauchsweisen sprachlicher Ausdrücke gründen letztlich in unterschiedlichen Lebensformen, und es ist klar, daß derartige Unterschiede nicht leicht zu überwinden sind. Sie sind oft überhaupt nur sehr schwer zu bemerken und ebenso schwer durch Erklärungen verständlich zu machen, weil es nicht den e i n e n Beurteilungsmaßstab gibt, der allen Sprechern und Hörern gleichermaßen zur Verfügung stünde. Wittgenstein schreibt in dem genannten Abschnitt weiter: »*Ein* Ideal der Genauigkeit ist nicht vorgesehen; wir wissen nicht, was wir uns darunter vorstellen sollen – es sei denn, du selbst setzt fest, was so genannt werden soll. Aber es wird dir schwer werden, so eine Festsetzung zu treffen; eine, die dich befriedigt.« Es ist durchaus möglich, daß sich ein Sprecher oder eine Sprechergruppe für einen begrenzten Zeitraum Maßstäbe für den eigenen Sprachgebrauch setzt; diese können aber eben immer nur für gewisse Zeitspannen Gültigkeit haben. Es ist kein Maßstab anzunehmen, den alle ein für allemal akzeptieren könnten. Durch die Festsetzung eines absoluten Maßstabs könnte niemand letztlich zufriedengestellt werden, weil die Begegnung mit anderen Lebensformen ihn ständig zur Relativierung einmal angenommener Maßstäbe führt und weil das Fortschreiten seiner eigenen Erfahrung ihn von Zeit zu Zeit zur Veränderung der eigenen Maßstäbe nötigt.

Brandts Bewertung der Redeweise, nach der Terroristen als Linke bezeichnet werden, ist auch nur auf der Grundlage des Maßstabs zu verstehen, den er selbst bei seiner Worterklärung angelegt hat. Er sagt, wer die Terroristen »im doppeldeutigen Sinne als ›Linke‹ «, bezeichne, verunglimpfe die parlamentarische Linke. Eine Doppeldeutigkeit des Ausdrucks *Linke* wird allerdings nur derjenige erkennen können, der Brandts enge Bindung des Gebrauchs von *Linke* an die parlamentarische Sitzordnung nachvollzieht und von daher dann in der Bezeichnung von Terroristen als Linke eine andere, eine zweite, eventuell sogar eine unzulässige Gebrauchsweise sehen kann. Eine Verunglimpfung der parlamentarischen Linken wäre dann darin zu sehen, daß beide Gebrauchsweisen miteinander vermengt werden, um Linke in die Nähe von Terroristen zu rücken und umgekehrt. Freilich steht Brandt mit seiner Bewertung und damit auch mit seiner Beurteilung der Gebrauchsweise von *Linke* nicht allein da, was der wiederholte Beifall von seiten der SPD und der FDP zeigt. Seine Worterklärung scheint also durchaus dem Gebrauch und dem darauf gegründeten Sprachgefühl vieler anderer zu entsprechen. Es geht hier aber nicht darum, die in dem Textstück sichtbar werdende Kontroverse um den Gebrauch von *(die) Linke* so zu beurteilen, daß sie irgendeiner Entscheidung zugeführt würde. Vielmehr kommt es lediglich darauf an, unterschiedliche Gebrauchsweisen und verschiedene Auffassungen von diesen Gebrauchsweisen herauszustellen. Klar scheint, daß Brandts Interpretation nicht dazu führen kann, daß man meint, der Ausdruck *Linke* sei mehrdeutig in dem Sinne, wie etwa das Wort *Schloß* zwei Bedeutungen hat: ›Schloß als Gebäude‹, ›Türschloß‹. Man kann für *Linke* nicht eine so klare Trennung von zwei Gebrauchsweisen vornehmen wie für das Wort *Schloß*. Möglich ist durchaus auch, daß Brandt *doppeldeutig* nicht nur in dem Sinne von ›zwei Bedeutungen habend‹ verwendet, sondern auch mit einer pejorativen, d. h. abwertenden Komponente, wie man sie auch in *zweideutig* findet. Es wäre ebenfalls kein vielversprechender Weg, wenn man annähme, letzten Endes verbände jeder einzelne Sprecher und Hörer ganz und gar seine je eigene Bedeutung mit einem bestimmten Ausdruck. Bei einer derartig extremen Auffassung könnte nicht erklärt werden, wie sich Sprecher und Hörer überhaupt mit den betreffenden Ausdrücken verständigen bzw. über deren jeweilige Gebrauchsweise einig werden können. Wie in dem ersten Beitrag dieses Bandes ausgeführt wurde, ist es eine wesentliche Voraussetzung des Sich-Verstehens in der Kommunikation, daß die Kommunikationspartner gegenseitig Regelhaft-Gleiches in ihren sprachlichen Äußerungen erkennen. Zwar werden Kommunikationspartner kaum jemals einen völlig gleichen Gebrauch von bestimmten Ausdrücken machen; die Gebrauchsweisen müssen sich aber wenigstens mehr oder weniger ähneln, wenn Verständigung möglich sein soll.

Brandt schneidet in seinen Erörterungen auch die Frage an, inwieweit der Gebrauch, den Sprecher und Hörer von bestimmten Ausdrücken machen, ihnen jeweils bewußt ist. Hier müssen wiederum verschiedene Aspekte der Bedeutung von *bewußt* (bzw. *unbewußt*) unterschieden werden. Zu Beginn unseres Textstücks kritisiert Brandt einen Sprachgebrauch, der »nur zu gedankenlos« übernommen worden sei, und bezieht sich damit wohl auf die Frage, inwieweit der Gebrauch sprachlicher Ausdrücke reflektiert oder unreflektiert ist. Normalerweise werden Sprecher und Hörer die meisten Regeln, denen sie in der Kommunikation folgen, während des Kommunizierens nicht reflektieren; sie folgen ihnen blind, d. h. die Regeln sind ihnen in der Befolgung nicht bewußt. Das wird besonders deutlich bei im engeren Sinne grammatischen Regeln wie etwa der, daß bei pluralischem Subjekt eines Satzes im dazugehörenden Prädikat ein finites Verb eine entsprechend pluralische Flexionsendung haben muß. Das gilt aber auch für andere Regeln, die beim Kommunizieren zu beachten sind, beispielsweise die, daß man auf einen Vorwurf mit einer Entschuldigung reagieren kann, daß eine Entschuldigung aber nicht als direkte Antwort auf eine Frage gilt. Reflexion über befolgte Regeln wird normalerweise erst durch Kommunikationsschwierigkeiten wie Nicht-Verstehen, Mißverständnisse usw. angeregt und erfolgt nicht in einem Zuge mit der Befolgung der zu reflektierenden Regeln, sondern unterbricht den Fluß der Kommunikation.

Prinzipiell ist allerdings jede sprachliche Regel der Reflexion zugänglich; es ist sogar wesentlich für solcherart Regeln und zeichnet sie etwa gegenüber Gesetzen des tierischen Verhaltens oder neurophysiologischen Gesetzen der Reflexsteuerung aus, daß sie für die den Regeln Folgenden selbst reflektierbar sind, und zwar in eben der sprachlichen Praxis, die durch die der Reflexion unterworfenen Regeln erst konstituiert wird. Gesetzmäßiges Verhalten dagegen ist nicht in dieser Weise reflexiv; es läßt kein derartiges Bewußtsein seiner selbst zu. Die Reflektierbarkeit des regelgeleiteten sprachlichen Handelns macht die in unserem Textstück dokumentierte Sprachkritik Brandts erst möglich. Brandt kann und muß davon ausgehen, daß der Sprachgebrauch und speziell die Gebrauchsweise des von ihm untersuchten Ausdrucks seinen Zuhörern bewußt gemacht werden und aus der Gedankenlosigkeit, die er kritisiert, herausgeführt werden kann. Er darf unterstellen, daß Kommunikationspartner grundsätzlich die gegenseitige Annahme machen, daß ihr Sprachgebrauch der Reflektierbarkeit unterliegt und daß er hinsichtlich seiner Zielgerichtetheit im weitesten Sinne des Wortes hinterfragt werden kann.

Diese zwischen Kommunikationspartnern bestehende Annahme wird in einer geläufig gewordenen Terminologie oft auch als die Annahme einer Intentionalität sprachlichen Handelns bezeichnet. Wenn man nun das Adjektiv *reflektiert* so gebraucht, daß man überhaupt die Intentionalität sprachlichen Handelns damit charakterisiert, kann man natürlich sagen, daß jeglicher Sprachgebrauch reflektiert sei, wenn er nicht reflexartig (wie etwa im Suff oder bei Bewußtlosigkeit o. ä.) vor sich geht. Brandt strebt in seinen Erörterungen aber selbstverständlich etwas anderes an als einen reflektierten Sprachgebrauch in diesem Sinne von *reflektiert*. Er will auf der Grundlage eines reflektierten, d. h. der Reflektierbarkeit zugänglichen Sprachgebrauchs, eine tatsächliche Reflexion, d. h. eine Bewußtmachung, eines bestimmten Sprachgebrauchs erreichen.

In dem Zusammenhang, wo Brandt von dem bewußten oder unbewußten Verunglimpfen der parlamentarischen Linken spricht, verwendet er *bewußt* bzw. *unbewußt* noch in einem etwas anderen Sinne, nämlich ähnlich wie *absichtlich* bzw. *unabsichtlich,* vielleicht auch mit einem Anklang an *geplant* bzw. *ungeplant.* Hier ist Brandt zurecht sehr vorsichtig in der Äußerung von Annahmen über andere; denn herauszubekommen, mit welcher Absicht bzw. wie planvoll andere bestimmte Handlungen machen oder gemacht haben, ist sehr schwierig. Der Weg, hier zu gesicherten Erkenntnissen zu kommen, muß immer über eine offene Kommunikation mit denen führen, deren Absichten bzw. Pläne man erforschen will. Denn man kann von außen nicht einfach in die Köpfe anderer hineinschauen. In parteipolitischen Kontroversen ist eine hinreichend offene Kommunikation aber nur selten möglich, und darin liegen Brandts Schwierigkeiten, zu solchen Annahmen über Absichten und Pläne des sprachlichen Handelns seiner politischen Gegner zu kommen, die er auch rechtfertigen kann.

Der semantische Streit, der durch unser Textstück aus der Bundestagsdebatte dokumentiert ist, hat für die Beteiligten einen guten Sinn. Die Beteiligten dokumentieren in der Kontroverse einen kommunikativen Impetus, sich über das auseinanderzusetzen, was unter der Linken verstanden wird. Wenn es lediglich um das W o r t *Linke* ginge, könnte man die Relevanz der Auseinandersetzung nicht einsehen, die davon lebt, daß es den Beteiligten darauf ankommt, das, was sie unter Linken verstehen, darzustellen und zu verteidigen. Der Streit geht um Gegenstände und Tatsachen der Welt, und er kann letztlich nur dadurch geführt werden, daß man sich über die Gebrauchsweisen sprachlicher Ausdrücke auseinandersetzt. Eine Laissez-faire-Haltung in den Sachen des Wortgebrauchs würde dazu führen, die Kommunikation über den Gegenstand, um den es geht, abzubrechen. Andererseits muß ein allzu rigider sprachlicher Normierungsversuch an den Grenzen scheitern, die durch die Erfahrungen gesetzt sind, die die Kommunikationspartner mit der Welt haben. Die Auseinandersetzungen, um die es hier geht, setzen ein höheres Maß an gemeinsamem Wissen bei den Kontrahenten voraus, als auf den ersten Blick sichtbar wird. Brandts Worterklärungen und speziell auch der Hinweis auf seinen eigenen »gedankenlosen« Sprachgebrauch wirken nicht zuletzt deshalb etwas irritierend, weil sie entweder ein naives Nicht-Verständnis der wohl bestehenden gegenseitigen Annahmen über einen fundamentalen Dissens in der debattierten Frage andeuten oder aber einen sehr brüsken Versuch der Überwindung von Gegensätzen erkennen lassen.

2.2. Kodifizierung von Gebrauchsweisen in Wörterbüchern

(1) e) link *im parlamentarischen und politischen leben, aus dem französischen der restaurationszeit übernommen, wo in den kammern die oppositionspartei ihre sitze zur linken des präsidenten wählte, vgl.* LITTRÉ 1 1844. *es heiszt* die linke seite des hauses; die linke; die führer der linken; die äuszerste linke, *franz.* l'extrême gauche: er *(der thronfolger)* solle sich nicht von den theoretikern verleiten lassen, das bürgerkönigthum in der volkssouveränetät zu sehen, noch viel weniger in der aufrechthaltung der charte; er solle sich weder an das geschwätz der rechten noch der linken kehren. H. HEINE 8, 375 *(von* 1832); bekanntlich hat die fraktion der republikaner, die durch den ›national‹ repräsentiert wird, den gesetzvorschlag der befestigung am wirksamsten verfochten. eine andere fraktion, die ich die linke der republikaner nennen möchte, erhebt sich dagegen mit dem wildesten zorn. 9, 240; wie jüngst die äuszerste linke in Frankreich gegen Cousin eiferte. 10, 217; vormittags fiel er mit der äuszersten linken die minister an, nachmittags war er absolutistisch gesinnt, abends wuszte er nicht, wo ihm der kopf stand und ging als juste-milieu zu bette. IMMERMANN *Münchh.* 1, 71.

(2) *Linke,* die; -n, -n.
1. *die linke Hand, Seite, Ggs. Rechte:* sie hielt das Buch in ihrer Linken; [*er mischte die Karten*] mit der Linken, eine Geschicklichkeit, die er ... endlich erworben hatte J. ROTH *Radetzkymarsch* 212; er ging an, zu ihrer Linken; zur Linken erhebt sich die Burg; B o x e n er siegte vor allem durch seine schnelle Linke *(Schläge mit der linken Hand).*
2. */Bezeichnung für die Parteien und politischen Strömungen in einem nichtsozialistischen Staat, die den Sozialismus vertreten oder zu ihm neigen/ Ggs. Rechte:* er ist ein Vertreter der Linken, gehört der radikalen, extremen Linken an; Meiner Frau schrieb ich ... Schraps und ich bildeten die äußerste Linke und wir säßen dementsprechend BEBEL *Aus meinem Leben* 345.
zu 1 Halblinke

(3) *Lin-ke* ['liŋkə], die, -n / -n: *1. linke Hand:* ich muß dir meine (die) L. geben, ich habe mir die rechte Hand verletzt; der Boxer traf seinen Gegner mit einer wohlgezielten Linken *(linke Faust, Schlag da-*

mit); ich ging [ihr] zur Linken *(auf der linken Seite)*. *2. sozialistische od. kommunistische Gruppe einer Volksvertretung:* die L. ist überstimmt worden; der Abgeordnete, Parlamentarier gehört der Linken an. [1: frühnhd., aber schon ahd. lenka = linke Hand; 2: nhd., für frz. gauche; in der frz. Restaurationszeit saßen die Gegner der Regierung auf der linken Seite vom Sitz des Präsidenten aus].

(4) **Linke** w (~n; ~n) linke Hand; die links vom Vorsitzenden tagenden Parteien der Volksvertretungen (Liberale, Sozialisten, Kommunisten); **linkerhand** UW links, = **linkerseits** UW; **Linkhand** w (~; -hände) linkshändiger Mensch; **Linkheit** w (~; –) linkische Art, Unbeholfenheit; **linkisch** EW unbeholfen.

Dies sind einige Beispiele für Einträge in einsprachigen deutschen Wörterbüchern, in denen Angaben zur Bedeutung des Ausdrucks *(die) Linke* gemacht werden. (1) ist lediglich ein Ausschnitt aus dem Eintrag unter dem Lemma (Stichwort) *link* in dem »Deutschen Wörterbuch« von Jacob und Wilhelm Grimm. (2) stammt aus dem in Ostberlin erscheinenden »Wörterbuch der deutschen Gegenwartssprache«, herausgegeben von R. Klappenbach und W. Steinitz, (3) aus dem »Ullstein Lexikon der deutschen Sprache«, herausgegeben und bearbeitet von R. Köster, und (4) aus dem »Deutschen Wörterbuch« von Lutz Mackensen. Es kommt hier nicht darauf an, einen in irgendeiner Weise repräsentativen Querschnitt aus Wörterbüchern des Deutschen zu bieten, vielmehr geht es darum, im Anschluß an die Thematik des ersten Teils dieses Beitrags anhand einiger ausgewählter Beispiele zu illustrieren, wie Bedeutungen von Ausdrücken in Wörterbüchern beschrieben und kodifiziert werden können.

Im allgemeinen verzeichnen die gängigen Wörterbücher – auch solche, die hier nicht zitiert sind – unter *Linke* zunächst die Bedeutung ›linke Hand‹, die anscheinend schon seit althochdeutscher Zeit belegt ist. Selbstverständlich verzeichnet auch das Grimmsche »Deutsche Wörterbuch« diese Bedeutung und führt zahlreiche Belege dafür an; lediglich aus Platzgründen ist unter (1) nur die Stelle aus dem Wörterbuchartikel abgedruckt, in der die von Brandt in unserem Ausgangstext favorisierte Bedeutung von *Linke* belegt wird. Die politische Bedeutung von *Linke* wird erst an zweiter Stelle aufgeführt. Das ist gemäß einer bestehenden Praxis in der Wörterbucharbeit begründet: (i) dadurch, daß die Bedeutung ›linke Hand‹ sehr viel früher belegt ist, und (ii) dadurch, daß die politische Bedeutung in bestimmter Weise als sekundär gelten kann, insofern sie von dem älteren Gebrauch von *Linke* abgeleitet ist: Die Politiker der Linken sind diejenigen, die im Parlament dem Präsidenten zur Linken (zur linken Hand; linkerhand) sitzen. Man könnte sogar so weit gehen zu behaupten, die politische Bedeutung von *Linke* sei ansatzweise terminologisiert und schon fast fachsprachlich. Diese Auffassung würde gestützt durch die Angaben im Rechtschreibduden 1973:

(5) »Linke (linke Hand; linke Seite; Politik.: Bez. für linksstehende Parteien, auch für die linksstehende Gruppe einer Partei) . . .«.

Nach dieser Eintragung im Rechtschreibduden gibt es zwei Hauptbedeutungen von *Linke,* nämlich ›linke Hand‹ und ›linke Seite‹, und im Bereich der Politik gibt es eine Spezialbedeutung ›linksstehende Partei, linksstehende Gruppe in einer Partei‹. Durch die – wenn auch geringfügigen – Unterschiede in der Gewichtung der Bedeutungskomponenten in (2), (3), (4) und (5) kann immerhin deutlich werden, daß die Art und Weise, wie die Bedeutungen von Ausdrücken in Wörterbüchern beschrieben und damit auch in gewisser Weise festgelegt werden, abhängt von den Interpretationen der Gebrauchsweisen der betreffenden Ausdrücke durch die jeweiligen Verfasser. Die Verfasser stützen sich in ihren Beschreibungen letztlich auf ihre eigene Sprachkompetenz, indem sie angeben, welche Gebrauchsweisen nach ihrem Verständnis von einem bestimmten Ausdruck gemacht werden bzw. wurden; Belege wie in (1), (2) und Beispielsätze wie in (3) sind natürlich hilfreich, insofern sie auch für den Leser die Basis der jeweiligen Bedeutungsbeschreibung bzw. -kodifizierung offenlegen und in diesem Sinne kontrollierbar machen; aber viele Belege und Beispiele lassen unterschiedliche Interpretationen zu, und die Auswahl der Belege und Beispiele ist selbstverständlich auch einem interpretativen Vorverständnis unterworfen.

Brandts Normierungsversuch für den Gebrauch von *(die) Linke* findet in den Wörterbucheinträgen durchaus eine Stütze. Für alle an der Bundestagsdebatte Beteiligten ist ja klar, daß die in (2), (3), (4) jeweils als erste verzeichnete Bedeutung ›linke Hand‹ in der gegebenen Situation nicht in Frage kommt; man kann sie allenfalls in dem angedeuteten Sinne erklärend heranziehen, wenn man verständlich machen will, wie es zu der politischen Bedeutung von *Linke* hat kommen können. Brandts Interpretation wird insbesondere durch die Einträge (1) und (3) gestützt, in denen die politische Bedeutung von *Linke* zurückgeführt wird auf die Sitzordnung der Parlamentarier in der französischen Revolutionszeit, wobei man vermuten kann, daß die Angaben in (3) auf den Belegen des Grimmschen »Deutschen Wörterbuchs« beruhen. Bemerkenswert bei (3) ist, daß zur Charakterisierung der politischen Bedeutung von *Linke* vorrangig die Attribute *sozialistisch* und *kommunistisch* herangezogen werden (was nicht in Brandts Sinne sein dürfte) und der Hinweis auf die parlamentarische Sitzordnung lediglich eine historisch erläuternde Funktion hat, während die Gewichtung in (4) die Ordnung im parlamentarischen Raum in den Vordergrund stellt.

Der Wörterbuchartikel (2) nimmt insgesamt eine gewisse Sonderstellung ein, insofern er aus der Sicht dessen geschrieben ist, der davon ausgeht, daß in einem sich sozialistisch nennenden Staat die Unterscheidung zwischen Linken und Rechten keinen rechten Sinn mehr ergibt. Linke kann es danach nur dort geben, wo nicht alle schon per definitionem sozialistisch sind und wo man sie deshalb als Sozialisten bzw. sozialistisch Orientierte von Rechten absetzen kann. (2) scheint im Vergleich zu den anderen Beispielen einen verhältnismäßig starken normativ reglementierenden Charakter zu haben; der Text sieht eine sehr weitgehende Einschränkung der Verwendungsmöglichkeiten des Ausdrucks *Linke* vor, indem er ihn reservieren möchte zur Bezeichnung von »Parteien und politischen Strömungen in einem nichtsozialistischen Staat«. Man darf sich aber nicht darüber hinwegtäuschen, daß jede Bedeutungsbeschreibung eine reglementierende Funktion haben kann. Es ist keine Beschreibung möglich, die alle tatsächlich vorkommenden und alle denkbaren Gebrauchsweisen eines Ausdrucks erfaßt. Auswahl der Belege und Ziele der Beschreibungen bestimmen jeweils, in welchem Maße die Angaben für bestimmte Adressaten bzw. Adressatengruppen (Benutzergruppen) als Kodifizierungen mit vorschreibendem (präskriptivem) Charakter gelten können. (Zur Unterscheidung von Beschreibung und Kodifizierung vgl. auch den Beitrag über Sprachspiele und den Beitrag über Normen.) Jede Worterklärung kann sinnvoll danach befragt werden, welchen Zielen sie dient, ob sie mehr beschreibende Funktion hat oder für bestimmte Adressaten Gebrauchsanleitung sein soll, auf welche Belege sie sich stützt, welche Autoritäten genannt werden, in welcher Form Belege wiedergegeben und bestimmte Gebrauchsweisen dargestellt werden (vgl. im Anhang Beispiel 2).

Ein extremer Fall einer Worterklärung findet sich im vierten Band von »Trübners Deutschem Wörterbuch« von 1943. Zur politischen Bedeutung von *Linke* steht dort der eine Satz:

(6) »Im politischen Sinne heißen L i n k e die Parteien des Marxismus.«

Rechtfertigend wird allein auf einen Gebrauch bei Goebbels verwiesen. Dies ist ein Beispiel dafür, daß eine bestimmte Gebrauchsweise unter Berufung auf eine bestimmte Autorität festgeschrieben werden soll. Die Strategie, die dahintersteht, ist weiter verbreitet, als gemeinhin angenommen wird. Man meint, man könne auch im alltäglichen Sprachgebrauch einfach dadurch eine bestimmte Ordnung schaffen, daß man Definitionen gibt, Festsetzungen trifft, wie sie etwa in engeren fachsprachlichen Bereichen einen guten Sinn haben. Man begegnet oft der Auffassung, eine fortschreitende Terminologisierung des Sprachgebrauchs könne die alltägliche Kommunikation allmählich verbessern. Außer acht gelassen wird dabei jedoch meistens, daß die Kommunikationsprobleme, die gelöst werden sollen, historisch entstanden sind, und daß man die in historisch gewachsene Lebensformen eingebetteten Gebrauchsweisen von Ausdrücken nicht einfach durch isolierte Eingriffe verändern kann. Von den Schwierigkeiten, die sich hier ergeben, sollten die Erörterungen im ersten Teil dieses Beitrags einen Eindruck vermitteln.

Abschließend soll noch auf einige unterschiedliche Formen von Worterklärungen hingewiesen werden, die sich je nach der Art des zu erklärenden Ausdrucks und nach der Erklärungssituation anbieten. Oft wird recht einseitig auch für Erklärungen des alltäglichen Sprachgebrauchs die Form einer einfachen Definition mit Angabe von genus proximum (Oberbegriff) und differentia specifica (unterscheidendes Merkmal) bevorzugt. Diese Erklärungsform findet sich auch in unseren Beispielen, etwa wenn angegeben wird, unter der Linken seien diejenigen »Parteien der Volksvertretungen« zu verstehen, die links vom Vorsitzenden tagen. Bei Worterklärungen erweist es sich aber häufig als schwierig, geeignete Oberbegriffe und treffende Merkmale der Unterscheidung zu finden. Beispielsätze, in denen der zu erklärende Ausdruck vorkommt, und exemplarische Beschreibungen von Verwendungssituationen können dann oft helfen. Diesen Status haben meistens Belege und Beispiele in Wörterbuchartikeln. Die Hauptschwierigkeit mit ihnen ist, daß sie in den meisten Fällen einer Interpretation bedürfen, die schon ein genaueres Verständnis voraussetzt. Relativ einfach ist es, wenn man dem Adressaten einer Erklärung zu einem Ausdruck einen in der Bedeutung ähnlichen oder zumindest verwandten liefern kann, den er schon versteht; man kann sich dann darauf beschränken, durch Hinweise auf einige charakteristische Verwendungen die relevanten Bedeutungsunterschiede der beiden Ausdrücke exemplarisch vorzuführen. Für alle schriftlich zu übermittelnden Erklärungen und damit auch für alle Wörterbucherklärungen von Bedeutungen unbrauchbar ist eine Erklärungsform, die oft dann die effektivste ist, wenn der Adressat, für den die Erklärung bestimmt ist, in der Erklärungssituation anwesend ist und wenn das zu erklärende Wort darüber hinaus die Bezeichnung eines Gegenstands ist, auf den in der Erklärungssituation gezeigt werden kann. Indem der Erklärende mit dem Finger oder sonstwie auf den entsprechenden Gegenstand hinweist, kann er dann oft mit einem Schlage klarmachen, worum es ihm geht. Alle Versuche von Worterklärungen sind letztlich daran zu messen, inwieweit es ihnen gelingt, bestimmten Adressaten klarzumachen, wie andere Sprecher bestimmte sprachliche Ausdrücke gemäß den erlernten Regeln verwenden.

Bibliographische Hinweise

Die Wörterbuchtexte im zweiten Teil des Beitrags stammen aus:

(1) J. Grimm – W. Grimm, Deutsches Wörterbuch, Bd. 6, bearb. von M. Heyne, Leipzig 1885, Sp. 1047.

(2) R. Klappenbach – W. Steinitz (Hg.), Wörterbuch der deutschen Gegenwartssprache, Bd. 3, Berlin 1969, 2380.

(3) R. Köster (Hg.), Ullstein Lexikon der deutschen Sprache, Frankfurt/ Berlin 1969, 566.

(4) L. Mackensen (Hg.), Deutsches Wörterbuch, Baden-Baden [4]1962, 579.

(5) Der Große Duden, Bd. 1: Rechtschreibung, Mannheim [17]1973, 432.

(6) A. Götze (Hg.), Trübners Deutsches Wörterbuch, Bd. 4, Berlin 1943, 477.

Zur Thematik der Präzisierung der Wortbedeutung sei hingewiesen auf:

M. Black, Vagueness, in: Ders., Language and Philosophy, New York 1959, 23–58.

A. Naess, Kommunikation und Argumentation. Eine Einführung in die angewandte Semantik, Kronberg/Ts. 1975, bes. 22–67.

A. Schaff, Unscharfe Ausdrücke und die Grenzen ihrer Präzisierung, in: Ders., Essays über die Philosophie der Sprache, Frankfurt a. M./Wien 1968, 65–94.

L. Wittgenstein, Philosophische Untersuchungen, Frankfurt a. M. 1967, § 88.

Hinweise zum Vergleich von (gruppensprachlichen) Gebrauchsweisen sprachlicher Ausdrücke, mit Beispielen auch aus verschiedenen Wörterbüchern, gibt:

B. Badura, Sprachbarrieren. Zur Soziologie der Kommunikation, Stuttgart/ Bad Cannstatt [2]1973, bes. 113–158.

Verschiedene Arten von Erklärungen von Bedeutungen werden dargestellt in:

Fr. Waismann, Logik, Sprache, Philosophie, Stuttgart 1976, bes. 238–281.

Einen kurzen Überblick über Probleme der Lexikographie, mit bibliographischen Hinweisen zu Wörterbüchern und weiterführender Literatur gibt:

H. Henne, Lexikographie, in: H. P. Althaus – H. Henne – H. E. Wiegand (Hg.), Lexikon der germanistischen Linguistik, Bd. III, Tübingen 1973, 590–601.

Einen ersten Überblick über lexikologische Fragestellungen vermittelt:

O. Reichmann, Germanistische Lexikologie, Stuttgart 1976.

3. Sprachliche Normen

3.1. Eigenschaften von Normen

Bei diesem Aufruf handelt es sich nicht um ein Dokument aus längst
vergangenen Zeiten, sondern um eine Art antiquiertes Flugblatt, das
in den siebziger Jahren des 20. Jahrhunderts verbreitet wird. Es ist
das Dokument eines sprachnormerischen Versuchs, und es zeigt ganz
typische Züge sprachnormerischer Tätigkeit.

Durch nähere Betrachtung des Dokuments sollen im folgenden Antworten auf die Fragen gesucht werden:

(1) Was versteht man unter einer (sprachlichen) Norm?
(2) Welches sind die Gegenstände der Normierung?
(3) Wer normiert? oder: Wer setzt die Norm?
(4) Wem gilt die Normierung oder: Für wen wird die Norm gesetzt?
(5) Welche Interessen sind mit der Norm bzw. Normierung verbunden?
(6) Welche Möglichkeiten gibt es zur Durchsetzung einer Norm?
(7) Kann man sich gegen Normen wehren, und wenn ja, wie?

Die erste Frage ist zweifellos die übergreifende; sie kann nicht isoliert
betrachtet werden: Sie findet in wesentlichen Teilen erst eine Antwort
in Antworten auf die anderen, untergeordneten Fragen. (2) bis (7)
führen hin zu Teilaspekten des Normenproblems, die von besonderer
Bedeutung sind, wenn man begreifen will, was Normen sind und wie
sie funktionieren. In den Formulierungen der genannten Fragen wird
bereits eine Unterscheidung angedeutet, der grundsätzliche Bedeutung
zukommt: der zwischen Normen und Normierungen. Normierungen
sind Handlungen einzelner oder von Gruppen mit dem Ziel, für

einzelne oder Gruppen bestimmte Handlungsweisen verbindlich zu machen; Normen dagegen sind Regeln bzw. Handlungsmuster, auf die sich die Normierungen als Handlungen beziehen, die den einzelnen Normierungen zugrundeliegen und ihnen auch als Legitimationsbasis dienen können. Man kann sagen, daß Normierungen Setzungen von Normen seien, wie es auch in den alternativen Formulierungen von (3) und (4) zum Ausdruck kommt. An diese in den Fragestellungen angedeutete Unterscheidung möchten wir zunächst anknüpfen, um zur Beantwortung von (1) einen ersten Schritt zu machen.

Man hat zuweilen keine strikte Trennungslinie zwischen Normen und Normierungshandlungen gezogen und entsprechend versucht, in Normen Gebote, Verbote oder auch Aufforderungen und Befehle zu sehen, also bestimmte Handlungen, die man ihrem Typ nach durchaus als spezielle Formen von Normierungshandlungen ansehen könnte. Ein solcher Versuch hat einiges für sich, besonders wenn man den Zusammenhang zwischen Normen und Geboten oder Verboten betrachtet. Unter Geboten und Verboten versteht man nicht nur bestimmte Handlungen einzelner (bzw. einzelner Gruppen) mit Blick auf bestimmte Adressaten (bzw. Adressatengruppen), sondern man spricht auch davon, daß Gebote und Verbote bestehen, daß sie gelten, in Geltung sind – gewissermaßen losgelöst von den je historisch spezifischen Situationen, in denen die Gebote, Verbote von bestimmten Personen für bestimmte andere erlassen wurden. Hier ist eine Parallele zu Normen gegeben: Für sie ist die Losgelöstheit von bestimmten Normierungssituationen – seien es nun Situationen der Einsetzung bestimmter Normen und ihrer Festigung und Modifizierung – charakteristisch. Normen gelten, sie setzen sich durch und werden erhalten in der gewissermaßen blinden Befolgung bestimmter Regeln durch Mitglieder sozialer Gruppen. Die Befolgungen sind nicht auf erkannte Zusammenhänge der befolgten Regeln mit historischen Bedingungen der Genese und Erhaltung eben dieser Regeln angewiesen. Ich grüße meinen Nachbarn, weil ich gelernt habe, daß man seinen Nachbarn grüßt, und ich grüße ihn, ohne normalerweise nach den Gründen, der Berechtigung usw. des Grüßens zu fragen. Die Normen üben in diesem Sinne eine anonyme Macht auf mich aus. Anders verhält es sich mit Aufforderungen und Befehlen: Bei jeder Aufforderung und bei jedem Befehl steht die Frage an, wie ich mich in dem speziellen Einzelfall verhalte; ich habe jeweils zu reagieren auf eine einzelne Handlung eines Gegenübers, kann positiv oder negativ reagieren und kann die Berechtigung oder den Sinn der Handlung in Zweifel ziehen. Freilich sind auch bei *Aufforderung* und *Befehl* Gebrauchsweisen denkbar, die der angedeuteten Verwendungsweise von *Gebot, Verbot* und *Norm* nahekommen: Man kann durchaus sagen, ein Befehl bzw. eine Aufforderung sei ergangen, ein Befehl bzw. eine Aufforderung stehe im Raum o. ä., und damit die Quelle der Aufforderung bzw. des Befehls im Anonymen belassen. Anders als bei einem Hinweis auf eine Norm drängt sich hier aber die Frage nach demjenigen oder denjenigen auf, von dem bzw. denen der Befehl oder die Aufforderung ausgegangen ist.

Selbstverständlich lassen sich Normen besonders leicht in Befehle bzw. Aufforderungen ummünzen, oder weniger metaphorisch gesprochen: Das Bestehen von Normen drückt sich vorzugsweise in Befehlen bzw. Aufforderungen aus und – so kann man sagen – weniger häufig und weniger deutlich in Sprechhandlungen wie Behauptungen, Ratschlägen, Vorwürfen, die auch eine normative Basis haben können. Unser sprachnormerisches Dokument enthält mehrere Aufforderungen, die in unterschiedlicher Weise mit den sprachlichen Normen zusammenhängen, auf die sich der Aufruf beruft. »Weitergeben!« und »Abdrucken!« sind Aufforderungen an die Empfänger, die jeder Aufruf enthalten kann, gleich welche Ziele er verfolgt: Sie haben keinen direkten Zusammenhang mit den Normen. Anders: »Nationale Würde und Gesichtspunkte der Zweckmäßigkeit fordern: Deutsches Wort in deutscher Schrift!« Diese Aufforderung an den Leser, »deutsches Wort in deutscher Schrift« wiederzugeben, ist normenspezifisch: Sie ist geprägt von einer zugrundegelegten Norm, für die Allgemeinverbindlichkeit in Anspruch genommen wird. Charakteristisch ist die Anonymität der Quelle der Aufforderung. Hier fordert nicht der Absender der Flugschrift, der Bund für deutsche Schrift, zu einer bestimmten Handlung auf, vielmehr wird auf nicht personalisierbare Autoritäten, nämlich »nationale Würde und Gesichtspunkte der Zweckmäßigkeit« verwiesen, gegen die kein direkter Widerspruch möglich ist. Für die Regel des Handelns, zu dem aufgerufen wird, wird eine Geltung beansprucht, die ihren Ursprung scheinbar nicht in der Autorität eines bestimmten Einzelnen oder einer bestimmten Gruppe hat. »Nationale Würde und Gesichtspunkte der Zweckmäßigkeit« stellt am Ende des Aufrufs gewissermaßen die zusammenfassende Formel dar für das normative Fundament, von dem aus der Bund für deutsche Schrift seine Aufforderungen an die Leser erteilt. Speziellere Normsätze, die die Verfasser des Aufrufs für richtig halten, kann man aus den vorangehenden Behauptungen erschließen, etwa die folgenden:

(8) Wenn man fortschrittlich sein will, muß man an der Großschreibung festhalten und den Antiquadruck vermeiden.

(9) Wenn man Lesehilfen befürwortet und gegen eine Erschwerung des Lesens ist, sollte man für Großschreibung der Hauptwörter und für Deutschdruck plädieren.

(10) Wer für die Eigenständigkeit des deutschen Wortschatzes und des deutschen Satzbaus und gegen die gedankenlose Nachäffung des Auslands ist, soll gegen beschränkte Kleinschreibung und Antiquadruck sein.

(11) Wer keinen Verrat an der deutschen Sprache üben und sich einer Verachtung der deutschen Überlieferung nicht schuldig machen will, darf beschränkte Kleinschreibung und Antiquadruck nicht dulden.

Usw.

(8) bis (11) sind lediglich als Vorschläge für Formulierungen von dem Aufruf zugrundeliegenden Normen zu verstehen. Andere Formulierungen sind denkbar, sicher auch noch bessere, die die von den Verfassern angestrebten Normen differenzierter, vielleicht auch adäquater wiedergeben. Normensätze wie (8) bis (11) sind nicht selbst die Normen, sondern Formulierungen von Normen zu je bestimmten Zwecken und mit unterschiedlichen Zielen. Entsprechend verschieden können solche Formulierungen ausfallen, die Normen wiedergeben und sie damit für die Kommunikation verfügbar machen. Die Formulierungen (8) bis (11) sind für unsere Zwecke ausreichend, insofern sie noch einige Eigenschaften von Normen erkennen lassen, die bisher nicht zur Sprache gekommen sind. Erstens: Normen haben generalisierenden Charakter, was sich in den Formulierungen vor allem durch die Verwendung des Indefinitpronomens *man* ausdrückt: »Wenn m a n ..., muß m a n ...«. Nun könnte man sagen, daß es sich hier um eine Eigenschaft handelt, die jeder sozialen Regel als Regel zukommt: Es ist notwendig mit dem Begriff des Regelhaften verbunden, daß es sich nicht um etwas Einmaliges, Partikuläres handelt; wir haben es bei Regelhaftem vielmehr immer mit etwas zu tun, was als Gleiches in verschiedenen, voneinander abgrenzbaren Fällen wiedererkannt werden kann und insofern auch immer ein generalisierendes Element enthält. Bei Normen scheint hier aber doch noch eine besondere Tendenz zu bestehen, nämlich die Grenzen des Geltungsbereichs der Regeln nicht klar abzugrenzen, vielmehr offen zu halten, um eine ständige Ausbreitung der Normen zu ermöglichen. So ist die Wahl eines I n d e f i n i t pronomens bei der Normformulierung nicht zufällig; und der Aufruf, von dessen Betrachtung wir ausgehen, erlaubt charakteristischerweise keine klare Abgrenzung des Bereichs, für den Geltung bestimmter Normen beansprucht wird. Die hier angesprochene Tendenz zur unbegrenzten Generalisierung hängt natürlich zusammen mit dem, was vorher über den Unterschied zwischen Normen und Verboten, Aufforderungen usw. gesagt wurde, und sie steht auch in enger Verbindung mit dem folgenden Punkt.

Zweitens: Normen haben vorschreibenden Charakter. Das drückt sich in der Verwendung der Modalverben *müssen, sollen, dürfen* in den Normenformulierungen (8) bis (11) aus. Die Wahl unterschiedlicher Durchsetzungsansprüche bezüglich der Normen hin. Es gibt unterschiedliche Grade, in denen einzelne oder Gruppen versuchen, auf andere einzelne oder Gruppen normativ einzuwirken, und in denen von Normen ausgehende Zwänge hinsichtlich der Befolgung oder Nicht-Befolgung bestimmter Regeln von einzelnen oder Gruppen gespürt werden. Natürlich gibt es hier auch noch mehr Abstufungen, als durch das System der deutschen Modalverben nahegelegt werden. Die je bestimmte Handlungsweisen erzwingende Tendenz ist selbstverständlich diejenige Eigenschaft von Normen, die immer wieder zum Vergleich mit Verboten oder ähnlichen Aufforderungshandlungen Anlaß gegeben hat. Auf die Grenzen eines solchen Vergleichs wurde zu Beginn hingewiesen. Darüber hinaus kann man sagen, daß die imperative Ausrichtung von Normen in eine ganz bestimmte Richtung zielt, die sie von gewöhnlichen Imperativen unterscheidet und die in dem folgenden dritten Punkt noch etwas näher umschrieben ist.

Drittens: Normen zielen auf die Herstellung von Übereinstimmungen zwischen verschiedenen Regeln ab und operieren insofern stets gewissermaßen auf einer höheren Ebene über zwei oder mehr andere Regeln. Beispielsweise kann eine Norm bestimmen, daß ich mich im Kreise der Freunde meiner Eltern so zu benehmen habe, wie meine Eltern es tun. Das heißt: Es wird eine Angleichung meiner Regeln an die meiner Eltern verlangt. Oder es werden bestimmte Abhängigkeiten zwischen verschiedenen Handlungsweisen postuliert, deren Berücksichtigung mich in der Praxis zur Anpassung bestimmter Handlungsweisen an bestimmte andere nötigen kann. Postulate derartiger Abhängigkeiten zwischen Regeln finden sich auch in unserem Aufruf, etwa wenn gesagt wird, die Anwendung der gemäßigten Kleinschreibung und des Antiquadrucks bedeute eine »gedankenlose Nachäffung des Auslandes«. Das Befolgen der Handlungsweise X soll als Befolgen der Handlungsweise Y gelten. Eine entsprechende zweigliedrige Struktur zeigen auch unsere Normensätze (8) bis (11). Natürlich geht es hier – wie auch sonst häufig – nicht einfach um die Forderung nach einer Angleichung zweier Handlungsweisen X, Y; die Beispiele aus dem Aufruf sind vielmehr eher so zu charakterisieren: Ein Befolgen von X soll als ein Befolgen von Y gelten. Y steht nicht hoch im Kurs; also befolge (wenn du die Wahl zwischen X und Z hast) lieber Z und schreibe deutsch mit Berücksichtigung der Goßschreibregeln, so wie es die Verfasser des Aufrufs tun! Es sind also oft mehr als nur zwei Handlungsregeln im Spiel.

Nach diesen Überlegungen kann ein Definitionsversuch gemacht werden, der das bisher Gesagte zusammenfaßt: Normen sind Regeln, die vorgeschrieben werden. Sie haben
- vorschreibenden Charakter (in dem erläuterten Sinne),
- eine Tendenz zur Ausweitung ihres Geltungsbereiches,
- und sie zielen auf die Herstellung von Übereinstimmungen zwischen verschiedenen Regeln ab.

Diese Charakterisierung bezieht sich auf einen sozialwissenschaftlich orientierten Normenbegriff, d. h. Verwendungen des Ausdrucks *Norm* wie in

(12) Daß mein Apfelbaum 1,5 Zentner brachte, war in den vergangenen zehn Jahren die Norm.

(13) Die Norm ist, daß mein Nachbar mich morgens mit »Guten Morgen« begrüßt, nur selten sagt er: »Grüß Gott«.

werden ausgeklammert. Diese Ausklammerung scheint plausibler, wenn man es wie in (12) mit natürlichen und naturwissenschaftlich zu behandelnden Phänomenen zu tun hat: Wieviel Äpfel mein Apfelbaum jährlich trägt, ist ganz klar eine Frage, die von Naturgesetzen her zu beantworten ist und nicht von sozialen Regeln. Etwas anders liegen die Dinge scheinbar bei (13): Immerhin geht es hier um soziale Tatsachen, um Konventionen des Sich-Begegnens, des Sich-Grüßens. Durch den Zusammenhang wird aber deutlich, daß *Norm* hier ähnlich wie in (12) lediglich ein quantitatives Maß bezogen auf die Zahl der Fälle meint und nicht eine Regel. Bezüglich Verwendungen von *Norm* wie in (12), (13) hat man auch von einer deskriptiven Norm gesprochen im Unterschied zum Normbegriff unserer Definition, für den ja der vorschreibende (präskriptive) Charakter eine wesentliche Rolle spielt. Wichtiger als diese Gegenüberstellung von deskriptiv und präskriptiv ist aber die Tatsache, daß mit *Norm* in (12), (13) überhaupt keine Regel in unserem Sinne gemeint ist, sondern so etwas wie das Normale, das sich in Hinsicht auf alle möglichen Gegenstände, Ereignisse, Tatsachen, Handlungen in der Welt feststellen läßt.

Aus dem bisher Gesagten ist hinreichend deutlich, daß in dem Definitionsversuch von einem ganz bestimmten Regelbegriff ausgegangen wird, nach dem nämlich Regeln nicht als Merksätze, Regelformulierungen oder Regelbeschreibungen aufgefaßt werden, sondern als Muster, die sozialem Handeln zugrundeliegen und denen man – meist unbewußt – folgt, wenn man etwas tut, was die Bezeichnung Handeln verdient. Dieser Regelbegriff wurde bisher – stillschweigend – durchgängig verwendet; und dieser Regelbegriff ist auch der, der in der Forschung über sprachliche Normen dominiert. In der Forschung wurde aber oft nicht so klar zwischen Regeln und Normen unterschieden, wie es hier vorgeschlagen wird. Man hat den Normbegriff in engerer Verbindung zur Bedeutung von *Norm* wie in (12), (13) gesehen und dann jegliches Regelhaft-Normale, das Regeln als Regeln auszeichnet, als zur Norm gehörig betrachtet. Das kann zur Verwischung sinnvoll und mit Erkenntnisgewinn anzunehmender Unterschiede zwischen Regeln und Normen führen, und zwar manchmal so weit, daß *Norm* und *Regel* als annähernd synonym gelten können und gar nicht mehr einzusehen ist, warum man in theoretischen Zusammenhängen an beiden Ausdrücken festhält. Demgegenüber wird in unserem Definitionsversuch klar zwischen Normen und Regeln unterschieden: Normen sind eine Subklasse von Regeln, und diese Subklasse ist durch ganz spezifische, qualitative Merkmale ausgezeichnet. Der Sinn einer derartigen klaren Unterscheidung zwischen Normen und Regeln wird im folgenden noch deutlicher werden.

3.2. Gegenstände und Funktionen von Normierungen

An der Charakterisierung von Normen, wie sie in dem Definitionsversuch vorgeschlagen wird, ist auffällig die Aussparung bzw. Nicht-Berücksichtigung der Frage, w a s es denn jeweils im einzelnen ist, das normiert wird. Unsere ganz zu Beginn gestellte Frage

(2) Welches sind die Gegenstände der Normierung?

scheint bisher unverhältnismäßig wenig Berücksichtigung gefunden zu haben. Man erwartet mehr Aussagen über spezielle Inhalte von Normen: Wenn Normen eine Subklasse der Handlungsregeln darstellen, gibt es dann nicht eine Möglichkeit, diese Subklasse näher einzugrenzen aufgrund bestimmter Merkmale von Regeln – beispielsweise alle Regeln mit interaktionalem Charakter – oder auch aufgrund bestimmter Spezifizierungen von Gegenstandsbereichen – beispielsweise alle Regeln, die in einer bestimmten gesellschaftlichen Institution Geltung haben? Eine Antwort auf diese und ähnliche Fragen wurde bereits an verschiedenen Stellen angedeutet und ergibt sich insbesondere aus dem dritten der in der Definition genannten Merkmale von Normen. Normen sind von sich aus nicht auf bestimmte inhaltliche Ausrichtungen von Regeln angewiesen; man kann lediglich sagen, daß sie auf Ü b e r e i n s t i m m u n g e n zwischen verschiedenen Regeln abzielen; und das ist eine von spezifischen Inhalten einzelner Regeln abgehobene, relativ formale Bestimmung. Prinzipiell sind alle Regeln gleichermaßen für Normierungen geeignet. Trotzdem lassen sich in bestimmten Gesellschaften und gesellschaftlichen Gruppen natürlich Unterschiede feststellen hinsichtlich der Überlagerung von Regeln durch Normen in bestimmten inhaltlichen Bereichen. Das Redeverhalten am häuslichen Mittagstisch ist bei uns beispielsweise weniger stark normiert als das Redeverhalten der Teilnehmer an einer

Fernsehdiskussion. Solche Unterschiede haben ihren Ursprung aber nicht in inhaltlichen Schranken für Normen bzw. Normierungen als bestimmten Regeltypen bzw. bestimmten Handlungstypen. Sie sind vielmehr das Ergebnis spezieller historischer Entwicklungen, in deren Verlauf die normerischen Interessen derer, die Normen machen, durchsetzen, aufrechterhalten und stabilisieren, in ganz bestimmte Richtungen gelenkt wurden. Bezogen auf unser Beispiel, wäre es durchaus denkbar, daß das Redeverhalten am häuslichen Mittagstisch rigider normiert wäre als das Redeverhalten in einer durch die Medien verbreiteten öffentlichen Diskussion. Von der Logik der Normen her stünde dem nichts entgegen, wohl aber von der historisch gewordenen spezifischen Ausgestaltung der einzelnen Institutionen unserer Gesellschaft.

In unserem Ausgangstext sind einige wichtige inhaltliche Schwerpunkte für sprachliche Normierungen gut repräsentiert. Wir finden Versuche zur Reglementierung der Schriftform und der Rechtschreibung, ferner durch die Erwähnung der »Fremdwortsucht« einen Hinweis auf den lexikalischen Bereich. Es gibt leicht einsehbare Gründe dafür, daß sich historisch gerade die Bereiche der Rechtschreibung, der Schriftgestaltung und des Lexikons als Schwerpunkte für sprachnormerische Aktivitäten herausgebildet haben. Sprachnormerische Handlungen seien es nun Aufforderungshandlungen zum Zwecke der Einführung bestimmter Normen in einer bestimmten Adressatengruppe (Beispiel: eine geeignete Äußerung von (14)) oder reglementierende Hinweise auf eine bestehende Norm wie in (15) oder normativ (d. h. unter Bezugnahme auf bestimmte Normen) vorgenommene Bewertungen bestimmten Sprachgebrauchs wie in (16), (17) – sind angewiesen auf die Möglichkeit einer Identifizierung der Regel bzw. Regeln, für die die angestrebte Norm gelten soll.

(14) Ihr aus der Klasse 4b schreibt das Wort *Foto* und seine Zusammensetzungen in Zukunft wieder mit *ph*!

(15) Ich möchte lediglich zu Ihrem Text bemerken, daß man *trotzdem* nicht einleitend in einem Nebensatz verwendet, sondern nur zur Einleitung eines Hauptsatzes.

(16) Es ist unschön, das Wort *Scheiße* auch nur in den Mund zu nehmen!

(17) Es ist für Ihr wissenschaftliches Fortkommen besser, wenn Sie sich in Ihren Veröffentlichungen nicht der gemäßigten Kleinschreibung bedienen, wie es die Herausgeber der Zeitschrift ZGL empfehlen, sondern wenn Sie dem Deutschen näher verbunden bleiben.

Sprechhandlungen mittels (14) bis (17) setzen – wenn sie erfolgreich sein sollen – voraus, daß die Hörer verstehen, welche Regeln gemeint sind, auf die sich die Normierungsversuche beziehen. Das wiederum setzt voraus, daß es Regelformulierungen bzw. Regelbeschreibungen für die betreffenden Regeln gibt, die den Hörern bzw. Normadressaten verständlich sind. Breiten Kreisen von Sprachbenutzern sind bei uns nun gerade diejenigen Regelformulierungen bzw. Regelbeschreibungen leicht verständlich zu machen, deren Elemente von einer Erlernung der Kulturtechniken des Lesens und des Schreibens schon bekannt sind. Jeder kann Buchstaben und Wörter voneinander unterscheiden und auch Buchstaben und Wörter je untereinander; und deshalb versteht er eine Äußerung von (14). Ein Verbot der Verwendung eines ganz bestimmten Wortes (vgl. (16): Tabuisierung von *Scheiße*), kann ihm leicht verständlich gemacht werden. (15) setzt bereits die Unterscheidung zwischen Haupt- und Nebensätzen voraus, erfordert also bestimmte syntaktische Kenntnisse. (17) schließlich verlangt die Kenntnis der Regeln der internationalen Kleinschreibung, so wie sie die Herausgeber der »Zeitschrift für germanistische Linguistik« empfehlen; was unter »dem Deutschen« genauer zu verstehen ist, wird vielen Sprachbenutzern unklar sein, entsprechend auch das Normierungsziel in bezug auf diesen Punkt. Die Beispiele können verdeutlichen, daß es für eine Etablierung, Durchsetzung, Stabilisierung und Aufrechterhaltung von Normen von Nutzen ist, wenn es Kodifizierungen der Regeln gibt, auf die sich die Normen beziehen, Kodifizierungen in Form von verständlichen und hinreichend verbreiteten Regelbeschreibungen bzw. Regelformulierungen.

Grundsätzlich ist natürlich jede (sprachliche) Regel der Reflexion über sie und damit auch einer Beschreibung bzw. Formulierung – wie immer diese im Einzelfall aussehen mag – zugänglich. Grundsätzlich kann also jede Regel einer Kodifizierung in dem angedeuteten Sinne zugänglich gemacht und damit für eine bessere, einfachere Normierung zubereitet werden. De facto aber bestehen erhebliche Unterschiede, wie sie sich schon in (14) bis (17) zeigen. Zahlreiche sprachliche Regeln können bislang nicht einmal mittels komplexerer linguistischer Theorien befriedigend beschrieben werden. Wieviel schwerer wäre es, derartige Regeln einem größeren Kreis von Sprachbenutzern explizit zur Normierung vorzuschlagen! So wirkt sich der historisch in einer Sprechergruppe bzw. Sprachgesellschaft entwickelte und erreichte Stand der Reflexion über das eigene Sprechhandeln auf die Möglichkeiten der Normierung eben dieses Sprechhandelns aus. Es soll nicht behauptet werden, daß die durch (14), (15), (16), (17) repräsentierten Sprechhandlungstypen entscheidend für die Existenz von Normen sind. Es gibt sicher noch andere Handlungsmuster mit ähnlichen Funktionen in bezug auf Normen, und es gibt sicher auch Normen, die zu ihrer Entstehung und zu ihrem Erhalt keinerlei be-

sonderer Aktivitäten seitens Normierer, Normübermittler oder Norm-
überwacher bedürfen, die sich beispielsweise verknüpft mit nicht-
sprachlichen Aktivitäten oder aufgrund weitgehend zwangloser Übereinstimmungen im Rahmen einer Lebensform durchsetzen und erhalten. Aber es kann doch angenommen werden, daß sich die Möglichkeit einer Identifizierung von Regeln aufgrund geeigneter Beschreibungen bzw. Formulierungen im Zusammenhang von Sätzen wie (14)
bis (17) wesentlich auf die kommunikationshistorische Durchsetzung
und Stabilisierung von entsprechenden Normen auswirkt.
Ein Beispiel aus dem Duden mag das noch einmal veranschaulichen.
Im Duden für Rechtschreibung heißt die Regelformulierung R 115:
(18) »Groß schreibt man alle wirklichen Hauptwörter.«
Die Chancen der Propagierung der durch (18) wiedergegebenen
Rechtschreibregel hängen wesentlich davon ab, ob die Normadressaten (d. h. diejenigen, die sich nach der Norm richten sollen) die geforderte Regel aufgrund von (18) identifizieren können. Und dies
wiederum hängt wesentlich davon ab, ob die Adressaten verstehen,
was mit »wirklichen Hauptwörtern« gemeint ist. Deutschlehrer im
Primarbereich wissen, wie schwer es ist, Kinder zu einer halbwegs
sicheren Unterscheidung der Hauptwörter von den anderen Wörtern
zu befähigen und darüber hinaus dann noch Subklassifizierungen der
Hauptwörter einzuführen. In der Auseinandersetzung mit solchen
Schwierigkeiten wird darüber entschieden, ob die betreffenden Normen in einer Sprachgesellschaft oder wenigstens in einer Sprechergruppe durchgesetzt werden können oder nicht.
Die Bedeutung einer Kodifizierung von Regeln für die Propagierung
von Normen legt einen Vergleich mit dem Rechtssystem nahe. Hart
hat in seinem Buch »Der Begriff des Rechts« zwischen primären und
sekundären Regeln unterschieden, wobei primäre Regeln diejenigen
sozialen Regeln sind, die von Bürgern gewissermaßen unbewußt –
man könnte mit Wittgenstein auch sagen: blind – befolgt werden,
indem sie ihr Leben führen, so wie sie es aufgrund von Bräuchen,
Sitten usw. gewohnt sind, und sekundäre Regeln diejenigen Regeln
sind, die kodifiziert in das positive Recht in Form von Gesetzestexten
Eingang gefunden haben. Ein Vergleich mit unserem Problem der
sprachlichen Normen erlaubt die folgenden Parallelen: Sprachliche
Normen entsprechen Harts sekundären Regeln, d. h. dem in Gesetzen
kodifizierten Recht, während die Sprechhandlungsregeln, über die die
Normen operieren, Harts primären Regeln, d. h. den Bräuchen, Sitten
usw., die in einer Gesellschaft befolgt werden, entsprechen. Wichtiger
aber noch als dieser Vergleich ist das, was man aus den Untersuchungen über die Relation zwischen primären und sekundären Regeln im
Bereich des Rechts in bezug auf Zusammenhänge zwischen sprach-

lichen Normen und den ihnen zugrundeliegenden Regeln lernen kann. Es ist aus mehreren Gründen berechtigt, im positiven Recht kodifizierte Normen wie auch andere, beispielsweise sprachliche Normen als sekundär gegenüber den ihnen zugrundeliegenden, meist unbewußt befolgten Regeln anzusehen. Wenn es auch nicht denkbar scheint, daß eine Gesellschaft bzw. soziale Gruppe ganz ohne Normen auskommt, so scheint doch auch klar, daß es keine Gesellschaften bzw. soziale Gruppen gibt, für die ganz bestimmte Normierungen prinzipiell notwendig sind, und zwar notwendig in dem Sinne, daß sie für die Gesellschaftsform bzw. Form des Zusammenlebens in einer Gruppe konstitutiv wären. Welche Bereiche eines gesellschaftlichen Lebens bzw. Gruppenlebens jeweils normiert werden, hängt von jeweils speziellen historischen Umständen ab.

Aus den vorangehenden Überlegungen zum Normbegriff ergibt sich, daß Normen die Existenz anderer, von Handelnden mit Selbstverständlichkeit befolgter Regeln logisch voraussetzen, insofern sie Regeln über Regeln sind und in allen Kodifizierungen Bezugnahmen auf andere Regeln verlangen. Man kann darüber hinaus nun sagen, daß Normen auch auf die h i s t o r i s c h e Vorgängigkeit anderer Regeln angewiesen sind und diesen gegenüber auch insofern als sekundär gelten können. Durch den Hinweis auf Rechtssysteme ist dies wiederum leicht zu verdeutlichen. Rechtssysteme bestehen zu erheblichen Teilen aus Kodifizierungen längst eingeführter und durchgesetzter Regeln und der Festlegung bzw. Festschreibung von Zusammenhängen zwischen solchen Regeln. In welcher Weise im einzelnen Feststellungen über allgemein oder zumindest weitgehend bereits etablierte Regeln das Rechtssystem bestimmen, wird Staatsbürgern immer wieder vor Augen geführt, wenn Gesetzgebungsorgane über die Einführung neuer oder die Modifizierung alter Tatbestände in Gesetzen debattieren und zu entscheiden haben. Inwiefern kann ein zu einem bestimmten Zeitpunkt durchgeführter Schwangerschaftsabbruch als Tötung (Totschlag) oder gar Mord gelten? Ist die Bildung einer kriminellen Vereinigung ein wohldefinierter Tatbestand? Gibt es für die Definition einer Terrorhandlung genauso sichere Kriterien wie für die Definition von Diebstahl? Spiegelt die gesetzlich kodifizierte Abgrenzung von Mord und Totschlag heute noch in derselben Weise die öffentliche Meinung wider wie vor dreißig Jahren? Gilt eine Tötung des Täters heute bei mehr Menschen als gerechte Sühne für einen Mord als vor dreißig Jahren? Antworten auf diese und ähnliche Fragen verlangen eine Würdigung des jeweiligen historischen Zustands, den eine Gesellschaft bzw. soziale Gruppe bezüglich der Einhaltung und Akzeptierung bestimmter Konventionen erreicht hat. Normierungen, die mit den Antworten verbunden werden, müssen – wenn ihre Durchsetzungschancen kalkulabel sein sollen – auf zuverlässigen Einschätzungen der Geltung primärer Regeln beruhen. Sie können dann zu Normen führen, deren Zusammenhang mit den zugrundeliegenden primären Regeln derart ist, daß sie eine kalkulierte Einflußnahme auf die Praxis der Befolgung der primären Regeln erlauben. Normen stehen in einer Wechselwirkung mit den Regeln, über die sie operieren, und funktionieren so, daß sie generell auf eine historische Festschreibung oder eine planvolle, gelenkte Veränderung der primären Regeln abzielen. Häufiger wird ihre Funktion sein, Regeln festzuschreiben und dadurch gewissermaßen zu konservieren, weil Prognosen bezüglich möglicher Lenkungen zukünftiger historischer Entwicklungen von Regelsystemen sehr viel schwieriger sind. So können sehr viele Bestimmungen des positiven Rechts eben als Festschreibungen für gut befundener praktischer Handlungsmuster gelten.

Durch die hervorgehobene Funktion von Normen, befolgte Regeln auf einem bestimmten historischen Stand festzuschreiben, rücken die Fragen in den Vordergrund, welche Interessen hinter solchen Festschreibungen stehen, wer aufgrund derartiger Interessen Normierungen vornimmt, sie durchsetzt und ihre Erhaltung unterstützt und wer der jeweilige Normadressat ist. Was bezüglich möglicher Gegenstände von Normierungen gesagt wurde, muß in analoger Weise auch bei diesen Fragen bedacht werden. Ähnlich wie Normen über alle möglichen primären Regeln operieren könnten, ist das Spektrum der möglichen Interessen von Normierungen so weit, wie die Möglichkeiten des Handelns aufgrund befolgter Handlungsmuster in einer Gesellschaft oder sozialen Gruppe reichen. Wir beschränken uns – entsprechend der Thematik dieses Bandes und dieses Beitrags – auf einige Hinweise aus dem Bereich s p r a c h l i c h e r Normierungen. Auch hier gibt es eine beträchtliche Vielfalt von Interessen, die Normierer bewegen, Normempfänger zu bestimmten Handlungsweisen zu bringen. Sie reichen von mehr privaten, die auf Herstellung von übereinstimmenden Handlungsweisen im privaten Bereich gerichtet sind, bis zu weitreichenden politischen (oft vermeintlich allgemeinen und öffentlichen) Interessen. Private Interessen kommen beispielsweise zum Ausdruck, wenn jemand beim Abendessen gegenüber seinem Partner (19) oder (20) äußert

(19) Ich kann das Wort *verdauen* nicht mehr hören. Bitte äußere es möglichst nicht mehr in meiner Anwesenheit, und erst recht nicht in dieser Situation.

(20) Du sollst nicht meinen, daß ich unfreundlich bin, wenn ich beim Essen nur abgehackt rede.

In beiden Fällen sind die Normenquellen und die Interessen ziemlich klar: Eine bestimmte Person will ihr Gegenüber zu einem bestimmten

Sprachverhalten bzw. zu einem Urteil über ihr eigenes Sprachverhalten bewegen, um ihr eigenes Wohlbefinden in einer bestimmten Art von Situationen zu sichern bzw. sich in Situationen bestimmter Art in ein richtiges Licht zu setzen. Normadressat ist lediglich das Gegenüber des Sprechers bzw. der Sprecherin.

Als Paradigmen für weitreichende politische Sprachregelungsversuche sind die Normierungsversuche staatlicher Stellen im Dritten Reich bekannt geworden. Hier zwei Beispiele von »Anweisungen der Pressekonferenz der Reichsregierung des Dritten Reiches«:

(21) Es ergeht die dringende Anweisung, daß ab heute das Wort ›Völkerbund‹ nicht mehr von der deutschen Presse verwendet wird. Dieses Wort existiert nicht mehr. Dafür soll das Wort ›Genfer Entente‹ gesetzt werden. (13. 12. 1937)

(22) In allen Meldungen und Kommentaren muß das Wort ›Krieg‹ vermieden werden. Deutschland schlägt einen polnischen Angriff zurück. Das ist die Devise. (1. 9. 1939)

Hinter den Anweisungen (21) und (22) stehen politische Interessen der Machthaber im Dritten Reich, die hier nicht näher erläutert zu werden brauchen. Der Adressatenkreis, auf den sich die Normierungsversuche zunächst richten, umfaßt alle, die mit der Herstellung und Weitervermittlung von Pressemeldungen und -kommentaren befaßt sind; es ist aber klar, daß über diesen Kreis hinaus und gerade auf dem Wege über diesen Personenkreis alle Menschen im Machtbereich der nationalsozialistischen Führung erreicht werden sollen. Der Normierungsversuch ist auf größtmögliche Breitenwirkung ausgerichtet. Er erscheint auf den ersten Blick frappierend, insofern er auf das Verbot einer bestimmten Verwendung jeweils einzelner Wörter für eine ganze Sprachgesellschaft abzielt und schier undurchführbar anmutet, weil er gegen ein fundamentales Recht der Freiheit des Ausdrucks verstößt: Niemand kann allen Menschen einer Sprachgesellschaft die eingeführte Verwendung eines bestimmten Wortes mit einer eingeführten Bedeutung für alle möglichen Situationen verbieten. Normierungsversuche mittels (19) und (20) erscheinen weniger anstößig, weil sie sehr strikte Beschränkungen bezüglich der Normadressaten und der Sprechsituationen, auf die sie sich beziehen, enthalten. (19), (20), (21) und (22) sind sich darin ähnlich, daß sie für alle sehr leicht zu identifizierende Regeln zum Gegenstand haben.

3.3. Rechtschreibreform, Interessen und Sanktionen

Wie sehr Interessen, die einzelne oder Gruppen an bestimmten Normen haben, divergieren können, hat sich in den vergangenen Jahren sehr deutlich an Stellungnahmen zu einer geplanten Rechtschreibreform im deutschen Sprachraum gezeigt. Ein Beispieltext zu einem anderen wichtigen Normierungsbereich, nämlich zu stilistischen Normen, wird im Anhang als Beispiel 3 gegeben.

Vorschläge zur Einführung der internationalen Kleinschreibung, die vor allem in den 50er Jahren und dann wieder in den 70er Jahren mit dem Ziel politischer Realisierung forciert vorgetragen wurden, haben zahlreiche Befürworter und Kritiker auf den Plan gerufen. Unser Ausgangstext bietet zwar ein extremes, aber seiner Art nach keineswegs seltenes Beispiel. Dem Bund für deutsche Schrift geht es anscheinend darum, deutsche »nationale Würde« und Zweckmäßigkeitsgesichtspunkte, so wie er sie versteht, zu verteidigen. Hier zwei weitere Stellungnahmen, die zwar nicht repräsentativ sind, aber doch die Spannweite der Interessenbekundungen zeigen:

(23) Wir verteidigen (mit der jetzigen Rechtschreibung) eine Sache, die uns lebenswichtig ist. (Karl Korn in der FAZ, 2. 12. 1963)

(24) Eine Sprache verliert weder an informationswert noch poesie, wenn sie – wie die englische und die dänische – von der groß- zur kleinschreibung übergeht. Ich habe außerdem noch einen subjektiven, oder besser gesagt, familienegoistischen grund, für die kleinschreibung zu plädieren: die entlastung meiner frau, die ich in fragen der groß- und kleinschreibung immer noch und immer wieder um rat fragen und in ihrer arbeit unterbrechen muß, und das seit nunmehr fast dreißig jahren! (Heinrich Böll)

Die Haltungen, die einzelne Gesellschafts- bzw. Gruppenmitglieder gegenüber Normierungen und Normen, die ihnen bewußt geworden sind, einnehmen, sind bestimmt durch Bewertungen der betroffenen Regeln, die sie aufgrund der eigenen Praxis, aufgrund ihrer Stellung in der Gesellschaft bzw. Gruppe und schließlich auch aufgrund ihrer Kenntnis der von anderen befolgten Praxis vornehmen können. Für Karl Korn ist die überkommene Rechtschreibung ein »lebenswichtiges« Produkt der Tradition, das er als Repräsentant einer großen Tageszeitung und als vielbeachteter Sprachkritiker verteidigen zu müssen glaubt. Heinrich Böll betrachtet das Problem aus der Sicht des Schriftstellers, für den »informationswert« und »poesie« der Sprache nicht von der Groß- oder Kleinschreibung abhängen; und er macht einfache arbeitsökonomische Gründe geltend, die in jedermanns Interesse liegen können. – Die gängigsten Positionen, die von Befürwortern der Einführung der internationalen Kleinschreibung und von ihren Gegnern vertreten wurden und werden, sind in der folgenden Gegenüberstellung von Meinungen enthalten.

A: Das überkommene Schriftbild stellt ein Kulturgut dar, das nicht ohne Not aufgegeben werden sollte.

B: Erstens wird durch die einführung der internationalen kleinschreibung das schriftbild nicht völlig verändert; keine wesentliche kulturelle errungenschaft, die mit unserem schriftsystem zusammenhängt, wird aufgegeben. Zweitens muß man berücksichtigen, daß veränderungen im schriftsystem nicht schon automatisch die sprache betreffen. Die sprache funktioniert vor allem als gesprochene sprache, und da spielen unterschiede in der schreibung ja sowieso keine rolle.

A: Zeigt nicht die Tatsache, daß durch das Schriftbild Mehrdeutigkeiten aufgelöst werden, daß doch ein engerer Zusammenhang zwischen Schriftsystem und Sprachsystem besteht?

B: Die beispiele sind bekannt, etwa: sie hatte liebe genossen. Wieder aber ist auf die priorität der gesprochenen sprache hinzuweisen, in der es die hilfe des schriftbilds nicht gibt. Und weiter: Es gibt nur relativ wenige beispiele dieser art, die obendrein deshalb fragwürdig sind, weil sie nur isoliert und aus den jeweiligen kommunikativen zusammenhängen herausgerissen das leisten können, was sie leisten sollen. In welcher situation könnte es bezüglich des genannten beispiels ernsthaft zweifel darüber geben, ob etwa von lieben partei-genossen die rede ist oder davon, daß jemand die liebe genoß.

A: Es gibt viel wichtigere Argumente, die mit dem zuerst genannten Punkt zusammenhängen: Die Kleinschreibung würde den Zugang zu älterem Schrifttum erschweren, das in Großschreibung überliefert ist. Das hieße eine Barriere gegenüber der Tradition aufbauen.

B: In Dänemark jedenfalls, wo die kleinschreibung eingeführt wurde, ist von einer solchen barriere nichts zu spüren. Man darf den übergang zur kleinschreibung auch nicht überschätzen. Übrigens wurde die großschreibung, wie wir sie heute haben, in der vergangenheit ja auch nicht durchgängig angewendet. Durch die internationale kleinschreibung werden vor allem barrieren abgebaut, nämlich gegenüber den anderen europäischen ländern.

A: Ein Blick auf die Lage in anderen europäischen Ländern kann aber auch noch etwas ganz anderes lehren. Die Engländer beispielsweise halten an ihrem äußerst komplizierten System der Rechtschreibung fest, und sie werden wissen warum!

B: Gerade das beispiel England zeigt, wie unökonomisch die aufrechterhaltung einer schreibung ist, die veränderungen im lautsystem der sprache nicht nachkommt und dadurch überdimensionale und weitgehend auch unnötige schwierigkeiten beim lehren und lernen der kulturtechnik des schreibens verursacht. Auch in unseren grundschulen erfordert die vermittlung und sicherung der groß- und kleinschreibregeln viel zu viel zeit. Man kann den menschen einfach nicht zumuten, sich in diesem ausmaß den zwängen von normen zu unterwerfen, die keine wesentlichen funktionen mehr haben.

A: Wenn es um Fragen der Ökonomie geht, etwa wieviel Zeit das Erlernen der Rechtschreibregeln erfordert und wieviel Mühen sie den einzelnen bereiten, muß man vor allen Dingen einmal bedenken, welche Mühen und Kosten eine Umstellung des Systems verursachen würde.

B: Die kosten und mühen einer umstellung sind nicht zu vergleichen mit dem, was man langfristig spart. Nach einer reform werden nicht nur das lehren und das lernen der rechtschreibung einfacher und billiger, sondern beispielsweise auch das setzen und drucken von büchern, zeitschriften, zeitungen usw.

A: Aber das Lesen wird schwieriger und deshalb langsamer! Wir sind an die Großschreibung gewöhnt, die zur Übersichtlichkeit und sinnvollen Gliederung des Schriftbildes beiträgt.

B: Das ist alles sehr fragwürdig. Ob gerade genau die großbuchstaben, die beim übergang zur internationalen kleinschreibung wegfallen würden, das schriftbild übersichtlicher machen und entscheidend zu seiner gliederung beitragen, ist bisher von niemandem bewiesen worden. Schließlich beseitigt die internationale kleinschreibung ja nicht alle großbuchstaben. Und zur gewöhnung: Macht nicht jeder, der lesen kann, bei der lektüre eines längeren textes in internationaler kleinschreibung die erfahrung, daß ihm nach einer seite schon gar nicht mehr auffällt, daß er einen text in kleinschreibung vor sich hat?

Der Leser mag sich selbst befragen, inwieweit er sich den Argumentationen von A oder B anschließen kann oder von sich aus noch weitere Gründe auf der einen oder anderen Seite anführen würde. Mit den Rechtschreibnormen sind ja alle konfrontiert, die die Kulturtechniken des Lesens und Schreibens erlernt haben; und alle werden durch ihre mehr oder weniger großen Schwierigkeiten mit diesen Normen auch zu bestimmten Urteilen über sie gekommen sein. Bei der Begründung von Normen spielen häufig andere Normen wieder eine Rolle: Man versucht, Normen und auch Normierungen dadurch zu begründen, daß man durch Normensätze auf andere Normen hinweist, von denen man annimmt, daß sie der Normadressat akzeptiert und eventuell auch selbst befolgt. Ansätze zur Aufstellung von Hierarchien von Normensätzen finden sich auch in unserer Gegenüberstellung, etwa wenn A argumentiert, eine Rechtschreibreform erschwere den Zugang zu älterem Schrifttum. A fordert etwa sinngemäß:

(25) Man darf durch Einführung der internationalen Kleinschreibung den Zugang zu älterem Schrifttum nicht gefährden.

Für den, der die Berechtigung dieser Forderung nicht unmittelbar einsieht, verweist er sogleich sinngemäß auf:

(26) Man darf keine Barriere gegenüber der Tradition aufbauen.

Und um (25) noch von der anderen Seite zu stützen, deutet A später noch andere Grundsätze an, die immerhin mit Normen zusammenhängen:

(27) Bei internationaler Kleinschreibung muß man sich anderer Lesetechniken bedienen als bei Großschreibung.

(28) Bei internationaler Kleinschreibung muß man mehr Mühe beim Lesen aufwenden.

Auch der Aufruf zu Beginn des Beitrags enthält ganz am Anfang einen Begründungsversuch, der allerdings etwas eigentümlich anmutet. Es wird behauptet, die Schrift sei nicht zum Schreiben da und heute werde tausendmal mehr gelesen als geschrieben und d a h e r bedeuteten »beschränkte kleinschreibung« und Antiquadruck nicht Fortschritt, sondern Rückschritt..., nicht Erleichterung... usw. Der postulierte Begründungszusammenhang erscheint kurzschlüssig und könnte allenfalls dadurch einsehbar werden, daß man weitere Normen in die Betrachtung mit einbezieht, etwa die durch (27), (28) formulierten Normen. Diese würden von vielen Adressaten des Aufrufs aber selbstverständlich auch nicht ohne weiteres akzeptiert werden.

Wie können Interessen, die einzelne oder Gruppen als Normierer, Normenbefürworter oder Normenbewahrer bzw. -schützer an bestimmte Normierungen bzw. Normen haben, durchgesetzt werden? Hier reicht das Spektrum der Möglichkeiten von der kaum bemerkten Beeinflussung des bzw. der Normadressaten bis zur Ausübung von massivem Druck und Zwang, der durch bestimmte Macht- und Herrschaftsverhältnisse ermöglicht wird. Sanktionen verschiedener Art sind die wichtigsten Mittel der Handlungssteuerung. Mit positiven Sanktionen wie Lob und anderen Belohnungen werden Handelnde in ihrer Normenkonformität bestärkt; mit negativen Sanktionen wie Tadel und anderen Strafen werden Abweichungen von Normen geahndet und wird ein Konformitätsdruck erzeugt. Dabei ist den Handelnden, und zwar sowohl den Normierern und Normenbefürwortern wie auch den Normadressaten, ihr Umgang mit Normen keineswegs immer bewußt. Befolgungen von Normen unterscheiden sich hier nicht wesentlich von Befolgungen anderer Regeln, die im Handlungsfluß auch nur in beschränktem Maße Reflexionen zulassen, wenn dieser nicht durch Unterbrechungen o. ä. gestört werden soll. Eltern beispielsweise sanktionieren (sprachliche) Handlungen ihrer Kinder ständig mit derselben Selbstverständlichkeit, mit der sie sich selbst in dem Normensystem bewegen, in das ihre Kinder hineinwachsen sollen. Selbst Zensuren in der Schule oder sonstwo, deren Normen festigende

Funktion ziemlich offen zutage liegt, werden nicht immer als Sanktionen mit Bezug auf je ganz bestimmte Normen betrachtet, sondern erscheinen oft als allgemeine Urteile über Eigenschaften, Charakter o. ä. der beurteilten Personen. Nur selten wird in einem Zeugnistext so klar ausgedrückt, worum es eigentlich geht, wie in dem Text, den Reiner Kunze in seinem Prosaband »Die wunderbaren Jahre« aufgenommen hat:

(29) Infolge ihres oftmals eigenwilligen Verhaltens erfüllt sie nicht immer die Normen, die an eine Schülerin der Erweiterten Oberschule gestellt werden müssen. (Zeugnis, 30. 6. 1972)

Wer diese Zeilen in ein Zeugnis schreibt, sagt klar, daß er sich in seinem Urteil über die Handlungsweise einer bestimmten Person auf ganz bestimmte Normen bezieht, auch wenn der (die) Normadressat(en) Formulierungen bzw. Beschreibungen dieser Normen (noch) nicht in Normenbüchern nachlesen können. Er nimmt jedenfalls auf Normen Bezug, auf deren Identifizierbarkeit er gleichzeitig hinweist; er enthält sich eines Urteils über den Charakter der Person, für die das Zeugnis ausgeschrieben wurde; sein Urteil ist gekennzeichnet als eins, das von außen an die Person herangetragen ist und insofern die Autonomie der Person achtet. Nichtsdestoweniger ist das Zeugnis aufgrund seiner Normengewalt bedrohlich für die Person, über die es ausgestellt ist. Es werden mögliche Sanktionen angedeutet: Es könnte notwendig werden, die Schülerin, die den Regeln des Lebens an einer Erweiterten Oberschule nicht mehr entspricht, aus eben diesen Lebensumständen zu entlassen. Damit ist zugleich die weitreichendste Sanktion gegen einen Normensünder angesprochen: Er wird entlassen bzw. ausgestoßen aus der Gesellschaft bzw. sozialen Gruppe, in der die Norm gilt, gegen die er verstoßen hat. Jede Entlassung dieser Art kann existenzbedrohend sein, dadurch daß sie der betroffenen Person genau den Teil ihrer Lebensbasis entzieht, der für sie wesentlich, zentral und tragend war.

Die Möglichkeiten, sich gegen Normen zur Wehr zu setzen, entsprechen in ihrer Vielfalt den Sanktionsmöglichkeiten, die Normierer oder Normenbefürworter in einer bestimmten Gesellschaft bzw. sozialen Gruppe haben. Wer keine Sanktionen zu fürchten braucht, kann es sich leisten, von Normen abzuweichen, kann möglicherweise sogar die Autorität von Normierern und Normenbefürwortern anzweifeln, kann vielleicht auch Gegennormen aufstellen und dadurch Normenkonflikte in Kauf nehmen. Grundsätzlich kann jede Norm einer Kritik ausgesetzt werden, weil Normen – wie ausgeführt wurde – Festschreibungen von Regeln zu bestimmten historischen Zeitpunkten darstellen und daher grundsätzlich auch immer historisch überwindbar sind. Jede historische Veränderung in einer Lebensform kann bestimmte Normen in einem neuen Licht erscheinen lassen, sei es, daß sich Gründe ergeben, die Normen anzuzweifeln, ihren Sinn in Frage zu stellen, sei es, daß neue Gründe sichtbar werden, die die Normen stützen können. Im Falle der Problematisierung bestimmter Normen haben betroffene Mitglieder einer Gesellschaft bzw. sozialen Gruppe jeweils gegeneinander abzuwägen, welchen Nutzen ihnen die entsprechenden Normen bringen, dadurch, daß sie sie von ständigen Entscheidungen über Handlungsalternativen entlasten, und welche Zwänge ihnen durch die Normen entstehen, dadurch, daß sie Handlungsmöglichkeiten beschneiden.

Bibliographische Hinweise

Das Ausgangsmaterial dieses Beitrags zeigt seine Herkunft selbst an. Die anderen bezifferten Zitate sind wie folgt zu belegen:
(18) Der Große Duden, Bd. 1: Rechtschreibung, Mannheim [17]1973, 38.
(21) Zitiert nach B. Badura, Sprachbarrieren. Zur Soziologie der Kommunikation, Stuttgart/Bad Cannstatt [2]1973, 145.
(22) Ebda.
(23) Zitiert nach W. W. Hiestand, plädoyer für die rechtschreibreform, in: I. Drewitz – E. Reuter (Hg.), vernünftiger schreiben. reform der rechtschreibung, Frankfurt a. M. 1974, 49.
(24) H. Böll, in: I. Drewitz – E. Reuter (Hg.), vernünftiger schreiben. reform der rechtschreibung, Frankfurt a. M. 1974, 109.
(29) R. Kunze, Die wunderbaren Jahre, Frankfurt a. M. 1976, 46.
Eine gute Einführung in die linguistische und soziologische Behandlung von Normen wie auch in Probleme der Anwendung entsprechender Erkenntnisse im schulischen und außerschulischen Bereich bieten die folgenden Bände:
K. Gloy, Sprachnormen I. Linguistische und soziologische Analysen, Stuttgart/Bad Cannstatt 1975.
G. Presch – K. Gloy (Hg.), Sprachnormen II. Theoretische Begründungen – außerschulische Sprachnormenpraxis, Stuttgart/Bad Cannstatt 1976.
K. Gloy – G. Presch (Hg.), Sprachnormen III. Kommunikationsorientierte Linguistik – Sprachdidaktik, Stuttgart/Bad Cannstatt 1976.
Für die Unterscheidung verschiedener linguistisch und sprachdidaktisch relevanter Normbegriffe sei außerdem verwiesen auf:
G. Augst, Sprachnorm und Sprachwandel. Vier Projekte zu diachroner Sprachbetrachtung, Wiesbaden 1977.
E. Coseriu, System, Norm und Rede, in: Ders., Sprachtheorie und allgemeine Sprachwissenschaft, München 1975, 11–101.
W. Koller, Überlegungen zu Sprach-, Text- und Handlungsnormen, in: Ö. Dahl (Hg.), Papers from the First Scandinavian Conference of Linguistics, Göteborg 1973, 183–201.
P. von Polenz, Sprachnorm, Sprachnormung, Sprachnormenkritik, in: Linguistische Berichte 17 (1972), 76–84.
P. von Polenz, Sprachkritik und Sprachnormenkritik, in: G. Nickel (Hg.),

Angewandte Sprachwissenschaft und Deutschunterricht, München 1973, 118–167.

Über Aspekte der neueren Diskussion über eine Reform der deutschen Rechtschreibung informieren die folgenden Sammelbände. Auf Literatur zu der älteren Reformdiskussion wird in ihnen verwiesen.

G. Augst (Hg.), Deutsche Rechtschreibung mangelhaft? Materialien und Meinungen, Heidelberg 1974.

A. Digeser (Hg.), Groß- oder Kleinschreibung? Beiträge zur Rechtschreibreform, Göttingen 1974.

I. Drewitz – E. Reuter (Hg.), vernünftiger schreiben. reform der rechtschreibung, Frankfurt a. M. 1974.

Zur handlungslogischen Analyse von Normen sei hingewiesen auf:

H. Lenk (Hg.), Normenlogik. Grundprobleme der deontischen Logik, Pullach 1974. (Dieser Band enthält eine ausführliche Bibliographie zur Normenlogik.)

G. H. von Wright, Norm and Action. A Logical Enquiry, London 1963 (Repr. 1971).

G. H. von Wright, Handlung, Norm und Intention. Untersuchungen zur deontischen Logik, Berlin/New York 1977.

Der Aspekt der Geschichtlichkeit von Normen wird besonders herausgestellt in:

R. Bubner, Handlung, Sprache und Vernunft. Grundbegriffe praktischer Philosophie, Frankfurt a. M. 1976, 275–289.

Im Text wird auf das rechtsphilosophische Werk von H. L. A. Hart hingewiesen. Es soll nicht behauptet werden, daß die von Hart getroffene Unterscheidung zwischen primären und sekundären Regeln in allen Punkten auf den von uns behandelten Bereich übertragbar ist. Hart hat rechtsphilosophische und rechtstheoretische Interessen und entsprechende Ziele, die nicht in jedem Fall mit unseren zusammengehen. Sein Buch bietet aber zahlreiche Anregungen für Vergleiche zwischen sprachlichen Normen und den lebenspraktisch so relevanten und allen geläufigen Rechtsnormen.

H. L. A. Hart, Der Begriff des Rechts, Frankfurt a. M. 1973.

4. Sprachspiele und ihre Geschichte

1

4.1. Spielbeschreibung vs. Kodifizierung

Auf all diesen Bildern – so heißt es – sind verschiedene Formen des gleichen Spiels dargestellt, nämlich Hockey. Eine Spielbeschreibung, in der die gemeinsamen Regeln angegeben sind, könnte folgendermaßen aussehen:

(1) Das Spiel wird von zwei Parteien gespielt, die gegeneinander antreten. Jeder Spieler hat einen gekrümmten Stock, mit dem er den Ball schlagen darf. Dabei wird der Ball meistens mit dem unteren, gekrümmten Ende geschlagen. Auf dem Spielgelände werden drei parallele Linien in gleichem Abstand gezogen. Der Ball wird dann auf die mittlere Linie gelegt. Die beiden Parteien versuchen, den Ball über die gegnerische Grundlinie zu schlagen oder zu treiben.

2

3

4

5

6

7

Diese Beschreibung ist nicht zu verwechseln mit einer Kodifizierung. In der Beschreibung soll das Spiel so dargestellt werden, wie es wirklich gespielt wird. Sie soll also bestimmte Fakten darstellen. Insofern sie diese Fakten, nämlich die Regeln des Spiels, angemessen darstellt, kann sie natürlich auch dazu benutzt werden zu sagen, welche Ausführungen korrekt sind und welche nicht. Dennoch ist eine solche Beschreibung zu unterscheiden von dem, was wir ausschnittweise im folgenden wiedergeben:

(2) Die Hülle des vorschriftsmäßigen Balles besteht aus weißem oder weiß angestrichenem Leder. Das Innere des Balles besteht aus Kork und Garngeflecht ... Das Gewicht des Balles darf nicht mehr als 163 g und nicht weniger als 156 g betragen. Der äußere Umfang des Balles soll nicht größer als 23,5 cm und nicht geringer als 22,4 cm sein.

Beim Schlagen des Balles darf weder bei Beginn noch bei Beendigung des Schlages der Stock über Schulterhöhe gehoben werden, noch darf ein Ball über Schulterhöhe eines Spielers in der Luft mit irgendeinem Teil des Stockes angehalten werden, noch darf ein Spieler, wenn er sich dem Ball nähert, irgendeinen Teil seines Stockes über seine Schulterhöhe heben. Jeder Stockfehler eines Spielers, egal, wo er sich auf dem Spielfeld befindet, ist strengstens verboten und muß vom Schiedsrichter bestraft werden.

Hierbei handelt es sich um Festlegung der Regeln, die vom internationalen Hockeyverband gemacht wurden und auch in Deutschland gelten. Eine solche Kodifizierung ist immer normierende Festlegung, wie das Spiel gespielt werden soll. Sie ist eine Art Forderung und soll sicherstellen, daß alle das Spiel nach den gleichen Regeln, nämlich nach den postulierten, spielen, egal, wie sie es bisher gespielt haben. Die Kodifizierung ist also wie eine Definition.

Von einigen der abgebildeten Hockeyformen nehmen wir an, daß es niemals Formulierungen der Regeln gegeben hat. Zwar werden beim Lernen und Lehren des Spiels gewisse sprachliche Ausdrücke eine Rolle gespielt haben, mit denen Spielhandlungen, Spielgerät, verbotene Handlungen usw. benannt wurden. Aber dies müßten nicht explizite Formulierungen der Regeln sein, und es muß auch nicht alle Regeln betreffen.

Die Regeln eines Spiels sind nicht direkt an ihre Formulierung gebunden. Deshalb sind auch Spiele nicht an Spielbeschreibungen gebunden. Die Spiele können gespielt werden, ohne daß sie beschrieben sind, und Regeln können befolgt werden, ohne daß sie formuliert sind, sogar ohne daß der Befolger sie formulieren könnte.

Dagegen sind Kodifizierungen natürlich an den sprachlichen Ausdruck gebunden und sogar oft, wenn auch nicht prinzipiell, an Verschriftlichung. Diese Bindung ist gefordert durch die angestrebte Dauerhaftigkeit der Normierung und durch ihren Durchsetzungsanspruch.

Ein Verfasser einer Spielbeschreibung hat andere Intentionen als der einer Kodifizierung. Eine Beschreibung könnte beispielsweise von einem Wissenschaftler verfaßt sein, der die Kultur der Spieler beschreiben will. Er will aber alles so lassen, wie es ist. Hingegen soll die Kodifizierung ja normieren. Diese unterschiedlichen Intentionen sind aber nicht immer an der sprachlichen Form zu erkennen, etwa so, daß in der Beschreibung keine Modalverben (*soll, darf* usw.) vorkommen, in der Kodifizierung aber doch. Unser Beispiel (1) enthält ein Modalverb, und Kodifizierungen können auch ohne Modalverben gegeben werden. Darin liegt sogar eine gewisse Gefahr der Verwechslung, insofern Beschreibungen wie Kodifizierungen verstanden werden können und Kodifizierungen getarnt als Beschreibungen vorkommen.

Auf den ersten Blick glaubt man, zwischen Spielbeschreibung (1) und Kodifizierung (2) aber doch einen Unterschied zu finden: Während die Spielbeschreibung verhältnismäßig allgemein bleibt, wird in der Kodifizierung alles bis in die Einzelheiten festgelegt. Nach der Spielbeschreibung sind z. B. Bälle aller Art zugelassen: Holzball, Kautschukball, Lederball mit Haarfüllung oder Korkfüllung, große getrocknete Früchte, Walknochen, Plastikball. Zwar ist die Art des Balls auf den Darstellungen nicht zu erkennen, aber alle diese Ballsorten sind nach der Überlieferung verwendet worden. Anders bei der Kodifizierung. Hier wird genau das Material des Balls vorgeschrieben, seine Größe, sein Gewicht. Dennoch macht dies keinen prinzipiellen Unterschied aus. Denn auch die Kodifizierung läßt manches offen. So ist in ihrem zweiten Teil etwa nicht festgelegt, über wessen Schulterhöhe der Stock nicht gehoben werden darf; ob ein Spieler den Stock über Schulterhöhe heben darf, wenn der Ball sich i h m nähert; ob er den Stock flach auf dem Boden schieben darf; wie nahe ein Spieler dem Ball sein muß, damit die Regel wirksam wird und vieles andere. Jedes Spiel hat eine prinzipielle Offenheit, die auch die rigideste Kodifizierung nicht beseitigen kann.

Der Unterschied zwischen unserer Kodifizierung (2) und der Spielbeschreibung (1) liegt nur darin, daß (2) spezieller ist. Aber es könnte ebenso allgemeinere Kodifizierungen und umgekehrt speziellere Spielbeschreibungen geben. Man könnte sich unkodifizierte Spiele denken, die bis in alle Einzelheiten festgelegt wären, aber damit natürlich immer noch in dem angegebenen Sinn offen.

Der Grund für die Allgemeinheit der Spielbeschreibung (1) liegt darin, daß es in einem gewissen Sinn gar nicht die Beschreibung nur eines Spiels ist, sondern für ein Netz von Spielen gelten soll: Hockey,

Shinty, Hurling, Crosse, Shinny, Kappan, Bandy, Paru, Tephu und wie sie alle heißen mögen. Wir haben es mit einer bunten Vielfalt mehr oder weniger verwandter Spiele zu tun.

Damit hängt auch zusammen, daß über die Anzahl der Spieler nichts gesagt ist. Es gibt nämlich Spiele darunter, wo die Anzahl der Spieler offen war und wo Hunderte gegeneinander gespielt haben (Abbildungen 3 und 4). Dann gibt es Fälle, wo nur Sippen gegeneinander antreten durften, andere mit je 30 Spielern in einer Mannschaft bis hin zu je einem (vielleicht in Abbildung 2).

Worin besteht aber dann die Verwandtschaft all dieser Spiele? Sie kann in zweierlei bestehen:

(i)   Zwei Spiele sind strukturell verwandt. Ihre Regeln sind ähnlich.
(ii) Zwei Spiele sind historisch verwandt, d. h. eines hat sich aus dem andern historisch entwickelt.

Oft tritt natürlich bei historischer Verwandtschaft strukturelle Verwandtschaft auf, dies ist aber nicht notwendig so. Die historische Entwicklung kann gerade in struktureller Veränderung bestehen. Also sind die beiden Aspekte unabhängig. Das verbreitete Streben, jede strukturelle Ähnlichkeit durch historische Verwandtschaft zu erklären, ist nicht irgendwie prinzipiell gerechtfertigt.

Unsere Spielbeschreibung (1) faßt die Spiele erst einmal unter dem Gesichtspunkt (i) zusammen. Zwar mag es darunter auch historisch verwandte geben, aber darauf hebt sie nicht ab. Die Frage ist nun, wie weit der Rahmen der strukturellen Ähnlichkeit gesetzt wird und warum so und nicht anders. Vielleicht war in der Crosse (Abbildung 7) möglich, was in der modernen Kodifizierung ausdrücklich als Foul definiert wird (hoher Stock), ebenso bei den Indianern (Abbildung 4) und dem frühen englischen Hockey (Abbildung 3). Das erscheint uns verhältnismäßig peripher. Wie aber, wenn es in einem Spiel nicht um Gewinnen und Verlieren geht, der Unterschied gar nicht gemacht wird? Man spielt aus Freude am Spiel, die Zuschauer wollen den ästhetischen Genuß an den Bewegungen und Tricks der Spieler. Oder: Der Sieger bekommt eine Prämie von 100 Mark oder einen Bottich Kuhmilch. Oder: Der Mannschaftsführer der Verlierer wird in feierlicher Zeremonie auf einem Blutaltar geopfert. Solche Unterschiede mögen schon so relevant erscheinen, daß wir zweifeln, ob wir vom gleichen Spiel reden dürfen. Wir halten uns erst einmal an die Spielgegenstände und die oberflächlichen Handlungsformen, erkennen aber auch, daß dies möglicherweise nicht sinnvoll ist.

So wird unsere Beurteilung des Spiels schon sehr fragwürdig für eine Version, die mit einer großen getrockneten Frucht gespielt wird. Diese Variante wird nur zwischen Weihnachten und Epiphanias gespielt. Sie ist eingebettet in eine Serie kultischer Handlungen wie Tänze, Blutentziehung und Tieropfer. Die Frucht gilt als Symbol, das Ritual soll die Natur dazu bewegen, bei der nächsten Ernte reiche Frucht hervorzubringen. Es ist ein magischer Akt, der analog zum Regenzauber zu sehen ist.

Hier ist doch sehr fraglich, ob wir verstehen, was die Spieler tun. Ziemlich offenbar ist, daß es kein Spiel ist. Wir würden sagen: ein Ritus. Aber für sie ist es kein Ritus. Denn, indem wir es als Ritus ansehen, sagen wir auch, daß es Aberglaube ist. Aber bei ihnen ist es eben kein Aberglaube. Sie irren sich auch nicht darin, daß sie die Götter oder die Natur so beeinflussen können. Denn zum Irrtum würde gehören, daß sie ohne weiteres einsehen könnten, daß dies falsch ist. Das könnten sie aber nur, wenn sie so würden wie wir, d. h. das Gleiche glauben und tun würden.

Ebenso schwer könnten wir sie überzeugen, daß es ihre Götter nicht gibt. Denn das würde bedeuten, daß wir ihr Tun ändern müßten. Die Existenz ihrer Götter besteht gerade in deren Rolle in derartigen Handlungen: Was ihre Götter sind, ist wesentlich dadurch bestimmt. Wenn wir sagen, daß es ihre Götter nicht gibt, so ist das eine andre Art zu sagen, daß wir sie nicht verstehen, daß die ausgeführten Handlungen in unserer Lebensform nicht in einem gleichgearteten Zusammenhang stehen. Zum Beispiel könnten wir sie kaum mit einem gleichgearteten Ernst ausführen. Oder doch? In jedem Fall ist die Beschreibung ihres Tuns immer in unserer Sprache gehalten. Wenn wir von ›Göttern‹ reden, reden wir von Heidentum. Wir haben unsere Beurteilung schon mitgeliefert.

Ebenso ist die Spielbeschreibung (1) notwendig von unserem Standpunkt aus formuliert, in unserer Sprache. Diese Beschreibung ist oft roh, roher als der Ritus. Denn was soll es heißen, indianische Riten unter Sport aufzuführen? Es wäre doch plausibler, dieses Spiel – wie wir es nennen – unter den Möglichkeiten zu zählen, die Götter günstig zu stimmen. Es würde damit in einem Zusammenhang dastehen mit Opferhandlungen und dergleichen, die uns natürlich ebenso irrational erscheinen. Auf jeden Fall war es für die Indianer kein Spiel. Und das, was wir Ritus nennen, war ein normaler Bestandteil ihres Lebens. Wollen wir das verstehen, so müssen wir mehr über sie wissen, mehr Zusammenhänge ihres Tuns kennen.

Aber natürlich sind wir nicht völlig unverständig gegenüber anderen Völkern. Wir haben ein Verständnis, aber nicht das der Indianer und damit nicht ganz das richtige. Denn ihr Tun kann z. B. nur mit ihren Kriterien bewertet werden. Wir könnten annehmen, daß ein Mißerfolg ihres Fruchtbarkeitsritus ihnen doch klar machen müßte, daß er nicht läuft. Aber sie sehen es nicht so. Sie haben ihre Erklärungen für den Mißerfolg, etwa, daß etwas nicht richtig durchgeführt wurde, daß ein Ungläubiger dabei war. Dann sind sie aber doch nicht rational, weil auch der Erfolg dann nie beweisbar ist. Auch das ist wieder unsere Betrachtungsweise. Für sie scheint das ganze eben keine Frage der Beweisbarkeit zu sein.

Wenn zwei Ansichten aus verschiedenen Lebensformen konfligieren, meinen wir, wir müßten doch einer Recht geben. Eine muß die richtige sein. Und wir geben natürlich unserer Recht. Wir können gar nicht anders, denn alles andre wäre paradox. Es würde darauf hinauslaufen zu sagen: Ich glaube das, aber es stimmt nicht. Allerdings muß man nicht immer zu einer Entscheidung kommen. Auch in unserer Kultur haben wir schon Grenzen gezogen und Bereiche abgegrenzt, die wir nicht vermengen. Denken wir an das sog. wissenschaftliche Weltbild gegenüber dem sog. religiösen Weltbild. Beide stehen in ganz anderen Zusammenhängen und können beide von einer Person akzeptiert sein. Es wird darum auch nicht als sinnvoll angesehen, wissenschaftliche Methoden, etwa physikalische anzuwenden, um etwas über Gott herauszubekommen. Ähnliches kann man auch für die Ansichten in anderen Lebensformen gelten lassen. Hieße das, man könne also nicht nachweisen, daß das Vorhaben der Indianer nicht gelingen konnte? Nein, das heißt es nicht. Unsere Kriterien greifen in ihren Zusammenhängen nicht, wir haben keinen Anhaltspunkt. Wir können zwar eine andre Auffassung ihrer gegenüberstellen, aber innerhalb des Systems der Indianer ist alles ganz klar. Wollten wir z. B. fragen, wie der Gott die Fruchtbarkeit denn herbeiführen solle, und dann zeigen, ·daß dies physikalisch unmöglich sei, so wird eben derjenige, der glaubt, daß ein Gott das tue, unserer physikalischen Methode keinen Glauben schenken. Die Unverbundenheit derart verschiedener Ansichten ist also nicht argumentativ zu überwinden, weil die Grundlagen der Argumentation und ihre Formen auch jeweils kulturspezifisch sind. Überwindung der Unterschiede ist nur dadurch möglich, daß die Ansichten in einem langen historischen Prozeß geändert werden, daß einzelne Individuen etwas anderes lernen.

4.2. Sprachspiele

Es gibt eine Tradition, die Sprache mit Spielen zu vergleichen. Berühmt ist de Saussures Vergleich der Sprache mit dem Schachspiel, den er an verschiedenen Stellen ausführt. Dieser Vergleich bleibt aber eher an der Oberfläche ebenso wie der des frühen Wittgenstein, wo der Kalkülcharakter von Sprachen betont wird. Die Ähnlichkeiten gehen aber viel weiter. Sprachliche Handlungen sind wie Spielhandlungen von Regeln bestimmt. Ob eine Handlung als diese oder jene zählt, wird durch die Regeln des Spiels bestimmt. Spielhandlungen sind wie sprachliche Handlungen auf Verstehen angelegt, wie unser Hockeybeispiel erwiesen hat. Und Verständnis ist jeweils nur so weit möglich, wie die Handlung gemäß der gleichen Regel zu verstehen ist. Dazu müssen wir ihre Stellung im ganzen Spiel beachten.

Aber gibt es nicht einen gravierenden Unterschied? Fehlt dem Spiel nicht der Ernst des Lebens? Dies scheint zur Definition des Spiels zu gehören. Aber denken wir an die Hockeyspiele! Es gibt Spiele, wo die Akteure sehr ernsthafte Blessuren erleiden, in bestimmten Spielformen hat es regelmäßig Tote gegeben. Hört da nicht der Spaß auf? Auch die Spiele sind natürlich im normalen Leben verankert und greifen ins Leben ein. Es ist sozusagen eine Auffassungssache, wo das Spiel anfängt und wo es aufhört. Die Grenzen können fließend sein. So wird auch da, wo die Grenze zwischen ernstem und spielerischem Handeln fließend wird, nicht mehr im gleichen Sinne von Spielen gesprochen werden können wie in einer Welt, wo dieser Gegensatz unüberwindbar erscheint.

Dies ist besonders wichtig beim kindlichen Spiel, das von Erwachsenen oft falsch verstanden wird, weil sie es auf der Folie des Gegensatzes von Spiel und Ernst sehen, während es für Kinder diesen Gegensatz nicht in gleicher Weise gibt. Der Ernst nimmt in ihrer Welt eine andere Stellung ein. Sie sind nicht in gleicher Weise mit den ernsten Folgen konfrontiert. Oft sagt man in diesem Zusammenhang, das Spiel der Kinder sei nicht logisch: Im Spiel könnten Pferde Fleischpastete fressen statt Hafer u. dgl. Das hat natürlich nichts mit der Logik zu tun. Es hat etwas damit zu tun, daß Spielen in einer eigenen Welt stattfinden kann und daß durch Spielen neue Welten geschaffen werden können. In diesen Welten gibt es andere semantische Zusammenhänge und andere Gegenstände mit anderen Eigenschaften.

Der methodische Wert der Betrachtung einer Sprache als Spiel kann deshalb auch gerade darin bestehen, daß die Abgeschlossenheit der Sprache beachtet, sozusagen eine Betrachtung von innerhalb gefordert wird. Von außen mögen die Handlungen irrational, komisch, spielerisch erscheinen, aber im Spiel hat alles seinen Sinn. Andrerseits wird mit dieser Betrachtungsweise der Zusammenhang der sprachlichen Handlungen mit den übrigen Handlungen betont. Der Sinn sprachlicher Handlungen wird ja erst deutlich, wenn wir sie in ihrer Verwobenheit mit andern Handlungen sehen. Das Sprachspiel ist Teil einer Lebensform, wie Wittgenstein sagt. Dies gestattet einerseits ein Verständnis der Sprachen fremder Völker, aber auch eine distanzierte Ansicht seiner eigenen Sprache. »Wir lassen unsere Volksstämme immer deutsche Sätze reden ... Was aber eine Beschreibung als solche, einen Befehl als solchen, eine Frage usw., kennzeichnet, ist – wie gesagt – die Rolle, welche diese Äußerungen in der lebendigen Verwendung der Sprache spielen. Also, ob ein Wort eines Stammes richtig durch ein Wort der deutschen Sprache wiedergegeben wurde, hängt von der Rolle ab, die jenes Wort im ganzen Leben des Stammes spielt.« (Wittgenstein, Das Braune Buch)

Darüber hinaus gelingt es mit der Idee des Sprachspiels, bestimmte Teile der Sprache aus dem Gesamtzusammenhang auszugliedern. Das darf allerdings nicht als eine Art Kodifizierung, etwa als Reglementierung für eine zukünftige bessere Sprache verstanden werden. Es geht zuerst einmal darum, das Funktionieren dieser Sprache besser zu verstehen. Und dafür sind überschaubare Zusammenhänge brauchbarer als der ganze Wust unserer Sprache, die Wittgenstein mit einer Stadt vergleicht: »Unsere Sprache kann man ansehen als eine alte Stadt: Ein Gewinkel von Gäßchen und Plätzen, alten und neuen Häusern, und Häusern mit Zubauten aus verschiedenen Zeiten: und dies umgeben von einer Menge neuer Vororte mit geraden und regelmäßigen Straßen und mit einförmigen Häusern.« (Philosophische Untersuchungen)

Die Vorstellung von Sprachspielen ist ein Teil einer paradigmatischen Methode, die darin besteht, bestimmte Lehrstücke zu entwickeln, die die Methode der Analyse zeigen können. Denn die Beschreibung aller Regeln einer Sprache erscheint unmöglich, wäre die Beschreibung doch länger als die Sprache selbst.

Die Analogie von Sprache und Spiel und die Idee des Sprachspiels bieten uns auch differenziertere Hinweise, worauf wir bei der Analyse achten müssen. So haben die Leitfragen für die Beschreibung eines Spiels auch ihren Sinn bei der Beschreibung sprachlicher Handlungen. Solche Leitfragen sind unter anderem:

(3) Welche Handlungen werden ausgeführt?
(4) Wer führt die Handlungen aus?
(5) Wie werden die Handlungen ausgeführt?
(6) Unter welchen Bedingungen können die Handlungen ausgeführt werden?
(7) Womit werden die Handlungen ausgeführt?
(8) Welche Ergebnisse haben die Handlungen?

Insofern mit diesen Fragen wichtige Aspekte von Regeln gegeben sind, können sie uns auch leiten bei der Ermittlung und Beschreibung historischer Veränderungen: Veränderungen sind in allen Komponenten der Regeln möglich. Sei es, daß wie beim Hockey Zahl und Art der Spieler differieren oder die Spielgegenstände, sei es, daß andere Handlungen zugelassen werden oder daß Handlungen anders ausgeführt werden und sich so verändern. In jedem Fall wird eine wichtige Komponente der Regel geändert und damit die Bedeutung des Spiels.

4.3. Die Geschichte des Vorwurfsspiels

Der Sinn dieser Betrachtungsweise kann demonstriert werden in der Analyse der Sprache und Lebensform unserer eigenen Vorfahren und in der Beschreibung ihres Wandels. Einen ersten Versuch dazu wollen wir mit dem Vorwurfsspiel machen, wie es im Beitrag 8 dargestellt ist. Die Rolle des Vorwerfens im Sprachspiel unserer Vorfahren scheint ganz anders bestimmt als heute. Ein erster wesentlicher Unterschied der mittelalterlichen Verwendungsweise findet sich etwa in der Komponente (7). Diese Komponente soll dazu etwas weiter verstanden werden als ihre Anwendung auf Spiele suggeriert. Wir wollen in Analogie zu Spielhandlungen annehmen, daß bei sprachlichen Handlungen die geäußerten Sätze eine ähnliche Rolle spielen wie die Spielgegenstände. Sprachliche Handlungen werden mittels Sätzen ausgeführt. Im Fall des Vorwerfens ist die Analyse allerdings etwas komplexer:

(9) A wirft dem B vor, daß X, indem A äußert S.

Wir sagen nun, daß das jeweilige S die Äußerung spezifiziert. Analog sehen wir auch ›daß X‹ als Spezifizierung des Vorwerfens an.
Hauptunterschied des heutigen Vorwerfens zum mittelalterlichen Vorwerfen ist nun, daß man im Mittelalter alle möglichen Gegenstände vorwerfen konnte:

(10) er warf mir vor der cronken bûch.

In einer anderen Betrachtungsweise würde man von der konkreten Bedeutung von ›vorwerfen‹ sprechen, und man würde annehmen, dies sei eine andere Bedeutung. Damit sind aber die wichtigen Fragen nicht geklärt: Welche Bedeutung war das? Wie hing sie zusammen mit anderen Bedeutungen? Wie hing sie zusammen mit unserem heutigen Vorwerfen? Schließlich gibt es auch heute noch Reflexe dieser Verwendungsweise:

(11) Ich bin doch hier gedungener Bandit, der mit zerstückelten Kindern den wilden Tieren des Waldes Vorwürfe macht.

(Nestroy 1890)

Diese Art des Vorwerfens scheint übrigens auch in anderer Hinsicht nicht der Form (9) zu genügen, weil sie keine sprachliche Handlung erzeugt. Zwar müssen auch heute nicht alle Vorwürfe explizit und durch Äußern eines Satzes gemacht werden, es gibt stille Vorwürfe, vorwurfsvolle Blicke u. dgl., aber in jedem Fall ist die Vorwurfshandlung erzeugt durch eine symbolische Handlung. Deshalb darf der Fall (11) auch nicht verwechselt werden mit dem folgenden:

(12) Du wirfst mir immer wieder die Schüssel vor.

Denn hier liegt ohne Zweifel – zumindest in einer Bedeutung – die in (9) gegebene Form zugrunde, die wir durch Umformulierung herstellen können:

(13) Du wirfst mir immer wieder vor, daß ich die Schüssel kaputt-
     gemacht/gekauft usw. habe.

Das scheint im Fall von (10) höchstens möglich, wenn wir die Äußerung in einem anderen Sinn nehmen, also als mehrdeutig ansehen. Wir wollen sagen, daß für die heutige Verwendungsweise von *vorwerfen* entscheidend ist, daß sie eine propositionale Ergänzung fordert, d. h. daß das Akkusativobjekt immer in einen *daß*-Satz umformulierbar sein muß. Das ist eine klare Beschränkung der Spezifizierung. Den Übergang von (10) zu dieser Spezifizierung haben wir vor uns in dem Silvester des Konrad von Würzburg aus dem 13. Jahrhundert:

(14) wir vinden in der alten ê
     und an der schrift noch vrâge mê,
     die man im vür sol werfen hie.

Man könnte vermuten, hier liege bereits unser Gebrauch vor, insofern die Äußerung so zu deuten sei, daß man Silvester vorwirft, daß er die Frage gestellt hat. Aus dem Kontext ist aber klar, daß (i) dem Silvester *(im)* die Frage gestellt werden soll und daß (ii) diese Frage etwa lautet:

(15) War Christus wirklich so mächtig?

Wir haben es also mit der folgenden Grundform zu tun:

(16) Bônôym wirft dem Silvester vor, ob Christus so mächtig war.

Diese Verwendungsweise ist natürlich verwandt mit der heutigen, insofern es sich auch hier um eine propositionale Ergänzung handelt. Dennoch hat dieses Vorwerfen einen ganz anderen Sinn. Es würde natürlich nicht die Bestreitung als Reaktion ermöglichen, weil A gar nicht behauptet hat, daß Christus so mächtig war. Ebensowenig sind hier die anderen Arten der Reaktion sinnvoll: Denn, wenn A gar nicht behauptet hat, daß X, kann er erst recht nicht behauptet haben, dies sei schlecht. Für B gibt es deshalb weder Sinn, eine Norm anzugreifen (eine solche ist gar nicht angerufen) noch sich zu entlasten oder zu entschuldigen.

Derartige Reaktionen sind auch deshalb nicht sinnvoll, weil in mittelalterlichen Verwendungsweisen von ›vorwerfen‹ eine andere Einschränkung der Spezifizierung nicht gemacht wurde. Ebenso abweichend wie (16) erschiene uns nämlich (17):

(17) Bônôym wirft dem Silvester vor, daß Christus so mächtig war.

Man kann jemand nur etwas vorwerfen, was er selbst getan hat oder wofür er selbst verantwortlich ist, also eine bereits ausgeführte Handlung oder eine bestimmte Einstellung von B. Eng zusammen hängt damit, daß man niemandem eine zukünftige oder beabsichtigte Handlung vorwerfen kann, sondern höchstens die Absicht selbst. Und die liegt nicht in der Zukunft.

Wir haben bisher demonstriert, wie einzelne eher äußerlich anmutende Unterschiede der syntaktischen Konstruktion, der Spezifizierungsmöglichkeiten zusammenhängen mit dem Sinn der Handlung im Spiel und mit den Möglichkeiten des Spiels überhaupt. Beispielsweise sind bestimmte Reaktionen nur sinnvoll im Zusammenhang mit bestimmten Bedeutungseigenschaften von ›vorwerfen‹. Wir haben aber einen anderen Aspekt dieses methodischen Grundsatzes nicht beherzigt. Wir haben versäumt, die Belegstellen in ihrem Textzusammenhang zu sehen. So ist unser Beleg (14) nicht mit Gewißheit in der beschriebenen Art zu bewerten. Wie so oft sind die historischen Zusammenhänge und die Textzusammenhänge komplexer. Ihre Komplexität läßt auch durchaus schon ein Verständnis zu, das den Vorwurf in die Nähe unsres heutigen Vorwurfs rückt, d. h. also eine propositionale *daß*-Ergänzung erschließt und die andern entsprechenden Teilakte. Man muß dazu wissen, daß der Text stammt aus einer Art Streitgespräch des Silvester mit jüdischen Schriftgelehrten zum Zwecke der Bekehrung des zuhörenden Kaisers Konstantin. Silvester ist bereits auf einige Fragen der Schriftgelehrten eingegangen und diese Fragen sind von der folgenden Art:

(18) Wie könnt ihr glauben, es gebe drei Götter, wo es doch in der Schrift heißt »ich bin gott alleine«?

Auf eine solche Frage kann Silvester durchaus sinnvoll bestreiten, daß er glaubt, es gebe drei Götter. Er kann also eine der möglichen Vorwurfsreaktionen wählen. Eine Äußerung wie (18) kann durchaus in unserem heutigen Sinn als Vorwurf verstanden werden. Denn man kann jemandem etwas vorwerfen durch das Stellen einer Frage, etwa so als würde man sagen:

(19) Ihr glaubt also, daß es drei Götter gebe, wo es doch in der Schrift heißt »ich bin gott alleine«.

Damit liegen auch die andern Behauptungen nahe, daß nämlich dies schlecht sei (weil widersprüchlich) und daß Silvester natürlich für seinen Glauben verantwortlich sei. Wir sehen also, daß hier durchaus schon eine mit unserer Vorwurfshandlung eng verwandte Handlung vorliegen mag, wenngleich wir heute nicht sagen würden, daß damit die Frage vorgeworfen wurde, sondern: Es wurde vorgeworfen, daß Silvester das glaubt, indem die Frage (18) gestellt wurde.

Deutlicher ist die heutige Verwendungsweise in einem anderen Beleg ungefähr aus dem Jahr 1420:

(20) Und habe von Martino vornommen, das sy euch vorwerfen mit
rede das gelt, das mir gesanth ist.

Es handelt sich hier um eine Passage aus einem Privatbrief, in dem
es um Vorwürfe im Zusammenhang mit juristischen Dingen geht.
Dies rückt das Vorwerfen in die Nähe des Anklagens und eröffnet
die verschiedenen Reaktionsmöglichkeiten jeweils in einem spezifischen
Sinn. Es sind hier z.B. über das unspezifische Antworten wie es in (21)
erscheint, auch Bestreitungen angezeigt:

(21) In den antworten, so er auff meine vorwerffunge gethan.

(22) Gnädige richter, ... eh ich des widerthails fürwurf angreife, will
mich vonnöten sein.

(Fischart)

Damit ist im Vorwurfspiel natürlich der ganze daran anschließende
Zweig eröffnet, in dem es um Behauptungen und Gegenbehauptungen
und anschließend um das Argumentieren und Beweisen geht.
Wir haben bisher mit unserer Betrachtungsweise andeuten können, wie
die Struktur der Interaktion und die Bedeutung des Verbs ›vorwerfen‹ zusammenhängen bis in einzelne Züge der Bedeutung hinein.
Unser Ziel war, die Rolle des Vorwerfens in einem andern Spiel zu
zeigen, indem gezeigt wird, warum dort gewisse Reaktionen nicht
sinnvoll sind. Wollte man dies durch paraphrasierende Bedeutungs-
angaben ersetzen – wie es üblicherweise getan wird – so würde man
zum Kriterium machen unsere Möglichkeit, heute das gleiche zu sagen.
Selbst in Fällen, wo dies möglich scheint, können diese Paraphrasen
aber nie genau die Rolle im Spiel demonstrieren. Zum einen sind es
für uns ganz unübliche Paraphrasen, die in unserem Spiel eben keine
Rolle spielen, zum anderen unterliegen natürlich alle umliegenden
Handlungen der gleichen Überlegung. Wäre z.B. nach einer Paraphrase
im heutigen Sinn das Bestreiten möglich, so ist damit überhaupt nicht
gesagt, daß es Bestreiten im Mittelalter gab bzw. daß es Bestreiten im
heutigen Sinn im Mittelalter gab. Das Verstehensproblem betrifft also
den ganzen Zusammenhang von Handlungen.
Die Paraphrasierungsmethode ist im übrigen deshalb oberflächlich,
weil sie das Verfahren nicht offenlegt, wie man zu der Paraphrase
kommt, bzw. wie man eine Paraphrase begründen und verteidigen
kann. Aber selbstverständlich kommt man zur Paraphrase auch nur
durch die Berücksichtigung der genannten Komponenten, der Spezifizierungen, der Reaktionen usw. wie sie aus den überlieferten Texten
entnehmbar – und das heißt als verstanden entnehmbar – sind.
Dieses Verfahren bleibt dabei allerdings intuitiv und methodischer
Reflexion entzogen, was nicht heißt, unser methodisches Verfahren sei
in keinem Sinn intuitiv.
Mancheiner wird sagen, unsere bisherige Betrachtung des Vorwurf-

spiels sei naiv. Wir hätten doch nur verfolgt, wie das Wort ›vorwerfen‹, und zwar in seinen früheren Lautformen, verwendet worden sei. Sein Platz im Vorwurfspiel hätte aber auch ein ganz anderes Wort als Bezeichnung des gleichen Aktes einnehmen können. Diese Kritiker haben recht. Allerdings, wenn es das Vorwurfspiel im Mittelalter gab und wenn es eine Handlung in diesem Spiel gab, die genau die Rolle von Vorwerfen spielte, dann muß es einen Ausdruck in jener Sprache geben. Nicht etwa, daß es ein einzelnes Verb sein müßte, es dürfte ein komplexer zusammengesetzter Ausdruck sein. Wir müssen also untersuchen, wie es mit anderen Bezeichnungen des Vorwurfaktes steht. Denn Bezeichnungen für Akte entstehen und verschwinden. Aber die Akte unserer Vorfahren sind uns nur über ihre Beschreibungen zugänglich.

Die plausibelsten Kandidaten für Platzhalter unseres heutigen ›vorwerfen‹ sind ›stråfen‹ und ›rüegen‹. Der Gebrauch von ›stråfen‹ war nämlich im Mittelhochdeutschen enger als heute, insofern ›stråfen‹ eine sprachliche Handlung bezeichnete. Da es hier nicht um die Verwendungsweisen mittelhochdeutscher Verben geht, sondern um methodische Grundfragen, beschränken wir uns auf die Behandlung eines dieser Verben, nämlich ›rüegen‹. Wir finden hier Belege, die zeigen, daß ›rüegen‹ auf den ersten Blick in analogen syntaktischen Konstruktionen verwendet wird wie ›vorwerfen‹:

(23) er bat im schiere rüegen, wâz wâfens sie trüegen.

›Rüegen‹ verlangt den persönlichen Dativ und kann zumindest eine propositionale Ergänzung haben. Genauere Betrachtung bringt aber Unterschiede ans Licht: Im Ergänzungssatz ist hier von einer zukünftigen Handlung die Rede ›welche Waffen sie tragen sollten‹. Daraus müssen wir schließen, daß hier nicht jemandem eine vollzogene Handlung vorgeworfen wird. Der Kontext zeigt dann auch, daß es um eine allgemeine Mitteilung ohne tadelnden Beigeschmack geht. Fragen der Verantwortlichkeit treten natürlich deshalb hier nicht auf, die Zweige des Entlastens und Entschuldigens gibt es nicht.

Nun gibt es allerdings eine engere Verwendungsweise, die in diesem Sinne nicht neutral ist:

(24) der tiuvel, der tagelichen ruocte die liute vor gote.

Hier scheint deutlich, daß es sich um einen Tadel handelt. Und damit ist diese Verwendungsweise auch ziemlich genau charakterisiert. Sie zeigt nämlich Unterschiede zu ›vorwerfen‹. Einmal ist gar kein persönlicher Dativ möglich oder nötig, sondern ein Akkusativ. Zum anderen – und das ist ein entscheidender Unterschied – ist die propositonale Ergänzung hier gar nicht ausgefüllt. Eine solche Verwendung ist bei ›vorwerfen‹ unmöglich:

(25) *Ich werfe dir vor.

Vorwürfe müssen sozusagen substantiiert werden. Die Auslassung der propositionalen Ergänzung ist – im Gegensatz zu ›tadeln‹ – nicht möglich.

Falls diese Analyse stimmt, was können wir aus ihr folgern? Wir haben bisher keinen Kandidaten als Entsprechung unseres Vorwerfens gefunden. Gab es also die Handlung im Mittelalter nicht? Oder konnten unsere mittelalterlichen Vorfahren Vorwurfsakte nicht bezeichnen? Sicher können wir über die Handlungen unserer Vorfahren nur etwas sagen über die entsprechenden sprachlichen Reflexe. Und da haben wir keine Entsprechung gefunden, was nicht heißt, daß es keine gab. Außerdem heißt sprachlicher Reflex nicht, daß es ein einzelnes Verb gegeben haben müßte, das genau das Gleiche leistete wie unser ›vorwerfen‹. Es hätte ein zusammengesetzter Ausdruck sein können. Problematisch wäre allerdings schon der Fall, wo es eine Bezeichnung gar nicht gab. Denn es scheint doch so zu sein, daß es für existierende Handlungsweisen in unserer Gesellschaft immer – vielleicht zusammengesetzte – Bezeichnungen gibt. Nun hätten unsere Vorfahren nach unserer Kenntnis aber durchaus die Möglichkeit gehabt, Vorwurfsakte zu bezeichnen. Sie hätten das tun können mittels zusammengesetzter Ausdrücke, die das Verb ›rügen‹ enthielten. Aber damit wäre nicht unbedingt das Gleiche geleistet wie mit unserem ›vorwerfen‹. Einmal sagt natürlich schon die Notwendigkeit der Zusammensetzung etwas über die Üblichkeit der entsprechenden Handlung aus. Wichtiger ist aber, daß unsere Vorfahren den zusammengesetzten Ausdruck offenbar nicht verwendet haben. Man kann diese Handlung als Vorwerfen im Mittelhochdeutschen zwar vorstellen, einführen, so wie man mit der Sprache immer auch nicht existierende Handlungen bezeichnen kann. Das hängt mit der Offenheit der Sprache zusammen. Aber deshalb gab es diese Handlung noch lange nicht als Institution.

Selbst wenn wir Belege gefunden hätten, in denen zusammengesetzte Ausdrücke so wie unser heutiges ›vorwerfen‹ gebraucht schienen, hätten wir noch keinen Beweis. Zusammengesetzte Ausdrücke können nämlich unterschiedlichen Status haben. Die Probleme sind bekannt durch Übersetzungen aus exotischen Sprachen. Will man etwa das melanesische *kaymatana* ins Deutsche übersetzen, so wird man zunächst einmal wörtlich auf ›Spitzenholz‹ kommen, von dem man natürlich nicht weiß, was es eigentlich heißt. Man kommt nun aber leicht darauf, daß ›Holz‹ als ›Kanu‹ zu verstehen ist und der Ausdruck soviel bedeutet wie ›führendes Kanu‹. Aber damit ist nicht viel gewonnen. Man müßte dazu sagen, welche Rolle dieser Gegenstand in der Kultur dieser Eingeborenen spielt, damit man eine Verwendung von *kaymatana* richtig versteht. Zum Beispiel hat dieser Ausdruck mit Kanuwettkämpfen zu tun, die eine zentrale Rolle im Leben dieser Völker spielen und damit auch auf andere Bereiche sich auswirken u. dgl. Wir stehen also vor der Situation, daß auch der zusammengesetzte Ausdruck nicht das Richtige sagt. Andererseits ist die ausführlichere Erklärung natürlich in ganz anderer Weise ein zusammengesetzter Ausdruck. Sie hat nicht den Status und die syntaktische Kategorie des zu übersetzenden Ausdrucks.

Ähnliches tritt auf, wenn wir aus dem Englischen übersetzen, wo wir nicht wissen, ob wir ›you‹ mit ›Sie‹ oder mit ›du‹ zu übersetzen haben. Man sagt dann, es heiße ›du‹, wenn die Partner sich mit Vornamen anreden. Aber das ist unsere Regel. Die Engländer machen eben unseren Unterschied nicht.

Was nun das Vorwerfen im Mittelalter betrifft, so erschiene es uns überraschend, wenn es diese beispielsweise für das eheliche Zusammenleben so wichtige Handlung damals nicht gegeben hätte. Eher scheint unser Belegmaterial dürftig und einseitig. Zumindest wäre es unglücklich, sozusagen Schlüsse ex silentio zu ziehen, wo wir keine Belege haben. Wenngleich die Verwaltung dieses Mangels lehrreich sein kann, – weil er so häufig ist – wäre ein Fall methodisch vertrauenswürdiger, wo wirklich Belege vorliegen. Allerdings bleiben wir auch hier natürlich an eine grundlegende Beschränkung gebunden: Belege zeigen nur, was möglich war. Wir müssen aber auch wissen, was nicht möglich, also abweichend war. Das kann man aus Belegen bestenfalls erschließen. Trotz dieser prinzipiellen Beschränkung der historischen Bedeutungsbeschreibung wollen wir einen neuen Versuch machen. Wir wollen uns auf einen Zweig der möglichen Reaktionen im Vorwurfsspiel konzentrieren, weil hier Material vorliegt. Es handelt sich um das Beweisen in einer Abart des Vorwerfens, nämlich der Anklage vor Gericht. Hier fließen die Quellen reichlicher.

4.4. Beweisspiele

Wenn in einer Kommunikation der Partner A etwas behauptet und B darauf das Gegenteil behauptet, also A's Behauptung bestreitet, dann liegt der Ansatzpunkt für eine Argumentation vor. A kann, um den Dissens zu schlichten, den Versuch machen, seine Behauptung dem B zu beweisen. Beweisen setzt also dort an, wo etwas strittig ist. Es greift in allen Kommunikationssequenzen, wo diese Ausgangssituation gegeben ist, etwa wenn A dem B vorgeworfen hat, daß S, und A bestritten hat, daß S. Man kann diese Situation sogar fast für allgemein menschlich, also universal halten und erwarten, daß es im Mittelalter genau so funktioniert hat. Nun ist ein Fall, wo Beweisen besonders akut ist, vor Gericht, wo oft ein Streitfall der Art vorliegt, daß der Kläger etwas behauptet, was der Beklagte bestreitet. Wer von beiden dann beweisen muß oder darf, mag auch strittig sein. Aber es ist ein Ansatzpunkt da, der nach Beweisen ruft. Wie verlief das im Mittelalter?

Zuerst einmal ist festzustellen, daß das Verb ›bewîsen‹ in verschiedenen syntaktischen Konstruktionen verwendet wurde, deren Zusammenhang mit dem Beweisen, um das es hier geht, nicht leicht zu sehen ist:

(26) wizzt ir iender hie bî einen wilden stein ode ein hol, des bewîset mich.

(27) ouch sultu bewîsen mich mit dîner lêre.

›Beweisen‹ verlangt einen Dativ der Person und eine propositionale Ergänzung. Das letztere ist eine Folge dessen, daß Behaupten und Bestreiten ebensolche Ergänzungen haben und daß ja gerade das, was strittig ist, auch bewiesen werden muß. In den Belegen (26) und (27) liegen aber andere Konstruktionen vor. Wir haben in beiden Fällen einen Akkusativ der Person, die zweite Ergänzung ist einmal präpositional angeschlossen, einmal genitivisch. Diese syntaktische Differenz mag nahelegen, es handle sich um andere Verwendungsweisen.

Aber darin steckt natürlich ein methodisches Problem. Welches ist das Kriterium für die Abtrennung verschiedener Verwendungsweisen? Bei syntaktischen Unterschieden scheint es verhältnismäßig klar. Aber das trügt. Denn wir nehmen auch an, daß die syntaktische Konstruktion sich historisch ändern kann ohne Änderung der Bedeutung. Beispielsweise sind die genitivischen Ergänzungen des Mittelhochdeutschen fast alle zu akkusativischen geworden, und der persönliche Akkusativ ist – vielleicht zur Vermeidung des doppelten Akkusativs – in den Dativ ausgewichen. Die Trennung verschiedener Gebrauchsweisen ist oft nur Teil der Paraphrasierungsmethode und nichts anderes als eine Anwendung unserer heutigen Trennungen. Sie überträgt unsere heutige Sicht auf die frühere Zeit und kann damit gerade nicht das Ziel erreichen: Erklären, welche einheitliche Bedeutung ›bewîsen‹ hatte bzw. ob es eine hatte. Schalten wir nach unserem Verständnis alles Disparate von vornherein aus, so entschwindet das Ziel. Daß diese methodischen Skrupel berechtigt sind, erweist sich auch dadurch, daß Verwendungen in diesen syntaktischen Konstruktionen durchaus heutigen ähneln:

(28) sô kan ich bewîsen dich des du hâst gevrâget mich.

(28a) Ich kann dir das beweisen, wonach du mich gefragt hast.

Wir könnten also mit der Abtrennung gerade das Problem eskamotieren. Bei genauem Hinsehen finden wir Unterschiede und Gemeinsamkeiten von ›bewîsen‹ und ›beweisen‹. Eine Gemeinsamkeit ist die

Möglichkeit einer propositionalen Ergänzung, die zeigt, daß es in beiden Fällen um Sachverhalte geht:

(29) bewîsten ez daz sie wâren man.

Wie bei ›vorwerfen‹ können Umformulierungen notwendig sein, die den propositionalen Charakter ans Licht bringen:

(30) sie bewîstin anderweit ir angeborne bôsheit.

(30a) Sie bewiesen, daß sie von Geburt an böse waren.

Die Belege exemplifizieren noch eine weitere Gemeinsamkeit: Man tendierte früher wie heute dazu, den Dativ der Person wegzulassen, weil Beweise einen Allgemeinheitsanspruch erheben. Offenbar nimmt man an, es komme nicht darauf an, wem man etwas beweisen wolle, Beweis sei Beweis.

Ein weiterer Unterschied tritt in folgendem Beleg hervor:

(31) bei der geisz soltu verston die weiber, die da gern hond, das man inen den kauzen streicht, sie lobet und inen eer beweiset.

Wir würden heute statt ›beweiset‹ sagen ›erweist‹, und damit ist keinesfalls erwiesen, daß dies auch in älterer Zeit ein abgetrennter Gebrauch ist. Er ist sogar leicht als Sonderfall deutbar, insofern die Redeweise ›Gnade erweisen‹ als Sonderfall von ›Gnade beweisen‹ zu verstehen ist. Mit der ausformulierten propositionalen Ergänzung sind beispielsweise folgende Fälle denkbar:

(32) Ich beweise, daß ich gnädig bin.

(33) Du beweist, daß du gnädig bist.

(34) Ich beweise, daß du gnädig bist.

Hier ist aber ›Gnade erweisen‹ nur möglich, wenn die Subjekte des Haupt- und Nebensatzes die gleiche Person bezeichnen. In (34) liegt dieser Sonderfall nicht vor. Aus gleichem Grund können wir auch nicht sagen, daß ich deine Gnade erweise.

Dies hat auch etwas damit zu tun, wie man Gnade erweisen kann. Offenbar einfach so, daß man gnädig handelt. Der Beweis gelingt hier über einen singulären Fall: Man zeigt seine Gnade. Damit scheint ein wesentlicher Aspekt des mittelhochdeutschen ›bewîsen‹ erfaßt. Es ist nämlich in allem sehr ähnlich unserem heutigen ›zeigen‹, dessen Gebrauch viel weiter ist als der von ›beweisen‹. Besonders wichtig scheint, daß mit dem ›bewîsen‹ nicht ein Allgemeinheitsanspruch verbunden ist wie mit dem ›beweisen‹. Das geht auch aus der Bedeutungsentwicklung von *also,* des Schlußworts par excellence, hervor. Dieses Wort drückte im Mittelhochdeutschen nicht die Berechtigung des Übergangs durch einen allgemeinen Schluß aus, sondern nur eine Parallele: So wie es dort ist, also ist es auch hier. Die Hauptdifferenzen zwischen ›beweisen‹ und ›bewîsen‹ liegen demgemäß nicht in der Komponente (5), wo es um das Wie, die Möglichkeiten der Durchführung geht.

Unsere bisherigen Beobachtungen scheinen mehr oder weniger auf Äußerlichkeiten im Beweisspiel zu gehen. Der Vorteil der Betrachtung als Sprachspiel sollte aber doch sein, den Zusammenhang mit der Lebensform offenzulegen. Dazu sollten wir nicht so sehr die Bezeichnungen für die verschiedenen Handlungen, sondern die Handlungen selbst betrachten, die als Verwandte unseres Beweisens in Frage kommen. Möglichkeiten dazu bieten Rechtsquellen, die als Art Regieanweisung für das Spiel gelten können:

(35) Sa hwersa ma benethe werpt vp anne mon, ther nen dolch ne hebbe, and ma thet queth, hi se mith bamum toslain, sa mot ma thes xij vntswera. Jefter dolch is and ma thes iecht and thes daddelis bisecht, sa mot thi erfnoma sinna thredkning onleda mith xij monna withethum; sa ach ma hine to ieldan, thet is londriucht.

(35a) Wenn man eine Totschlagsklage gegen einen Mann erhebt [wegen eines Erschlagenen], der keine Wunde hat, und man sagt, er sei mit Knüppeln erschlagen, so darf man sich davon mit zwölf Eiden freischwören. Wenn eine Wunde da ist und man das zugibt, aber den Totschlag leugnet, so darf der Erbe zum Beweise anführen seine Verwandten bis zum dritten Grad, mit Eiden von zwölf Männern auf die Reliquien; dann hat man das Wergeld für ihn zu zahlen, das ist Landrecht.

Hier ist eine Art des Beweisens schon in zwei Varianten angeführt: Man kann seine Unschuld beweisen durch das Schwören eines Eides. Neben diesen im Mittelalter ganz gewöhnlichen *bewîsen mit der hant* gibt es noch eine Palette anderer Beweisarten:

(36) Wenn jemand eine schwangere Frau angreift, im Leibe eine Frucht oder zwei abtreibt, so soll er, wenn er es ihr zugestehen will, die Leibesfrucht mit doppeltem Wergeld büßen und ihr Sühnegeld zu zwölf Mark und dem Volke das Friedensgeld und dem Frana drei Pfund zahlen. Wenn er leugnet, so schwöre er sich mit zwölf Eiden auf die Reliquien frei oder er reinige sich in dreimal vierundzwanzig Stunden durch [einen Gang über] neun [glühende] Pflugscharen oder mit einem bloßschenkligen Zweikämpfer von der Anklage.

Wir wollen zuerst auf den Eid eingehen. Der Eid ist eine Form des Autoritätsbeweises, der sich dadurch auszeichnet, daß hier als Beweis zählt, was ein Fachmann sagt, d. h. jemand der gut Bescheid weiß. Im Fall einer Handlung weiß natürlich der am besten Bescheid, der sie ausgeführt haben soll. Das ist der Beklagte. In (35) sind die sog. Eidhelfer als die Fachleute anzusehen. Sie sind nicht Fachleute bezüglich der Tat, sondern bezüglich des Angeklagten, für den sie die Hand ins Feuer legen.

Nun ist aber in der Regel vorgesehen, daß nur eine der Parteien beweisen darf. Wenn A beweist, ist B vom Beweis ausgeschlossen. Und das bedeutet, daß A das Spiel gewinnt, wenn er beweisen darf. Denn B kann keinen Gegenbeweis antreten. Für uns heute ist aber Beweisen gekennzeichnet durch eine Art von Symmetrie, nach der jeder der Beteiligten die Chance haben muß zu beweisen, den Beweis anzuzweifeln, einen Gegenbeweis zu bieten u. dgl. Beweise sind für uns nie endgültig.

Im Mittelalter kamen den Eidbeweisen noch einige Charakteristika in diesem Zusammenhang zu, die sie weiter von unserem Spiel entfernen. Eine soziale Asymmetrie des Bewîsens wird beispielsweise in folgendem deutlich:

(37) Wenn ein Bauer einen Ritter wegen Verletzung des Friedens anklagt, soll er mit seiner Hand schwören, daß er dies nicht aus Mutwillen, sondern notgedrungen getan hat. Dann wird sich der Ritter mit drei Eidhelfern rechtfertigen. Wenn ein Ritter wegen Verletzung des Friedens einen Bauern anklagt, soll er mit seiner Hand schwören, daß er dies nicht aus Mutwillen, sondern notgedrungen getan hat, dann mag der Bauer eins von beiden wählen: Entweder er erweise seine Unschuld durch Gottes- oder Gerichtsurteil oder er rechtfertige sich durch sieben geeignete Zeugen, die der Richter ausgewählt hat.

Sie kann sich so weitgehend auswirken, daß bestimmte Sachverhalte von der Beweismöglichkeit völlig ausgeschlossen werden. Sie waren nicht widerlegbar, also auch nicht beweisbar:

(38) Wenn man am hellen Tage und bei scheinender Sonne zwei Heerhaufen sammelt und zwei Heerfahnen aufsteckt und sich (als Anführer) für jeden Schaden verbürgt, so soll alles, was man an Verletzungen oder Totschlägen verübt, vollends unleugbar sein.

Dies ist eine Art des Autoritätsbeweises, die prinzipiell an eine bestimmte Rollenverteilung gebunden ist. Es ist von vornherein klar, wer in diesen Fällen das Spiel gewinnt. Ein unfaires Spiel – nach unserer Einschätzung zumindest –, das eklatant unserem Ideal des Beweisens widerspricht. Unserem I d e a l muß man sagen, denn auch wir geben uns oft mit solchen Beweisen zufrieden, d. h. wir erkennen sie an, obwohl sie nicht unserem Ideal entsprechen. Das sollten wir vielleicht auch unseren Vorfahren zugutehalten. Sie können durchaus gesehen haben, daß hier Beweise notgetan hätten.

Den Beweis durch Eid können wir auch dann nicht als solchen anerkennen, wenn wir sehen, daß er durchaus nicht trivial war. Es war nicht unbedingt sicher, daß, wer schwören durfte, auch gewonnen hatte. Eine Reihe von förmlichen Erschwerungen konnten den Eid selbst mißlingen lassen: Man mußte u. U. öfter schwören, Eidhelfer beibringen (z. B. selbzwölft schwören), die Hand richtig halten und so fort. Auch mußten die Eidhelfer bestimmte Bedingungen erfüllen:

(39) Und keiner von diesen Männern soll einen Meineid geschworen oder einen Totschlag verübt haben, noch mit Hurerei oder mit anderen Sünden so sehr befleckt sein, daß er vierzigtägiger Fasten schuldig ist. Alle sollen frei sein und von vollehelichen Vorfahren abstammen, erbgesessene und landeseingesessene Leute, und alle sollen sie das Credo und das Paternoster können.

Dennoch bleibt für uns ein solches mögliches Mißlingen von Zufall (oder auch Mangel an Einfluß) bestimmt. Beweiskriterium darf aber nicht der Zufall sein. Die Eidmethode führte zu einer auffallenden Monotonie des Beweisens und zu einer Inflation der Beweisforderungen:

(40) [Wird] ein Mann an den Geschlechtsteilen verwundet, so daß sie keine Kinder zeugen können, [so ist das wie] neun Totschläge zu büßen, von jedem soll man sich [bei Leugnung] mit zwölf Eiden reinigen.

Auch dies ist nicht dazu angetan, unser Vertrauen in den Eid zu erhöhen. Denn, wenn einer nicht reicht, was sollen dann mehrere bringen?

Schließlich gehen die Eigenheiten des mittelalterlichen Beweisspiels sogar so weit, daß der Ausgangspunkt fürs Beweisen nicht einmal gegeben sein muß:

(41) Wenn innerhalb des Gebiets, das man »Weichbild« nennt, ein Totschlag geschieht, und wenn einem die Schuld an dem Totschlag zugesprochen wird, so soll er mit drei Pfund dem Burggrafen Buße leisten oder sich nur mit der Hand rechtfertigen.

(42) Wenn jemand einen anderen ins Wasser taucht oder böswillig mit einer Flüssigkeit übergießt oder einen Mann ohne dessen Verschulden bindet, so ist die Buße für jede dieser [Taten] fünfzehn Unzen, oder er soll sich selbviert davon freischwören und einen Fahrniseid [leisten].

Eine sichtbare Blutrunst außerhalb der Kleider: ein Schilling und neun Unzen, oder vier Reinigungseide.

Hier taucht der Eid zusammen mit den Bußen auf. Man scheint davon auszugehen, die Tat sei geschehen und die Schuld geklärt. Der Eid ist nicht mehr Beweis, sondern eine Alternative zur Buße. Wie fremd uns das erscheint, zeigt auch der letzte (unreflektierte) Zusatz des Übersetzers in (40), der offenbar nicht fassen konnte, daß ein Eid im andern Fall sinnvoll sei. Wir müssen aber sehen, daß der Eid in diesem Beweisspiel eine andere Rolle spielte. Er setzte sozusagen ein vorläufiges Ende – zumindest was die irdischen Belange betraf. Der Eid verwies vielleicht auf eine höhere Instanz, die in jedem Fall (beim jüngsten Gericht?) die gerechte Strafe herbeiführen würde. Sie war bei Meineid eben nur solange ausgesetzt.

Darauf wird auch verwiesen, weil es bereits eine Hierarchie der »Beweismittel« gab, die darauf hindeutete, daß der Eid durchaus nicht als absoluter Beweis gesehen wurde:

(43) Wenn eine Frau einen Mann vor das Sendgericht fordert und sagt, er sei der Vater ihres Kindes, (und) er dann sagt, daß er sie nicht zur Frau genommen habe, so ist er näher, über zwölf (glühende) Pflugscharen seine Unschuld darzutun, als sie, es ihm zu beweisen. Wenn er sich dann verbrennt, so soll er nachher das Kind annehmen und den Meineid durch Fasten abbüßen und die Bannbuße zahlen.

Wie schon in (36) wird hier deutlich, daß andere stärkere Beweisarten wie Zweikampf und Gottesurteil ins Spiel kommen konnten. Nur scheinen uns die auch nicht von prinzipiell anderer Art. Wir fragen uns nämlich, was die Kesselprobe mit der Frage der Schuld oder Unschuld zu tun haben soll. Wenn einer davonkommt – würden wir sagen –, so ist das Zufall. Für uns ist Beweisen aber notwendig an Formen des Argumentierens gebunden, beliebige Fakten, ad hoc geschaffene Fakten oder gar Zufälle können überhaupt nicht in unserem Beweisspiel verwendet werden.

Worin besteht aber dann der Zusammenhang des Bewîsens und des Beweisens? Wie kommt es, daß in der Geschichtsforschung hier immer von Beweismitteln und dergleichen die Rede ist? Wir denken, daß dies als Beweis angesehen wurde, weil es von den Folgen im Spiel her die gleiche Rolle gespielt hat wie unser Beweisen. Unsere Vorfahren haben für uns nach diesen Prozeduren so gehandelt, als sei es bewiesen, d. h. so wie wir handeln, wenn wir etwas für bewiesen halten.

Es bleibt aber noch ein ungutes Gefühl bezüglich der Analyse des Bewîsens. War das Spiel wirklich so anders? Haben wir es nicht durch unsere Darstellung exotischer gemacht, als es war? Wir haben beispielsweise gesagt, daß die Zufälligkeit für uns kein Kriterium des Beweises sein könne. Aber war es für unsere Vorfahren Zufall, daß der Eid gelang? Und worin besteht die Nichtzufälligkeit bei uns? Wir nehmen offenbar an, daß Zusammenhänge zwischen dem strittigen Sachverhalt und dem beweisenden bestehen. Die gängige Form des Zusammenhanges ist die, daß ersterer aus dem letzteren folgt. Zum Beispiel beweisen wir, daß A den B nicht erschlagen hat, indem wir erhärten, daß A gar nicht dort war, wo B erschlagen wurde. Der Beweis gelingt für denjenigen, der das letztere glaubt und außerdem überzeugt ist davon, daß:

(44) Wenn A nicht am Ort des Totschlags war, dann hat A den B nicht totgeschlagen.

Für unsere Vorfahren kann also der Eid als Beweis in unserm Sinne gegolten haben, wenn sie von folgendem überzeugt waren:

(45) Wenn A der Eid gelingt, dann ist er unschuldig.

Für uns erscheint zwar (44) ganz plausibel, weil wir sozusagen mit semantischen Regeln aus der Bedeutung von (44) heraus zeigen können, daß dies stimmt. Das scheint für (45) nicht möglich. Wir vergessen dabei aber, daß wir bedenken müssen, daß (45) eigentlich in der Sprache unserer Vorfahren formuliert sein müßte, in der ›Eid‹ eben eine andere Bedeutung hatte, so daß (45) genauso plausibel sein mochte wie heute (44). Kritisch wird die Sache erst, wenn (44) oder (45) selbst angezweifelt werden. Dann müssen weitere stützende Sätze angeführt werden. Sie stützen den Glauben insofern, als sie ihn beweisen und das heißt (44) oder (45) selbst in einen Wenn-dann-Zusammenhang einbetten. Im Mittelalter würde u. U. beim Eid wie beim Gottesurteil angeführt, daß Gott über diese Prozeduren wache und entscheide, wenn sie zur Anwendung gelangen. Bei uns würde vielleicht versucht, mit irgendwelchen Naturgesetzen zu argumentieren. Wir kommen so also auf entscheidende Unterschiede im Weltbild beider Gesellschaften. Aber zu einer letzten Begründung kommen wir nicht. Auf keinen Fall kommen wir aus den Glaubenssätzen heraus.

Deshalb ist auch nicht verwunderlich, daß schon im Mittelalter Widerspruch gegen Gottesurteile laut wurde wie in unserem Beleg von 1220:

(46) Die Urteile, die von einigen Einfältigen, die weder die Natur der Dinge noch die Wahrheit berücksichtigen, Gottesurteile genannt werden, scheiden Wir, die Wir die wahre Wissenschaft erforschen und Irrtümer verschmähen, von Unseren Gerichten aus.

Ebensowenig verwundert es, daß hier so modern klingende Argumente ins Feld geführt werden. Im unverträglichen Glauben an Gott oder an die Wissenschaft besteht gerade dieser Unterschied der Weltansichten.

Die Frage drängt sich auf, wieweit unser Verständnis überhaupt reichen kann. Schließlich ist es doch einigermaßen erstaunlich, daß jemand oder ganze Gesellschaften glauben, daß (45). Würden wir nicht sagen, daß, wenn alles Beweisen auf solchen Sätzen aufbauen würde, es doch eine andere Handlung wäre, obgleich sie formal ähnlich zu analysieren wäre? Besteht der Beweis denn nur in der formalen Schlußprozedur oder gehören die möglichen Wenn-dann-Sätze dazu? Fehlgeleitet ist jedenfalls der Versuch, solche Beweise zu verstehen durch Erklärungen, wie es möglich war, daß Unschuldige bei der Wasserprobe in der Regel untergingen, Schuldige aber nicht. Der Hinweis darauf, daß der Unschuldige entkrampft und richtig atmend untergehen konnte, liefert bestenfalls eine Erklärung für uns, wieso das System überhaupt funktionieren konnte. Er trifft aber gerade nicht den Sinn des Gottesurteils für die Ausübenden. Trotz gewisser Ähnlichkeiten der Beweisspiele und trotz eines partiellen Verständnisses stoßen wir im Verstehen der mittelalterlichen Beispiele doch auf Grenzen. Eine solche Grenze ist neben der Chancenungleichheit und dem Mangel an Argumentation das, was man den trivialen Beweis nennen könnte. Diese Form des Beweisens bekam im 15. Jahrhundert in Form der Folter ihren festen Platz. Als Beweis zählte nun häufiger das Geständnis des Angeklagten. Wie das Geständnis zustande kam, war belanglos. Damit ist das Spiel grundlegend geändert. Früher scheint der leichtes Spiel gehabt zu haben, der beweisen durfte. Jetzt darf sozusagen der Kläger oder seine willfährige Vertretung in Form der Anklagebehörde beweisen. Für sie wird das, was wir heute als Beweislast ansehen und deshalb diese Rolle nicht anstreben, zur Beweislust. Denn das Geständnis allein zählt, nicht wie es zustande gekommen ist. Damit war die Blüte der Folter vorbereitet. Denn der Beweis wurde durch die Qualität der Folter bestimmt.

Durch die Folter gab es verschiedene Möglichkeiten, das Spiel trivial zu gestalten, wenngleich sie historisch nicht immer so genutzt wurden:

(i) Der Angeklagte wird solange gefoltert, bis er die Tat gesteht oder bis er tot ist. Damit ist gegen die Bedingung des Beweisens verstoßen, daß grundsätzlich auch das Gegenteil bewiesen werden könnte. Der Ausgang des Spiels ist vorgegeben, ein positiver Ausgang für den Beklagten unmöglich.

(ii) Eine Variante hiervon ist, daß die Wahrheit des Ausgangs der Folter selbst wieder bewiesen werden kann durch Anwendung der Folter.

(iii) Gesteht ein Beklagter unter Folter und widerruft außerhalb der Folter, so darf er wieder gefoltert werden. Dieses Spiel geht ad infinitum weiter und widerspricht wegen seiner Grenzenlosigkeit schon für manche Zeitgenossen der Natur und dem Recht.

Hier setzt unser Verständnis aus, wenngleich die Lust des Beweisens durchaus nicht so zu verstehen ist, als hätte sich die Anklagebehörde als Gegner des Beklagten und als Komplizen des Klägers gesehen. Sie haben ihre Arbeit wohl unparteiisch, professionell und cool getan. Sie hatten nur das Ziel, der Wahrheit auf die Spur zu kommen. Und daß sie das glaubten, macht uns das Ganze noch bedrückender.

Bibliographische Hinweise

Im Text ist darauf hingewiesen, daß der Vergleich der Sprache mit Spielen eine lange Tradition hat. Er wird oft auch kritisch gesehen. Mit methodischem Anspruch ist aber dieser Vergleich erst ausgeführt bei:

L. Wittgenstein, Das Braune Buch, in: L. Wittgenstein, Schriften 5, Frankfurt a. M. 1970, 117–282.

L. Wittgenstein, Philosophische Untersuchungen, Frankfurt a. M. 1967.

F. Waismann, Logik, Sprache, Philosophie, Stuttgart 1976, bes. 118–128; 191–196.

Den Versuch einer Übertragung der Sprachspielidee zur Fundierung logischer Kalküle bietet:

J. Hintikka, Language-Games for Quantifiers, in: J. Hintikka, Logic, Language-Games, and Information, Oxford 1973, 53–82.

Die Sprachspielidee ist verbindbar mit spieltheoretischen Methoden und mit einer formalen Handlungstheorie. Vgl. hierzu:

K. Lorenz, Dialogspiele als semantische Grundlage von Logikkalkülen, in: Archiv für mathematische Logik und Grundlagenforschung 11 (1968), 32–55; 73–100.

H. J. Heringer, Praktische Semantik, Stuttgart 1974, bes. Kap. 4: Kommunikationsspiele.

Der Zusammenhang von Sprache und Weltansicht wird behandelt in der großen Menge von Literatur zur sog. Sapir-Whorf-Hypothese. Diese Behandlungen erscheinen uns jedoch argumentativ oft nicht stringent und teilweise oberflächlich. Methodisch reflektiert hingegen ist:

P. Winch, Was heißt »Eine primitive Gesellschaft verstehen«?, in: R. Wiggershaus (Hg.), Sprachanalyse und Soziologie, Frankfurt a.M. 1975, 59–102.

Ebenso die frühe Behandlung durch den Ethnologen B. Malinowski:

B. Malinowski, Das Problem der Bedeutung in primitiven Sprachen, in: C. K. Ogden-I. A. Richards, Die Bedeutung der Bedeutung, Frankfurt a. M. 1974, 323–384.

Die Ausdehnung der Sprechakttheorie und der Sprachspiele auf konkrete historische Beispiele steckt noch in den Kinderschuhen. Mit traditionellen semantischen Methoden hat hierzu einen Versucht gemacht:

G. Fritz, Bedeutungswandel im Deutschen, Tübingen 1974, bes. Kap. 5.2.

5. Bedingungen und Annahmen

Dietrich Warthemann, 42, Chefkellner, 2280 Westerland

„...weil ich den Sozialismus drüben lange genug genossen habe."

5.1. Die Rolle des Impliziten

»Die großen Parteien tun in der Regel gar nichts, die Erfahrung hat sie gelehrt, daß es ausreicht, in einem relativ kurzen Wahlkampf dem Stimmvolk ein paar Phrasen hinzuwerfen, ein paar Versprechungen zu machen, die dann nicht eingehalten werden . . . In der Tat gebärden sich unsere großen Parteien so, als gehöre ihnen der Staat und sie könnten mit ihm machen, was sie wollen. Korruption ist an der Tagesordnung ... Es geht auch nicht an, den Parteien im Wahlkampf Narrenfreiheit zu gewähren.« Dies laut Spiegel (22, 1977, S. 18) die Schelte und Forderung eines Koblenzer Richters in einer Urteilsbegründung. Selbstverständlich wurde der Richter gehörig gerüffelt. Denn,

Doris Kipp, 26, Hausfrau, 6500 Mainz

„...weil ich an unsere Zukunft denke.”

Freiheit oder Sozialismus

wenn es auch so wäre, sagen darf man das nicht. Wie sollte man es denn beweisen?

Nun, so aussichtslos scheint der Beweis nicht. Wir wollen an dem abgedruckten Material eines der Mittel hierzu vorführen. Dieses Material ist vielen noch in Erinnerung: Es handelt sich um Wahlreklamen der CDU aus dem Bundestagswahlkampf 1976, also um Dokumente einer recht komplexen Kommunikationsform. Wichtige Gesichtspunkte wären etwa das Verhältnis der Bilder zum Text, die Bedeutung des zitatartigen Redens und die Besonderheiten der Kommunikationspartner: Adressat ist eine große und undifferenzierte Menge von Wählern, Urheber ist eine Gruppe, ohne daß die Einzelverantwortung ihrer Mitglieder geklärt ist. Diese Probleme wollen wir hier aussparen. Wir gehen davon aus, daß der Partner A die CDU ist und der Partner B der Leser der Anzeigen, wer immer dies sei.

Nach dem uns bekannten Zusammenhang kann man davon ausgehen, daß A den B dazu bringen will, CDU zu wählen. Wie soll das gelingen? A geht offenbar argumentativ vor. Er gibt dem B jeweils eine Begründung dafür, warum er CDU wählen soll. Im ersten Beispiel sähe die Analyse etwa so aus:

(1) A will B dazu bringen, CDU zu wählen,
     indem A dem B eine Begründung gibt, warum er CDU wählen soll,
     indem A den Kellner äußern läßt: »... weil ich den Sozialismus
     drüben lange genug genossen habe.«

Die CDU will also die Begründung geben durch Äußerung eines Satzes der Form ›S1 weil S2‹: »CDU soll man wählen, weil ...« Eine solche Begründung gelingt natürlich nicht unbedingt. Bei manchen Wählern wird sie nicht greifen. Sie greift nämlich nur, wenn eine Reihe von Bedingungen erfüllt sind. Zum Beispiel:

(i)   B versteht A.
(ii) B versteht den Satz ›S1 weil S2‹.
(iii) S2 kann der Grund für S1 sein.
(iv) Wenn man den Sozialismus kennt, wählt man CDU.
(v)   Der Kellner hat den Sozialismus in der DDR lange genossen.

Diese Bedingungen haben für das Gelingen von (1) unterschiedlichen Wert. Da sind einmal die sehr allgemeinen Bedingungen (i) und (ii), die abgewandelt für jede kommunikative Handlung gelten dürften. Weitere derartige Bedingungen sind in (i) enthalten: daß B nicht blind ist, sonst könnte er die Anzeige nicht lesen und dergleichen mehr. Mit (ii) verbunden sind solche Bedingungen wie, daß B Deutsch kann, also die Sprache, zu der der geäußerte Satz gehört. Diese Art allgemeiner Bedingungen ist nicht spezifisch für das Verstehen des in (1) dargestellten Zusammenhangs. Deshalb ist es auch nicht sinnvoll, sie an dieser Stelle extra zu behandeln, wenngleich sie natürlich erfüllt sein müssen.

Anders verhält es sich mit der Bedingung (iii). Sie scheint spezifisch für den Zusammenhang, der in (1) gegeben ist. Sie steckt den Rahmen dafür ab, daß etwas eine Begründung sein kann. Allerdings scheint sie diesen Rahmen in fast trivialer Weise abzustecken: Es klingt verdächtig nach Tautologie, daß die Äußerung von ›S1 weil S2‹ nur eine Begründung sein kann, wenn S2 der Grund für S1 sein kann. Mit der Angabe dieser Bedingung soll offenbar etwas über den Zusammenhang von S1 und S2 festgehalten werden. Denn nicht jede Folge von Sätzen kann man durch ›weil‹ verbinden und dadurch einen Satz bilden, der zum Begründen verwendbar ist. In der zweiten Wahlanzeige etwa scheint die angenommene Verbindung schon weniger plausibel:

(2) Ich wähle CDU, weil ich an unsere Zukunft denke.

Sehr schwer sehen wir den notwendigen Zusammenhang aber in Sätzen wie

(3) Ich wähle CDU, weil ich den Sozialismus will.

Aber wir suchen den Begründungszusammenhang auch hier, weil wir verstehen, was mit der Äußerung von (2) gesagt werden soll. Es wird eben ein Begründungsverhältnis behauptet.

Eine weniger anrüchige Formulierung des geforderten Zusammenhangs bietet die Bedingung (iv), die als Art Alternative von (iii) zu verstehen ist. Sie fordert, daß zwischen S1 und S2 ein Bedingungsverhältnis besteht. Nur dann kann das eine als Begründung des anderen zählen.

Neben Bedingungen für den Zusammenhang der beiden Sätze S1 und S2 müssen Bedingungen erfüllt sein für diese Sätze selbst. Eine solche Bedingung ist (v). Sie fordert, daß für das Gelingen von (1) die Teiläußerung S2 wahr sein muß. Nur dann kann die ganze Äußerung als Begründung akzeptiert werden. In der Diskussion um die Wahlaussage hat diese Bedingung dann auch eine gewisse Rolle gespielt. Zwar hat die SPD festgestellt, daß es den Kellner Warthemann wirklich gibt und daß er auch tatsächlich in der DDR gelebt hat, aber – so behauptet die SPD – die Bedingung (v) sei keineswegs als erfüllt anzusehen. Warthemann sei nämlich nur bis ins zarte Alter von 16 Jahren und bis ins Jahr 1950 »drüben« gewesen, habe also weder den Sozialismus lange genossen noch könne er eine brauchbare Erinnerung daran haben noch könne man dies als Argument für die heutigen Zustände werten usw.

Diese Argumentation zeigt, daß die Widerlegung gewisser als erfüllt ausgegebener Bedingungen für Handlungen brisanter sein kann als z. B. eine Gegenbehauptung. A äußert zwar diese Bedingungen nicht explizit, aber er ist dennoch für sie verantwortlich zu machen, und zwar gewissermaßen stärker als für das Explizite. Denn durch das implizite Voraussetzen gibt A vor, daß dies unstrittig sei. Das Strittige wird explizit behauptet und damit bestreitbar. Ist das implizit Vorausgesetzte nun falsch, so war A entweder fahrlässig oder sogar unaufrichtig – falls er dies wußte.

Wenn diese Behauptungen stimmen, zeigen sie die Wichtigkeit des sog. Impliziten für die Kommunikation. Einerseits bewerten wir es als sehr gravierend, wenn bestimmte Bedingungen für eine Handlung nicht erfüllt sind. Wir halten es sogar für Manipulation oder Unaufrichtigkeit, wenn der Sprecher das hätte wissen müssen. Andrerseits wird aber das Implizite als schwer greifbar und als nicht justitiabel angesehen. Zum Beispiel hilft man sich damit zu sagen, ein Sprecher habe dies oder jenes angedeutet, suggeriert, insinuiert und dergleichen. Und das sei etwas Grundverschiedenes von dem, es zu sagen. Wenn nun aber unser Verstehen der Handlung so wesentlich bestimmt ist durch die Bedingungen, also Implizites, und wenn wir dies als gravierend ansehen, so muß es ein wichtiges Ziel einer Kommunikationsanalyse sein, die Regeln zu ermitteln, mit denen man das Implizite offenlegen kann, und sie ins allgemeine Bewußtsein zu bringen, z. B. auch gerichtsverwertbar zu machen. Wahrscheinlich wird dieser Versuch damit enden, daß nichts Interessantes explizit ist. Nur der Wortlaut im engsten Sinne ist nämlich explizit, implizit aber ist alles, was mit der Bedeutung zu tun hat. Dennoch wäre auch dieser Nachweis wertvoll, weil er den Zusammenhang zwischen dem Expliziten und den Impliziten entwickeln müßte. Und genau dies ist das grundsätzliche Ziel jeder Kommunikationsbeschreibung.

5.2. Annahmen

Die Betrachtung unserer tentativen Bedingungen für (1) hat gezeigt, daß Genauigkeit der Formulierung entscheidend ist. Sie hat aber einen grundlegenden Unterschied in der Art der Bedingungen für kommunikative Handlungen nicht ans Licht gebracht. Sie hat alle Bedingungen so formuliert, als sei ihre objektive Gültigkeit Voraussetzung für das Gelingen der Handlung. So wie man natürlich nicht Holz hacken kann, wenn man keines hat, so kann man auch eine Äußerung nicht verstehen, wenn man die entsprechende Sprache nicht kann. Die Bedingungen für kommunikative Handlungen sind aber nicht alle von dieser Art. So wird es schwierig sein, die (iii) und (iv) analogen Bedingungen im Fall der Äußerung von (3) als objektiv gültig zu erweisen. Dennoch kann in einer Kommunikation zwischen zwei Partnern (3) als Begründung verwendet und akzeptiert werden, zum Beispiel wenn A annimmt, daß die Tatsache, daß man den Sozialismus will, ein Grund sei, CDU zu wählen, und wenn B das gleiche annimmt. Also: Für das Gelingen kommunikativer Handlungen ist oft nicht das Bestehen oder Nicht-Bestehen gewisser Tatsachen Voraussetzung, sondern die Annahmen der Partner hierüber. Dies erklärt auch, warum die Verantwortlichkeit der Partner in der Kommunikation eine so große Rolle spielt: Für Tatsachen bin ich nicht verantwortlich (falls ich sie nicht selbst bewirkt habe), aber dafür, daß ich sie glaube oder andere glauben mache, daß ich sie glaube, sehr wohl. Wie Annahmen als Bedingungen kommunikativer Akte greifen und wie man sie methodisch ans Licht heben kann, soll durch eine Behandlung des nächsten Beispiels exemplifiziert werden: »Freiheit oder Sozialismus«.

In der öffentlichen Diskussion um diesen Slogan hat besonders die Frage eine Rolle gespielt, ob die CDU implizit behauptet, die SPD sei nicht für die Freiheit, sei also in gewissem Sinn undemokratisch. Sie wolle Sozialismus, und Sozialismus schließe Freiheit aus, wie man am DDR-Sozialismus sehe. Nun haben zwar Spitzenpolitiker der CDU behauptet, daß sie nicht sagen wollten, der SPD-Sozialismus ähnele dem DDR-Sozialismus. So bestreitet Leisler Kiep, daß es überhaupt um DDR-Sozialismus gehe:

(4) Wenn wir Freiheit statt Sozialismus sagen, meinen wir den schwedischen Sozialismus. Nicht den in der DDR. Der ist gar keiner und steht deshalb auch gar nicht zur Debatte.

(Die Zeit, 10. 9. 76)

Oder direkter zu dem Slogan Kohl in einem Spiegelinterview:

(5) SPIEGEL: Sie insinuieren für unscharf denkende Wähler mit Ihrem Wahlslogan »Freiheit oder/statt Sozialismus«, der von der SPD vertretene Sozialismus ähnele dem DDR-Sozialismus.

KOHL: Das ist eine Unterstellung, ich insinuiere dies nicht.

(Der Spiegel, 35, 1976, S. 25)

Dennoch besagt eine solche Behauptung natürlich nichts darüber, was in dem Slogan wirklich gesagt wird, bzw. was ein normaler Sprecher verstehen wird. Die entsprechenden Politiker könnten sich schlicht widersprechen: Einmal sagen sie dies, dann jenes. Oder sie könnten auf die immunisierende Kraft des Impliziten vertrauen und meinen, man könne ihnen den Widerspruch nicht nachweisen.

Wir glauben aber, daß man einen solchen Nachweis erbringen kann und daß man methodische Verfahren zur Offenlegung des Impliziten entwickeln kann. Der Nachweis läuft etwa so: Man geht davon aus, daß A etwas Sinnvolles in einer bestimmten historischen Situation sagen wollte. Dann rekonstruiert man verschiedene Möglichkeiten, was er hätte Sinnvolles sagen können, bzw. was bestimmte Partner verstehen mußten, und ermittelt die dazu notwendigen Bedingungen bzw. Annahmen von A. So kann man etwa im Kellnerbeispiel sehr wohl nachweisen, daß man nur sinnvoll annehmen kann, daß die Handlung nach (1) gelinge, wenn man auch davon ausgeht, daß Aussagen über DDR-Sozialismus hier relevant sind, und das sind sie nur, wenn DDR-Sozialismus dem SPD-Sozialismus ähnelt. Analoge Probleme wirft der Slogan »Freiheit oder Sozialismus« auf.

Der Sinn der Äußerung von »Freiheit oder Sozialismus« ist durch die sprachliche Form des Slogans nicht leicht bestimmbar: Soll damit eine Behauptung gemacht werden wie »Es geht um Freiheit oder Sozialismus« oder soll damit eine Aufforderung gemacht werden wie »Wähle Freiheit oder Sozialismus«? In jedem Fall wird man auch hier davon ausgehen dürfen, daß A den B dazu bringen will, CDU zu wählen und daß er B in irgendeiner Weise hierzu auffordert. Also, wie immer dies auch geschieht, scheint gerechtfertigt die folgende Handlung anzusetzen:

(6)   A will B dazu bringen, CDU zu wählen,
       indem A den B auffordert, CDU zu wählen,
       indem A äußert: »Freiheit oder Sozialismus«.

Noch differenzierter könnte dieser Akt etwa so aussehen:

(7)   A will B dazu bringen, CDU zu wählen,
       indem A den B auffordert, CDU zu wählen,
       indem A sagt, es gehe um die Alternative »Freiheit oder Sozialismus«,
       indem A äußert: »Freiheit oder Sozialismus«.

Wieso aber kann A sinnvoll hoffen, daß dieser Akt gelingen wird? Und wieso kann B diesen Akt so verstehen? Welche Bedingungen müssen erfüllt sein?

Zuerst einmal muß A natürlich bestimmte Hypothesen darüber haben, welche der Alternativen B wählen wird, falls er die Alternative grundsätzlich akzeptiert. Es scheint, daß A hier von folgender Bedingung ausgeht:

(i)   A nimmt an, daß B in der Alternative »Freiheit oder Sozialismus« die Freiheit wählen wird.

Dies ist vielleicht berechtigt, weil Freiheit weitgehend höher bewertet werden dürfte als Sozialismus. Vorsichtshalber wurde im Wahlkampf diese Bewertung durch systematische Propaganda gestützt, in der der Sozialismus konsequent abgewertet wurde. Dabei wurden auch kommunikationslogische Fehler in Kauf genommen, wenn man etwa davon ausging, daß die SPD – wie sie selbst sagte – den Sozialismus anstrebe, aber dann mit dem eigenen Verständnis weiter argumentierte, nach dem der Sozialismus diese und jene Eigenschaften habe und damit die SPD diese und jene Ziele anstrebe, was aber offenbar nicht der Fall war, weil die SPD eben etwas anderes unter Sozialismus versteht. Dies nur als Beispiel eines in der Politik üblichen Verfahrens: Man nehme den Gegner beim Wort, unterstelle aber wider besseres Wissen eine andere Bedeutung des Wortes und zeige dann, daß der Gegner unrecht hat.

Analog der Bedingung (i) muß natürlich ein B, der in dieser Alternative wirklich die Freiheit wählt, in irgendeiner Weise die Freiheit höher bewerten. Wenngleich wir zwar manchmal annehmen, jemand wähle absichtlich die Alternative, die er für schlechter hält, so scheint dies, etwa im Fall des Altruisten, nur eine vordergründige Betrachtungsweise. Denn, wenn wir sein wirkliches Motiv, nämlich das altruistische berücksichtigen, so wählt er eben doch die Alternative, die er für besser hält, was nicht heißt, daß sie die bessere ist. Eine solche Bedingung ist aber nun durchaus keine Bedingung für das Gelingen des kommunikativen Aktes (6), sondern dafür, daß B auch wirklich die Freiheit wählt. Uns erscheint nämlich sinnvoll, davon auszugehen, daß der kommunikative Akt von A gelingen kann, ohne daß B auch danach handelt. So wie der Befehl durchaus gelungen sein mag, wenn auch B nicht danach handelt. Welche Bezeichnung man hier auch wählen will, die Unterscheidung des Gelingens des kommunikativen Aktes und seines Erfolgs (d. h. etwa der Befolgung des Befehls) ist sinnvoll und notwendig. Ein Kriterium des Gelingens des kommunikativen Aktes ist aber hier, daß B ihn versteht, und dazu muß die folgende Bedingung erfüllt sein:

(ii) B nimmt an, daß A annimmt, er (B) werde in der Alternative »Freiheit oder Sozialismus« die Freiheit wählen.

Nur dann kann B verstehen, was A durch seine Äußerung erreichen will. Diese Bedingung (ii) und die Bedingung, daß B in der Alternative »Freiheit oder Sozialismus« die Freiheit wählt, sind natürlich unabhängig voneinander. Es wäre möglich, daß (ii) erfüllt ist, B aber gar nicht so handelt. Und es wäre möglich, daß B so handelt, aber (ii) nicht erfüllt ist. Dann würde B zwar so handeln, aber nicht aufgrund des Verständnisses von A's Handlung in (6).

Wenn A nun von (i) ausgeht und annimmt, B werde aufgrund dessen CDU wählen, muß er annehmen, daß von dieser Alternative her ein Faden läuft zu der eigentlichen Wahlalternative (oder der nur proklamierten Wahlalternative) CDU oder SPD. Es muß also die folgende oder eine eng verwandte Bedingung gelten: A nimmt an, daß B Freiheit mit CDU verbindet und Sozialismus mit SPD. Diese Verbindung müßte allerdings präzisiert werden, weil die Annahme einer Verbindung nicht notwendig das gewünschte Wahlverhalten induziert. Eine bessere Formulierung wäre deshalb:

(iii) A nimmt an, daß B glaubt, indem ich CDU wähle, wähle ich die Freiheit, und, indem ich SPD wähle, wähle ich den Sozialismus.

Damit ist allerdings nur ein mögliches Verständnis angesprochen. Es mag beispielsweise andere B geben, für die eine konkurrierende Bedingung gilt, nämlich die schwächere Bedingung, die nur den zweiten

Teil enthält. A kann nämlich mit sog. Negativwählern rechnen, die CDU wählen, nur weil sie den Sozialismus nicht wollen und diesen mit der SPD in Verbindung bringen. Da die FDP mit der SPD liiert ist, bleibt ihnen nichts anderes als CDU zu wählen.

Wenn nun (i) und (iii) erfüllt sind, kann A dann erwarten, daß B die CDU wählt? Oder anders: Wenn B wirklich in der Alternative die Freiheit wählt und wirklich glaubt, daß er die Freiheit wählt, indem er CDU wählt, würde er dann mit Sicherheit CDU wählen? Könnte er nicht auch eine andre Partei wählen? Sicher, er könnte ohne Verstoß gegen seinen Glauben etwa die FDP wählen, wenn er auch die mit Freiheit in entsprechender Weise verbindet. Deshalb muß A, falls er davon ausgeht, daß sein Akt in (6) gelingen kann, auch gerade davon ausgehen, daß B sonst keine Alternative sieht. Nur dann hätte er eine gewisse Gewähr, daß B in dem gesteckten Rahmen bleibt. Also muß auch gelten:

(iv) A nimmt an, daß B die dargebotene Alternative als strikte Alternative sieht.

Dies bedeutet nur, daß im gebotenen Rahmen die Wahl aus drei oder mehr Alternativen ausscheidet und daß in diesem Zusammenhang niemand meinen kann, er könne beides haben, wie etwa, wenn man jemandem etwas anbietet mit »Bier oder Wein« und ein Scherzbold sagt: »Beides«.

Wenn A von (i) und (iv) ausgeht, dann kann er auch mit logischer Stringenz erwarten, daß B aufgrund der Äußerung CDU wählen wird (was natürlich nicht heißt, daß er das auch tut). Es bleibt aber noch die Frage, wie die Rede von der strikten Alternative in (iv) genau zu verstehen ist. Bedeutet sie, daß A implizit annimmt, die SPD könne nicht Freiheit und Sozialismus zugleich wollen und, da sie erwiesenermaßen den Sozialismus wolle, wolle sie also nicht die Freiheit? Diese Unterstellung wurde der CDU von der SPD unterstellt. So sieht Lattmann in dem CDU-Slogan einen Alleinvertretungsanspruch auf die Freiheit:

(8) »Freiheit oder Sozialismus?« zum Beispiel ist eine Trugalternative, die sich im Irrationalen tummelt und somit den Appell an die Vernunft strikt ausschließt. Der Alleinvertretungsanspruch auf die Freiheit ist so antidemokratisch wie totalitär.

(Frankfurter Rundschau 197, 4. 9. 76, S. III)

Die Stimmen der CDU hierzu erklingen nicht unisono, was nach Meinung gewisser Parteistrategen auch einer sog. Volkspartei nicht gut anstünde, weil sie für alle möglichen Leute sprechen (also auch Widersprüchliches sagen?) müsse. Wir hören auf der einen Seite Strauß und Filbinger:

(9) Ich bin allerdings auch der Meinung, daß demokratische Sozia-

listen entweder eines Tages aufhören müssen, Sozialisten zu sein, oder aufhören müssen, sich zur Freiheit zu bekennen. Irgendwo geht diese Rechnung eines Tages nicht mehr auf.
(Beifall bei der CDU/CSU)

(Dt. Bundestag, 7. Wahlperiode, 240. Sitzung
Bonn, 11. 5. 76, Protokoll Sp. 16834)

(10) Noch nie haben sich Sozialismus und Demokratie miteinander vertragen. Weil in jeder sozialistischen Gesellschaft Freiheit und Eigentum auf der Strecke bleiben.

(Filbinger: Zur Sache. 51 Tage vor der Wahl)

Auf der anderen Seite Biedenkopf:

(11) Die Formel »Freiheit statt Sozialismus« besagt ja nicht, daß die Wahl der SPD alsbald die Freiheit zerstört. Sie beschreibt vielmehr die politische Alternative zwischen Sozialismus und christlichem, sozialem Liberalismus.

(Die Zeit 38, 10. 9. 76, S. 3)

Hat die CDU sich damit widersprochen? Es scheint, daß die strikte Alternative zwei Deutungen zuläßt: Einmal die reine Alternative, entweder das eine oder das andere. Dann im gesteckten Rahmen eine Graduierung: Mehr von diesem oder mehr von jenem. Kohl scheint in seiner Äußerung beides zu verbinden (was widersprüchlich sein dürfte):

(12) Ich bin in der Tat der Meinung, daß Sozialismus – und das ist ja offensichtlich etwas anderes als »soziale Demokratie« – ein politisches System ist, welches die Freiheit ausschließt oder zumindest einschränkt. Die ideenpolitische Existenzfrage unserer Tage lautet: mehr Freiheit oder mehr Gleichheit.

(Der Spiegel 35, 1976, S. 25)

Wir müssen deshalb beide Möglichkeiten diskutieren. Die Annahme der reinen Alternative würde unsere bisherige Analyse nicht tangieren, sie würde aber zusätzlich die folgende stärkere Bedingung rechtfertigen:

(v) A nimmt an, daß B annimmt, daß die SPD keine Freiheit realisiere.

Denn, wenn B davon ausgeht, daß Freiheit Sozialismus ausschließe und nur die Wahl der CDU die Freiheit realisiere, so muß er annehmen, daß Wahl der SPD den Sozialismus realisiere. Denn auch die Wahl von SPD und CDU ist eine reine Alternative. Dann kann aber die SPD nicht Freiheit realisieren. Bleibt die Frage, ob A nicht sinnvoll annehmen kann, daß B so denkt, ohne daß er selbst so denken muß. Es taucht ja nirgends in unseren Bedingungen auf, daß A selbst das glaubt, was er für B annimmt. Nun, es gibt hier zwei Möglichkeiten: Entweder A glaubt es, dann sind seine Beteuerungen Widersprüche und, wenn man Bewußtheit voraussetzen darf, auch Lügen. Oder A glaubt all das nicht. Handelt er dann aufrichtig? Kann beispielsweise B darauf vertrauen, daß A seinen eigenen Argumenten Glauben schenkt? In gewissem Sinn ja. Denn, wenn A dem B rät, etwas zu tun, was er selbst nicht für richtig hält, wird B mit Recht mißtrauisch. Für A muß es deshalb unangenehm sein, wenn B das herausbekommt. Er muß sich seinen Ruf erhalten, sonst nimmt es der Argumentation die Wirkung.

Anders liegt allerdings der Fall für denjenigen B, der sich selbst nicht als eigentlichen Adressaten sieht und sozusagen davon ausgeht, daß man mit Speck Mäuse fängt. Einer, der sich also sagt, zwar glaubt die CDU das selbst nicht und ich auch nicht, aber bei diesem oder jenem zieht das. Ein B mit dieser Haltung lebt gefährlich, wie gefährlich wird ihm bewußt, wenn ihm bewußt wird, daß er auch zu den andern, den Getäuschten, gehören könnte und daß er kaum Evidenz dafür hat, welche Behauptungen von A denn aufrichtig sind, es sei denn er gibt sich der unbewußten Gepflogenheit hin, gerade die Behauptungen für aufrichtig zu halten, die ihm in den Kram passen.

Nun zur Möglichkeit, daß in (iv) nur gemeint sei, man könne entweder mehr von dem einen oder mehr von dem andern haben. Diese Version wird offenbar von Strauß bevorzugt:

(13) Sozialismus, in welcher Form und unter welcher Bezeichnung immer, bedeutet weniger Freiheit.

(Bayernkurier, 2. 10. 76)

Dies würde eine Umformulierung von (iii) erfordern:

(iii') A nimmt an, daß B glaubt, indem ich CDU wähle, wähle ich mehr Freiheit, und, indem ich SPD wähle, wähle ich mehr Sozialismus.

»Freiheit oder Sozialismus« würde sich damit reduzieren auf »Mehr Freiheit oder mehr Sozialismus«. Dies würde nun aber bedeuten, daß, wer mehr Freiheit wählt, zugleich auch Sozialismus bekommt, und, wer mehr Sozialismus wählt, zugleich auch Freiheit bekommt. Als Bedingungen ergäbe das:

(vi) A nimmt an, daß B annimmt, daß er zugleich Freiheit bekommt, wenn er SPD wählt.

(vii) A nimmt an, daß B annimmt, daß er zugleich Sozialismus bekommt, wenn er CDU wählt.

Die Bedingung (vi) wäre nun durchaus im Sinne dessen, was Strauß mit (13) gesagt hat. Aber da beide Bedingungen parallele logische Folgerungen sind, müßte, wer (vi) für sich reklamiert, auch (vii) zugeben. Die Äußerungen verschiedener CDU-Politiker zeigen, daß sie (vii) nicht zugeben. Damit wird die ganze Version hinfällig und wir sind auf die reine Alternative zurückgeworfen.

Vielleicht wird sich jemand fragen, ob denn bei der beschriebenen sprachlichen Handlung nicht die Bedeutungen der Wörter *Freiheit* und *Sozialismus* eine Rolle spielen. Die Analyse zeige dies jedenfalls nicht. Das ist nicht ganz korrekt: Einerseits hängt die Gültigkeit der Bedingungen (i), (ii) und (iii) eng mit der Bedeutung der beiden Wörter zusammen. Es ist sozusagen Teil der Bedeutung von *Freiheit,* daß Freiheit höher gestellt wird als Sozialismus, und ebenso dürfte es Teil der Bedeutung von *Sozialismus* sein, daß die SPD hierfür zuständig ist. Hat sie doch selbst gewisse Festlegungen für diesen Begriff im Godesberger Programm getroffen. Dröselt man diese Bedingungen weiter auf, so wird man auch auf spezifische Bedeutungsprobleme kommen. Man wird auf diese Weise etwa erfassen müssen, wie es zur Verbreitung der entsprechenden Annahme gekommen ist, also die Bedeutungsentwicklung beider Wörter untersuchen. Die Anschlußstelle für solche Untersuchungen liegt also in der kommunikativen Analyse. Andrerseits liegt die Brisanz dieser Analyse gerade darin, daß nur diese verhältnismäßig undifferenzierten Bedingungen für das Gelingen des Aktes (6) erfüllt sein müssen. Die Undifferenziertheit besteht darin, daß gerade nur die genannten Züge der Wortbedeutung hier relevant werden, und sie besagt, daß für das Gelingen des Aktes ebensogut andere Wörter hätten dienen können, wenn sie nur die Bedingungen erfüllen. Also: Eines müßte höher bewertet und mit CDU verbunden werden, das andere schlechter und mit SPD verbunden. Wir haben damit also den Reflex der vielbeklagten Oberflächlichkeit solcher Argumentation.

5.3. Das gemeinsame Wissen

Unsere bisherige Analyse mag umständlich und unvollständig erscheinen. Deshalb sind Sinn und Zweck solcher Analysen noch einmal in Erinnerung zu rufen. Es geht in der Kommunikationsanalyse nicht darum, alle denkbaren Verständnismöglichkeiten zu explizieren. Dies wäre – sofern es nicht unmöglich ist – für praktische Zwecke völlig unbrauchbar. Es geht vielmehr darum, anhand von Beispielen ausschnitthaft bestimmte Verfahren vorzuführen, zu begründen und zu lehren. Die Beherrschung des Verfahrens ist für jeden Kommunizierenden wichtig, und er wird es dort anwenden, wo er es braucht. Das heißt: Er wird nicht mechanisch solche Möglichkeiten abklappern, sondern er wird innerhalb der Kommunikation mit seinem Partner bleiben, durch Rückfragen argumentativ bestimmte Voraussetzungen klären, so daß andere Zweige der Argumentation ausgeschaltet werden. In der konkreten Kommunikation braucht man nicht alle Möglichkeiten zu bedenken, sondern nur die relevanten, wahrscheinlichen usw.

Was lehrt uns die Analyse für den Status von Bedingungen? Sie zeigt zuerst einmal, daß es wichtig ist, die Bedingungen genau zu formulieren, insbesondere die Unterart von Bedingungen zu beachten, die wir Annahmen genannt haben. Dann zeigt sie, wie wichtig es ist, A-seitige und B-seitige Bedingungen zu unterscheiden, wie wir es bei den Bedingungen (i) und (ii) getan haben und wie man es für die weiteren Bedingungen zur Vervollständigung auch tun könnte.

Mit der Angabe von Bedingungen beschreiben wir die Möglichkeiten des Handelns. Bedingungen sind also Teil der Regeln und zu unterscheiden von dem, was aktual vorliegt. Eine Bedingungsangabe ist von der Form:

(14) Man kann nur X-en, wenn S.

Sie ist sozusagen variabel anwendbar auf verschiedene historische Situationen. Das bedeutet, daß im konkreten Fall nur ge-X-t worden sein kann, wenn S der Fall war (wobei in ›S‹ auch eine Annahme formuliert sein kann).

Die Menge der Bedingungen einer Handlung charakterisiert also einen Situationstyp, gemäß dem die aktuale historische Situation, in der gehandelt wird, zu beurteilen ist. Die reale historische Situation kann als der Zustand der Welt zu einem bestimmten Zeitpunkt angesehen werden. Sie besteht aus allen Tatsachen, die zu diesem Zeitpunkt existieren. Diese Situation erfüllt die Bedingungen einer Handlung oder auch nicht. Bei der Erfüllung der Bedingungen sind deshalb auch nicht alle Tatsachen der Situation relevant, sondern gerade die, die der entsprechende Situationstyp verlangt. Alle Tatsachen einer Situation können von uns überhaupt nie erfaßt werden; es sind von aktualen historischen Situationen gar keine anderen Beschreibungen möglich als solche, die sich auf Bedingungen des Handelns und damit auf Situationstypen beziehen.

Die Angabe von Bedingungen kann nur im Zusammenhang mit den Handlungen erfolgen, d. h. es gibt nicht irgendwie objektiv vorgegebene Bedingungen, sondern der Zusammenhang der Handlungen strukturiert auch die Bedingungen. Dies hängt damit zusammen, daß man alle Bedingungen nur kontrastiv gewinnt. Als Bedingung relevant wird nur das, was verschiedene Handlungen unterscheidet.

Wie wir gesehen haben, betreffen viele Bedingungen kommunikativer Handlungen noch in einem anderen Sinn nicht die objektiv gedachte historische Situation. Sie betreffen – nur, würden manche sagen – die Auffassung der Partner von dieser Situation. Ja, die Redeweise von der gegebenen Situation unterliegt selbst diesem Tatbestand, insofern jeder nur seine Auffassung der Situation kennen kann. Wer als Linguist z. B. seine Auffassung der Situation als objektiv gegeben setzt, sitzt nur seiner eigenen Beschränktheit auf, da er meint, seine

Auffassung der Situation sei die Situation. So kann es vorkommen, daß bei der Kommunikation von A und B ein dritter, etwa ein Linguist, zwar auch ein Verständnis der Kommunikation hat – er ist ja untätiger Beteiligter –, daß er aber nicht das von A oder das von B hat, sondern ein falsches. Aber was ist hier Kriterium für falsch und richtig? Jeder hat sein eigenes Verständnis. Das richtige Verständnis einer Handlung von A sollte wohl das von A sein. Die Frage ist, welche Rolle die Annahmen von A und B hierfür spielen.

Nehmen wir als Beispiel eine ironische Äußerung von A:

(15) Das ist ja wunderbar!

Bekanntlich meint A, wenn er ironisch spricht, mit dieser Äußerung etwas anderes als normal. Er kann z. B. das Gegenteil meinen, also den betreffenden Gegenstand nicht positiv bewerten, sondern negativ. Aber wie kann B das verstehen? Ist es in der Äußerung ausgedrückt? Viele nehmen an, die Äußerung müsse ein sog. Ironiesignal enthalten, sei es ein bestimmter sprachlicher Ausdruck (etwa ›ja‹) oder eine begleitende symbolische Handlung wie Augenzwinkern usw. Diese Auffassung geht am Sinn der Ironie vorbei, sie kann nur von denen vertreten werden, die Ironie nicht verstehen. Denn die Ironie ist universal, und nichts ist von ihr ausgenommen. Nichts würde einen A daran hindern, ironisch zu zwinkern. Ist die Ironie erst einmal ins Sprachspiel eingeführt, dann kann sie alle Handlungen betreffen. Wie kann B aber dann die Äußerung von (15) verstehen? Mit seiner Äußerung scheint A zu behaupten, der betreffende Gegenstand sei wunderbar. Falls B annimmt, daß A das gar nicht glauben kann, dann wird er die Äußerung anders verstehen. Die Bedingung wäre also:

(i) B nimmt an, daß A nicht glaubt, daß das wunderbar ist.

Diese Annahme würde nun aber durchaus nicht genügen, daß B die Äußerung ironisch versteht. Er könnte auch meinen, A wolle lügen. Deshalb muß B annehmen, daß es A klar sei, daß (i). Es muß also die zusätzliche Bedingung erfüllt sein:

(ii) B nimmt an, daß A glaubt, daß (i).

Andrerseits muß A die berechtigte Hoffnung haben, daß B ihn ironisch versteht, falls nicht eine Dreierkommunikation vorliegt, in der B beispielsweise der Partner ist, der die Ironie gerade nicht verstehen soll. Jedenfalls muß A für den Partner B, der ihn richtig verstehen soll, auch annehmen, daß er die Ironie versteht. Also:

(iii) A nimmt an, daß B glaubt, daß A nicht glaubt, daß das wunderbar ist.

Nun sind diese Bedingungen noch nicht hinreichend für die Charakterisierung der ironischen Rede. Es könnte sich, wenn alle drei Bedingungen erfüllt sind, z. B. noch um eine provokative Lüge handeln, bei der A will, daß B merkt, daß er lügt, um ihn dadurch zu provozieren. Aber für unseren Zusammenhang wird deutlich, daß für das Gelingen des kommunikativen Aktes gegenseitige Annahmen der Partner über ihr Wissen notwendig sind. Ironie in diesem Sinne lebt geradezu vom Risiko dieses gemeinsamen Wissens. Sie kann hart sein für den, der nicht am gemeinsamen Wissen teil hat. Aber sie kann auch die Gemeinschaft von A und B stärken dadurch, daß sie dem A – für den Fall des Gelingens – bestätigt, daß B ihn so gut kennt, daß er weiß, daß A das oberflächlich Behauptete nicht im Ernst meinen kann. Spezielle Hypothesen über das Wissen anderer sind riskant, und Bestätigungen solcher Hypothesen sind soziale Erfolge.

Wir nennen das Wissen, das für die Kommunikation von A und B relevant wird, ihr gemeinsames Wissen. Das gemeinsame Wissen von A und B besteht nicht einfach in dem Durchschnitt des Wissens von A (W_A) und des Wissens von B (W_B). Es ist also nicht einfach so darzustellen:

(16)

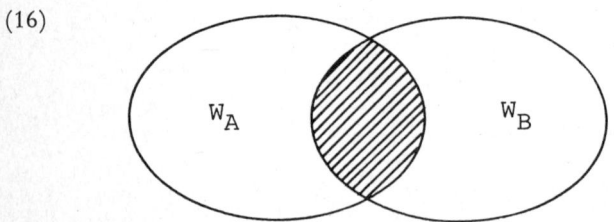

Wesentliches Kriterium für das gemeinsame Wissen ist vielmehr, daß A und B auch voneinander wissen, daß sie das Wissen haben und auch, daß sie dies wissen. Ein besseres Bild des gemeinsamen Wissens von A und B wäre deshalb (siehe Abb. S. 101):

Die Frage drängt sich auf: Wie weit geht das gegenseitige Auftürmen von Annahmen? Die Antwort hierauf ist unsicher. Zwei Möglichkeiten sind denkbar: Einmal könnte der Turm bei jeder Kommunikation ins Unendliche gehen, wenn vollständiges Verständnis gesichert sein soll. Man hätte damit ein Bild für die Unmöglichkeit des manchmal angestrebten, letzten und sublimen Verstehens. Der so entstandene infinite Regreß kann aber auch als Defekt der Beschreibung angesehen werden. Denn sollten wir uns beim Kommunizieren jeweils Rechenschaft ablegen von unserem gemeinsamen Wissen, indem wir den Turm bis zur Spitze erklimmen? Dies würde uns sicher nicht zum Kommunizieren kommen lassen. Falls wir dieses gemeinsame Wissen wirklich brauchen, dann muß es uns in anderer Form präsent sein.

Die andere Möglichkeit ist die, daß je nach der Kommunikation und der Bewußtheit der Partner verschieden viele Stufen des Turms er-

(17)

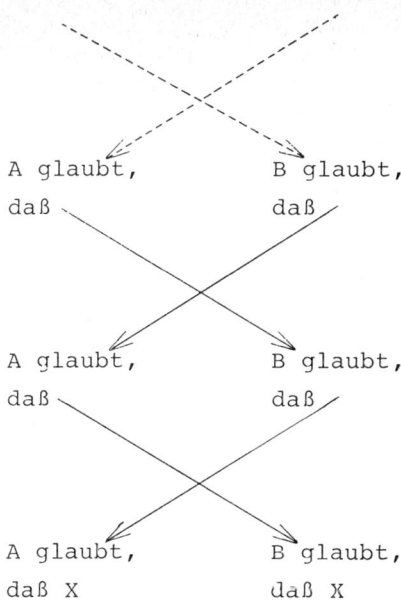

A glaubt,
daß

B glaubt,
daß

A glaubt,
daß

B glaubt,
daß

A glaubt,
daß X

B glaubt,
daß X

klommen werden (Vgl. Beispiel 4 im Anhang.) So würde verständlich, wieso das ironische Reden eine verhältnismäßig sophistizierte Art der Kommunikation ist. Man muß bei ihr schon auf die dritte Stufe steigen.

Weitere Spekulationen über dieses Gebäude wollen wir uns hier verkneifen. Stattdessen ist noch ein klärendes Wort angebracht über den Gebrauch von ›wissen‹, ›glauben‹, ›annehmen‹ in unsern Formulierungen. Wir sprechen zwar von gemeinsamem Wissen, formulieren aber die entsprechenden Bedingungen nicht mit dem Prädikat ›weiß‹. Der Grund hierfür ist, daß ich nur sagen kann, A wisse dies, wenn auch ich dies glaube. Das heißt, ich würde mich mit der Verwendung von ›weiß‹ in die Beschreibung selbst involvieren und damit gegen den oben erwähnten Grundsatz der Selbstrelativierung verstoßen. Alles, was A glaubt, würde in meine Beschreibung nur eingehen durch mein eigenes Filter dessen, was ich glaube. Nun ist aber sehr gut möglich, daß A und B miteinander von Gott reden, weil sie beide glauben, er existiere, und dies auch voneinander wissen, ich selbst dies aber nicht glaube. A und B werden dann ausgezeichnet miteinander kommunizieren können und sich auch verstehen. Sie haben das entsprechende gemeinsame Wissen, während dieses mit mir nicht besteht. Ich kann aber nicht mein Wissen zum Kriterium ihrer Kommunikation machen, ohne mich der Kommunikation mit A und B auszusetzen. Denn schließlich habe auch ich kein objektives Wissen.

Nun könnte man annehmen, daß bei der Formulierung mit ›glaubt‹ genau das entgegengesetzte Extrem vorliegt, daß ich mich nämlich nun distanziere. Ich gebe zu erkennen, daß ich das nicht glaube, und das wäre genauso unberechtigt wie das Gegenteil. Es scheint allerdings, als gebe es im Deutschen bei ›glaubt‹ auch eine in dieser Hinsicht neutrale Verwendung. Um die soll es sich hier handeln.

Ein etwas anderes Problem ist, ob man sagen soll ›glaubt‹ oder ›nimmt an‹. In der Regel gehen wir davon aus, daß, was jemand glaubt, von längerer Dauer ist. Glauben ist eine Art Zustand. Auch wenn ich schlafe, ändert sich mein Glauben nicht, er verschwindet nicht, und ich vergesse nicht alles, was ich glaube. Es scheint aber, daß beim Kommunizieren eher ein aktualisiertes Glauben eine Rolle spielt. Alles, was ich zwar glaube, was mir aber zum entscheidenden Zeitpunkt nicht einfällt, kann bei meinem Verständnis keine Rolle spielen. Und umgekehrt: Alles, was bei meinem Verständnis eine Rolle spielt, muß mir zu diesem Zeitpunkt irgendwie präsent sein. Das bedeutet nicht, daß ich es mir sozusagen explizit in Erinnerung rufen muß. Dies tue ich vielleicht, wenn ich interpretiere, also ein neues Verständnis suche. Präsent muß es aber sein in dem Sinn, daß es hier relevant wird. Und darum kann einer auch im beschriebenen Sinn für seine Annahmen haftbar gemacht werden. Diese Tatsache soll mit der Formulierung ›nimmt an‹ betont werden. Sie spielt – wie wir sehen werden – für Verstehensprobleme eine entscheidende Rolle.

5.4. Fehlendes gemeinsames Wissen führt zu Mißverständnissen

Wir kommen damit zum letzten Abschnitt dieses Beitrags, in dem es darum geht, wie Verstehensprobleme im Zusammenhang mit dem gemeinsamen Wissen entstehen und erklärt werden können. Mißverständnisse können durch Verschiedenheit des gemeinsamen Wissens entstehen. Solche Mißverständnisse sind natürlich bedingt durch die Verschiedenheit der Regeln. Denn das gemeinsame Wissen ist verzahnt mit den Regeln, insofern Bedingungen Teile der Regeln sind. Allerdings könnte man hier graduelle Abstufungen einführen durch die Erweiterung des gemeinsamen Wissens auf eine Gruppe oder eine Kommunikationsgemeinschaft. Dies wäre sozusagen ein allgemeines gemeinsames Wissen, das vielleicht auch so allgemein ist, daß es uns nicht zu Bewußtsein kommt. Wir beschränken uns hier auf eine Zweierkommunikation.

Es ist die Geschichte von John und Mary und ihrer Beziehung. John äußert im Verlauf dieser Geschichte:

(18) Wir werden nicht heiraten.

Diese Äußerung spielt in verschiedenen Versionen der Geschichte eine unterschiedliche Rolle.

Geschichte 1: John und Mary haben ein Verhältnis. Als sie Schluß machen wollen, merkt Mary, daß sie schwanger ist. Beide Familien werden informiert.

(i) Mary will John nicht heiraten.

(ii) John will Mary nicht heiraten.

Alles erscheint problemlos. Beide haben die gleichen Ziele, die Interessen kollidieren nicht. Dies ist die naive Betrachtungsweise der sog. Fakten. Mary wird Johns Äußerung als ehrlichen und plausiblen Vorschlag verstehen und zustimmen. Eine geradlinige und heile Welt. Die Frage ist, ob die Geschichte in dieser einfachen Form je vorkommt. Hat sie nicht entscheidende Lücken?

Geschichte 2: John und Mary haben ein Verhältnis. Als sie Schluß machen wollen, merkt Mary, daß sie schwanger ist. Beide Familien werden informiert.

(i) Mary will John nicht heiraten.

(ii) John will Mary nicht heiraten.

(iii) Mary glaubt, John wolle sie heiraten.

(iv) John glaubt, Mary wolle ihn nicht heiraten.

Mit dieser Geschichte zeigt sich, daß Geschichte 1 nie alles sein kann. Es gibt sozusagen auf der zweiten Stufe Alternativen, und diese Alternativen werden für die Lösung des Problems entscheidend. Harmonisch stellen wir uns die Lösung der Geschichte 3 vor, wo das Gegenteil von (iii) gilt. Sie ist ein Gegenstück zur unvollständigen Geschichte 1. Johns Vorschlag wird problemlos akzeptiert. Im Fall 2 hingegen mag der Vorschlag zwar auch akzeptiert werden, aber nur auf der Grundlage eines Mißverständnisses: Mary wird Johns Vorschlag für einen Verzicht halten, er war aber im Sinn der Feststellung gemeinsamer Interessen gedacht. Je nach ihrer Einstellung gegenüber solchen Verzichten wird sie auch anders reagieren. Sie könnte z.B. »Nein« sagen, was wiederum für John erstaunlich sein dürfte. Denn warum sollte sie heiraten, wo sie nicht will? Ihm zuliebe? Aber er will doch auch nicht. Wir sind bei der dritten Stufe.

Geschichte 4: John und Mary haben ein Verhältnis. Als sie Schluß machen wollen, merkt Mary, daß sie schwanger ist. Beide Familien werden informiert.

(i) Mary will John nicht heiraten.

(ii) John will Mary nicht heiraten.

(iii) Mary glaubt, John wolle sie heiraten.

(iv) John glaubt, Mary wolle ihn nicht heiraten.

(v) Mary glaubt, daß John glaubt, Mary wolle ihn nicht heiraten.

(vi) John glaubt, daß Mary glaubt, John wolle sie heiraten.

Hier liegt die Unstimmigkeit auch bei Bedingung (ii) und (vi). Das gemeinsame Wissen bezüglich (i) und (ii) besteht also auch hier nicht. Aber wäre es nicht leicht herstellbar? Nein, aus verschiedenen Gründen nicht.

Einmal muß das Mißverständnis überhaupt entdeckt werden. Das heißt, ein irgendwie gespürter Dissens oder die Unverträglichkeit bestimmter Handlungen muß zuerst einmal als Mißverständnis erkannt werden. Dann muß klar sein, an welcher Stelle das Mißverständnis liegt, und schließlich muß gefunden werden, worin es besteht. Und hier gibt es nun schon auf diesen drei Stufen der Geschichte sehr viele Möglichkeiten. Jede höherstufige Bedingung kann ein Negat der nächsttieferen Stufe enthalten.

Eine andere Möglichkeit des Mißverständnisses in diesem Zusammenhang entsteht durch die Notwendigkeit der Aktualisierung. Zwar könnte B grundsätzlich ein bestimmtes notwendiges Wissen haben, aber es fällt ihm nicht ein. Er kommt gar nicht darauf, daß dies hier relevant sein dürfte. A geht z. B. davon aus, daß irgendein gemeinsames Erlebnis dem Partner präsent ist und er deshalb einen Akt A's entsprechend verstehen wird. B merkt das aber nicht – und versteht ihn falsch.

Wir müssen bedenken, daß Wissen historisch aufgebaut wird und daß gemeinsames Wissen kommunikationsgeschichtlich aufgebaut wird. Ich kann nur wissen, was mein Partner weiß, wenn ich mit ihm zusammengelebt habe. Sonst kann ich nur auf generelles gemeinsames Wissen bauen, nämlich jenes, was der ganzen Gemeinschaft zugeschrieben wird. Spezielleres Wissen über B habe ich aber nur, wenn B es mir gesagt hat oder ich es aus seinen Handlungen erschlossen habe. In beiden Fällen ist Verstehen und damit gemeinsames Wissen wieder Voraussetzung. Dieses scheinbare Paradox löst sich historisch auf: Ich kann nicht durch einen Akt gerade das Wissen bekommen, was ich zu seinem Verständnis brauche. Ich kann aber das notwendige Wissen vorher erworben haben. Die Frage, womit die Regelbeherrschung überhaupt anfängt, ist hierbei nicht so interessant, wie sie vielleicht vielen erscheint, zumindest nicht für praktische Probleme.

Aus diesen Erkenntnissen kann man Prinzipien für die Kommunikation ableiten:

(19) Reflektiere, was Dein Partner glauben könnte!

(20) Sei offen dafür, daß er etwas anderes glaubt als Du selbst!

(21) Sei bereit, Deinen eigenen Glauben in Frage zu stellen, wenn es notwendig wird!

Bibliographische Hinweise

Die Verwendungsbedingungen sprachlicher Ausdrücke werden zur Angabe ihrer Bedeutung seit eh und je für wichtig gehalten. Die Forderung, den Kontext, die Situation usw. einzubeziehen, sind so zu verstehen. Theoretisch fundiert wurde diese Betrachtungsweise in der Forderung der Gebrauchsbeschreibung von Wittgenstein.

L. Wittgenstein, Philosophische Untersuchungen Frankfurt a. M. 1967.

Versuche der Systematisierung liegen vor in:

W. P. Alston, Philosophy of Language, Englewood Cliffs, N.J., bes. Kap. 2.

J. R. Searle, Speech Acts, Cambridge 1969, bes. Kap. 3.

Die frühesten Analysen des menschlichen Kommunizierens, bei denen in expliziter Weise die gegenseitigen Annahmen aufgezeigt wurden, stammen von Grice, z. B.

H. P. Grice, Utterer's Meaning and Intentions, in: The Philosophical Review 78 (1969), 147–177.

Ausführliche Behandlungen finden sich in:

D. Lewis, Convention: A Philosophical Study, Cambridge, Mass., 1969
Dt.: Konventionen, Eine sprachphilosophische Abhandlung, Berlin 1975, bes. 53–61.

Lewis spricht wie wir von gemeinsamem Wissen und weist seinen Wert für die Entstehung von Konventionen (Regeln) nach.

St. Schiffer, Meaning, Oxford 1972, Kap. 1 und 2.

Schiffer behandelt vor allem auch die Probleme des gegenseitigen Wissens und versucht, formale Definitionen hierfür zu liefern.

Schließlich wäre noch Keller zu nennen, der eine leicht modifizierte Form des sog. kollektiven Wissens als Basis der Definition von Präsuppositionen gibt:

R. Keller, Wahrheit und kollektives Wissen, Düsseldorf 1975, 103–107.

Die Divergenz des gemeinsamen Wissens als Ursache von Mißverständnissen und prinzipiellen Verwicklungen der Konstellationen in Familien beispielsweise ist in den vergangenen Jahren von Psychotherapeuten untersucht worden. Hierzu:

R. D. Laing - H. Phillipson - A. R. Lee, Interpersonal Perception: A Theory and a Method of Research, London 1966.

R. D. Laing, The Politics of Experience, New York 1968, bes. Kap. 4.

P. Watzlawick - J. H. Beavin - D. D. Jackson, Menschliche Kommunikation, Bern 1969, bes. 88–96.

Watzlawick, Beavin und Jackson zeigen vor allem die Rolle des gemeinsamen Wissens für die sog. Interpunktion von Handlungen: Die Tatsache, daß beide Partner unterschiedliche Auffassungen vom Beginn einer Interaktion haben, kann z. B. ihr Verständnis der ganzen Interaktion beeinflussen.

6. Referieren

6.1. Wie man auf Gegenstände der Welt Bezug nimmt

Erstes Kapitel

EIN LANGERWARTETES FEST

Als Herr Bilbo Beutlin von Beutelsend ankündigte, daß er demnächst zur Feier seines einundelfzigsten Geburtstages ein besonders prächtiges Fest geben wolle, war des Geredes und der Aufregung in Hobbingen kein Ende.

Bilbo war sehr reich und sehr absonderlich, und seit er vor sechzig Jahren plötzlich verschwunden und unerwartet zurückgekehrt war, hatte man im Auenland nicht aufgehört, sich über ihn zu verwundern. Die Reichtümer, die er von seinen Fahrten mitgebracht hatte, waren mittlerweile zu einer Legende im Auenland geworden, und allgemein glaubte man, was immer die alten Leute auch reden mochten, daß der Bühl von Beutelsend voller Stollen sei, in denen sich die Schätze häuften. Und wenn das noch nicht für seinen Ruf genügte, dann staunte man über die ungebrochene Lebenskraft. Die Zeit blieb nicht stehen, aber auf Herrn Beutlin schien sie wenig Wirkung auszuüben. Mit neunzig war er nicht anders als mit fünfzig. Als er neunundneunzig war, sagten die Leute, er sähe noch *gut* aus; aber *unverändert* wäre zutreffender gewesen. Manche schüttelten den Kopf und meinten, das sei zu viel des Guten; es sei einfach unbillig, daß jemand (anscheinend) ewige Jugend und obendrein noch (angeblich) unerschöpfliche Reichtümer besitzen sollte.

»Dafür wird er bezahlen müssen«, sagten sie. »Es ist nicht natürlich und wird ein schlechtes Ende nehmen!«

Aber bisher hatte es kein schlechtes Ende genommen; und da Herr Beutlin nicht kleinlich war mit seinem Geld, waren die meisten Leute gewillt, ihm seine Seltsamkeiten und sein Glück zu verzeihen. Mit seinen Verwandten (außer den Sackheim-Beutlins natürlich) verkehrte er freundschaftlich und hatte unter den Hobbits aus den armen und weniger bedeutenden Familien viele anhängliche Bewunderer. Doch besaß er keinen wirklich guten Freund, bis einige seiner jüngeren Vetter heranwuchsen.

Der älteste von ihnen und Bilbos Lieblingsvetter war der junge Frodo Beutlin. Als Bilbo neunundneunzig war, adoptierte er Frodo, setzte ihn zu seinem Erben ein und holte ihn zu sich nach Beutelsend; und damit waren die Hoffnungen der Sackheim-Beutlins endgültig zerschlagen. Bilbo und Frodo waren zufällig am gleichen Tag geboren, am 22. September. »Du solltest lieber bei mir leben, Frodo, mein Junge«, sagte Bilbo eines Tages. »Dann können wir unsere Geburtstage gemütlich zusammen feiern.« Damals war Frodo noch in den »Zwiens«, wie die Hobbits die verantwortungsfreien Zwanziger zwischen Kindheit und Mündigwerden mit dreiunddreißig nannten.

Dies ist der Anfang des dreibändigen Romanwerks von J. R. R. Tolkien: »The Lord of the Rings«, in der deutschen Übersetzung: »Der

Herr der Ringe«. Umfangreiche Romanwerke dieser Art haben die Eigenschaft, den Leser in eine fiktive Welt einzuführen und in dieser Welt leben zu lassen. Daß man in dieser Weise mit Bezug auf einen Roman berechtigt von einer W e l t sprechen kann und auch von einem Leben-lassen in einer solchen Welt, bedarf einiger Erläuterungen. Eine gewisse Vorentscheidung über die Akzeptierbarkeit dieser Redeweise ist bereits gefallen, wenn man sich auf den Gebrauch des *ein*-Artikels in Wendungen wie *Einführung in eine Welt, eine Welt des Romans* einläßt. Es wird stillschweigend vorausgesetzt, daß es nicht d i e Welt gibt, in der alles und jedes seinen Platz hat, noch bevor es uns zu Ohren kommt. Vielmehr wird jedem zugestanden, daß er aufgrund seiner eigenen Wahrnehmung auch seine eigene Auffassung von den Dingen hat, insofern er als der Andere anderes sieht, hört, schmeckt, fühlt, tastet usw. als ich selbst und insofern letztlich auch eine andere Welt hat. Das soll nicht heißen, daß es keine Zusammenhänge zwischen verschiedenen Weltansichten gäbe; ganz im Gegenteil: Für jeden einzelnen werden verschiedene, ihm zugängliche Welten in engen Zusammenhängen stehen, die darin ihre Basis haben, daß er in kommunikative Auseinandersetzungen mit anderen und ihren Welten eingetreten ist, weil er das aufgrund seiner Lebensumstände tun mußte. Die Kommunikation mit anderen zwingt jeden einzelnen dazu, verschiedene, wie auch immer begründete Zusammenhänge zwischen seiner eigenen Weltansicht und der anderer herzustellen und solche Zusammenhänge ständig unter Berücksichtigung seiner eigenen Interessen zu variieren und zu verfeinern. Die Zusammenhänge zwischen Welten, die je einzelne als Grundlage der Kohärenz ihrer eigenen Meinungen und Aussagen annehmen, werden also nicht in Frage gestellt, wenn man überhaupt von verschiedenen Welten spricht. Es geht vielmehr darum, anzuerkennen, daß es Sinn haben kann, von verschiedenen Welten zu sprechen, weil die Unterschiedlichkeit und damit die Unterscheidbarkeit verschiedener Welten letztlich ihren Grund hat in verschiedenen und je unterschiedlichen kommunikativen Fähigkeiten und Verbindungen einzelner Individuen.

Die Welt eines Romans, die uns ein Autor vorstellt, hat durchaus den Status von Welten, wie sie uns auch sonst in der Kommunikation mit anderen Personen begegnen. Bei der Begegnung mit Romanwelten wird oft die Tatsache überschätzt, daß es sich häufig – aber ja nicht immer – um fiktive oder teilweise fiktive Welten handelt. Sofern mit *fiktiv* hier darauf hingewiesen werden soll, daß in einem Roman die Wahrheit von Aussagen nicht in einer einfachen und gewissermaßen handgreiflichen Weise überprüfbar ist, wie oft bei Aussagen in der alltäglichen Kommunikation, und daß ein derartiger Wahrheitsanspruch meistens auch gar nicht erhoben wird, muß man berücksichtigen, daß die Überprüfbarkeit von Wahrheiten und die Wahrheitsansprüche in der Alltagskommunikation häufig auch nicht so einfach sind, daß man sie leicht mit einem einheitlichen Wahrheitsbegriff und einer dementsprechenden Verifikationsmethode in Einklang bringen könnte. Auch Alltagskommunikationen bestehen zu einem erheblichen Teil aus Erzählungen, für die wir keine weitergehenden Wahrheitsgarantien haben als für den Text eines Romanautors und solche auch nicht verlangen. Diese Behauptung wird nicht jeder gleichermaßen akzeptieren, vielmehr für sich als mehr oder weniger zutreffend anerkennen je nach den eigenen Erfahrungen, die er mit seiner Alltagswelt und mit fiktiven Welten gemacht hat. Diesen Umgang mit Welterfahrung weiterzuverfolgen ist hier nicht das Ziel: Es ging lediglich darum, darauf hinzuweisen, daß der Graben zwischen realen und sog. fiktiven Welten nicht so tief und unüberbrückbar ist, wie oft angenommen wird.

Tyler hat in einem 531 Seiten starken Band mit dem Titel »The Tolkien Companion« unter den alphabetisch geordneten »fremden« Namen und Wörtern möglichst vollständig das Faktenmaterial – wie es im Vorwort heißt – zusammengetragen, das durch Tolkiens Werk und insbesondere natürlich durch den Roman »Der Herr der Ringe« über Tolkiens Drittes Erdzeitalter bekanntgeworden ist. Tyler handelt ganz konsequent, wenn er – um sein Nachschlagewerk zu vervollständigen – für sich in Anspruch nimmt, aus Aussagen über das Dritte Erdzeitalter, die durch Tolkien vermittelt sind, selbst weitere Schlüsse zu ziehen, die ein über Tolkien noch hinausgehendes Eindringen in diese dunkle Vergangenheit ermöglichen können. Das Umgehen mit aus grauer Vorzeit überkommenen Texten über vergangene Welten wird in wesentlichen Bereichen gar nicht von der Frage tangiert, ob diese Texte fiktiv sind oder nicht. Das liegt vor allem daran, daß durch die sprachlichen Mittel, mit denen auf bestimmte Gegenstände einer Welt Bezug genommen wird, nicht markiert ist, ob es sich (nach Meinung des Autors oder anderer) um eine fiktive Welt handelt oder nicht. Diese Tatsache wiederum rechtfertigt es, bei Überlegungen über die Regeln, nach denen man sich mit sprachlichen Ausdrücken auf Gegenstände einer Welt bezieht, von fiktiven Texten auszugehen: Es wird dadurch nichts verfälscht. Von fiktiven Texten auszugehen, hat darüber hinaus aber auch den Vorteil, daß nicht so schnell vergessen wird, daß Gegenstände und mit ihnen Teile von Welten sprachlich in der Kommunikation auch aufgebaut werden und daß ihre Existenz daher zu einem guten Teil ihre Basis hat im Sprachgebrauch. Das gilt nicht nur für fiktive Welten, sondern auch für die scheinbar realere Welt des Alltags.

Welches sind nun die wichtigsten sprachlichen Mittel, mit denen auf

Gegenstände einer Welt Bezug genommen wird? Drei Klassen von Ausdrücken lassen sich relativ leicht unterscheiden:

a) Eigennamen,
b) deiktische Ausdrücke,
c) Kennzeichnungen.

In unserem Beispieltext finden sich mehrere Beispiele für Eigennamen, und zwar so, daß auch gleich mehrere Unterklassen von Eigennamen repräsentiert sind. Es gibt Personennamen: *Bilbo, Beutlin, Frodo, Bilbo Beutlin von Beutelsend,* es sind Ortsnamen repräsentiert durch *Hobbingen,* Ländernamen durch *Auenland* und Völkernamen durch *Hobbits.* Unser heutiges Personennamensystem ist entscheidend bestimmt durch die Unterscheidung von Vornamen wie *Peter, Sven, Kai, Karin, Sigi* einerseits und Familiennamen wie *Müller, Schmidt, Sikorski* andererseits. Zur Identifizierung von Personen in Situationen, die das erforderlich machen, werden normalerweise Namen aus beiden Unterklassen der Personennamen herangezogen, so wenn man beispielsweise sagt:

(1) Ich meine nicht den Gerd Müller, sondern den Dieter Müller.

Oder:

(2) Im Heidelberger Telefonbuch gibt es meines Wissens vierzehn Wimmer. Doch nur einer heißt Rainer.

Es hat den Anschein, als könnte man die Unterscheidung zwischen Vornamen und Familiennamen auch in unproblematischer Weise mit Bezug auf unseren Beispieltext treffen, etwa bei *Bilbo Beutlin von Beutelsend,* wo *Bilbo* als Vorname aufzufassen wäre, oder bei *Frodo Beutlin,* wo *Frodo* als Vorname und *Beutlin* als Familienname zu gelten hätte. Hier bietet der Anfang des Tolkienschen Romans aber ein etwas verzerrtes Bild, das nicht bestätigt wird, wenn man den gesamten Namenbestand des Werks betrachtet. Tolkiens Welt ist so alt und umfaßt darüber hinaus Völker mit so verschiedenen Sprachen, daß man für sie nicht generell ein zweinamiges System annehmen kann. Zweinamigkeit bei Personen ist historisch relativ jung und entwickelt sich im deutschsprachigen Raum beispielsweise erst seit dem Ausgang des Mittelalters. Wir werden hier hingewiesen auf historische Schichtungen im System der Eigennamen: Eigennamen als Mittel der Bezugnahme auf bestimmte Gegenstände sind – im Unterschied zu anderem Sprachmaterial – in ihrer Entstehung und Entwicklung in besonderer Weise abhängig von politischen und sozialkulturellen Gegebenheiten in den betreffenden Sprachgesellschaften. Diese Abhängigkeit beruht u. a. auf recht weitreichenden Eingriffsmöglichkeiten von seiten einzelner Sprecher und Sprechergruppen auf die Bedingungen der Namenwahl und auch auf die sprachliche Strukturierung der Eigennamen im einzelnen. Solche Eingriffsmöglichkeiten sind heute in fortgeschrittenen Gesellschaften mit weitreichenden gesetzlichen Reglementierungen der meisten öffentlich relevanten Lebensbereiche ebenfalls durch Namengesetze mehr oder weniger eingegrenzt: Es bleiben aber durchaus Freiheiten, die für Eigennamen charakteristisch sind, beispielsweise die ziemlich freie Namenwahl von Vor- und Rufnamen durch Eltern für ihre Kinder.

Ein Hinweis auf die Sonderstellung der Namen wird häufig auch darin gesehen, daß sie sich in der Regel einer Übersetzung entziehen: Sie haben bis zu einem gewissen Grade einen außereinzelsprachlichen Status. In Fällen, in denen man von Namenübersetzung spricht, hat man es meistens mit Angleichungen an das Lautsystem zu tun (/lóndon/ statt /lʌdən/), mit Substitution einheimischer Namen für fremde *(Frankreich* für *France)* oder auch mit Ersetzung fremder Namenelemente durch einheimische. Letzterer Fall ist in unserem Beispieltext durch *Hobbingen* repräsentiert, das für *Hobbiton* im englischen Original steht. Das englische Ortsnamensuffix *-ton* ist durch das deutsche, aufgrund von Entstehungsbedingungen landschaftsgebundene Namensuffix *-ingen* ersetzt worden, ein sonst nicht übliches Verfahren bei der Wiedergabe von Eigennamen, das in unserem Zusammenhang aber vielleicht durch übersetzerische Freiheit im Umgang mit einem fiktionalen Text gerechtfertigt werden könnte.

Die zweite Klasse der Ausdrücke, mit denen man sich normalerweise auf Gegenstände bezieht, ist durch die traditionell in der Grammatik deiktisch (hinweisend, zeigend) genannten Elemente bestimmt. Es handelt sich um Ausdrücke, die in Texten vornehmlich die Funktion haben, Beziehungen des Gesagten zu (Sprech)Situationen herzustellen, und zwar erstens zu den an der Kommunikation Beteiligten, zu Personen, zweitens zur räumlichen Umgebung und drittens zu Zeitpunkten und Zeitabschnitten. Entsprechend wird unterschieden zwischen personaldeiktischen, lokaldeiktischen und temporaldeiktischen Systemen. Die Ausdrücke mit dominierend personaldeiktischer Bedeutung sind die Personalpronomina *ich, du* usw.; lokaldeiktisch sind Pronomina wie *dort, hier, dahin* usw. wichtig, temporaldeiktisch Ausdrücke wie *jetzt, heute, gestern, demnächst* usw. Deiktische Elemente finden sich natürlich auch in zahlreichen anderen Ausdrücken und Ausdrucksformen; sie sind aber konzentriert auf Pronomina, finden sich dominant etwa auch in Demonstrativpronomen wie *dieser, jener* und bestimmen häufig auch den Gebrauch von Indefinitpronomen wie *einige, manche*. Ausdrücke mit deiktischen Funktionen dienen dazu, mündliche und schriftliche Äußerungen und das, was mit ihnen gesagt wird, in Relation zu setzen zu einem bestimmten raum-zeitlichen Koordinatensystem, das zwar nicht für jeden beliebigen Sprecher in allen möglichen Situationen als gleichartig oder gar gleich anzunehmen ist, das je nach seiner Art für je bestimmte Texte und Textstücke aber doch von allen Kommunikationspartnern als verbindliches Bezugssystem zugrundegelegt wird. Im ersten Satz unseres Ausgangstexts beispielsweise wird mit dem Hinweis auf die Ankündigung eines Fests durch den Hobbit Bilbo ein bestimmter Zeitpunkt fixiert, in Bezug auf den andere Ereignisse, von denen berichtet wird, in Relation gesetzt werden, und zwar mit Hilfe von Ausdrücken wie *demnächst, mittlerweile, bisher* oder auch *seit vor sechzig Jahren*.

Die dritte Klasse der für die Bezugnahme auf Gegenstände wichtigen Ausdrücke umfaßt die Kennzeichnungen oder mit dem englischen Terminus: definite descriptions. Darunter sind Ausdrücke zu verstehen, die syntaktisch normalerweise die Form von Nominalphrasen mit einem substantivischen Kern haben, z .B.: *zur Feier seines einundelfzigsten Geburtstages, seine Verwandten, die Hoffnungen der Sackheim-Beutlins.* Die für die Nominalphrasen zentralen Substantive werden in der Regel näher bestimmt durch adjektivische Attribute (*einundelfzigsten* in *seines einundelfzigsten Geburtstages*) oder nominale Attribute verschiedener Art (Genitivattribut: *seines einundelfzigsten Geburtstages* in *zur Feier seines einundelfzigsten Geburtstages;* präpositionales Attribut, beispielsweise: *aus München* in *der Mann aus München;* Apposition, beispielsweise *Königin von England* in *Elisabeth, Königin von England*) oder auch durch Attributsätze (Relativsätze) wie *(Reichtümer), die er von seinen Fahrten mitgebracht hatte* in unserem Text, und zwar geschieht diese nähere Bestimmung so, daß der Sprecher bzw. Schreiber davon ausgehen kann, daß dem Hörer bzw. Leser in dem jeweiligen Zusammenhang keine Fragen kommen oder bleiben, wer oder was genau gemeint sei mit der betreffenden Nominalphrase. Man unterscheidet innerhalb der Klasse der Kennzeichnungen noch die singulären Kennzeichnungen, mit denen man sich jeweils auf nur einen Gegenstand bezieht. Zu ihnen würden bei Verwendungen in entsprechenden Situationen Nominalphrasen wie *der älteste Bruder meiner Mutter, der höchste Berg der Erde* gehören, im Unterschied etwa zu *meine Freunde, die von mir gestern angeschriebenen Personen.* Diese Unterscheidung ist aber strikt zu trennen von der Unterscheidung zwischen Bestimmtheit und Unbestimmtheit, um die es im wesentlichen geht bei der Sicherstellung von Bezugnahmen auf Gegenstände in der Kommunikation. Auch wenn ich mehrere Gegenstände meine, können diese für mich und meine Partner vollkommen bestimmt sein: Es gibt keine Unklarheiten, auf wen oder was ich mich in meiner Rede beziehe.

6.2. Unterschiede in der Art des Referierens

Ausdrücke der drei genannten Klassen a), b), c) unterscheiden sich ganz wesentlich in der Art und Weise, wie man mit ihnen auf Gegenstände Bezug nehmen kann. Diese Unterschiede sind charakteristisch für Bedeutungsunterschiede, die zwischen Ausdrücken der drei Klassen bestehen. Zunächst ist auf eine wichtige Eigenschaft der Kennzeichnungen hinzuweisen, die sie sowohl von den Eigennamen wie auch von den deiktischen Ausdrücken unterscheidet. Kennzeichnungen beinhalten in gewisser Weise Zuschreibungen von Eigenschaften bzw. Attributen zu den Gegenständen, auf die man sich mit ihnen bezieht. Beispielsweise kann man sich mit der Nominalphrase in

(3) Dann kam der blonde Solotänzer.

nicht auf jede beliebige Person beziehen; wer (3) äußert und sich mit der Nominalphrase in (3) damit auf eine bestimmte Person bezieht, setzt vielmehr voraus, daß eine Berechtigung besteht, über diese Person zu sagen, sie sei blond und sie sei Solotänzer. Anders ausgedrückt und auch so, daß man philosophische Probleme vermeidet, die mit der Klärung des ontologischen Status von Gegenständen wie Eigenschaften bzw. Attributen zusammenhängen: Eine Äußerung von (3), mit der man Anspruch auf Wahrheit oder Falschheit erheben kann, mit der also überhaupt auf eine bestimmte Person Bezug genommen wird, setzt eine Berechtigung einer Zuschreibung von Prädikaten zu der gemeinten Person voraus, einer Zuschreibung, die man wie folgt wiedergeben könnte:

(4) x ist blond.,
(5) x ist Solotänzer.,

wobei mit x jeweils die Person gemeint ist, die auch mit der Nominalphrase in (3) gemeint ist. Diese Formulierung, die von der Prädikation von Ausdrücken (*blond, Solotänzer*) über Gegenstände bzw. einen Gegenstand Gebrauch macht – wie in (4), (5) repräsentiert – vermeidet die Schwierigkeit, eine Annahme von Blondheit bzw. Solotänzer-Sein als Eigenschaften bzw. Attributen begründen zu müssen. Die Formulierung läßt aber auch noch eine Reihe von Fragen offen, die mit dem referentiellen Gebrauch von Kennzeichnungen wie *der blonde Solotänzer* in (3) zusammenhängen. Das wichtigste Problem ist, wie die Relation zwischen Aussagen mittels (3) einerseits und Aussagen mittels (4), (5) andererseits näher zu bestimmen ist. Und hier ist es wiederum besonders wichtig, zu erkennen, daß m i t Äußerungen von (3) nicht (4) und (5) behauptet werden. Man behauptet nicht (4) und (5), indem man (3) behauptet, vielmehr behauptet man nur, d a ß der blonde Solotänzer dann k a m. Der Kern dieser Behauptung liegt in dem Prädikat. Wer (3) behauptet und damit gegenüber Kommunikationspartnern die entsprechenden Verteidigungspflichten übernimmt, übernimmt damit nicht auch Verteidigungspflichten bezüglich (4) oder (5). Es ist durchaus möglich, daß ein Sprecher von (3) lediglich von irgendjemandem gehört hat, der mit *der blonde Solotänzer* Bezeichnete sei blond und sei Solotänzer, daß er aber weder gewillt noch in der Lage ist, diese Aussagen selbst zu vertreten. Für ihn kann die Verwendung der Nominalphrase trotzdem einen guten Sinn haben: nämlich klarzumachen, wer gemeint ist, und zwar für alle diejenigen Kommunikationspartner, die aufgrund ihres Vorwissens ebenfalls über eine gewisse Berechtigung der Zuschreibung der in (4), (5) genannten Prädikate zu der gemeinten Person Bescheid wissen, wer auch immer es ein mag, der für die Berechtigung dieser Zuschreibung eintritt oder sie letztlich in einem gegebenen Falle zu verteidigen hätte. Die Nominalphrase dient dann im wesentlichen der Referenz, das heißt der Sicherung der Bezugnahme auf einen bestimmten Gegenstand in einer bestimmten Gruppe von Kommunikationspartnern, und zwar relativ unabhängig davon, welche Prädikationen über den gemeinten Gegenstand die Nominalphrase in der angedeuteten indirekten Weise auch noch beinhaltet. Diese Gebrauchsweise der Nominalphrase kann man referenzorientiert nennen im Unterschied zu einer prädikationsorientierten Gebrauchsweise, die durchaus denkbar ist. Ein prädikationsorientierter Gebrauch der Nominalphrase in (3) läge dann vor, wenn ein Sprecher für die von *der blonde Solotänzer* mit beinhalteten Prädikationen Verteidigungspflichten übernimmt und er dies in seiner Rede – beispielsweise durch entsprechende Hervorhebungen – deutlich macht. Solche Hervorhebungen können etwa in Hinweisen aus dem Äußerungskontext von (3) oder auch in besonderen intonatorischen Markierungen der Nominalphrase bestehen.

Daß Verwendungen von Kennzeichnungen in der beschriebenen Weise mit Prädikationen zusammenhängen, ist oft vereinfachend auch so charakterisiert worden, daß man sagte, Kennzeichnungen enthielten deskriptive Elemente, und das eben im Unterschied zu Eigennamen und deiktischen Ausdrücken. Unter deskriptiven Elementen in Kennzeichnungen können dabei Ausdrücke verstanden werden, die geeignet sind, als prädikative Ausdrücke in Äußerungen von Sätzen wie (4), (5) Gegenständen mit Wahrheit oder Falschheit zugeschrieben zu werden. Derartige deskriptive Ausdrücke sind weder in Eigennamen oder deiktischen Ausdrücken enthalten, noch sind diese selbst deskriptive Ausdrücke. Aus einer Äußerung von

(6) Sie kam auf mich zu.

ist nicht zu entnehmen, um welche Art von einem weiblichen Wesen es sich handelte, das auf den Sprecher zukam. Es ist nicht klar, ob es sich um ein Tier oder um einen Menschen handelte; wenn um einen Menschen, ob die Frau alt oder jung, schön oder häßlich usw. war. Anders bei einer Äußerung mit einer Kennzeichnung wie in

(7) Die Blondine kam auf mich zu.,

wo klar ist, daß ein Mensch auf den Sprecher zukam, ferner: eine Frau, ferner: eine mit (wenigstens temporär) blonden Haaren auf dem Kopf. – Ähnlich wie mit einem Pronomen wie in (6) verhält es sich mit einem Eigennamen. Eltern können sowohl für ihre Tochter wie auch für ihren Sohn den Vornamen *Kai* wählen; ein Kind kann seinen Dackel Kai nennen usw. Mit der referentiellen Verwendung eines Eigennamens wie *Kai* sind zumindest in den Verwendungsbereichen, für die die Freiheit der Namenwahl relevant ist, keine bestimmten Prädikationen verbunden. Man hat oft geradezu das entscheidende, die Eigennamen auszeichnende Bedeutungsmerkmal darin gesehen, daß Eigennamen nur eine Bezeichnungsfunktion haben und sonst keine, und sofern man auch annahm, die Bezeichnungsfunktion (referentielle Funktion) sei strikt von der Bedeutung sprachlicher Zeichen zu trennen, wurde sogar die These vertreten, Eigennamen hätten gar keine Bedeutung und stünden insofern außerhalb je bestimmter Sprachsysteme.

Es gibt einige naheliegende Einwände gegen die Auffassung, Eigennamen und Pronomina enthielten im Unterschied zu Kennzeichnungen keine deskriptiven Elemente. Es ist doch offensichtlich, daß man – im Falle, man nimmt mit dem Pronomen in (6) auf eine Person Bezug – nur eine weibliche Person meinen kann. Die Personalpronomen haben in den meisten Fällen ihrer Verwendung wenigstens insofern deskriptive Kraft, als sie aufgrund ihrer Genusspezifiziertheit das Geschlecht der bezeichneten Personen charakterisieren. Ähnlich verhält es sich mit bestimmten Klassen von Eigennamen: Unsere Standesbeamten erwarten, daß man wenigstens an e i n e m der Vornamen einer Person ablesen kann, ob sie weiblich oder männlich ist. Das heißt: Wenn jemand seinem Kind einen Vornamen wie *Kai* oder *Helge* gibt, der sowohl für Jungen wie auch für Mädchen gebräuchlich ist, muß er wenigstens noch einen weiteren Vornamen wählen, der das Geschlecht erkennen läßt, beispielsweise: *Paul – Paula; Sabine, Gabriele; Gustav, Otto.* Derartige Einwände können die vorgenommene Unterscheidung zwischen Kennzeichnungen einerseits und Pronomina und Eigennamen andererseits aber nicht wirklich erschüttern, sondern führen lediglich zu einer Modifizierung. Man kann sagen, daß in einigen pronominalen Subsystemen wie auch bei einigen Eigennamentypen in beschränktem Maße deskriptive Elemente auftreten, daß diese deskriptiven Elemente aber nicht systematisch in der Bedeutung von Pronomina oder Eigennamen verankert sind. Für die Einschätzung der Rolle deskriptiver Elemente bei bestimmten Verwendungen von Pronomina und Eigennamen sind vor allem die folgenden beiden Überlegungen wichtig: Erstens kann die Deskriptivität bei Pronomina und Eigennamen nicht durchgängig systematisch festgestellt werden. So ist die Charakterisierung des Geschlechts durch Pronomina nicht einmal bei Personen durchgängig. Besonders auffällig ist, daß sich bei einer Bezugnahme auf Kinder oft das Genus von *Kind* als bestimmend für den Pronominagebrauch durchsetzt. Auf Vornamen, die sowohl als weiblich wie auch als männlich einzustufen sind, wurde bereits hingewiesen. Bei anderen Klassen von Eigennamen, etwa Familiennamen, Ortsnamen, Ländernamen, kann man überhaupt nur ganz sporadisch von einem deskriptiven Gehalt sprechen. Zweitens können Sprecher die deskriptiven Elemente in Pronomina und Eigennamen nicht frei in der Kommunikation nützen. Wer mittels eines vom Genus her femininen Pronomens auf eine Person Bezug nimmt, ist auf das deskriptive Merkmal ›weiblich‹ angewiesen; paßt das nicht, wird die Deskriptivität ganz unterdrückt. Ähnlich bei Eigennamen: Der referenzorientierte Gebrauch ist in jedem Fall dominierend. Wenn Eltern beispielsweise ihrem männlichen Nachkommen unter anderen auch einen als weiblich geltenden Vornamen geben *(Rainer Maria Rilke)*, wird man dem nicht unbedingt deskriptive Kraft beimessen. Bei Kennzeichnungen dagegen hat es – wie wir gesehen haben – einen guten Sinn, zwischen referenzorientierten und prädikationsorientierten Gebrauchsweisen zu unterscheiden. Nicht nur können bei Verwendungen von Kennzeichnungen im Unterschied zu Pronomina und Eigennamen deskriptive Elemente durch intonatorische Mittel eigens hervorgehoben werden, der Sprecher hat auch einen relativ weiten Spielraum in der Wahl deskriptiver Elemente: Zur Bezeichnung ein und desselben Gegenstands stehen ihm in jeder Situation in der Regel mehrere Ausdrücke mit mehr oder weniger ähnlichen Bedeutungen zur Verfügung.

Ein wichtiger Unterschied in der referentiellen Verwendungsweise von Eigennamen einerseits und Pronomina und den meisten Kennzeichnungen andererseits wurde oft darin gesehen, daß Eigennamen als situationsunabhängige Referenzmittel gelten könnten, die meisten Kennzeichnungen und insbesondere die Pronomina aber situationsabhängig seien. Diese Unterscheidung ist mit der folgenden Vorstellung verbunden: Eigennamen sind in Namengebungsakten je einzeln je bestimmten Gegenständen beigelegt worden, so daß für Sprecher, die von entsprechenden Namengebungsakten Kenntnis haben bzw. sie als gegeben anerkennen, eine Eins-zu-eins-Relation zwischen bestimmten Namen und bestimmten Gegenständen besteht, und zwar in dem Sinne unabhängig von einzelnen Situationen, daß ein bestimmter

Gegenstand bzw. eine bestimmte Person an allen möglichen Orten und zu allen möglichen Zeiten mit dem Namen bezeichnet werden kann, weil er bzw. sie eben diesen Namen trägt, solange er bzw. sie existiert bzw. lebt. Der Eigenname haftet dem Gegenstand gewissermaßen wie eine Kennmarke an, unabhängig von der Situation, in der sich der Gegenstand befindet oder in der man ihn antrifft. Ganz anders verhält es sich mit Pronomina: Das deiktische Referenzsystem hat sein Zentrum jeweils in der Position des Sprechers und macht folglich auch ständig Positionsänderungen von Sprechern bezüglich eines feststehenden raum-zeitlichen Koordinatensystems mit. Ein Sprecher A nimmt auf sein Gegenüber B mit *du* Bezug, bezeichnet sich selbst mit *ich*, während für B der Sprecher A das Du ist usw. Diese Verhältnisse brauchen hier im einzelnen nicht näher betrachtet zu werden. Kennzeichnungen nehmen eine Zwischenstellung ein, insofern sie häufig den Pronomina zuneigen, besonders in Fällen, in denen sie Demonstrativpronomina enthalten wie in *diese Blume, jener Mann mit dem grauen Hut von gestern,* und insofern sie zuweilen auch den Eigennamen zuneigen, etwa in Fällen, in denen die meisten Sprecher beispielsweise bei Ausdrücken wie *Gold* oder *ein Meter* davon ausgehen können, daß die Bedeutungen ziemlich strikt festgelegt sind (bei *Gold* aufgrund des spezifischen Gewichts oder bei *ein Meter* durch mögliche Verweise auf ein Urmeter oder auf eine meßtechnische Verfahrensweise) und entsprechende Bezeichnungsrelationen dadurch relativ situationsunabhängig gesichert werden.

Die Unterscheidung zwischen situationsunabhängigen und situationsabhängigen Referenzmitteln, so wie sie bisher erläutert wurde, beruht im wesentlichen auf der Vorstellung von einem kommunikationsunabhängigen raum-zeitlichen Koordinatensystem, zu dessen Raum-Zeit-Punkten einzelne Sprechhandlungen in Relation gesetzt werden können. Die situationsabhängige Funktionsweise deiktischer Ausdrücke wäre dann darin zu sehen, daß Sprecher mittels deiktischer Ausdrücke je aktuelle Bezüge zu bestimmten Raum-Zeit-Stellen herstellen. Bei Eigennamen wäre eine derartige Situationsabhängigkeit dagegen nur für die Erstfestsetzung der Relation Eigenname – Namenträger in der Namengebungssituation anzunehmen, was jedoch immerhin eine Modifizierung der These von Eigennamen als situationsunabhängigen Referenzmitteln erforderlich macht. Über eine solche Modifizierung und Differenzierung hinausgehend, ist es aber auch sinnvoll zu fragen, wieweit die Annahme eines kommunikationsunabhängigen, starren Koordinatensystems überhaupt tragfähig ist zur Erhellung der Gebrauchsweisen von deiktischen Ausdrücken und Eigennamen und nicht seinerseits auch durch eine differenziertere Betrachtungsweise zu ersetzen ist. Es wurde bereits darauf hingewiesen, daß das System der deiktischen

Ausdrücke vom jeweiligen Sprecher als dem perspektivischen Mittelpunkt her organisiert ist, und speziell diese Tatsache unterstützt eine Sichtweise, nach der einer s p r a c h l i c h e n Strukturierung des kommunikationsrelevanten raum-zeitlichen Bezugssystems besondere Bedeutung zukommt. Die sprachliche Struktur des deiktischen Systems, insbesondere die Sprecherzentriertheit, erlaubt es jedem einzelnen Sprecher für sich, in unterschiedlichen Situationen eine einheitliche und konstante Sichtweise der in Raum und Zeit ihn umgebenden Gegenstandswelt zu erhalten. In dieser Konstanz des deiktischen Systems kann man durchaus eine Situationsunabhängigkeit der Funktionsweise deiktischer Ausdrücke sehen: Ein bestimmter Sprecher A bezieht sich auf sich selbst mit *ich* und auf sein Gegenüber mit *du*, gleichgültig, in welcher Situation sich A befindet oder wer sein augenblickliches Gegenüber ist. Bei Eigennamen – um auch hier die skizzierte gängige Auffassung noch etwas stärker zu relativieren – kann man eine im Vergleich zu deiktischen Ausdrücken weitergehende Situationsabhängigkeit noch darin sehen, daß der erfolgreiche referentielle Gebrauch eines Eigennamens das Wissen voraussetzt, daß der verwendete Eigenname tatsächlich der Name des gemeinten Namenträgers ist, wobei es sich hier um ein Wissen handelt, das nicht im engeren Sinne sprachlich ist, sondern eher situationsgebunden, insofern es mit speziellen Kenntnissen über Namengebungsregeln und Namengebungsakte in einer je begrenzten Sprechergemeinschaft zusammenhängt.

6.3. Referieren als Handlung

Die Rede von situationsunabhängigen Referenzmitteln erweckt den Eindruck, als könnten bestimmte sprachliche Ausdrücke von sich aus eine Bezugnahme auf bestimmte Gegenstände sichern. Das ist aber gerade nicht der Fall. Auch für Eigennamen, die wohl vorzugsweise als Kandidaten für derartig leistungsstarke Ausdrücke in Frage kämen, läßt sich eine solche Auffassung nicht vertreten. Zum einen ist zu bedenken, daß auch Eigennamen keine eindeutige Identifizierung von x-beliebigen Personen bzw. Gegenständen in x-beliebigen Situationen erlauben; sie haben nicht dieselbe Funktion wie Autonummern; zahlreiche Personen heißen *Schmidt, Müller* usw., zahlreiche heißen auch *Heinz Schmidt, Rolf Müller* usw. Zum anderen brauchen auch Eigennamen gar nicht immer referentiell, d. h. zur Bezeichnung je ganz bestimmter Personen bzw. Gegenstände in bestimmten Situationen verwendet zu werden. Es gibt für alle Ausdrücke der drei genannten Klassen von Referenzmitteln nicht-referentielle Verwendungsweisen, d. h. Gebräuche, bei denen eine Bezugnahme auf einen bestimmten Gegenstand bzw. auf bestimmte Gegenstände überhaupt nicht beabsichtigt ist. Man kann sogar Sätze angeben, bei deren Äußerung eine referentielle Verwendung bestimmter Nominalphrasen gar nicht möglich erscheint. Beispielsweise ist wohl keine Äußerungssituation denkbar, in der mit dem Eigennamen in

(8) In unserem Haus wohnt kein Otto.

auf eine bestimmte Person Bezug genommen wird. Namengebungssituationen gehören zu den ausgezeichneten Situationen, in denen Eigennamen gerade nicht-referentiell gebraucht werden: Bei der Äußerung des Satzes

(9) Ich taufe dich hiermit auf den Namen Peter.

in einer Namengebungssituation wird zwar mit den Personalpronomen referiert, aber nicht mit dem Eigennamen *Peter*. Nicht-referentiell – und durchaus in Parallele zu sehen mit Eigennamenverwendungen in Namengebungssituationen – ist der Gebrauch von Kennzeichnungen zum Zwecke der Einführung oder Ersterwähnung von Personen bzw. Gegenständen in Texten, beispielsweise durch Sätze wie

(10) Es war einmal ein frommer König.

oder

(11) Der stadtbekannte Clown stand plötzlich vor ihnen.

Bei Verwendungen von (10), (11) in der genannten Funktion, muß man davon ausgehen, daß die Leser bzw. Hörer nicht wissen, wer jeweils mit *ein frommer König* bzw. *der stadtbekannte Clown* gemeint ist. Die Personen sollen ihnen erst noch vorgestellt werden, und in dieser Situation erscheinen die Kennzeichnungen als sprachliche Setzungen, die unter bestimmten Bedingungen akzeptiert werden, und zwar als Setzungen, die eine gewisse Ähnlichkeit haben mit Festlegungen von Eigennamen für Personen bzw. Gegenstände in Namengebungssituationen, obwohl die Kennzeichnungen in (10), (11) im Unterschied zu Eigennamen natürlich eine Prädikationsorientierung haben und den Lesern bzw. Hörern dadurch sogleich erlauben, auf mögliche Prädikationen über die vom Autor bzw. Sprecher einzuführende Person zu schließen.

Die vorangehenden Überlegungen geben Anlaß, den Referenzbegriff oder anders gesagt: die Gebrauchsweise von *referieren (Bezug nehmen auf Gegenstände)* noch etwas näher zu charakterisieren, von der wir bisher ausgegangen sind und die wir plausibel machen möchten. Das wird auch dazu beitragen, die vorgenommene Beurteilung von Sätzen wie (8), (9), (10), (11) noch etwas einsichtiger zu machen.

Die Bezugnahme auf Gegenstände der Welt wird – nach allem, was wir gesagt haben – nicht von sprachlichen Ausdrücken von sich aus geleistet; nicht die Ausdrücke selbst referieren, bezeichnen bestimmte

Gegenstände; vielmehr tun die Sprecher das, was man referieren bzw. Bezug nehmen auf Gegenstände nennt. Referieren ist also eine Handlung, und dementsprechend ist die Redeweise, daß ein sprachlicher Ausdruck etwas Bestimmtes bezeichnet, lediglich als eine abkürzende Redeweise dafür aufzufassen, daß man sagt, ein Sprecher bezieht sich (referiert) in einer gegebenen Situation mittels eines bestimmten Ausdrucks auf einen bestimmten Gegenstand. Ein Referenzakt eines Sprechers A kann dann als erfolgreich bzw. als gelungen gelten, wenn alle an der betreffenden Kommunikation Beteiligten nach A's Äußerung eines zum Referieren geeigneten Ausdrucks B wissen, wen oder was A mit B meint. Für diese Abgrenzung des Referenzakts ist es besonders wichtig, daß die Bestimmtheit eines Gegenstands nicht als kommunikationsunabhängig gegeben oder herstellbar angesehen wird. Ein Gegenstand gilt vielmehr dann als eindeutig bestimmt, wenn für die Beteiligten an einer Kommunikation der betreffende Gegenstand genau bestimmt ist, und zwar so genau, daß keine die Kommunikation beeinträchtigenden Zweifel bzw. Fragen auftauchen. Diese Auffassung von der kommunikativen Bestimmung der Gegenstände beim Referieren entspricht unserer Erfahrung in der alltäglichen Kommunikation. Hier gibt es kein absolutes Maß dafür, wann ein Gegenstand als hinreichend genau bestimmt zu gelten hat, und auch keinen unabhängig von Regeln der gegenseitigen Verständigung zu begründenden Maßstab für die Bestimmtheit von Gegenständen. In bestimmten Situationen mag es ausreichend sein, wenn man sich mit

(12) Unser Müller hat wieder zwei Tore gemacht.

auf einen bestimmten Fußballspieler Müller bezieht, in anderen Situationen kann eine weitere Erklärung, etwa durch

(1) Ich meine nicht den Gerd Müller, sondern den Dieter Müller.

erforderlich werden, und in noch anderen Situationen mag auch das nicht hinreichend sein, allen Beteiligten klarzumachen, wer genau gemeint ist. Wie im Einzelfall eine kommunikative Bestimmtheit dessen, worüber gesprochen wird, am besten zu erreichen ist, hängt im wesentlichen davon ab, welches kommunikativ relevante Wissen die Beteiligten mitbringen und welche Annahmen über das Wissen des je anderen die Beteiligten machen können. Im Falle von Äußerungen von Sätzen wie (12), (1) in einem Gespräch über Fußball ist offensichtlich, daß eine Verständigung der Kommunikationspartner entscheidend davon abhängt, was die einzelnen über bestimmte Fußballvereine und ihre Spieler wissen und bei den anderen als gewußt voraussetzen können.

Eine gewisse Schwierigkeit, das Referieren in der skizzierten Weise als eine Handlung aufzufassen, kann darin gesehen werden, daß Referieren kein völlig selbständiger Sprechakt ist, sondern immer in engem Zusammenhang mit anderen Sprechakten steht. Zwar gibt es im Deutschen mehrere Verben und Prädikate *(bezeichnen, sich beziehen auf, Bezug nehmen auf, reden von)*, die es intuitiv plausibel erscheinen lassen, das Referieren als eine relativ selbständige Handlung parallel zu Fragen, Befehlen, Raten usw. zu betrachten, die Tatsache aber, daß einerseits das Referieren gewissermaßen automatisch immer zu anderen Sprechakten wie Behaupten, Fragen usw. mit dazugehört, damit sie überhaupt sinnvoll sind, und andererseits ein Referieren-Wollen unabhängig von solchen anderen Sprechakten nicht möglich erscheint, deutet auf eine größere Unselbständigkeit des Referierens als Sprechakt hin. Im Rahmen seiner Sprechakttheorie hat Searle diesen Sachverhalt so beschrieben, daß das Referieren stets als Teilakt des nach ihm so benannten propositionalen Akts erscheint. Propositionale Akte bestehen jeweils aus einem Referenzakt und einem Prädikationsakt: Es wird auf einen Gegenstand Bezug genommen, und über diesen Gegenstand wird zugleich auch etwas gesagt. Indem ein Sprecher die folgenden Sätze äußert, vollzieht er nach Searle jeweils den gleichen propositionalen Akt.

(13) Peter kommt.

(14) Kommt Peter?

(15) Peter soll kommen!

Unabhängig davon, ob jemand, indem er (13) bzw. (14) bzw. (15) äußert, etwas behauptet, eine Frage stellt oder einen Befehl gibt, nimmt er, indem er das tut, jeweils auf Peter Bezug und verwendet zugleich ein bestimmtes Prädikat *(kommen)* mit Bezug auf Peter. Der Teilakt-Charakter des Referierens kommt auch schon darin zum Ausdruck, daß man davon sprechen kann, daß man mittels bestimmter Satzteile (Nominalphrasen) referiert, im Unterschied etwa zu Behauptungen oder Fragen, die man macht bzw. stellt, indem man jeweils einen ganzen Satz äußert, und wo eine dem Referieren bzw. Prädizieren parallele Redeweise keinen Sinn ergibt. Dieser Teilakt-Charakter des Referierens stellt aber grundsätzlich keinen Hinderungsgrund dar, das Referieren als Handlung aufzufassen. Das Referieren als Bezugnehmen auf je bestimmte Gegenstände ist lediglich direkter und enger mit anderen Handlungen verknüpft, als es die meisten Handlungen sonst sind.

6.4. Abschließende Bemerkungen zu Eigennamen und Existenz

Nach den vorangehenden allgemeineren Bemerkungen über das Referieren erscheint es sinnvoll, noch einmal einen Blick auf den Ausgangstext zu werfen, um zu sehen, welchen Nutzen die Überlegungen für eine Interpretation haben können. In den anfänglichen Erläuterungen zu dem Tolkienschen Romantext wurde behauptet, daß es einen Sinn haben kann, nicht nur von einer einzigen, gemäß ganz bestimmten eingeschränkten Verifikationsbedingungen als real gedachten Welt zu sprechen, sondern von verschiedenen Welten, die verschiedene Sprecher sich vorstellen, daß man aber auf Gegenstände in verschiedenen (gedachten, vorgestellten, realen) Welten prinzipiell auf die gleiche Art und Weise Bezug nimmt und daß man deshalb auch keinen unüberbrückbaren Graben sehen sollte zwischen sog. fiktionalen Welten einerseits und sog. realen Welten andererseits. Läßt sich diese These aufgrund der vorangehenden Überlegungen zum Referenzbegriff erhärten, und wenn ja, auf welche Weise? Immerhin steht ihr eine althergebrachte Auffassung entgegen, nach der einem ganz bestimmten Begriff von Existenz der Vorzug gebührt, nämlich der Existenz von Gegenständen, die man als materielle an bestimmten Raum-Zeit-Stellen sichtbar, greifbar, tastbar machen kann, eine Auffassung, nach der sich letztlich auch halten läßt, daß die Dichter lügen, und zwar deswegen, weil sie vorgeben, auf bestimmte Gegenstände Bezug zu nehmen, von denen sie wissen, daß sie eigentlich nicht existieren, sondern lediglich von ihnen erfunden sind. Danach wäre auch der zu Beginn erwähnte Tolkien-Begleiter von Tyler eine einzige Lüge, weil er vorgibt, Faktenmaterial aus einer historischen Welt darzubieten, die in Wirklichkeit nur eine fiktive Welt ist. Hier ein kleiner Ausschnitt aus Tyler:

Cair Andros The island of Cair Andros lay in the middle of the Anduin, some leagues north of Minas Tirith where the provinces of Anórien and North Ithilien faced each other across the Great River. When the lands on the eastern side fell under Sauron's control, about 2900 Third Age, Túrin II, twenty-third Ruling Steward of Gondor, fortified the island to protect Anórien from raids and invasion.

The name *Cair Andros* means 'Ship of long-foam', for the island was shaped like a great ship, with a high prow facing upstream, against which the waters of Anduin broke with force.

Soll man sagen, die Insel, über die hier Daten wiedergegeben werden, sei in Wirklichkeit nur Teil einer fiktiven Welt? Was heißt das: »sei in Wirklichkeit nur Teil einer fiktiven Welt«? Heißt das mehr als: »die gewisse Leute als weniger wirklich ansehen als ihre täglich sie umgebende Welt«, oder heißt das letztendlich nicht mehr als: »die von einigen Leuten in bestimmten Kommunikationssituationen für weniger relevant gehalten wird als in anderen«? Erscheint uns unsere alltägliche Welt immer so wirklich, klar und sicher greifbar? Der Leser mag sich einmal an einem etwas extremen, aber keineswegs wirklichkeitsfernen Beispiel testen, das im Anhang als Beispiel 6 abgedruckt ist, und sich fragen, zu welchem Anlaß dort über was gesprochen wird. Den hier angedeuteten Fragen möchten wir im folgenden nachgehen, indem wir näher betrachten, worauf die referentielle Funktion speziell von Eigennamen gründet und wie Annahmen über die Existenz von Gegenständen mit sprachlichen Referenzregeln zusammenhängen.

»Als Herr Bilbo von Beutelsend ankündigte, daß er demnächst zur Feier seines einundelfzigsten Geburtstages ein besonders prächtiges Fest geben wolle, war des Geredes und der Aufregung in Hobbingen kein Ende.« Dies ist der Beginn des zitierten Tolkienschen Romantexts. Wenn der Leser dem Autor dieses Satzes überhaupt einen Kredit gibt bezüglich der Wahrheitsfähigkeit der damit gemachten Aussage, dann muß er sich einlassen auf das Problem, inwieweit die Eigennamen des Satzes *(Bilbo Beutlin von Beutelsend, Hobbingen)* tatsächlich referentiell gebraucht sind. Denn davon, ob die Eigennamen referentiell oder nicht-referentiell gebraucht sind, hängt es ab, ob die Aussage als sinnvoll über etwas handelnd aufgefaßt werden kann oder ob sie leerläuft, weil keine Gegenstände auszumachen sind, über die gesprochen wird. Nun ist klar, daß die Eigennamen in dem zitierten Satz nicht in der offensichtlichen Weise nicht-referentiell verwendet sind wie etwa die Namen in (8) und (9). Vielmehr k a n n es durchaus der Fall sein, daß mit den Eigennamen auf bestimmte Gegenstände Bezug genommen wird. Die kommunikative Wahrscheinlichkeit dafür ist etwa genauso groß wie in dem Fall, daß mir ein Bekannter erzählt, irgendeiner seiner Bekannten, den ich nicht kenne, habe eine phantastische Ferienreise gemacht und sei dabei mit Tefrodern, Angehörigen eines erst kürzlich entdeckten Volksstamms in Zentralasien, zusammengekommen. Wie gesagt, gibt es letztlich keine extra-kommunikative Handhabe für die referentielle Bestimmung eines Gegenstands: Bezüglich der Tefroder bin ich auf das angewiesen, was mir mein Bekannter sagt. Bezüglich Bilbo und Hobbingen bin ich auf den Text des Romanautors angewiesen, wobei ich noch meine Kenntnisse über diese Textgattung zu Rate ziehen kann, etwa: daß der Autor manchmal Gegenstände erfindet, manchmal auch über selbst Erlebtes berichtet und oft Dinge beschreibt, die ich selbst nachprüfen könnte, wenn ich mir die Mühe machen wollte. Der Trick vieler Autoren ist bekannt, einfach die Namen der Gegenstände auszutauschen, über die sie berichten. Entsprechend wurde auch Tolkiens Romanwerk erforscht: Welche schon vorher bekannten Personen mit den Tolkienschen Figuren gemeint sein könnten und welche Weltgegenden wirklich gemeint seien mit den Tolkienschen Länder-, Landschafts- und Ortsnamen.

Wenn es keine extra-kommunikativen Sicherheiten für den tatsächlichen referentiellen Gebrauch von Eigennamen gibt, wie wird dann in der Kommunikation glaubhaft gemacht, daß man sich tatsächlich auf bestimmte Gegenstände bezieht? Dadurch daß man glaubhaft macht, daß dem jeweiligen Eigennamengebrauch kommunikationshistorisch tatsächlich ein Namengebungsakt zugrundeliegt, der die Basis des referentiellen Gebrauchs darstellt und zugleich Grundlage für die Existenzannahme bezüglich des gemeinten Gegenstands ist. Und die jeweilige Vorgängigkeit eines regelgerechten Namengebungsakts wird dadurch glaubhaft gemacht, daß man die Bedingungen für den Namengebungsakt als gegeben erscheinen läßt. Beispielsweise wird eine Sprechergesellschaft gezeigt, in der Regeln der Namengebung und des Namengebrauchs institutionalisiert sind; mit Selbstverständlichkeit gemachte referentielle Verwendungen von Eigennamen werden vorgeführt; die Bekanntheit des Namentägers in einer Sprechergesellschaft wird durch vertraut klingende Beschreibungen (und die Verwendung entsprechender Kennzeichnungen) suggeriert; ein Bedürfnis in einer Sprechergesellschaft, bestimmte Namenträger beim Namen zu nennen, wird plausibel zu machen versucht; Namengeber werden vorgestellt und als Autoritäten vorgeführt usw. Bereits durch den anfangs zitierten Beginn des Tolkienschen Romanwerks wird deutlich, daß der Autor systematischen Gebrauch von Eigennamen zum Aufbau seiner Romanwelt macht: In Umrissen wird schon hier ein System von Namen vor dem Hintergrund einer ganz bestimmten Sprechergesellschaft sichtbar. Durch Ableitungszusammenhänge *(Hobbit – Hobbingen, Beutlin)* und Gleichheit von Namenbestandteilen *(Beutlin von Beutelsend, Sackheim-Beutlins)* stützen sich die Namen gegenseitig. Tolkien-Kenner wissen darüber hinaus, daß der Autor sorgsam darauf bedacht ist, die kommunikationshistorischen Verwendungszusammenhänge der Eigennamen als Legitimationsbasis für ihren regelgerechten referentiellen Gebrauch ausführlich darzulegen: In den Appendizes zu seinem Roman gibt er genealogische Stammbäume wieder, druckt er Landkarten von Mittelerde im Dritten Weltzeitalter ab und erläutert Regeln der Namengebung und der Namenübersetzung.

Natürlich stößt ein Tolkien-Forscher, der der Existenz der Tolkienschen Figuren nachspürt, auch sehr bald auf Grenzen. Diese Grenzen sind aber die gleichen, mit denen wir es in unserer alltäglichen Kommunikation zu tun haben: Bei Nachforschungen über unsere eigenen Vorfahren kommen wir normalerweise auch schon sehr bald nicht mehr weiter. Oder: Wenn wir uns eines vermeintlichen Wissens über eine Person vergewissern wollen, fragen wir nach: War das der Sohn von X? Ist es der, über den Y schon vor einiger Zeit erzählte? Wir fragen, bis wir uns zufrieden geben, wodurch eine Entscheidung angezeigt ist: Entweder haben wir erkannt, daß wir nicht herauskriegen, von wem die Rede ist (dann gibt es den Gesuchten für uns auch weiterhin nicht), oder wir glauben zu wissen, wer gemeint ist, und können auf den Gemeinten dann entsprechend Bezug nehmen.

Der vermeintliche Graben zwischen fiktionalen Texten und Alltagstexten wird von einem Autor wie Tolkien dadurch überbrückt, daß er sich in seinem Roman derselben Verfahren zur Sicherung des referentiellen Gebrauchs von Ausdrücken bedient, wie sie uns aus der alltäglichen Kommunikation vertraut sind. So kann für einen Leser die Romanwelt in ähnlicher Weise »reale« Formen annehmen wie die Welt, über die er täglich durch seinen Nachbarn, durch den Rundfunk, das Fernsehen und über die Presse informiert wird. Die Verschiedenheit unterschiedlicher Welten, mit denen jemand konfrontiert wird, bemißt sich für ihn letztlich nach der Bedeutung, die die Welten in seiner eigenen Kommunikation haben. Zugänglich und relevant werden Welten und einzelne Gegenstände für den einzelnen in dem Maße, in dem er lernt, von sprachlichen Ausdrücken hinsichtlich dieser Welten und Gegenstände referentiellen Gebrauch zu machen.

Bibliographische Hinweise

Unser Ausgangstext entstammt der deutschen Ausgabe von Tolkiens Hauptwerk:
J. R. R. Tolkien, The Lord of the Rings, 3 Vol., London 1966. Dt.: Der Herr der Ringe, 3 Bde., Stuttgart 1972.
Wer sich für dieses Werk näher interessiert, kann sich weiter informieren durch:
R. Helms, Tolkien's World, Southampton 1974.
P. Kocher, Master of Middle-Earth. The Achievement of J. R. R. Tolkien in Fiction, Harmondsworth 1974.
C. N. Manlove, Modern Fantasy, Cambridge 1975, Kap. 5.
J. E. A. Tyler, The Tolkien Companion, London 1976.

Das Referenzproblem ist in der Philosophie ausführlich behandelt worden, und zwar vor allem im Zusammenhang mit der Frage, wie das Verhältnis

Sprache – Wirklichkeit sprachanalytisch zu lösen ist. Einen Überblick über die sprachphilosophische Diskussion mit eigenen Vorschlägen gibt:

L. Linsky, Referring, London 1967.

In der Philosophie haben besonders die folgenden Aufsätze von Russell und Strawson die Diskussion bestimmt:

B. Russell, On Denoting, in: Mind 14 (1905), 479–493, wieder in: B. Russell, Logic and Knowledge, London 1956, 41–56.

P. F. Strawson, On Referring, in: Mind 59 (1950), 320–344. Dt. in: R. Bubner (Hg.), Sprache und Analysis, Göttingen 1968, 63–95.

In dem Einführungsbuch von Tugendhat wird auf der Grundlage der neueren Diskussionen in der sprachanalytischen Philosophie ein eigener Theorieentwurf unternommen:

E. Tugendhat, Vorlesungen zur Einführung in die sprachanalytische Philosophie, Frankfurt a. M. 1976, bes. die Vorlesungen 20 bis 27.

Searle unternimmt eine ausführliche Beschreibung des Referierens im Rahmen seiner Sprechakttheorie. Die Bedingungen, die Searle für ein erfolgreiches Referieren angibt, sind in unserem Beitrag nicht ausführlicher behandelt worden, weil sie spezielle philosophische Probleme aufwerfen, die hier nicht Gegenstand der Erörterung sein konnten.

J. R. Searle, Speech Acts, Cambridge 1969, bes. Kap. 4.

Im Rahmen einer stärker kommunikativ ausgerichteten Analyse wird das Referieren behandelt in:

H. J. Heringer, Praktische Semantik, Stuttgart 1974. (Die einzelnen Stellen sind über das Register zu erschließen.)

F. G. Johnson, Referenz und Intersubjektivität, Frankfurt a. M. 1976.

Zu den einzelnen referentiell gebrauchten Ausdrücken vergleiche:

J. Lyons, Introduction to Theoretical Linguistics Cambridge 1968, Kap. 7.2 (Deixis).

W. Fleischer, Die deutschen Personennamen. Berlin [2]1968 (Personennamen).

D. Wunderlich, in: U. Maas – D. Wunderlich, Pragmatik und sprachliches Handeln, Frankfurt a. M. [3]1974, 92–116 (Unterscheidung von situationsabhängigen und situationsunabhängigen Referenzmitteln).

7. Fragen und Antworten

7.1. Das sozialwissenschaftliche Interview

Im März 1955 führte das Institut für Demoskopie Allensbach eine Testumfrage durch, bei der zwei gleich großen repräsentativen Querschnitten von Arbeitern – jeweils rund 350 Befragten – folgende Fragen vorgelegt wurden, und zwar der einen Gruppe Frage I, der anderen Frage II:

FRAGEFORM I:
»Finden Sie, daß in einem Betrieb alle Arbeiter in der Gewerkschaft sein sollten?«

FRAGEFORM II:
»Finden Sie, daß in einem Betrieb alle Arbeiter in der Gewerkschaft sein sollten, oder muß man es jedem einzelnen überlassen, ob er in der Gewerkschaft sein will oder nicht?«

	Ohne ausformulierte Alternative (Frageform I)	Ausformulierte Alternative (Frageform II)
Alle sollen in der Gewerkschaft sein	44 %	24 %
Bin dagegen, ist Sache des einzelnen	20 %	70 %
Unentschieden	36 %	6 %
	100 %	100 %

Quelle: *Allensbacher Archiv*, IfD-Umfrage 082, März 1955, jeweils rund 350 Befragte (Arbeiter)

Das Ergebnis dieser Umfrage ist auf den ersten Blick zwar frappierend, aber angesichts der vielen Faktoren, die bei Meinungsumfragen eine Rolle spielen, doch erklärbar. Vergegenwärtigen wir uns deshalb die Schritte beim Durchführen einer Meinungsumfrage, die man im wesentlichen in drei Abschnitte zusammenfassen kann: Die eigentliche Befragung, das sog. Interview, die Vorbereitung des Interviews und die Auswertung, die sich an das Interview bzw. die Interviews anschließt; es sei noch darauf hingewiesen, daß das Folgende nicht nur für Meinungsumfragen im engeren Sinne, sondern allgemein für Interviews im Rahmen der empirischen Sozialforschung gilt, die dort eine zentrale Rolle für die Datenerhebung spielen.
Zur Vorbereitung gehört die klare Formulierung der Fragestellung, die Auflösung des zu untersuchenden Phänomens in verschiedene Variablen, das Sammeln von Vorinformationen, die Entwicklung eines Fragebogens für die Interviews aufgrund der bisherigen Vorarbeiten sowie die Ermittlung eines repräsentativen Querschnitts, also der Leute, die von Interviewern befragt werden sollen. Diese Interviewer

sollten keine Fachleute, keinesfalls aber mit der jeweiligen Untersuchung wissenschaftlich befaßt sein. Außerdem macht jeder Interviewer nur eine begrenzte Anzahl von Interviews, so daß bei jeder Umfrage also eine ganze Reihe von Interviewern tätig ist. Das eigentliche Interview läuft in der Regel so ab, daß der Interviewer dem Befragten die auf dem standardisierten Fragebogen angegebenen Fragen stellt, und zwar genau in der vorgeschriebenen Reihenfolge und ohne irgendwelche Erklärungen. Auch auf Verständnis- oder andere Rückfragen darf der Interviewer nur die Ausgangsfrage wiederholen. Ebenso muß er sich aller Wertungen und Kommentare enthalten. Der Interviewer hat die vom Befragten gegebenen Antworten festzuhalten, wofür es verschiedene Möglichkeiten gibt: durch Aufschreiben aus dem Gedächtnis, durch möglichst wörtliche Aufzeichnungen während der Befragte spricht, durch Aufnahme auf Tonband oder – wohl die häufigste Form – durch die sog. Feldverschlüsselung. Darunter versteht man das Verfahren, daß der Interviewer während des Interviews die Antworten auf die jeweiligen Fragen anhand vorher festgesetzter und auf dem Fragebogen angegebener Kategorien verschlüsselt, d. h. den jeweiligen Kategorien zuordnet, also etwa – um unser Beispiel zu nehmen – den Kategorien »Alle sollen in der Gewerkschaft sein«, »Bin dagegen, ist Sache des einzelnen« oder »Unentschieden«. Schließlich wird im letzten Schritt das durch die Interviews gewonnene Material, also die Antworten der Befragten, noch aufbereitet. Die Aufbereitung besteht in der Verschlüsselung, falls dies noch nicht im Interview erfolgte, und der Auswertung, bei der untersucht wird, was die Ergebnisse aussagen, welche Erkenntnisse aus der Befragung gezogen werden können. Der Schlußbericht schließlich faßt die Ergebnisse der Umfrage zusammen. Technische Einzelheiten der Befragung werden in ihm normalerweise nicht mehr aufgeführt.

Auch wenn wir einmal von der Möglichkeit absehen, daß der Unterschied der Ergebnisse beider Umfragen auf Fehler bei der Aufstellung des repräsentativen Querschnitts zurückgeht – wir besitzen dazu auch keine Informationen –, gibt es angesichts der Komplexität der Interaktion »Meinungsumfrage« noch genügend andere Faktoren, die für einen solchen Unterschied verantwortlich gemacht werden können, und die auch sonst das Ergebnis von Meinungsumfragen bzw. die Verläßlichkeit und die Gültigkeit von Ergebnissen beeinflussen können. Bevor wir auf einige dieser Aspekte im Zusammenhang mit unserem Beispiel genauer eingehen, sei die Interaktion »Meinungsumfrage« in ihren Grundzügen noch einmal kurz zusammengefaßt.

Beteiligt an der Interaktion sind mindestens drei Partner: Der Interviewer und der Befragte, im folgenden A und B genannt, sowie der Meinungsforscher bzw. Sozialwissenschaftler (C), der den Fragebogen formuliert und die Auswertung vornimmt. (Natürlich ist dies eine Vereinfachung, da die Aufgaben von C ganze Teams wahrnehmen.) A stellt dabei die Fragen, die C formuliert hat und muß sowohl die Fragen von C richtig verstehen als auch die Antworten von B, um beurteilen zu können, ob die jeweilige Antwort von B eine Antwort auf die jeweilige Frage war bzw. wie sie zu klassifizieren ist. B muß die Frage von A bzw. C richtig verstehen, und schließlich muß C sowohl die Antworten von B richtig verstehen als auch eigentlich wissen, wie B und – bei Feldverschlüsselung – auch A die Frage verstanden hat. Darüber hinaus muß C eine Reihe weiterer – psychologischer und anderer – Faktoren berücksichtigen, die in der Interaktion, besonders in der Interviewsituation, eine Rolle spielen können.

7.2. Fragen als kommunikative Handlung

Kommen wir nun zu unserem Beispiel und versuchen wir, die Interaktion »Meinungsumfrage« bei ihm durchzuspielen, um so Aufschluß über die Gründe für das unterschiedliche Ergebnis bei den Frageformen I und II zu bekommen. Dabei wollen wir von den Antwortmöglichkeiten ausgehen, die die Befragten bei Frageform I bzw. Frageform II haben. Bei Frageform I sind u. a. folgende Antworten denkbar:

(1) Ja.
(2) Nein.
(3) Sie sollten in der Gewerkschaft sein.
(4) Es sollten nicht alle in der Gewerkschaft sein.
(5) Nein, die Gewerkschaften sind sowieso zu mächtig.
(6) Ja, sonst werden wir doch untergebuttert.
(7) Unbedingt.
(8) Auf keinen Fall.
(9) Ich glaube schon.
(10) Ich fände es gut.
(11) Ich bin auch in der Gewerkschaft.
(12) Ich halte nichts von der Gewerkschaft.
(13) Die machen doch auch mit den Kapitalisten gemeinsame Sache.
(14) Das sollte man jedem überlassen.
(15) Die Gewerkschaften haben doch ziemlich viel Macht.
(16) Weiß nicht.
(17) Interessiert mich nicht.
(18) Das geht Sie gar nichts an.
(19) Wollen Sie mich aushorchen?

(20) Fragen Sie doch einen andern.

(21) Was meinen Sie denn?

(22) In welcher Gewerkschaft?

(23) Was heißt hier »sollten«?

Bei Frageform II sind die Antworten (3)–(4) und (11)–(23) ebenso möglich wie bei Frageform I, (1)–(2) und (5)–(10) dagegen nicht, wohl aber:

(24) Das muß man jedem einzelnen überlassen.

(25) Sie sollten in der Gewerkschaft sein, sonst werden wir doch untergebuttert.

(26) Es sollten nicht alle in der Gewerkschaft sein, denn die Gewerkschaften sind sowieso zu mächtig.

(27) Sie sollten unbedingt alle in der Gewerkschaft sein.

(28) Sie sollten auf keinen Fall alle in der Gewerkschaft sein.

(29) Ich bin eigentlich dafür, daß es jedem überlassen bleibt.

(30) Ich fände es gut, wenn alle in der Gewerkschaft wären.

(31) Beides.

(32) Das schließt sich doch nicht aus.

(33) Im Grunde sollte jeder in der Gewerkschaft sein, aber nicht gezwungen.

Es ist offensichtlich, daß die hier angeführten Antworten nicht alle in gleicher Weise für die Zwecke einer Meinungsumfrage verwertbar sind, in der es darum geht, die Meinungen der Befragten zu den angesprochenen Punkten zu erfahren. Aber auch unabhängig vom Zusammenhang der Meinungsumfrage würde man die vorliegenden Antworten intuitiv unterscheiden in Antworten im engeren Sinn und andere Antworten, bei denen es zudem fraglich ist, ob sie überhaupt als Antworten zu bezeichnen sind. Aufgrund einer solchen intuitiven Unterscheidung würde man wohl (1)–(15) und (24)–(30) zur ersten Gruppe zählen, (16)–(23) dagegen zur zweiten, während es sich bei (31)–(33) um nicht ganz eindeutige Fälle handelt.

Diese intuitive Unterscheidung läßt sich auch durch den Rückgang auf die Bedingungen für die sprachliche Handlung, genauer: den Handlungstyp, das Handlungsmuster »Fragen« rechtfertigen, und gleichzeitig lassen sich dadurch auch die Kriterien explizieren, die der Unterscheidung zugrunde liegen. Dafür, daß es sich bei einer konkreten sprachlichen Handlung um eine Fragestellung handelt, daß sie also dem Sprachhandlungsmuster »Fragen« zugeordnet werden kann, gelten bestimmte Bedingungen, auf die wir im folgenden kurz eingehen. Wenn A einem B gegenüber äußert

(34) Hat der HSV gewonnen?,

so sprechen wir normalerweise dann davon, daß A den B etwas gefragt hat, wenn gilt

(i)   A weiß nicht, ob der HSV gewonnen hat.

(ii) A will wissen, ob der HSV gewonnen hat.

(iii) A nimmt an, daß es eine Antwort auf seine Frage gibt.

(iv) A nimmt an, daß B die Antwort kennen kann.

(v)   A will durch B's Antwort auf seine Frage erfahren, ob der HSV gewonnen hat.

Um diese Bedingungen zu verallgemeinern, kann man den Ergänzungssatz in (35) durch die Variable X ersetzen:

(35) A fragt, ob der HSV gewonnen hat.

Man erhält dann:

(vii) A weiß nicht X.

(vi)   A will X wissen.

(x)   A nimmt an, daß es eine Antwort auf seine Frage gibt.

(viii) A nimmt an, daß B die Antwort kennen kann.

(ix)   A will X durch B's Antwort auf seine Frage erfahren.

Bei Frage:

(I) Finden Sie, daß in einem Betrieb alle Arbeiter in der Gewerkschaft sein sollten?

wäre für X also einzusetzen:

(36) ob B findet, daß in einem Betrieb alle Arbeiter in der Gewerkschaft sein sollten.

Bei den Fragen:

(37) Wann haben Sie sich eigentlich entschieden, daß Ihr Kind auf das Gymnasium gehen soll, wie lange ist das jetzt ungefähr her?

(38) Was für einen Beruf üben Sie aus?

dagegen ist kein *ob*-Satz für X einzusetzen, sondern (39) bzw. (40):

(39) wann sich B entschieden hat, daß sein Kind auf das Gymnasium gehen soll.

(40) was für einen Beruf B ausübt.

Wir werden auf diese Unterschiede noch zu sprechen kommen.

Die Bedingungen (vi)–(x) zeigen, daß der Sinn von Fragen darin besteht, etwas, das man nicht weiß, durch die Antwort auf die Frage, mit der man das, was man nicht weiß, erfragt, zu erfahren, und daß folglich nur die Antworten (1)–(15) und (24)–(30) diese Funktion erfüllen, aber nicht (16)–(23). (31)–(33) lassen wir vorläufig außer Betracht. Es ist deshalb in der Tat sinnvoll, entsprechend diesem Kriterium zwischen Antworten im engeren Sinn und anderen Reaktionen auf Fragen zu unterscheiden, wobei wir als Sprachregelung vorschlagen, nur im ersten Fall von Antworten, im zweiten Fall von Reaktionen zu sprechen. Wenn eine Frage nicht beantwortet wird, sondern nur eine andere Reaktion der Art wie in (16)–(23) hervorruft, heißt das – dies sei nebenbei angemerkt – nicht, daß die sprachliche Handlung des Fragens nicht gelungen sei, sondern nur, daß sie keinen

Erfolg gehabt hat: Gelungen ist eine sprachliche Handlung dann, wenn sie verstanden wurde bzw. als Handlung des intendierten Typs verstehbar ist, während sie nur dann erfolgreich war, wenn mit ihr das erreicht wurde, was A erreichen wollte, bei einer Frage also, wenn B dem A antwortet. Diese Unterscheidung ist wichtig, weil es häufig vorkommt, daß – wieder am Beispiel der Frage veranschaulicht – B zwar A's Frage versteht, aber die Antwort nicht weiß oder mit bestimmten Voraussetzungen in A's Frage nicht einverstanden ist und diese bestreitet statt eine Antwort zu geben usw. Dennoch würde man in solchen Fällen doch sagen, daß A eine Frage gestellt hat.

Hier könnte man einwenden, daß es dem Fragenden häufig gar nicht auf die Antwort ankomme, sondern gerade auf eine andere Reaktion, und daß in diesen Fällen gerade diese Reaktion und nicht die eigentliche Antwort das sei, was A erreichen wolle. Ohne Zweifel kommt dies sehr oft vor: Um einen solchen Fall handelt es sich beispielsweise, wenn Linguist A den Linguisten B bei einer Diskussion unter Linguisten fragt

(41) Haben Sie eigentlich schon den neuen Aufsatz von C gelesen?
und weiß, daß B diesen Aufsatz noch nicht gelesen hat. Man kann dann nicht davon ausgehen, daß A mit seiner Äußerung erfahren möchte, ob B den neuen Aufsatz von C schon gelesen hat. Stattdessen muß man annehmen, daß A mit seiner Handlung etwas anderes erreichen will, etwa B bloßstellen, B auffordern, diesen Aufsatz zu lesen, B davon abhalten, diesen Aufsatz zu lesen usw. – je nach Situationszusammenhang, begleitenden Gesten, Gesichtsausdruck, Tonfall usw. In anderen Fällen kann es das Ziel eines A sein, durch das Äußern eines Fragesatzes B zu verunsichern, zu provozieren, ihm zu drohen usw., ebenso wie es auch bei rhetorischen Fragen A nicht um die Antwort auf seine Frage geht, sondern um eine zustimmende Reaktion. Doch spricht all dies nicht gegen unsere Analyse, da es sich bei den eben erwähnten Fällen gar nicht um Fragen im eigentlichen Sinn handelt, sondern nur um das Äußern von Fragesätzen, die verwendet werden, um Handlungen zu vollziehen, die mit Fragen als Handlungen überhaupt nichts oder nur sehr wenig zu tun haben.

So handelt es sich bei Beispiel (41) zwar um einen Fragesatz, also einen Satz eines bestimmten syntaktischen Typs, mit einer bestimmten syntaktischen Form, aber bei der dargestellten Äußerung nicht um eine Fragehandlung. Charakteristisch für Fragesätze ist zum einen die Anfangsstellung des finiten Verbs und die ansteigende Intonation am Ende, die in der Schreibung durch das Fragezeichen ausgedrückt wird, zum andern – bei Fragesätzen wie (37) und (38) – das Fragepronomen zu Beginn des Satzes. Konstitutiv für die Frage als Handlung sind dagegen nicht solche Eigenschaften, sondern Bedingungen der Art wie (vi)–(x). Deshalb ist es gerechtfertigt, bei A's Äußerung von (41) in der gegebenen Situation zu sagen, daß sie keine Fragehandlung ist, denn A geht es nicht darum zu erfahren, ob B schon den neuen Aufsatz von C gelesen hat, sondern nur darum, B bloßzustellen, ihn aufzufordern, den Aufsatz zu lesen usw. So braucht in diesem Fall auch keine der Bedingungen (vi)–(x) erfüllt zu sein.

Ebenso wie nicht alle Verwendungen von Fragesätzen dazu dienen, Fragen zu stellen, müssen nicht alle Fragen mit Hilfe von Fragesätzen gestellt werden. Man kann mit Sätzen wie

(42) Karl hat geheiratet.

(43) Du kommst morgen.

mit Sätzen also, die nicht die syntaktische Form eines Fragesatzes haben, durchaus auch Fragen stellen. Jeder wird bei Sätzen dieser Art schon die Erfahrung gemacht haben, daß man sagt

(44) Das wundert mich aber.

und A entgegnet

(45) Ich habe das als Frage gemeint.

Oder umgekehrt, daß man sagt

(46) Ich weiß nicht.

und A sagt

(47) Doch, ich sage es dir doch gerade.

Ein anderer Einwand gegen die angeführten Bedingungen für die Handlung »Fragen« könnte geltend gemacht werden unter Hinweis auf Fragen wie

(48) Wie ist das eigentlich mit den Schulbüchern, die man braucht: Bekommt man die auf der höheren Schule kostenlos gestellt, oder müssen die Eltern die kaufen?

Bei dieser Frage, die auch aus einem bei einer Umfrage verwendeten Fragebogen stammt, ist eigentlich davon auszugehen, daß die Bedingung (vi) nicht zutrifft, auch nicht in der für Fragen bei Meinungsumfragen zu modifizierenden Form, daß im Grunde nämlich weniger A als vielmehr C, der die Fragen auch formuliert hat, X wissen möchte, und daß A wesentlich in seiner Rolle als Interviewer X von B erfahren möchte. Insofern haben solche Fragen Ähnlichkeit mit Prüfungsfragen allgemein, bei denen die Bedingung (vi) und folglich auch die anderen Bedingungen nicht zutreffen.

Diesem Einwand ist dadurch zu begegnen, daß man bei den Bedingungen (vi)–(x) für X nicht (49), sondern (50) einsetzt:

(49) ob man die Schulbücher auf der höheren Schule kostenlos gestellt bekommt oder ob die Eltern sie kaufen müssen.

(50) ob B weiß, ob man die Schulbücher auf der höheren Schule kostenlos gestellt bekommt oder ob die Eltern sie kaufen müssen.

Entsprechend müßten dann die Bedingungen (vi)–(x) modifiziert werden, worauf wir hier aber verzichten möchten. Diese Modifikationen gelten analog auch für andere Prüfungsfragen, obwohl ein wichtiger Unterschied zwischen Fragen zur Wissensüberprüfung bei Interviews wie etwa (48) und bei Prüfungen darin besteht, daß beim Interview im Gegensatz zur Prüfung Nichtwissen keinerlei Sanktionen nach sich zieht.

Allerdings lassen sich auch noch andere Fragen denken, für die die Bedingungen (vi)–(x) auch nicht gelten, die man aber trotzdem als Fragen und nicht nur als Äußerungen von Fragesätzen bezeichnen möchte. Auf Beispiele wollen wir jedoch verzichten, da auch solche Fälle nicht gegen unsere Bedingungen sprechen würden, sondern nur demonstrieren könnten, daß diese Bedingungen nur für das gelten, was man als normale Frage, besser: als Informations- oder Wissensfrage bezeichnen kann. Damit ist zugestanden, daß es auch andere Fragen geben kann, für die dann aber auch andere Bedingungen gelten.

7.3. Der Zusammenhang von Fragen und Antworten

Doch nun zu den Antworten im einzelnen. Keine großen Probleme im Hinblick auf das Verstehen und das Verschlüsseln, ob durch A oder durch C, bringen die Antworten (1)–(8) auf die Frage I und (3)–(4) sowie (24)–(28) auf Frage II. Sie sind alle direkte Antworten auf die jeweiligen Fragen, wobei (5)–(8) und (25)–(28) sogar Überbeantwortungen sind, denn die Fragen zielen ja nur auf die Meinung des Befragten ab, nicht auch auf seine Gründe für diese Meinung; es sind *ob*-Fragen, nicht *warum*-Fragen.

Nicht ganz so einfach verhält es sich mit den Antworten (9)–(15) auf Frage I und (11)–(15) sowie (29)–(30) auf Frage II, da es sich bei ihnen nicht um direkte, sondern um indirekte Antworten handelt, also um Antworten, die nicht direkt die von A gewünschte Information geben, aus denen eine direkte Antwort aber erschlossen werden kann, d. h. in denen implizit eine direkte Antwort steckt. Statt ›steckt‹ wäre es vielleicht besser ›stecken kann‹ zu sagen, da indirekte Antworten häufig als Ausflucht gegeben werden, wenn sich B nicht so festlegen möchte wie durch eine direkte Antwort. In dieser Gruppe der indirekten Antworten sind noch am einfachsten

(9) Ich glaube schon.
(10) Ich fände es gut.
(29) Ich bin eigentlich dafür, daß es jedem überlassen bleibt.
(30) Ich fände es gut, wenn alle in der Gewerkschaft wären.

Denn (9) und (10) sind eindeutig im Sinne von »Ja«, (29) im Sinne von »Muß jedem einzelnen überlassen bleiben« und (30) im Sinne von »Alle sollten in der Gewerkschaft sein« zu verstehen und beim Verschlüsseln diesen Kategorien zuzuordnen; allerdings geht dabei die Qualifizierung der Entscheidung für die eine oder die andere Möglichkeit, die durch Verben wie *glauben* und *finden* sowie durch *schon* und *eigentlich* ausgedrückt wird, verloren.

Weniger eindeutig sind die Antworten (11)–(15), die wir nun betrachten wollen, und zwar zunächst als Antworten auf die Frage I: Zwar läßt

(11) Ich bin auch in der Gewerkschaft.

vermuten, daß der Antwortende damit eher ein »Ja« als ein »Nein« meint, doch ist es keineswegs sicher, daß er, wenn er es für sich für gut hält, in der Gewerkschaft zu sein, auch meint, daß a l l e in der Gewerkschaft sein sollten.

(12) Ich halte nichts von der Gewerkschaft.

ist etwas eindeutiger, wohl als »Nein« gemeint.

(13) Die machen doch auch mit den Kapitalisten gemeinsame Sache.

ist zwar eine Unmutsäußerung über die Gewerkschaften, schließt aber dennoch nicht aus, daß B der Meinung ist, daß alle Arbeiter in einem Betrieb in der Gewerkschaft sein sollten, weil die Gewerkschaften wenigstens teilweise etwas für die Arbeiter tun.

(14) Das sollte man jedem überlassen.

ist ein ähnlich schwieriger Fall, da ja die Auffassung, daß jeder Arbeiter in der Gewerkschaft sein sollte, nicht gleichzeitig bedeutet, daß dies unter Zwang sein sollte.

(15) Die Gewerkschaften haben doch ziemlich viel Macht.

schließlich ist in gleicher Weise als »Ja« wie als »Nein« zu verstehen, denn der Hinweis auf die Macht der Gewerkschaften kann sowohl ein Argument für den Beitritt zur Gewerkschaft sein als auch eine Warnung, die Gewerkschaften nicht noch mächtiger werden zu lassen. Ähnlich wie als Antworten auf die Frage I sind die Antworten (11)– (15) auch als Antworten auf die Frage II zu verschlüsseln, allerdings statt zu den Kategorien »Ja« und »Nein« zu den Kategorien »Alle sollten in der Gewerkschaft sein« und »Es muß jedem einzelnen überlassen bleiben«, mit einer Ausnahme jedoch, und zwar der Antwort (14), deren Zuordnung bei Frage II zur zweiten Kategorie eindeutig ist, da sie auf Frage II ja fast eine direkte Antwort ist – bis auf den Unterschied von *muß* und *sollte*.

Dieses unterschiedliche Verhalten von (14) bei Frage I und II gibt auch schon einen Hinweis auf den unserer Meinung nach wichtigsten Grund für die auffällige Diskrepanz in den Ergebnissen der Parallelumfragen. Denn (14) als Antwort auf Frage II kann eindeutig der Kategorie »Es muß jedem einzelnen überlassen bleiben« zugeordnet werden, als Antwort auf die Frage I aber nicht eindeutig der Kategorie »Nein«, also dagegen, daß alle Arbeiter in einem Betrieb in der

Gewerkschaft sein sollten. Dies zeigt, daß beide Kategorien nicht gleichgesetzt werden dürfen, was im Ausgangsbeispiel aber geschieht. Der Grund dafür ist, wie bei der Besprechung von (14) schon angedeutet, daß die Frage I mit der ausformulierten Alternative

(I′) Finden Sie, daß in einem Betrieb alle Arbeiter in der Gewerkschaft sein sollten, oder finden Sie, daß dies nicht so sein sollte?

lautet, aber nicht wie Frage II, denn Frage I sagt gar nichts aus darüber, daß jemand gezwungen werden soll, der Gewerkschaft beizutreten: Man kann durchaus der Meinung sein, daß jeder Arbeiter in einem Betrieb in der Gewerkschaft sein sollte und es gleichzeitig natürlich jedem einzelnen überlassen, ob er in die Gewerkschaft eintritt. Deshalb ist die Frage II auch falsch gestellt, da der in ihr aufgebaute Gegensatz gar nicht besteht, zumindest in Frage I nicht enthalten ist. Die korrekt formulierte Frage II mit der der zweiten Möglichkeit wirklich entsprechenden Alternative würde etwa so lauten:

(II′) Finden Sie, daß in einem Betrieb alle Arbeiter verpflichtet (gezwungen) sein sollten, in der Gewerkschaft zu sein, oder muß man es jedem einzelnen überlassen, ob er in der Gewerkschaft sein will oder nicht?

Dies zeigt darüber hinaus, daß »Finden Sie, daß in einem Betrieb alle Arbeiter in der Gewerkschaft sein sollten?« in Frage I und als erster Teil der Frage II nicht bedeutungsgleich ist, und daß auch hier – trotz des gleichen Wortlauts – die Kategorien »Ja« bei Frage I und »Alle sollten in der Gewerkschaft sein« bei Frage II nicht übereinstimmen, daß also auch hier eine falsche Verschlüsselung bei unserem Beispiel vorgenommen wurde. Ob es sich bei den Verschlüsselungen um Vorverschlüsselungen handelt oder nicht, d. h. ob die Kategorien schon auf dem Fragebogen vorhanden waren oder nicht, sei hier außer acht gelassen. Dieser vielleicht überraschende Tatbestand ist erklärbar durch die Mehrdeutigkeit von *sollen*, denn durch die in Frage II formulierte Alternative ist *sollen* bei dieser Frage eindeutig im Sinne von ›müssen‹, ›verpflichtet sein‹, ›gezwungen sein‹ zu verstehen, während die Bedeutung von *sollen* bzw. *sollten* in Frage I nicht eindeutig bestimmt ist, wobei die wahrscheinlichste Alternative nicht die in Frage II gemeinte, sondern eher die im Sinne von ›für wünschenswert halten‹ zu sein scheint, so daß Frage I etwa so formuliert werden könnte:

(I″) Halten Sie es für wünschenswert, daß in einem Betrieb alle Arbeiter in der Gewerkschaft sind?

Und hierzu ist ganz sicher nicht die Alternative, daß es jedem einzelnen überlassen bleiben müsse, ob er in der Gewerkschaft sein möchte oder nicht.

Wir haben hier übrigens auch einen Fall, der die Verstehensproblematik in der eingangs skizzierten komplexen Interaktion sehr gut beleuchtet, wenn nämlich z. B. A, B und C *sollen* in Frage I unterschiedlich verstehen, wenn

- B *sollen* anders versteht, als A bzw. C es gemeint hat, oder wenn
- A meint, B habe das *sollen* in der Bedeutung B_1 verstanden, B es aber in der Bedeutung B_2 verstanden hat, oder wenn
- A das *sollen* anders versteht, als es C gemeint hat, und deshalb eine Antwort falsch verschlüsselt, oder wenn
- C meint, A habe *sollen* in B_1 verstanden, A es aber in B_2 verstanden hat, usw.

Es lassen sich noch eine ganze Reihe komplexerer Möglichkeiten denken, die durchaus nicht unrealistisch sind, die wir aber nicht weiter verfolgen wollen.

Wir sehen also, daß mit ziemlicher Sicherheit die Hauptursache für das so unterschiedliche Ergebnis der beiden Umfragen bei der Formulierung der Fragen und/oder bei der Verschlüsselung zu suchen ist, also in sprachlichen Faktoren: Es ist aufgrund unserer Überlegungen offensichtlich, daß die Verschlüsselung für die gewählte Fragestellung falsch ist – übrigens ist auch der nicht unwichtige Unterschied von *sollten* und *sollen* unter den Tisch gefallen; die Verschlüsselung könnte nur dann beibehalten werden, wenn man die Fragestellung verändern würde. Die Vorgehensweise der Meinungsforscher in unserem Beispiel ist auf jeden Fall falsch, so daß das zunächst frappierende Ergebnis keinesfalls überraschend ist. Damit ist das Beispiel auch absolut nicht geeignet, das zu stützen, was es in dem Zusammenhang, in dem es zitiert wird – übrigens auch in Noelle 1963 –, stützen soll, nämlich daß es einen wichtigen Unterschied macht, ob man eine Alternative ausformuliert oder nicht, denn in Frage II sind ja gar keine Alternativen formuliert bzw. die in Frage II »ausformulierte« zweite Möglichkeit ist gar nicht die Alternative des in I Gefragten. Damit ist – um nicht falsch verstanden zu werden – nicht gesagt, daß der erwähnte Unterschied zwischen formulierter und nichtformulierter Alternative unwichtig sei, sondern nur, daß das angeführte Beispiel nicht geeignet ist, dies zu belegen. Was das Beispiel höchstens belegen kann, ist, daß bei alternativer Fragestellung die Zahl der Unentschiedenen wesentlich geringer ist, obwohl der deutliche Unterschied in der Zahl der Unentschiedenen bei unserem Beispiel wohl nicht nur in der alternativen Fragestellung allgemein begründet ist, sondern besonders in den konkreten Alternativen. Denn durch die Formulierung der zweiten Alternative wird ein Unterschied von Unfreiheit und Freiheit zwischen den beiden Alternativen aufgebaut, der das Pendel eindeutig zur Seite »Freiheit« ausschlagen läßt. Die Kategorie »Unentschieden« soll uns jetzt etwas näher beschäftigen.

7.4. Weitere Reaktionsmöglichkeiten

In die Kategorie »Unentschieden« werden alle die Reaktionen auf die gestellten Fragen eingeordnet, die weder direkte noch indirekte Antworten sind, also in unserem Fall (16)–(23) eindeutig, (31)–(33) unter Umständen. Diese Reaktionen zeigen aber deutlich, daß die Kategorie »Unentschieden« nicht nur sehr heterogen ist, da es neben den Antworten sehr unterschiedliche Reaktionen auf Fragen gibt, sondern daß hier einige Faktoren mitspielen, die den Wert und die Aussagekraft von Interviews bzw. ihren Ergebnissen überhaupt betreffen und beeinträchtigen können.

Eine der häufigsten Reaktionen innerhalb dieser Kategorie dürfte

(16) Weiß nicht.

sein, zugleich aber auch eine der problematischsten. Denn (16) muß keineswegs immer Unkenntnis bedeuten, sondern B kann ebensogut andere Gründe für diese Reaktion haben, nämlich mangelndes Interesse an der Frage bzw. am Interview überhaupt, Angst, Hemmungen, Mißtrauen, Abneigung gegenüber A, um nur einiges zu nennen. Diese Gründe bedingen auch Reaktionen wie

(17) Interessiert mich nicht.

(18) Das geht Sie gar nichts an.

(19) Wollen Sie mich aushorchen?

(20) Fragen Sie doch einen andern.

(21) Was meinen Sie denn?

Gründe dieser Art spielen in unserem Zusammenhang eine besonders wichtige Rolle, weil es sich bei einem Interview um eine ganz besondere Form der sozialen Interaktion handelt: Es kommt nicht freiwillig zustande, es ist asymmetrisch, es bleibt für die Beteiligten folgenlos usw. Es genügt demnach nicht, nur die Fragen und Antworten bzw. Reaktionen zu berücksichtigen, sondern man muß auch die wechselseitigen Annahmen und Erwartungen der an der direkten Kommunikation Beteiligten mit einbeziehen. Zum Beispiel Vorurteile von A gegenüber B, die dazu führen können, daß A selektiv hört und/oder falsch verschlüsselt, oder Vorurteile von B gegenüber A, die dazu führen können, daß er aufgrund einer bestimmten Einschätzung von A – sei es aufgrund des Aussehens, des Alters, des Geschlechts, des Auftretens, der Sprechweise von A oder aus sonstigen Gründen – eine andere Antwort gibt, anders reagiert als bei einem anderen Interviewer. Bei schriftlichen Umfragen können diese Faktoren zwar keine Rolle spielen, doch kommen bei solchen Umfragen zu den allgemeinen Problemen der Einstellung zum Interview andere Unsicherheitsfaktoren hinzu. Ebenso gibt es bei Gruppenbefragungen wieder andere Probleme als bei Einzelbefragungen, die den Regelfall darstellen: solche Fragen sind in der einschlägigen Literatur ausführlich erörtert.

Diese Erkenntnisse bedeuten nun allerdings, daß auch bei den normal zu klassifizierenden Antworten diese Gesichtspunkte mit zu bedenken sind, d. h. daß eine Reihe von Antworten u. U. gar nicht aufrichtig war. Man sieht also, daß solche Faktoren nicht gerade unwichtige Auswirkungen auf Ergebnisse von Interviews haben können, die besonders deshalb problematisch sind, weil sie nur schwer oder oft gar nicht richtig erfaßbar sind. Doch da es sich hier nicht um eine im eigentlichen Sinne linguistische Frage handelt, möchten wir es bei diesen Bemerkungen bewenden lassen; es schien uns aber notwendig, solche Aspekte auch zu erwähnen. Denn ebenso wie Möglichkeiten des Fälschens von Interviewergebnissen durch den Interviewer, Abweichungen vom Fragebogen, ungenaue oder falsche Datenaufzeichnungen können sie auch Auswirkungen auf unterschiedliche Ergebnisse bei Umfragen haben und deshalb auch zu den Kandidaten zählen, die für das Ergebnis der Parallelumfragen verantwortlich gemacht werden können.

Stattdessen wollen wir uns noch den Reaktionen (22)–(23) und (31)–(33) zuwenden, die mit linguistischen Problemen zu tun haben. Die Beispiele

(22) In welcher Gewerkschaft?

(23) Was heißt hier »sollten«?

sind Verständnisfragen – wenn wir davon absehen, daß (23) auch einen Protest ausdrücken kann, etwa gegen die schiefe Alternativfragestellung in II. Solche Fragen dürfen aber in der Regel von A nicht beantwortet werden, der nur noch einmal die von ihm gestellte Frage wiederholen darf. Dagegen sind

(31) Beides.

(32) Das schließt sich doch nicht aus.

(33) Im Grunde sollte jeder in der Gewerkschaft sein, aber nicht gezwungen.

Reaktionen, in denen bestimmte Voraussetzungen der Fragestellung bestritten werden – im Sinne unserer Analyse der Frage II. In gewisser Weise sind es – besonders (31) und (33) – schon Antworten, Meinungsäußerungen zum Bereich der Frage, aber eben keine Antworten, die zur gewählten Fragestellung passen: (31) und (33) wären bei einer anderen Fragestellung direkte Antworten, (32) eine ähnlich wie (15) unterschiedlich zuordenbare indirekte Antwort. Reaktionen dieser Art sind im alltäglichen sprachlichen Handeln sehr häufig und haben auch eine sehr wichtige Funktion, so daß es ziemlich problematisch ist, sie zusammen mit anderen Reaktionen der Kategorie »Unentschieden« zuzuordnen, nur weil sie keine Antworten auf die gestellten Fragen sind, deren Beantwortung aber oft das Akzeptieren von Voraussetzungen bedeuten würde, die der Gefragte nicht für richtig bzw. nicht für akzeptabel hält. Eines zeigen diese Überlegungen aber sehr deutlich, daß es nämlich angesichts der fehlenden Möglichkeiten zu Rückfragen, zu Verständnisfragen, zum Bestreiten von Voraussetzungen bei Interviewfragen, die ja innerhalb des Fragebogens standardisiert sind, ganz entscheidend auf die Formulierung der Fragen ankommt. Diesem Komplex soll der letzte Teil dieses Beitrags gewidmet sein.

7.5. Zur Formulierung von Fragen

Formulierungsprobleme betreffen zunächst die Wortwahl, die – so die Meinung der meisten Meinungsforscher und Sozialwissenschaftler – zum einen so sein soll, daß keine Verständnisfragen des Befragten notwendig sind, d. h. daß nur solche Wörter verwendet werden sollen, die von allen verstehbar sind, zum andern Wörter, die mit bestimmten Wertungen behaftet sind und andere Ergebnisse bewirken könnten als »neutrale« Wörter, vermeiden soll. Wenn man glaubt, durch normierte Fragebogen am besten die Vergleichbarkeit der Ergebnisse erreichen zu können, muß man davon ausgehen, die Sprachgemeinschaft der Adressaten sei homogen. Diese Annahme entspricht aber nicht der Sprachwirklichkeit. Denn die Adressaten einer Umfrage werden kaum alle die gleiche Sprache sprechen, wie im Beitrag über unterschiedliche Gebrauchsweisen gezeigt wird.

Noch wichtiger scheint uns jedoch die Berücksichtigung des Unterschieds zwischen dem Erfragten und den Voraussetzungen einer Frage zu sein. Denn eine Entscheidung für eine der beiden Alternativen in Frage II – genauer: der als Alternativen formulierten Möglichkeiten – bedeutet gleichzeitig das Akzeptieren der Voraussetzung, daß es sich bei den beiden Möglichkeiten um Alternativen handelt, die sich ausschließen. Da andererseits das Bestreiten der Voraussetzung bzw. der Voraussetzungen einer Frage bei Meinungsumfragen der Kategorie »Unentschieden« zugeordnet wird, auch wenn der Befragte eine bestimmte Meinung zum Problemkreis des Erfragten hat, muß es das Ziel bei der Formulierung der Fragen sein, möglichst keine problematischen Voraussetzungen zu machen. Dafür gibt es mehrere Möglichkeiten:

Eine von Meinungsforschern häufig angewandte Technik besteht darin, die Voraussetzungen explizit anzugeben, u. U. durch Zusatz von Formulierungen wie »Viele sagen . . .«, »Man sagt . . .«, »Man hört oft . . .«, usw.:

(51) Bei Arbeitszeitverkürzung hat es bisher immer genausoviel Lohn

gegeben wie vorher. Es ist fraglich, ob das die Wirtschaft jetzt verkraften könnte. Was meinen Sie: Sollte es Arbeitszeitverkürzungen auch geben, wenn dabei eine Kürzung des Einkommens in Kauf genommen werden müßte – oder nur bei vollem Lohnausgleich?

(52) Manche Wirtschaftsfachleute sagen, daß die Arbeitslosigkeit nur gesenkt werden kann, wenn sich die Arbeitnehmer auch in diesem Jahr mit mäßigen Lohnerhöhungen begnügen. Wären Sie damit einverstanden, wenn die Löhne nur etwa so weit erhöht werden, daß die Preissteigerungen ausgeglichen werden (Inflationsausgleich)? Wären Sie dafür, daß die Löhne notfalls gar nicht erhöht werden, oder meinen Sie, die Löhne sollten dieses Jahr stärker steigen als 1976?

Dieses Verfahren ist aber problematisch, da es den Befragten – wenn auch nur für den Zeitpunkt des Interviews – in eine Denkweise zwingt, in der sich bestimmte Probleme und Fragen stellen, die sich bei einer anderen Auffassung, die der Befragte vielleicht hat, gar nicht stellen; außerdem kann das Zitieren von Autoritäten – überhaupt auch das Erwähnen nur einer Meinung – leicht suggestiv wirken. Es kommt noch hinzu, daß bei der Auswertung und Interpretation der Ergebnisse von Umfragen – auch durch Fachleute, besonders aber durch Laien – die explizit angegebenen Voraussetzungen und Vorbehalte unter den Tisch fallen und die Antworten beurteilt werden, als seien die entsprechenden Fragen ohne diese Voraussetzungen gestellt worden.

Andere und bessere Möglichkeiten, problematische Voraussetzungen wenigstens teilweise zu vermeiden, bieten die verschiedenen syntaktischen Möglichkeiten, Fragen zu stellen, bei denen das Verhältnis von Vorausgesetztem und Erfragtem jeweils unterschiedlich ist: Die Entscheidungs-, die Ergänzungs- und die Alternativfragen. Frage I ist ein typisches Beispiel für eine Entscheidungsfrage, ebenso wie

(53) Wenn Sie einmal an Ihren Bekanntenkreis denken und an die Menschen, die Sie sonst näher kennen – sind da welche, die Abitur haben oder studiert haben?

(54) Sind Sie (bzw. Ihre Eltern) Flüchtling oder Vertriebener (auch Ostzone oder Ost-Berlin)?

Bei diesen Fragen geht es darum, sich in der Antwort auf »Ja« oder »Nein« festzulegen, also zu entscheiden, ob man den in der Frage erwähnten Sachverhalt für wahr oder für falsch bzw. für richtig oder für falsch hält. Als Antworten sind nur »Ja« und »Nein« bzw. Verstärkungen von *ja* und *nein,* wie etwa *unbedingt, keinesfalls* usw. sowie die behauptende Wiederholung des Erfragten zugelassen, wie etwa

(3) Sie sollten in der Gewerkschaft sein.
(4) Es sollten nicht alle in der Gewerkschaft sein.
(24) Das muß man jedem einzelnen überlassen.

Andere – indirekte – Antworten zählen nur als Antworten, wenn von Ihnen auf Ja oder Nein geschlossen werden kann. Außerdem sind für Entscheidungsfragen die Anfangsstellung des finiten Verbs und die ansteigende Intonation am Satzende charakteristisch. Vorausgesetzt ist hier – etwa bei (54) – nur, daß es Flüchtlinge und Vertriebene gibt, daß es möglich ist, daß der Befragte bzw. seine Eltern Flüchtlinge oder Vertriebene sind usw., und erfragt ist, ob dies zutrifft.

Daß die Schreibung bei Entscheidungsfragen oft nicht erkennen läßt, was bei einer Frage vorausgesetzt ist und wonach gefragt wird, zeigt Beispiel (55):

(55) Fliegt Hans morgen nach Berlin?

In der gesprochenen Sprache dagegen wird dies durch die Betonung klar: Wenn man *fliegt* betont, setzt man voraus, daß Hans morgen nach Berlin reist, und fragt nur nach dem Verkehrsmittel. Wenn man *Hans* betont, setzt man voraus, daß morgen jemand nach Berlin fliegt, und fragt, ob es Hans ist, usw. Fragen dieser Art haben schon gewisse Ähnlichkeiten mit dem nächsten Fragetyp, den Ergänzungsfragen, von denen sie sich aber dadurch unterscheiden, daß statt des Fragepronomens schon eine bestimmte Ergänzung eingesetzt ist, diejenige nämlich, die die Antwort ergibt, die der Fragende für die wahrscheinlichste hält.

Das Charakteristikum für Ergänzungsfragen ist also – wie schon kurz erwähnt – das Fragepronomen zu Beginn des Satzes wie etwa bei

(37) Wann haben Sie sich eigentlich entschieden, daß Ihr Kind auf das Gymnasium gehen soll, wie lange ist das jetzt ungefähr her?
(38) Was für einen Beruf üben Sie aus?
(56) Wer ist eigentlich in Ihrer Familie der ›Schulminister‹, ich meine, wer kümmert sich am meisten um die Schule und wenn mal was mit den Lehrern zu besprechen ist oder Entscheidungen zu fällen sind?

Bei Ergänzungsfragen wird in der Regel mehr vorausgesetzt. Zum Beispiel ist bei (37) vorausgesetzt, daß der Befragte sich entschieden hat, daß sein Kind aufs Gymnasium geht, bei (38), daß der Befragte einen Beruf ausübt usw. Diese Voraussetzungen können übrigens vorher durch Entscheidungsfragen erfragt werden. Gefragt ist dagegen nur nach dem Zeitpunkt der Entscheidung, der Art des Berufs usw. Zum Fragebereich, d. h. zur Menge der möglichen Antworten, gehören demnach alle Ergänzungen, die statt des Fragepronomens in den Fragesatz eingesetzt werden können, also etwa in (43) *schon seit einigen Jahren, vor kurzem, als sich unsere Nachbarn ebenfalls dazu entschieden haben* usw., in (44) *Bäcker, Berufsberater, Fußballspieler* usw., in (45) *ich, meine Frau, mein Mann, die Großmutter, der verstorbene Großvater* usw., wobei im letzten Fall zwar syntaktisch alles in Ordnung ist, diese Antwort aber dennoch natürlich nicht angemessen wäre.

Suggestivfragen des Typs

(57) Wann haben Sie zum erstenmal ge-x-t?

haben meist die Form von Ergänzungsfragen. Sie werden – sicher nicht unproblematisch – bei Interviews manchmal bewußt eingesetzt in Fällen, bei denen man eine Antworthemmung vermutet, also bei in irgendeiner Weise unangenehmen Fragen; bei den Interviews zur Erstellung des Kinsey-Reports über das sexuelle Verhalten der Amerikaner wurden solche Fragearten oft angewandt.

Der letzte Typ sind die Alternativfragen, d. h. Fragen der Art wie in Frage II oder Fragen wie

(58) Man kann ja nie wissen, was kommt – aber wenn alles gut geht, möchten Sie dann, daß Ihr Kind Abitur macht, oder soll er/sie nur bis zur mittleren Reife aufs Gymnasium gehen?

(59) Wenn Sie noch einmal 15 Jahre alt wären und noch einmal von vorn anfangen könnten, würden Sie dann Ihren jetzigen Beruf oder einen anderen Beruf auswählen?

Diese Fragen teilen mit den Entscheidungsfragen die Eigenschaften, daß das finite Verb am Satzanfang steht und die Intonation am Satzende ansteigt. Sie unterscheiden sich aber von ihnen durch das *oder* sowie dadurch, daß bei ihnen nicht wie bei den Entscheidungsfragen die Frage nach Zustimmung oder Ablehnung gestellt, sondern eine Entscheidung für eine von zwei Möglichkeiten gefordert wird. Vorausgesetzt wird dabei – wie wir schon gesehen haben –, daß sich die beiden Möglichkeiten ausschließen. Folglich bestehen die Antwortmöglichkeiten nur in der Entscheidung für eine der beiden Alternativen.

Fragen dieser Art bzw. eine Variante, die sog. Auswahlfrage, sind die häufigsten Fragen bei Meinungsumfragen und bei Interviews allgemein; sie werden als geschlossene Fragen bezeichnet. Charakteristisch für geschlossene Fragen ist die Begrenzung der Antwortmöglichkeiten, die bei den Entscheidungs- und Alternativfragen ohnehin gegeben ist, die aber auch bei Ergänzungsfragen durch die Vorgabe nur bestimmter Antworten erreicht werden kann, indem diese Antworten entweder dem Befragten zur Auswahl angeboten werden – deshalb Auswahlfragen – oder aber dem Befragten die Frage in der Art einer offenen Ergänzungsfrage gestellt wird und nur der Interviewer auf seinem Fragebogen eine begrenzte Zahl von Antwortmöglichkeiten vorfindet, denen er die vom Befragten gegebene Antwort zuordnen muß; diejenigen, die nur im ersten Fall von geschlossenen Fragen sprechen, nennen Fragen des zweiten Typs halboffene Fragen.

Für die Bevorzugung geschlossener Fragen führen die Sozialwissenschaftler eine Reihe von Gründen an, wie etwa, daß es mit geschlossenen Fragen leichter sei, auf den springenden Punkt zu kommen, während offene Fragen zu wenig verwertbare Antworten liefern würden – etwa wenn man statt Frage I oder II die offene Frage (60) stellen würde:

(60) Was denken Sie über die Gewerkschaften?

Infolgedessen sei die Verschlüsselung leichter und damit auch die Vergleichsmöglichkeit besser, sei es für die Befragten einfacher, durch »Wiedererkennen« auf eine geschlossene Frage zu antworten, als durch »Erinnern« eine offene Frage zu beantworten, sei die Zahl der Unentschiedenen – wie auch unser Ausgangsbeispiel zeigt – wesentlich geringer usw. Die Bevorzugung geschlossener Fragen wirft aber auch zahlreiche Probleme auf, von denen nur einige genannt seien: Geschlossene Fragen machen in der Regel mehr Voraussetzungen als offene Fragen, die Zuordnung der Antworten zu vorgegebenen Kategorien kann – wenn diese dem Befragten vorgelesen werden – seine Antwort stärker beeinflussen als ohne Vorgabe bzw. – wenn die Antwortmöglichkeiten nicht vorgelesen werden – zu selektivem Hören bzw. Verstehen und zu falschen Verschlüsselungen des Interviewers führen usw. Auf jeden Fall ist die Auswahl und Reihenfolge der angebotenen Antworten dann ganz entscheidend, was eine intensive Voruntersuchung voraussetzt.

Daß wir uns in diesem Beitrag im wesentlichen auf Fragen und Antworten bei Meinungsumfragen beschränkt haben, könnte den Eindruck erwecken, daß unsere Überlegungen nur für diesen Bereich Gültigkeit haben. Dies ist aber nicht der Fall, wovon sich jeder Leser selbst überzeugen kann, wenn er versucht, einige der Materialien anderer Beiträge oder im Anhang, die auch Frage-Antwort-Kommunikationen sind, zu analysieren, oder wenn er sich mit andern Gebieten beschäftigt, in denen Fragen und Antworten eine Rolle spielen; ich nenne nur Presseinterviews, Verhöre, Vernehmungen, Prüfungen, Lehr- und Lernsituationen.

Bibliographische Hinweise

Das Ausgangsmaterial dieses Beitrags stammt aus:
E. Noelle-Neumann, W. Schulz (Hg.), Fischer-Lexikon Publizistik, Frankfurt 1971, 190.

Die Beispiele (37), (38), (48), (53), (54), (56), (58) und (59) sind einem Fragebogen entnommen, der im Anhang (382–436) des folgenden Buches abgedruckt ist:

R. Baur, Elternhaus und Bildungschancen. Eine Untersuchung über die Bedeutung des Elternhauses für die Schulwahl nach der 4. Klasse Grundschule, Weinheim 1972.

Die Beispiele (51) und (52) schließlich sind Teil einer Meinungsumfrage, über die das Magazin »Stern«, Heft 5 (20. 1. 1977), 47 f. berichtet hat.

An einführender Literatur zum Begriff des sozialwissenschaftlichen Interviews sei empfohlen:

R. König (Hg.), Das Interview. Formen – Technik – Auswertung, Köln ⁹1974.

R. Mayntz – K. Holm – P. Hübner, Einführung in die Methoden der empirischen Soziologie, Opladen ³1972, 103–121.

E. Noelle-Neumann, Umfragen in der Massengesellschaft. Einführung in die Methoden der Demoskopie, Reinbek 1963.

E. K. Scheuch, Das Interview in der Sozialforschung, in: R. König (Hg.), Handbuch der empirischen Sozialforschung, Bd. 2: Grundlegende Methoden und Techniken der empirischen Sozialforschung, Erster Teil, Stuttgart ³1973, 66–190.

In der Linguistik wie in der Logik dominierte lange Zeit die Beschäftigung mit Aussagesätzen. Erst in den beiden letzten Jahrzehnten hat man begonnen, sich auch anderen Satzarten und Handlungen wie etwa Fragesätzen und Fragen, Befehlssätzen und Befehlen usw. intensiver zuzuwenden. Als Beispiele für die logische Untersuchung von Fragen, die sog. Fragelogik, seien stellvertretend genannt:

N. D. Belnap jr., Questions: Their Presuppositions, and How They Can Fail to Arise, in: K. Lambert (ed.), The Logical Way of Doing Things, New Haven, Conn., 1969, 23–37.

C. L. Hamblin, Questions, in: Australasian Journal of Philosophy 36 (1958), 159–168.

A. N. and M. Prior, Erotetic Logic, in: The Philosophical Review 64 (1955), 43–59.

Übersichtsartikel zur Fragelogik sind:

C. L. Hamblin, Question, in: P. Edwards (ed.), The Encyclopedia of Philosophy, Vol. 7, New York 1967, 49–53.

T. Kubiński, The Logic of Questions, in: R. Klibansky (ed.), Contemporary Philosophy. A Survey, Vol. I: Logic and Foundations of Mathematics, Firenze 1968, 185–189.

In den linguistischen Arbeiten zu unserem Problemkreis wird in der Regel nicht zwischen Fragesatz und Frage unterschieden, sondern *Frage* als gleichbedeutend mit *Fragesatz* behandelt. So beschränken sich die meisten Grammatiken unter dem Stichwort 'Frage' auf die Klassifikation der Fragesätze in Entscheidungs-, Ergänzungs- und z. T. auch Alternativfragen. Als Beispiele seien erwähnt:

Duden. Grammatik der deutschen Gegenwartssprache, bearbeitet von P. Grebe, Mannheim ²1966, § 5065.

G. Helbig – J. Buscha, Deutsche Grammatik. Ein Handbuch für den Ausländerunterricht, Leipzig ³1975, 542–545.

W. Schmidt, Grundfragen der deutschen Grammatik. Eine Einführung in die funktionale Sprachlehre, Berlin ²1966, 309.

An Untersuchungen zur Theorie der Fragesätze ist besonders auf Arbeiten der Transformationsgrammatiker hinzuweisen, z. B.:

E. Bach, Questions, in: Linguistic Inquiry 2 (1971), 153–166.

J. J. Katz, Semantic Theory, New York 1972, 202–232.

J. J. Katz – P. M. Postal, An Integrated Theory of Linguistic Descriptions, Cambridge, Mass., 1964, 79–117.

Chr. Rohrer, Zur Theorie der Fragesätze, in: D. Wunderlich (Hg.), Probleme und Fortschritte der Transformationsgrammatik, München 1971, 109–126.

Neuere Arbeiten, die auch schon den Unterschied von Fragesatz und Frage berücksichtigen und sich auch mit den Bedingungen der Handlung »Fragen« beschäftigen, sind:

J. Haefele, Fragekompetenz, in: Zeitschrift für germanistische linguistik 2 (1974), 171–205.

F. Hundsnurscher, Semantik der Fragen, in: Zeitschrift für germanistische linguistik 3 (1975), 1–14.

D. Wunderlich, Fragesätze und Fragen, in: ders., Studien zur Sprechakttheorie, Frankfurt 1976, 181–250.

Weitere Literaturangaben finden sich in:

U. Egli – H. Schleichert, A Bibliography of Questions and Answers, in: Linguistische Berichte 41 (1976), 105–128.

8. Handlungsfolgen und Kohärenz von Kommunikationen

8.1. Handlungssequenzen

Nur selten führen wir im Leben einzelne, isolierte Handlungen aus, Handlungen also, die von längeren Pausen umrahmt sind. Meistens geht einer Handlung eine andere voraus, und es folgen ihr andere. Ein fleißiger Wissenschaftler hat gezählt, daß eine afrikanische Hausfrau an einem einzigen Morgen eine Folge von ca. 20 000 Handlungseinheiten ausführt. Selbstverständlich kommt es hier darauf an, was man als Einheit zählt. Denn bei jeder Handlungsfolge stellt sich die Frage, wo wir die Einschnitte in der Zeitlinie zu legen haben. Aber selbst, wenn man hier nicht so extrem atomistisch vorgeht, wie es unser behavioristischer Buchhalter getan hat, wird man sehen, daß wir nacheinander oft viele Handlungen ausführen.

Handlungsfolgen kommen nun nicht nur beim einsamen Handeln vor, sondern auch bei Interaktion. Denn Aktion erzeugt bekanntlich Reaktion. Interaktion ist geradezu definiert dadurch, daß zwei oder mehr Partner nacheinander Handlungen ausführen, die aufeinander bezogen sind. Deshalb sind die Handlungen auch nicht unabhängig voneinander bestimmbar. Wenn es aus dem Wald herausschallt, wie es hineinschallt, dann muß es Kriterien dafür geben, was die Gleichartigkeit hier besagt. Nicht alle Folgehandlungen auf eine Handlung können wir sinnvoll als Reaktion verstehen. Es gibt sozusagen Grade der Zusammengehörigkeit. So ist es ganz normal und wahrscheinlich, daß auf eine Frage eine Antwort folgt, auf einen Befehl dessen Ausführung, auf einen Gruß ein Gegengruß usw. Weniger wahrscheinlich ist schon die Begründung auf die Bestreitung, die Rückfrage auf die Frage. Aber in allen Fällen sind die eröffnenden Handlungen bedeutungsmäßig verbunden mit den Reaktionen. Eins gibt das andere.

(1) Wohlrabe (CDU/CSU): Herr Präsident! Meine sehr geehrten Damen und Herren! Ich möchte zu einem Thema Stellung nehmen, das, wenn wir über den Etat 1974 in der ersten Lesung sprechen, immer wieder angeschnitten wird und das insbesondere auch draußen beim Bürger eine große Aufmerksamkeit genießt; ich möchte die Frage prüfen, ob die Steuergelder, die diesen Etat 1974 ja ausmachen, auch sachgerecht ausgegeben worden sind

(Abg. Haehser: Wollen Sie über Ihre Kambodscha-Reise berichten, Herr Wohlrabe?)
und ob die Sicherheit gegeben ist, daß sie in Zukunft sachgerecht ausgegeben werden.
...
Lassen Sie mich zwei Beispiele nennen. Ich sehe es als unerträglich an, daß der Staatssekretär a. D. Birckholtz im Rahmen einer privaten Weltreise mit seiner Ehefrau in der Zeit vom 7. bis 13. Juni 1972 in

den USA, wo er Ausbildungseinrichtungen der US-Streitkräfte besichtigte, die Möglichkeit hatte, für die gesamte Dauer seines Aufenthalts nicht nur einen Begleitoffizier zu erhalten, sondern auch die Ausreise aus den USA mit einem Flugzeug der Bundeswehr vorzunehmen.

...

Nun zu Beraterverträgen im einzelnen, die alle im Haushaltsausschuß besprochen wurden. Ich nenne nur den Generalleutnant a. D. Büchs. Studienrahmenvertrag über 30 000 DM pro Jahr, seit Dezember 1971, Versüßung des Lebensabends. Zubrot zur Pension.

(Zuruf von der SPD: Das ist
doch Zweckniveau!)

– Es ist nicht Zweckniveau.

(Abg. Wehner: Nein, Mulack-
straße!)

Es ist auch nicht dies, es ist die nackte Wahrheit, verehrter Herr Kollege Wehner. Ich weiß, daß man die da nicht so gern hört.

...

Der Beratervertrag des Staatssekretärs Birckholtz über 2 000 DM monatlich muß hier auch genannt werden.

...

Ein neuntes Wort wäre zur Ämterpatronage vor der Leistung zu sagen. Ich möchte, meine Damen und Herren, folgendes festhalten.

(Abg. Wehner: Halten Sie sich
einmal selber fest!)

Im »Stern« ist darüber ja ein Großteil geschrieben worden ›Schlüsselpositionen werden auch heute hier in Bonn in einem Maße wie nie zuvor von Sozialdemokraten – und zwar oft nicht unter leistungsbezogenen Gesichtspunkten – besetzt‹. Ich denke hier nur an das »Köpferollen«, von dem man beim Regierungsantritt 1969 sprach,

...

Ich würde deshalb darum bitten, daß die Leistung in Zukunft wieder vor das Parteibuch tritt. Ich glaube, das sind wir den Beamten, Angestellten und allen anderen Mitarbeitern im öffentlichen Dienst schuldig.

---

(2) Schmidt, Bundesminister der Finanzen:

Was den Vorwurf der angeblichen Parteibuchwirtschaft der Bundesregierung angeht. Erstens weise ich ihn zurück, zweitens fordere ich Sie zum Beweis auf, mit Roß und Reiter. Ich bin der Meinung, daß in dem Gesamtapparat der Bonner Ministerien einstweilen noch zehnmal soviel Christdemokraten sind wie Sozialdemokraten.

(Beifall bei den Regierungs-
parteien. – Abg. Wohlrabe:
Bloß wo? – Weitere Zurufe
von der CDU/CSU)

– Die Sozialdemokraten sind meist die Pförtner und die Kraftfahrer.

---

(3) Schröder (Lüneburg) (CDU/CSU):

Daß Sie eben von den schwarzen Schornsteinfegern gesprochen haben, gibt mir nun den Brückenschlag, auf die roten Parteibücher zurückzukommen. Geradezu als einen Witz muß ich die Bemerkung des Bundesfinanzministers empfinden, er weise den Vorwurf des Parteibuch-Beamtentums zurück. Mir ist gerade vor einigen Tagen von einem Beamten aus einem der Bonner Ministerien eine etwas detailliertere Ausarbeitung zu diesem Thema zugegangen. Ich will nur ein paar Sätze aus diesem Elaborat zitieren, das sich unter der Überschrift »Kesseltreiben gegen Nichtgenossen« an sehr dezidierten Fällen damit auseinandersetzte, wie heute seit dem Amtsantritt dieser Regierung gegen Beamte vorgegangen wird, die nicht auf der politischen Linie dieser Regierung liegen.

---

(4) Schmidt, Bundesminister der Finanzen:

Der General Büchs kriegt nicht, wie Sie gesagt haben, seinen »Lebensabend versüßt«, sondern er ist im Auftrag der Bundesrepublik in einer Stelle in Brüssel bei der NATO tätig. Das Bundesministerium der Verteidigung hat genau gewußt, was es tat, als es ihn finanziell nicht ganz, aber einigermaßen so stellte, wie die ihm vergleichbaren Bediensteten anderer NATO-Staaten dort gestellt worden sind. Mit Lebensabend hat das nichts zu tun; das ist eine sehr schwierige Aufgabe, die er dort erfüllt.

(Abg. Dr. Jenninger: Der hat doch einen Beratervertrag, Herr Schmidt; das können Sie doch nicht bestreiten! – Abg. Wohlrabe: Hat er einen Beraterververtrag, oder hat er keinen?)

– Dieser Mann ist voll im Dienst. Er ist gegenwärtig nicht Angehöriger der Bundeswehr, sondern wenn Sie so wollen ein internationalisierter Beamter.

(Zurufe von der CDU/CSU: Berater! – Abg. Rawe: Also hat er doch einen Vertrag!)

– Natürlich hat er einen Vertrag. Ich leugne das doch nicht.

(Zuruf von der CDU/CSU: Na also!)

– Es geht hier doch nur darum, ob er etwas bekommt, was zu beanstanden wäre. Das hat Herr Wohlrabe insinuieren wollen. Und ich sage: es ist nicht zu beanstanden, es ist völlig in Ordnung.

---

(5) Schröder (Lüneburg) (CDU/CSU):

Es ist also insofern an der Sache vorbeigeredet worden, da mein Kollege Wohlrabe keineswegs die Absicht gehabt hat, etwa die persönlichen Verdienste von Herrn Birckholtz zu schmälern oder etwa die Tätigkeit von Herrn Büchs in Frage zu stellen. Darum geht es ja gar nicht. Ich darf noch einmal wiederholen, was jedenfalls damals die übereinstimmende Auffassung des gesamten Haushaltsausschusses gewesen ist. Wir wehren uns dagegen, daß in einem zunehmenden Ausmaß Beamte, die vorzeitig oder auch nach Ablauf ihrer Dienstzeit in Pension geschickt werden – und im übrigen auch mit guten Ruhestandsbezügen versehen sind –, noch zusätzlich mit Beraterhonoraren versehen werden

(Beifall bei der CDU/CSU)

und dabei, wie im Falle Birckholtz etwa, Aufgaben ausüben und wahrnehmen müssen, die zu den eigentlichen Aufgaben der jeweiligen Ministeriums selber gehören.

(Beifall bei der CDU/CSU. – Abg. Wohlrabe: Aktion Abendsonne!)

Ich muß also insofern feststellen, daß Herr Finanzminister Schmidt in der Sache überhaupt gar nicht auf den Kern der Vorhaltungen meines Kollegen Wohlrabe eingegangen ist.

(6) Schmidt, Bundesminister der Finanzen: Herr Präsident! Meine Damen und Herren! Die Ausführungen des Herrn Abgeordneten Wohlrabe verlangen in einigen Punkten eine unmittelbare Entgegnung. Ich fange damit an, daß Sie, Herr Abgeordneter Wohlrabe, den Staatssekretär des Bundes außer Dienst Birckholtz hier in zwei Punkten angegriffen haben. Sie hatten zum einen gemeint, er habe im Juli 1972 eine Erholungsreise in die Vereinigten Staaten mit einem Bundeswehrflugzeug durchgeführt. Zum anderen haben Sie beanstandet, daß er noch weiterhin für den Bund arbeitet. Mir geht das in beiden Punkten persönlich nahe, denn ich bin für diese beiden Punkte, die Sie anschneiden, verantwortlich gewesen; ich war zu der Zeit Bundesminister der Verteidigung. Herr Birckholtz ist, nachdem er bereits im Ruhestand war, auf meine Veranlassung bereit gewesen, über 65 Jahre alt, noch einmal in den öffentlichen Dienst zurückzukehren. Sie können sich auf der Hardthöhe erkundigen, welche vorzügliche Arbeit er dort geleistet hat.

(Sehr wahr! bei der SPD.)

Es gibt darüber unter allen Soldaten oder Beamten auf der Hardthöhe, ob links oder rechts, blau, rot oder schwarz, kaum verschiedene Meinungen. Er hat insbesondere eine wesentliche Hilfe bei der Vorarbeit für die Einrichtung der beiden Bundeswehrhochschulen geleistet. Um seine Hilfe auf diesem Gebiet nicht zu verlieren, die sehr schwierige Verhandlungen mit den beiden Ländern Bayern und Hamburg erforderte, ist mit ihm ein Vertrag gemacht worden, von dem ich nicht weiß, ob er inzwischen noch läuft; vielleicht läuft er auch aus. Im Zusammenhang mit der Errichtung der Bundeswehrhochschulen haben nicht nur er, sondern auch ich und andere Personen vielfältige Besuche bei Ausbildungseinrichtungen der uns verbündeten Armeen gemacht, so auch in den Vereinigten Staaten von Amerika, die zum Teil schon solche Einrichtungen hatten, wie wir sie jetzt erst errichten, um uns deren Erfahrungen nutzbar zu machen.

(7) Dr. von Bülow (SPD):

Herr Kollege Wohlrabe, bei allem Verständnis für die Freude, die man am Aufgreifen von bestimmten Dingen haben kann, die ja im einzelnen geprüft werden müssen, muß ich sagen: die Arbeitsgruppe Haushalt der Fraktion der SPD hat sich im Aufgreifen von Mißständen noch nie zimperlich gezeigt. Das wird auch so bleiben; da können Sie auf uns rechnen. Nur, daß diese Dinge in der ersten Lesung vorgetragen werden, das bringt ein Niveau mit sich, das dieses Hauses nicht würdig ist. Ich bin auch nicht ganz sicher, ob der Vortragende in seiner Person die Gewähr für eine sachgemäße Abhandlung der hier angeschnittenen Themen bieten kann.

Das Material bilden Ausschnitte aus einer Haushaltsdebatte des deutschen Bundestags. Es beginnt mit einem längeren kritischen Statement von J. Wohlrabe, in dem insbesondere mindestens zwei Vorwürfe enthalten sind: Zum einen seien pensionierten Beamten Gelder als Zubrot zur Pension gezahlt worden, zum andern besetze die SPD Schlüsselpositionen in Bonn mit Beamten roter Couleur. Angesprochen ist mit diesen Vorwürfen H. Schmidt, der damals Finanzminister war, und dementsprechend reagiert auch Schmidt darauf. Alle weiteren abgedruckten Beiträge sind natürlich sukzessive gemacht worden, ihre strukturelle Ordnung soll die folgende Analyse verdeutlichen.

Mit dem Beitrag (2) reagiert Schmidt auf den Vorwurf der Parteibuchwirtschaft: Er bestreitet, daß in Bonner Ministerien zu viele Stellen mit Sozialdemokraten besetzt seien, und verlangt von der Opposition, den Beweis für ihre Behauptung anzutreten. Wir erkennen einen deutlichen Zusammenhang zwischen den Beiträgen (1) und (2), der darin besteht, daß in (1) ein Vorwurf erhoben wird an die Adresse von H. Schmidt und daß Schmidt darauf reagiert mit der Bestreitung der darin enthaltenen Behauptung:

(8)

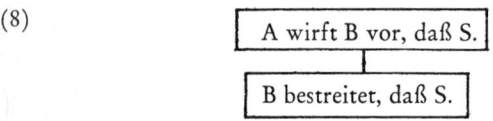

Die Bestreitung ist also sinnvoll, weil vorher eine bestimmte Behauptung gemacht wurde. Der Sinn der Handlung hängt wesentlich mit einer bestimmten Abfolge zusammen. Sollte Schmidt z. B. zuerst den Beitrag (2) geben und erst anschließend Wohlrabe (1) äußern, dann erschiene uns die Reihenfolge der Texte bzw. der entsprechenden Ausschnitte nicht sinnvoll, zumindest nicht in dieser Interpretation. Ja, wir würden die ganze Folge anders verstehen: Eine Bestreitung würde voraussetzen, daß die entsprechende Behauptung voranging, und eine auf die Bestreitung folgende Behauptung wäre eine Wiederholung und damit vielleicht nichts anderes als ein Insistieren. So wird denn auch in (3) nicht einfach wiederholt, was in (1) behauptet wurde. Der Fraktionskollege Wohlrabes insistiert nicht einfach auf Wohlrabes Behauptung, sondern er reagiert seinerseits auf Schmidts Bestreitung und Beweisforderung, indem er versucht, einen Beweis zu liefern. Beweise liefert man aber gewöhnlich nur, wenn gewisse Handlungen vorangegangen sind, wenn klar geworden ist, daß das zu Beweisende strittig ist, etwa, weil der eine dies behauptet hat und der andere das Gegenteil.

Zusammenfassend kann man sagen, daß es Handlungen gibt, die nur ausgeführt werden können, wenn vorher eine Handlung einer bestimmten Art ausgeführt wurde. Dies bedeutet nicht, daß es feste Paare von Handlungen gibt, die aufeinander folgen müßten. Eine derartige Handlung kann auf verschiedenartige Handlungen folgen, aber sie kann nicht auf jede x-beliebige folgen. Denn es gibt einen regelhaften Zusammenhang für die Abfolge von Handlungen. Das zeigt auch der weitere Verlauf der Beispielkommunikation.

Nachdem Schmidt die Ausgangsbehauptung bestritten und einen Beweis verlangt hat, will ein Fraktionskollege Wohlrabes mit (3) den Beweis liefern:

(9)

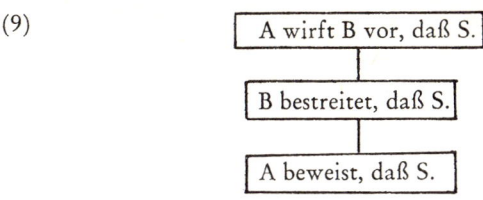

A wirft B vor, daß S.

B bestreitet, daß S.

A beweist, daß S.

Wir vernachlässigen dabei, daß Wohlrabe den Beweis nicht selbst liefert, sondern ein anderer eintritt. Dies spielt für den behandelten Zusammenhang keine Rolle. Wichtiger erscheint, ob denn dies überhaupt ein Beweis ist, ob also die dargestellte Abfolge wirklich vorliegt. Und da wird man sagen müssen, daß Schröders Äußerung kaum als Beweis für die Behauptung Wohlrabes, »Schlüsselpositionen werden auch heute hier in Bonn in einem Maße wie nie zuvor von Sozialdemokraten ... besetzt«, und damit als Widerlegung von Schmidts Behauptung, »daß in dem Gesamtapparat der Bonner Ministerien einstweilen noch zehnmal soviel Christdemokraten sind wie Sozialdemokraten«, angesehen werden kann. Dennoch ist natürlich diese Äußerung als Beweis gedacht, ist also nur auf der Folie der dargestellten konventionellen Handlungsabfolge zu verstehen.

Die regelhafte Abfolge von Handlungen nennen wir eine Handlungssequenz. Für das Vorliegen einer Handlungssequenz müssen folgende Bedingungen erfüllt sein:

(i) Wenigstens zwei Handlungen werden nacheinander ausgeführt.

(ii) Jede Handlung der Sequenz, die nicht eröffnend ist, muß in regelhaftem Zusammenhang mit der vorangehenden Handlung stehen.

(iii) Jede Handlung der Sequenz, die nicht im Zusammenhang mit der vorangehenden Handlung steht, muß in regelhaftem Zusammenhang mit der nachfolgenden stehen.

Diese Festlegung bedeutet weder, daß alle Folgen von Handlungen Sequenzen sein müssen, noch, daß eine Folge von Handlungen jeweils genau eine Sequenz realisieren müsse. Es kommt beispielsweise faktisch jederzeit vor, daß ein Partner, bevor er eine Frage beantwortet, mehrere andere Handlungen ausführt, sozusagen einschiebt. Dennoch müssen diese Handlungen nicht zu einer Sequenz gehören. Unsre Festlegung pickt sozusagen aus realen Handlungsfolgen gerade diejenigen heraus, die in regelhaftem, sequentiellem Zusammenhang stehen. Eine Geschichte vom Herrn Keuner möge dies verdeutlichen:

(10) In die Wohnung des Herrn Egge, der gelernt hatte, nein zu sagen, kam eines Tages in der Zeit der Illegalität ein Agent, der zeigte einen Schein vor, welcher ausgestellt war im Namen derer, die die Stadt beherrschten, und auf dem stand, daß ihm gehören solle jede Wohnung, in die er seinen Fuß setzte; ebenso sollte ihm auch jeder Mann dienen, den er sähe.

Der Agent setzte sich in einen Stuhl, verlangte Essen, wusch sich, legte sich nieder und fragte mit dem Gesicht zur Wand vor dem Einschlafen: »Wirst du mir dienen?«

Herr Egge deckte ihn mit einer Decke zu, vertrieb die Fliegen, bewachte seinen Schlaf, und wie an diesem Tage gehorchte er ihm sieben Jahre lang. Aber was immer er für ihn tat, eines zu tun hütete er sich wohl: das war, ein Wort zu sagen. Als nun die sieben Jahre herum waren und der Agent dick geworden war vom vielen Essen, Schlafen und Befehlen, starb der Agent. Da wickelte ihn Herr Egge in die verdorbene Decke, schleifte ihn aus dem Haus, wusch das Lager, tünchte die Wände, atmete auf und antwortete: »Nein.«

Der Witz der Geschichte beruht gerade darauf, daß eine ganz übliche Handlungssequenz wie Fragen und Antworten, die normalerweise keine Einschübe zuläßt, hier durch viele Handlungen unterbrochen ist, die sogar nahelegen, eine Antwort sei schon gegeben oder werde nicht gegeben.

Das Beispiel macht uns darauf aufmerksam, daß Sequenzen auch im Handeln mehrerer Partner vorkommen. Wir sprechen dann von Interaktionen oder im Fall sprachlicher Handlungen von Kommunikationen. Für diese Fälle gelten leicht modifizierte Bedingungen. Eine Handlungssequenz ist eine Interaktion nur dann, wenn gilt:

(i)   Mindestens zwei Partner sind beteiligt.

(ii) Jeder Partner handelt nach mindestens einer Komponente.

(iii) Jede Handlung eines Partners ist in gewissem Sinn als Reaktion auf die vorangehende Handlung anzusehen, falls es eine solche gibt.

Der Zusammenhang der Handlungen einer Sequenz ist nicht kausal, so wie etwa ein Naturereignis die Ursache eines folgenden ist. Die Handlung eines Partners ist darum auch nicht ein Stimulus, auf den der andere so und so reagieren m u ß. Vielmehr ist der Zusammenhang regelhaft gegeben, hängt also wesentlich mit dem Verstehen zusammen. (Man suche im Anhang Beispiel 8 zusammenhängende Sequenzen heraus!) Dies wird besonders deutlich im Fall von Kommunikationen, wo die sog. Kohärenz der geäußerten Texte sich erst einstellt aufgrund eines bestimmten Verständnisses. Die Satzfolge (11) mag auf den ersten Blick abweichend erscheinen:

(11) Sie haben Steuergelder verschleudert. Sie haben Steuergelder verschleudert.

Wenn wir aber eine angemessene Handlungssequenz unterlegen, d. h. die Satzfolge verstehen, dann ist sie auch kohärent. So würde es im Fall (11) schon genügen zu wissen, daß die Sätze von zwei Partnern zueinander gesagt werden, es sich also um einen dialogischen Text handelt. Es könnte dann beispielsweise Vorwurf und Gegenvorwurf sein. Wir sehen, daß die Satzfolge durch ein Sequenzmuster strukturiert wird, im Beispiel dialogisch. Die Kohärenz der Satzfolge ist gegeben durch das Sequenzmuster. Das heißt natürlich nicht, daß die Handlungssequenzen irgendwie primär und grundlegend seien. Alles, was da ist, sind die geäußerten Sätze. Daß sie mit diesen oder jenen Handlungen verbunden sind, ist nur eine Folge des Gebrauchs der Sätze oder präziser: Es macht ihren Gebrauch aus. Genauso gehört es zum Gebrauch der Sätze, daß sie in bestimmten Folgen zur Realisierung bestimmter Sequenzmuster dienen. Verstehen von Satzfolgen und ihre Projektion auf Sequenzmuster gehen zusammen. Sie sind zwei Seiten einer Medaille.

8.2. Der Zusammenhang von Akt und Reaktionen

Die Darstellung in (9) gibt in leicht verallgemeinerter Form den linearen Verlauf einer faktischen Kommunikation wieder. Das Material zeigt, daß diese Darstellung aber nur für den ersten Vorwurf Wohlrabes zutrifft: Während Schmidt diesen Vorwurf mit (2) bestreitet, diskutiert er beim zweiten mit (4), ob es rechtens sei, daß General Büchs Gelder bekommt. Diese Art der Reaktion wäre auch beim Vorwurf der Parteibuchwirtschaft möglich gewesen. Denn es ist nicht von vornherein ausgemacht, daß nicht viele Sozialdemokraten in höheren Stellen sitzen sollten. Diese Möglichkeit wurde aber – aus welchen Gründen auch immer – nicht ergriffen.

Wieso erscheint nun die Reaktion in (4) als kohärent? Ist nicht die adäquate Reaktion auf eine Behauptung die Bestreitung? Nun, es gibt natürlich im Rahmen der Kohärenz immer mehrere Möglichkeiten der Reaktion. Menschen können sich für gewisse Handlungen entscheiden, ohne gegen Kohärenzbedingungen zu verstoßen. Diese Entscheidungsfreiheit ist nur gegeben auf der Basis von Alternativen.

Die Möglichkeit, auf den zweiten Vorwurf anders zu reagieren als auf den ersten, bietet sich nun nicht nur dadurch, daß natürlich auch auf Behauptungen unterschiedliche Reaktionen möglich sind. Das Spezifische der Reaktion (4) liegt eher darin, daß ein Vorwurfsakt sich nicht in der schieren Behauptung erschöpft. Er ist komplexer. Äußert A etwa den Satz (12), so können wir das als mehr oder minder neutrale Behauptung ansehen:

(12) General Büchs habt ihr ein Zubrot gezahlt.

Der Akt kann aber in mehrfacher Weise verstanden werden: Man könnte ihn als Lob oder als Tadel verstehen. Das jeweilige Verständnis ist abhängig davon, ob angenommen wird, dies sei gut oder schlecht. Analog verhält es sich mit der Vorwurfsbehauptung: Wer (12) behauptet, um damit einen Vorwurf zu machen, muß gleichzeitig behaupten, daß dies schlecht sei. Dies gleichzeitig zu behaupten, heißt nun nicht, noch einen andern zusätzlichen Satz äußern. Die Verwendung des entsprechenden Satzes, um einen Vorwurf zu machen, besteht gerade darin, daß ein komplexerer Akt vollzogen wird, der aus verschiedenen Teilakten besteht. Wir könnten diesen komplexen Akt etwa so darstellen:

(13)

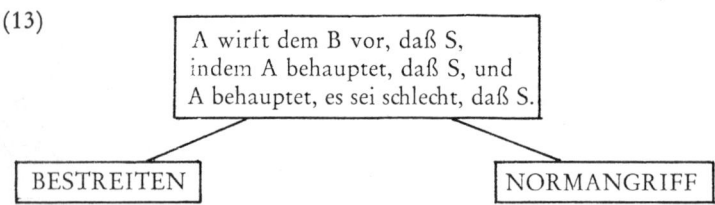

Die Reaktion des Normangriffs richtet sich also auf einen anderen Aspekt der Vorwurfshandlung als das Bestreiten. Sie ist nur sinnvoll, weil die Vorwurfshandlung diesen Aspekt zeigt. Normangriff auf eine schiere Behauptung wäre nicht sinnvoll. Dieser Zusammenhang ist nun nicht so zu verstehen, als sei der komplexe Akt irgendwie primär gegeben und davon würden sich die verschiedenen Reaktionsmöglichkeiten ableiten. Die Teilakte des Vorwerfens liegen ja nicht offen zu Tage. Sie werden nur dadurch offenbar, daß verschiedene Reaktionen in faktischen Kommunikationen möglich sind. Das heißt, der Sinn des Vorwurfsaktes besteht genau darin, daß man auf ihn in verschiedener Weise reagieren kann. Ein Akt, auf den die Reaktion des Normangriffs nicht möglich wäre, wäre eben kein Vorwurfsakt in diesem Sinn.

Diese Betrachtungsweise hat den Vorteil, daß sie nicht isolierte Handlungen ansetzt, sondern Handlungen jeweils in Zusammenhängen und letztlich in Lebensformen begreift. Sie vermeidet damit auch die Notwendigkeit, zur Unterscheidung verschiedener Teilhandlungen oder verschiedener Handlungsbedingungen auf Kriterien außerhalb der Handlungsregel der jeweiligen Gemeinschaft zu verweisen, so als seien diese objektiv gegeben. Das würde gerade kein Verständnis der Handlung ermöglichen, weil dieser objektive Standpunkt außerhalb immer nur der eigene sein könnte.

In Bezug auf unsere Beschreibung (13) bleiben allerdings noch Fragen offen. Wichtig ist, ob der Bewertungsaspekt wirklich in Form einer zusätzlichen Behauptung ins Spiel kommt oder ob er nur eine Bedingung für das Gelingen der Handlung ist. Ist also (14) oder (15) die richtige Analyse?

(14) A wirft B vor, daß S, indem ⎡ A behauptet, daß S, ⎤ indem A äußert S.
⎣ A behauptet, es sei schlecht, daß S, ⎦

(15) A wirft B vor, daß S, indem A behauptet, daß S, indem A äußert S.
    (i) A nimmt an, es sei schlecht, daß S.

Beide Analysen scheinen bis in Einzelheiten sehr ähnlich. Ein auffälliger Unterschied besteht aber darin, daß nach (14) unaufrichtige Vorwürfe möglich erscheinen der Art, daß A gar nicht glaubt, es sei schlecht, daß S. Dies wäre in (15) durch Bedingung (i) gerade ausgeschlossen. Das gestattet aber keine grundsätzliche Entscheidung der Frage, deutet eher darauf hin, daß die Bedingung in (15) falsch formuliert ist. Sie müßte lauten:

(i′) A nimmt an, daß B annimmt, es sei schlecht, daß S.

Damit erfassen beide Analysen die Reaktion Schmidts in (4), die ja gerade darauf beruht, daß für Schmidt (i′) erfüllt ist, er Wohlrabes Annahme aber für ungerechtfertigt hält. Wieso kann Schmidt das aber erkennen? Mußte es der Vorwerfende nicht zu erkennen gegeben haben? Für die Version (14) ist diese Frage leicht zu beantworten. A hat es ja behauptet. Für die Version (15) gibt es gewisse Schwierigkeiten. Sie leistet zwar über weite Strecken dasselbe, tilgt aber die Angabe bestimmter Akte zugunsten der Angabe von Bedingungen in Formulierungen über das gemeinsame Wissen. Sie scheint davon auszugehen, ein Aspekt des Akts sei jeweils sicher bzw. explizit. Dies sei hier beispielsweise die Äußerung. Kommen nun für das Verständnis dieses Aktes zwei Alternativen in Frage, so müssen diese durch zwei alternative Bedingungen differenziert sein. Die Möglichkeit hierzu scheint auf der Interdependenz von Akt und Bedingung zu beruhen: Kenne ich den Akt, so kann ich die Bedingung erschließen. Kenne ich die Bedingung, so kann ich den Akt erschließen.

Äquivalenz beider Betrachtungsweisen ist aber nur dann gegeben, wenn alle notwendigen Bedingungen angegeben würden. Denn nur dann würde die Angabe der Bedingungen das gleiche leisten wie die des Akts. In (15) ist aber gerade nur eine Bedingung für die Normbehauptung gegeben, die auch die Analyse nach (14) enthalten müßte. Fraglich erscheint auch, ob die Analyse der Art (15) nicht die Annahme jeglicher intermediärer Akte – also auch die des Behauptens, daß S – aufgeben sollte, vielleicht sogar alle erzeugenden Akte überhaupt. Andrerseits bietet sie natürlich auch differenziertere Beschreibungen, weil sie nicht nur angeben muß, daß dieser oder jener Akt so beschaffen sein muß, sondern auch zeigen kann, aufgrund welcher unterschiedlicher Annahmen bzw. Differenzen im gemeinsamen Wissen welche Mißverständnisse entstehen.

Wir wollen uns in dieser Alternative keine vorzeitigen methodischen Restriktionen auferlegen, aber dennoch einen methodischen Grundsatz beherzigen. Wir haben in einem früheren Beitrag sog. faktische Bedingungen und Annahmen unterschieden. Typisch für Annahmen sind einleitende Prädikate wie ›nimmt an‹, ›glaubt‹ usw. In beiden Fällen haben nun allerdings jene Bedingungen einen besonderen Status, in denen Akte beschrieben werden:

(16) A antwortet dem B.

    (i) A wurde vorher gefragt.

(17) A wirft dem B vor, daß S.

    (i) A gibt zu erkennen, es sei schlecht, daß S.

In (16) ist als Bedingung ein vorgängiger Akt gegeben. Das besagt nichts anderes, als daß Antworten nur an bestimmten Stellen in Sequenzen vorkommen kann. Dies kann man durch Darstellung der Sequenzen selbst beschreiben, man kann es aber auch – manchmal kürzer – durch Angabe einer Bedingung. Anders hingegen im Fall (17): Hier wird ein gleichzeitiger Akt des Handelnden als Bedingung für den Akt gegeben. Sind beide Akte nicht unabhängig, dann besagt das nichts anderes, als daß es sich um einen einzigen, einen komplexen Akt handelt. Da die Reaktionen hierauf auf verschiedene Glieder des Aktes gehen können, ist es nicht sinnvoll, eines davon auszuzeichnen. Vielmehr sollten alle Glieder als gleichberechtigt dargestellt werden. Wir formulieren deshalb als Beschreibungsgrundsatz: Gleichzeitige, erzeugende wie erzeugte Akte werden nicht als Bedingung, sondern als Teilakt beschrieben.

Zurück zu unserer Analyse der Bundestagsdebatte. Wir haben in (13) die Reaktion auf den bewertenden Teilakt als Normangriff bezeichnet, weil es sich bei A's Behauptung um eine Normbehauptung handelt. Der Normangriff ist natürlich seinerseits nur sinnvoll, wenn B glaubt, daß A glaubt, daß B es für schlecht hält, daß S. Denn genau die Berechtigung dieses Glaubens will B bestreiten. Damit wird auch deutlich, daß Annahmen und das gegenseitige Wissen nicht nur sog. Kognitives enthalten, wie der Ausdruck ›Wissen‹ manchen suggerieren könnte. Zum gemeinsamen Wissen gehören auch Normen, Bewertungsstandards, Emotives usw. Man sollte nun annehmen, daß auf den Normangriff Schmidts eine Auseinandersetzung über die

Norm einsetzen würde. Das wäre möglich und sinnvoll. Stattdessen behauptet Schröder in seinem Beitrag (5), Schmidt habe an der Sache vorbeigeredet. Dies mag zwar sein, insofern die Opposition gar nicht den Vorwurf machen wollte, den sie gemacht hat. Trotzdem ist der Angriff auf die Norm eine sehr sinnvolle Reaktion und kein An-der-Sache-vorbeireden. Vielleicht will Schröder die Auseinandersetzung über die Norm vermeiden, vielleicht liegt wirklich ein Mißverständnis vor. In jedem Fall erhält Schröder den Ausgangsvorwurf nicht aufrecht: Er modifiziert ihn oder – wenn man so will – präzisiert ihn dahingehend, daß Büchs für Arbeiten bezahlt worden sei, die eigentlich das Ministerium hätte tun sollen. Natürlich wäre Schmidts Reaktion diesem Vorwurf nicht angemessen. Aber er wurde nicht erhoben.

8.3. Handlungszusammenhänge

Den bisherigen Verlauf der Vorwurfsinteraktion können wir generalisieren und damit einen Ausschnitt aus den allgemeinen Regeln für das Vorwerfen darstellen:

(18)

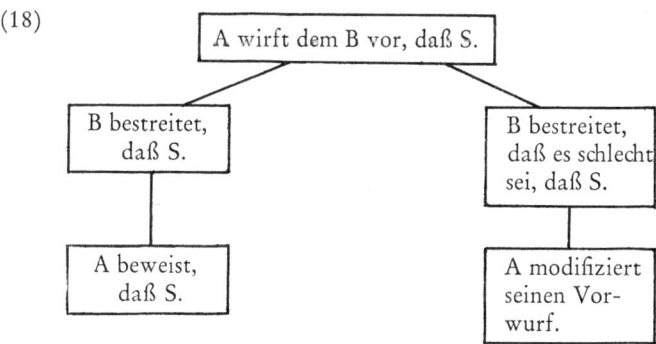

In dieser Darstellung ist jeweils eine Ebene für einen Sprecher reserviert: Alles auf der oberen Ebene ist Handlung von A, das unmittelbar darunter Handlung von B usw. Die möglichen Reaktionen sind als alternative Verzweigungen dargestellt. Wir haben es also nicht mehr mit einfachen Sequenzen zu tun, sondern mit einem Baum, der mögliche Handlungsabläufe beschreibt. Im faktischen Handeln kann natürlich nur eine lineare Sequenz hieraus realisiert werden. Die Struktur des Baumes konnte im Beispielmaterial nur durch einen Kniff demonstriert werden, weil eben nicht nur ein Vorwurf gemacht wurde und weil manche Alternativen später wieder aufgenommen werden können. Jede faktische Reaktion muß aber aus Alternativen auswählen. Sie setzt die Möglichkeit voraus. Das heißt, jede Handlung ist nur durch die entsprechende Regel ermöglicht.

Wie im Material angedeutet, gibt es weitere Reaktionsmöglichkeiten. Mit (6) spielt Schmidt auf eine solche an, die wir Entlastung nennen wollen. Schmidt übernimmt offiziell die Verantwortung für die inkriminierten Handlungen. Er schließt damit die mögliche Reaktion für sich aus, die darin besteht, daß man sich für nicht verantwortlich erklärt. Dies kann in verschiedener Weise geschehen. Man kann zeigen, daß die entsprechende Norm mit einer höheren Norm kollidiert und daß man sich nach dieser gerichtet hat, oder man kann sich auf irgendwelche physischen und psychischen Schwächen berufen, die einen an der Erfüllung der Norm gehindert haben.

Die Darstellung der Kommunikationsstruktur in einem Baum soll den Sinn haben, alle möglichen Verläufe anzugeben und alle unmöglichen auszuschließen. Nun haben wir schon gesehen, daß das Kriterium hierfür die Kohärenz ist. Eine unmögliche Reaktion ist eine abweichende Reaktion. Zum Bespiel erschiene es abweichend, auf einen Vorwurf zu grüßen, falls der Vorwurf nicht gerade die Unterlassung eines Grußes zum Gegenstand hat. Zumindest würde der Gruß auf einen Vorwurf als Unterlassung und als Provokation verstanden o. ä.

In unserer Darstellung und in unserem Material fehlt aber eine mögliche und übliche Reaktion auf Vorwürfe, nämlich die Entschuldigung. Das ist uns unmittelbar plausibel: Sie wäre zwar grundsätzlich möglich, aber in diesem Zusammenhang strategisch schlecht. In (19), der Kurzfassung einer Vorwurfsinteraktion,

(19)

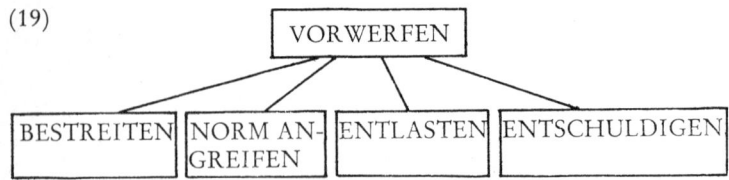

sind also mögliche Reaktionen gegeben, nur sind sie nicht alle und in allen Fällen gleich gut. Diese Bewertung ist natürlich im Rahmen der möglichen Handlungen zu sehen und im Bezug auf mögliche weitere Verläufe: Eine Reaktion ist schlecht, wenn sie dem Partner Handlungsmöglichkeiten eröffnet, die man selbst wieder für schlecht hält. Die Interaktion kann also unter strategischen Gesichtspunkten genauso wie ein Spiel betrachtet werden, in dem man gute und schlechte Züge danach beurteilt, ob sie dem Spieler gute oder schlechte

Ausgänge bringen. Alle strategischen Überlegungen gehen also über das bloße Abstecken des Rahmens hinaus, um das es hier geht. Alles Strategische muß sich im Rahmen des Möglichen bewegen. Strategische Überlegungen sind immer an Alternativen geknüpft.

Die spezifischen Reaktionsalternativen auf Vorwürfe haben wir mit (19) dargestellt. Doch dieser Baum enthält nicht alle im Material vorkommenden Reaktionen. Wir haben bisher die Reaktion (7) nicht beachtet, weil ihr in der Struktur der Kommunikation eine besondere Rolle zukommt. In dieser Reaktion wird bezweifelt, ob Wohlrabes Vorwurfsakt hier überhaupt am rechten Platze gewesen sei, und insbesondere, ob Wohlrabe der rechte Mann für diesen Vorwurf gewesen sei. Wir haben damit ein Beispiel einer Reaktion vor uns, die man unspezifische Reaktion nennen könnte. Dies sind Reaktionen, die nach vielen oder fast allen kommunikativen Akten möglich und damit nicht an bestimmte Eigenschaften des vorangehenden Akts gebunden sind. Unspezifische Reaktionen sind z. B. Verständnisfragen, Anzweifeln, ob der Handelnde berechtigt war, so zu handeln, und dergleichen. Eine unspezifische Reaktion scheint im Fall des Vorwurfs auch der Gegenvorwurf, der bei Kindern häufig ist und auch in Bundestagsdebatten nicht selten. Diesen Kunstgriff hat schon Schopenhauer in seiner Eristik als Trick empfohlen: »Wie sehr gleichsam angeboren dieser Kunstgriff sei, zeigt jeder Zank zwischen gemeinen Leuten: wenn nämlich Einer dem Andern persönliche Vorwürfe macht, so antwortet dieser nicht etwa durch Widerlegung derselben, sondern durch persönliche Vorwürfe, die er dem Ersten macht, die ihm selbst gemachten stehen lassend, also gleichsam zugebend. Er macht es, wie Scipio, der die Karthager nicht in Italien, sondern in Afrika angriff. Im Kriege mag solche Diversion zu Zeiten taugen. Im Zanken ist sie schlecht, weil man die empfangenen Vorwürfe stehen läßt, und der Zuhörer alles Schlechte von beiden Parteien erfährt. Im Disputiren ist sie faute de mieux gebräuchlich.«

Allerdings gibt es auch Gegenvorwürfe, die sinnvoll sind für eine argumentative Auseinandersetzung. Hätte z. B. Schmidt auf Wohlrabes Vorwurf reagiert mit dem Vorwurf, daß Wohlrabe oder die CDU doch genauso gehandelt habe, so hätte er zwar zugegeben, daß die Regierung so gehandelt hat, er hätte aber in bezug auf die Norm zweierlei tun können: Entweder wäre es ein Hinweis darauf, daß die vorausgesetzte Norm offenbar gar nicht so weitgehend akzeptiert ist, oder aber, daß der Vorwerfende unaufrichtig ist. Denn es wird sicher als Art lügenhafter Vorwurf angesehen, wenn der Vorwerfende selbst nicht glaubt, die Handlung von B sei schlecht gewesen. Das kann man jedenfalls annehmen, weil die zugrundeliegende Norm nicht nur für B gelten dürfte, sozusagen Sonderrecht wäre. A müßte sie deshalb auch für sich gelten lassen. Also: Gegenvorwürfe, die auf die im Vorwurf vorausgesetzte Norm Bezug nehmen, sind als Eröffnungen eines Normangriffes anzusehen.

Wir haben in dem Vorwurfsbaum ein Bespiel für die Darstellung von Interaktionen. Ein solcher Baum besteht aus zusammengehängten einzelnen Zweigen, die Sequenzen darstellen. Die Reihenfolge der Handlungen in den Sequenzen ist natürlich festgelegt und nicht ohne weiteres umkehrbar. Verzweigungen an einzelnen Knoten stellen alternative Anschlußmöglichkeiten auf der nächsten Ebene dar. Wir sehen so, daß der Verlauf einer Interaktion zwar regelhaft ist, daß aber Alternativen offenstehen. Der Ablauf ist nicht völlig vorherbestimmt. Es wird mit dieser Darstellung auch nicht in vordergründig normativer Weise in unser normales Handeln eingegriffen. Zum Beispiel sind auf einen Befehl mindestens zwei Reaktionen gleichberechtigt: Man kann den Befehl befolgen, man kann ihn auch verweigern. Das Verweigern der Ausführung ist nicht etwa inkohärent. Vorgegeben ist durch die Kohärenzbedingung also nicht eine unter den möglichen Reaktionen, sondern der Rahmen aller möglichen Reaktionen. Diese Menge ist oft recht groß, meistens größer als viele meinen, wenngleich oder weil sie öfter durch Normen beschränkt werden soll.

Die Handlungen, die an einem einzelnen Knoten des Baumes stehen, kommen nicht nur in dem jeweiligen Zusammenhang vor. Sie tauchen auch in anderen Bäumen und an anderen Stellen auf und unterscheiden sich zuerst einmal nicht in ihrem Vorkommen in unterschiedlichen Bäumen. Sie weisen die gleiche Komplexität auf, und sie unterliegen den gleichen Bedingungen. So kommt etwa das Behaupten, wie wir es im Vorwurfsbaum haben, auch in unzähligen anderen Bäumen vor. Einschränkungen der Reaktionsmöglichkeiten ergeben sich zwar manchmal durch vorangehende Handlungen, sie infizieren aber nicht die Handlungen selbst. Wenn ich beispielsweise im Vorwurfsbaum die Bestreitung im linken Zweig gemacht habe, so kann ich später schon noch das Gegenteil behaupten. Das wäre völlig kohärent, nur würde ich mir eben u. U. widersprechen, falls ich nicht meine Meinung geändert hätte. Das heißt, daß meine Handlung in diesem Zusammenhang anders zu deuten wäre. Würde ich die gleiche Bestreitung etwa noch einmal machen, so wäre es nicht ganz die gleiche: Es wäre nämlich eine Wiederholung. Welche Handlung vorliegt, ist also wesentlich dadurch bestimmt, wie sie im Zusammenhang von Kommunikationen steht, z. B. was ihr vorangeht und welche Reaktionen auf sie möglich sind.

Man kann auch sagen, daß in einem Baum jede vorangehende Handlung als eine (alternative) Bedingung der jeweiligen Handlung angesehen werden kann. Umgekehrt sollte man deshalb jede Bedingung einer Handlung, die einen vorangehenden Akt fordert, auflösen in eine Sequenzbeschreibung. Muß die entsprechende Handlung nicht direkt vorangehen, so wäre das durch gestrichelte Linien darzustellen. Die Darstellung mit einer Bedingung ist als Art Abkürzung möglich, wenn nicht ganze Sequenzen oder Kommunikationen dargestellt werden sollen. Man sollte dann aber immer bedenken, daß es sich um regelhafte, sequentielle Zusammenhänge handelt und nicht um irgendwie objektiv verstandene Bedingungen. Ein dem Vorgängerprinzip analoges Prinzip für den Nachfolger einer Handlung gibt es nicht. Nachfolgende Handlungen können nicht Bedingung einer Handlung sein. Dennoch ist es möglich, daß das Gelingen einer ganzen Handlungssequenz vom Gelingen und dem Erfolg des letzten Akts abhängt. So kann ich z. B. alle notwendigen Handlungen ausführen und damit meinen Partner überzeugen, wenn er am Schluß überzeugt ist. Ist er aber am Schluß nicht überzeugt, so habe ich zwar nacheinander die gleichen Handlungen ausgeführt, es war aber die ganze Sequenz kein Überzeugen. Ähnliches gilt für das Beweisen im Vorwurfsbaum, das selbst für eine längere Sequenz, u. U. auch eine dialogische, stehen mag.

Die Abgrenzung einzelner Zweige in Kommunikationen ist oft schwierig. So werden oft die beiden Zweige des Entlastens und Entschuldigens als gleich oder zumindest eng verwandt angesehen. Dementsprechend werden Entlastungen oft auch Entschuldigungen genannt. Welches sind denn die Kriterien dafür, sie als zwei oder einen Knoten einzuführen?

Es gibt Fälle, wo eine solche Entscheidung leicht fällt. Nehmen wir folgende unvollständige Analyse:

(20) A lobt B wegen X.   A tadelt B wegen X.
(i) A hält B verantwortlich für X.   (i) A hält B verantwortlich für X.
(ii) A hält X für gut.   (ii′) A hält X für schlecht.

Hier ist die Differenzierung notwendig, weil es für beide Akte unverträgliche Bedingungen gibt. Zwar haben beide die Bedingung (i) gemeinsam. Darin zeigt sich eine Verwandtschaft. Die alternativen Bedingungen (ii) und (ii′) widersprechen sich aber. Sie können deshalb nicht Bedingungen für eine und dieselbe Handlung sein, weil diese Handlung sonst nie ausgeführt werden könnte. Denn beide Bedingungen können ja nicht erfüllt sein. Vorausgesetzt ist hier aber, daß es sich wirklich um Bedingungen handelt. Zum Beispiel könnte mancheiner auch solche widersprüchlichen Bedingungen bei Behaupten finden:

(21) A behauptet, daß S.
    (i) Es ist wahr, daß S.   (i′) Es ist falsch, daß S.
Hiermit ist nur nachgewiesen, daß es für das Behaupten irrelevant

ist, ob das Behauptete wahr oder ob es falsch ist. Weder (i) noch (i') sind Bedingungen fürs Behaupten. Analoges gilt für Sonderfälle von Behauptungen wie etwa das Lügen:

(22) A lügt, indem er behauptet, daß S.

    (i) A glaubt nicht, daß S.

Die Tatsache, daß diese Bedingung nur für das Lügen, nicht für das aufrichtige Behaupten gilt, beweist gerade, daß sie keine Bedingung fürs Behaupten allgemein sein kann. Denn sonst wäre dies ein widersprüchlicher Akt, insofern es aufrichtige und unaufrichtige Behauptungen gibt.

Nun scheinen im Fall des Entschuldigens und Entlastens keine unverträglichen Bedingungen auffindbar. Was dann? Kann man die Differenzierung der beiden unterschiedlichen Reaktionsmöglichkeiten hier rechtfertigen? Das wäre nicht erforderlich. Denn unterschiedliche Reaktionsmöglichkeiten, das heißt Verzweigungen, gibt es auch zu einem Einzelknoten. Letztlich ist aber anzunehmen, daß alle unterschiedlichen Bedingungen sich äußern müssen in unterschiedlichen Reaktionsmöglichkeiten oder auch in unterschiedlichen Vorgängern. Denn das Maß der Differenzierung der Bedingungen ist doch nur die Differenzierung im sequentiellen Zusammenhang. Wir müssen also Reaktionen finden, die sich ausschließen. Nur dann können wir die Differenzierung der Akte über unverträgliche Bedingungen rechtfertigen.

Die Differenzierung zweier Handlungen als Alternativen in einem Baum kann Verschiedenes besagen. Zuerst einmal besagt sie, daß der Handelnde eine von beiden auswählen muß, er kann nicht beides zugleich machen. Möglicherweise kann er aber die nicht gewählte Alternative später nachholen. So kann jemand, der die Behauptung in einem Vorwurf bestreitet und damit nicht durchkommt, sich später entschuldigen oder er kann anschließend die Norm angreifen. Umgekehrt kann er sich aber durch seine Entscheidung möglicherweise den Weg in den nicht-gewählten Zweig ein für allemal verbauen, zumindest kann er ihn oft nur um den Preis des Widerspruchs gehen. Wenn sich beispielsweise B auf den Vorwurf entschuldigt, so erkennt er damit an, daß A's Behauptung stimmte und daß die zugrundegelegte Norm gültig ist. Es ist deshalb ungewöhnlich bis hin zum Paradox, sich zu entschuldigen und darauf die Tat zu bestreiten.

8.4. Kohärenz von Texten und Kommunikationen

Kohärenz wird allgemein von Texten ausgesagt. Ein methodisches Prinzip zur theoretischen Durchdringung der Kohärenz könnte deshalb sein, von sehr kurzen Texten auszugehen. Sinnvoller Ausgangspunkt scheinen Satzpaare zu sein, weil Kohärenzfragen in der Hauptsache als Verhältnis von Sätzen zueinander auftreten. Um es uns nicht zu einfach zu machen, gehen wir von unverbundenen Satzpaaren der Form ›S1.S2‹ aus, wenngleich die Probleme bei konjunktional verbundenen analog sein dürften.

(23) Paul ist krank. Es war kalt gestern.

(24) Paul ist krank. Er wird sterben.

(25) Paul ist krank. Er wird nicht sterben.

(26) Hier ist viel Krach. Tübingen liegt am Neckar.

In den Fällen (23)–(25) nimmt man bei der ersten Lektüre vielleicht ohne weiteres an, sie seien kohärente Folgen, (26) erscheint etwas problematischer. Man wird vielleicht (23) verstehen nach dem Muster ›S2. Deshalb S1‹, (24) nach dem Muster ›S1. Also S2‹, (25) nach dem Muster ›Obwohl S1, S2‹. Wie kommt man aber darauf, sie so zu verstehen? Formal sehen die Satzfolgen gleich aus, gesagt kann es also nicht sein. Aber natürlich muß es etwas mit dem Inhalt zu tun haben. Eine Hypothese wäre, daß das jeweilige Verständnis nahegelegt wird über Hintergrundsätze. Hinter (23) steht sozusagen der Satz ›Gewöhnlich S1, wenn S2‹, hinter (24) steht ›S2, wenn S1‹ und hinter (25) steht ›Gewöhnlich: Nicht S2, wenn S1‹.

Selbstverständlich ist das mögliche Verständnis der Satzpaare nicht so beschränkt. (25) könnte auch nach dem Muster ›S1. Also S2‹ verstanden werden, wenn nur der Satz dahinter stünde ›Wenn man krank ist, stirbt man nicht‹. Was soll aber die Rede vom Dahinterstehen heißen? Offenbar heißt sie nur, daß der jeweilige Hintergrundsatz zum gemeinsamen Wissen der Partner gehören muß. Dann werden sie die Satzpaare nach dem angegeben Muster verstehen.

Die Tatsache, daß man gewisse Satzpaare nicht als kohärent oder nicht in bestimmter, an sich möglich erscheinender Weise versteht, beruht einzig und allein darin, daß man als Partner den entsprechenden Hintergrundsatz nicht für wahr, für wahrscheinlich usw. hält bzw. dies von seinem Partner annimmt. Deshalb wird das kohärente Verständnis um so unwahrscheinlicher und schwieriger je unwahrscheinlicher die entsprechenden Hintergrundsätze sind. Auf alle Fälle ist aber jedes Verständnis möglich, und viele kommen faktisch auch vor. So ist natürlich leicht auch in (26) ein Begründungsverhältnis zu sehen, wenn man weiß, daß auf dem Neckar viele Schiffe fahren und daß der Sprecher in Tübingen am Neckar ist, während er spricht. Kenner werden sofort sehen, daß auch die Hintergrundsätze dem gleichen Problem unterliegen. Denn allzu viele Schiffe fahren nicht auf dem Neckar in Tübingen.

Diese Überlegungen machen noch einmal deutlich: Kohärenz ist nicht etwas, was man von Sätzen, Satzpaaren und Texten sagen sollte.

Denn das würde zu Widersprüchen führen, weil das gleiche Satzpaar kohärent und inkohärent wäre. Kohärent sind bestimmte Verständnisse oder Verständnismöglichkeiten von Texten. Wir wissen aber, daß das Verständnis eines Satzpaares zu tun hat mit den Möglichkeiten, ihm eine Handlungsstruktur zuzuordnen.

Kehren wir zurück zu unserer Vorwurfsinteraktion und betrachten die folgenden Äußerungen von B:

(27) Es war ganz richtig, daß ich zu spät kam. Entschuldige bitte!

(28) Es tut mir leid, daß ich unterschrieben habe. Ich war das überhaupt nicht.

(29) Ich hab das nicht gemacht. Ich konnte nicht anders.

(30) Ich habe den Hund überfahren, weil ich dem Fußgänger ausgewichen bin. Soll man denn Hunde nicht überfahren?

Wenn B diese Äußerungen direkt auf einen entsprechenden Vorwurf von A macht, so erscheinen sie uns komisch. Beispielsweise in (27) scheint B die Norm anzugreifen und gleichzeitig sich zu entschuldigen, womit er die Norm anerkennt. In (28) entschuldigt sich B, erkennt damit die Behauptung an, bestreitet sie aber gleichzeitig. In (29) bestreitet B die Behauptung, entlastet sich aber gleichzeitig und erkennt damit die Behauptung an. In (30) schließlich scheint B sich zu entlasten und gleichzeitig die Norm anzugreifen, die er mit der Entlastung anerkennt.

Wir stoßen damit auf wichtige Eigenschaften unseres Vorwurfsbaums, nämlich darauf, daß einzelne Handlungsweisen der vier Zweige der zweiten Stufe unverträglich sind. Vordergründig gesehen, stellt sich dieses Verhältnis so dar, wie es in (31) schematisiert ist.

Unverträgliche Handlungen sind dabei durch —, verträgliche Handlungen durch — verbunden:

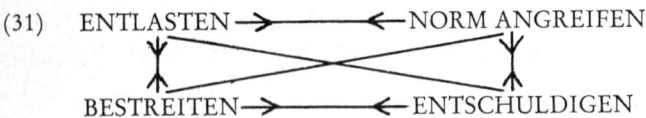

(31) ENTLASTEN → ← NORM ANGREIFEN

BESTREITEN → ← ENTSCHULDIGEN

In dieser Interpretation der Beispiele (27)–(30) fehlen aber gerade die wesentlichen Punkte. Zum einen: Es ist in jedem Fall zu bedenken, daß die Satzfolge kohärent verwendbar ist. Nur die Zuordnung zu den angegebenen Handlungssequenzen ist eigenartig. Das heißt, daß eben dieses Verständnis eigenartig wäre. Aber das ist natürlich keine erstaunliche Angelegenheit. Es ist sozusagen der Normalfall, daß man eine Satzfolge nicht in dieser oder jener Weise verstehen kann. Das bedeutet nicht, daß sie bedeutungslos sei. Wir können ihr keine Bedeutung aufzwingen.

Zum andern ist wichtig, daß die Sätze unmittelbar nacheinander geäußert werden, und zwar so, daß man den Eindruck hat, als sollten sie jeweils beide gehalten werden. Im Fall, daß andere Handlungen zwischen den entsprechenden Äußerungen ausgeführt werden, ist auch das Verständnis in der Vorwurfsinteraktion möglich. Wir haben dann Mittel und Wege, sie für unser Verständnis kohärent zu machen. Das bedeutet aber, daß die vier Zweige sich in der angegebenen Weise höchstens auf der gleichen Stufe ausschließen.

Liegt z. B. bei direkter Abfolge ein Widerspruch vor, wie in (29), den wir einem Partner bei vollem Bewußtsein nicht zutrauen (und seine Äußerung deshalb anders deuten), so kann dieser Widerspruch durch Unterbrechungen in der Abfolge verständlich werden. B könnte zum Beispiel in der Zwischenzeit seine Meinung geändert haben, etwa weil A ihn überzeugt hat, daß er es doch getan hat, vielleicht unbewußt. Liegen die beiden Äußerungen auseinander, können wir aber auch annehmen, B habe sich widersprochen, sei inkonsequent usw. All diese Redeweisen sind nur dazu da, um uns das ganze verständlich zu machen. Es sind Kohärenzmacher. Das geht sogar so weit, daß man von Jokern sprechen könnte bei Floskeln der Art ›Da fällt mir ein...‹, ›Dabei assoziiere ich...‹ usw. Sie deuten die Abfolgen und machen sie kohärent. Denn der Zusammenhang ist gerade dadurch hergestellt, daß man sagt, dies sei assoziativ, ein Sprung im Thema usw.

Aber ist das nicht eine Ausweitung des Zusammenhangs bis hin zur Trivialisierung? Was kann uns diese Ansicht bringen? Sie bringt vor allem eins: Sie verweist uns darauf, daß die Feststellung der Kohärenz immer auf dem eigenen Verständnis beruht. Zu sagen, ein Text sei inkohärent, läuft nur darauf hinaus zu sagen, daß man ihn nicht versteht. Sie schützt uns damit vor Textlinguisten, die Zusammenhänge nicht gesehen haben aus Kompetenzschwäche, Mangel an Phantasie, bornierter Normgläubigkeit, reflektierter Normgläubigkeit usw.

Bibliographische Hinweise

Bezüglich des Zusammenhangs von Texten gibt es zwei relativ unverbundene Traditionen: Einerseits die Untersuchung von Handlungssequenzen besonders in der sog. Interaktionsanalyse der Ethnomethodologie, andererseits die linguistischen Untersuchungen zur Kohärenz von Texten. In der sog. Interaktionsanalyse werden vor allem Fragen der Sequenzierung behandelt. Ein Beispiel ist:

E. A. Schegloff, Sequencing in Conversational Openings, in: J. J. Gumperz – D. Hymes (eds.), Directions in Sociolinguistics, New York 1972, 346–380.

Er befaßt sich vor allem mit der Eröffnung von Dialogen: Wer spricht zuerst? Was sagt der erste Sprecher? Es werden aber auch die allgemeinen

Fragen der Sequenzierung behandelt. Zum Beispiel: Wieso gehören die Einheiten einer Sequenz zusammen und sind nicht unabhängig voneinander zu verstehen? In der Beschreibung wird dies dadurch gelöst, daß der jeweilige Vorgänger als Bedingung für den Nachfolger angesetzt wird, eine allerdings problematische Lösung, die einmal zu einer isolierten Bestimmung von Handlungen zwingt, andererseits auch Schwierigkeiten mit unspezifischen Reaktionen und mit Unterlassungen bekommt. Vgl. weiter:

E. Schegloff, Notes on a Conversational Practice: Formulating Place, in: D. Sudnow (ed.), Studies in Social Interaction, London 1972, 75–119, bes. 76–79.

Einschübe, sog. Seitensequenzen, werden behandelt in:

G. Jefferson, Side Sequences, in: D. Sudnow (ed.), Studies in Social Interaction, London 1972, 294–338.

Ein Beispiel für eine Seitensequenz wäre:

Hast du den Fritz gesehen?

Oh, er ist hier?

Ja, er ist gestern gekommen.

Nein, ich habe ihn nicht gesehen.

Man hat in diesen Forschungen oft den Eindruck, als spielten die Sätze für eine sequentielle Struktur keine Rolle. Da meistens Dialoge behandelt werden, gibt es auch keine Beobachtungen über die Struktur monologischer Texte.

Im Gegensatz zu diesen Forschungen beschränkte sich die Textlinguistik auf die im Text vorliegenden Sätze. Sie ging den Weg von Phonemen über Wörter und Sätze weiter und wollte über Sätze hinaus, sah dabei selten, daß Kohärenzfragen auch innerhalb von Sätzen eine Rolle spielen. Ihr Augenmerk lag infolge dieser Ausrichtung besonders auf monologischen Texten. Ihre Frage war: Was macht eine Satzfolge zu einem Text? Als Bedingung dafür wurde dann angenommen, daß nur eine kohärente Satzfolge ein Text ist. Denn der Text ist ein zusammenhängendes Ganzes. Als verantwortlich für den Zusammenhang wurden häufig angesehen:

Koreferenz: Er hatte drei Geschwister. *Sie* waren klein.

Satzverbindung: Sie war groß, *und* er hatte rote Haare.

Bei der Koreferenz konnte man noch verschiedene Untertypen (Substitution, Ellipse und lexikalische Kohärenz) unterscheiden. Die Frage, ob Kohärenz wirklich darin besteht, wurde nicht gestellt. Aber selbstverständlich kann das Beispiel für Koreferenz auch kohärent sein, wenn es nicht durch Koreferenz verbunden ist. Insbesondere hat man nicht gesehen, worin das mögliche Verständnis der Satzfolgen bestand, nämlich in der möglichen Aktstruktur. Eine reichhaltige und zuverlässige Darstellung der linguistischen Kohärenzforschung bietet:

M. A. K. Halliday – R. Hasan, Cohesion in English, London 1976.

Ein Ansatz zu einer integrierten Behandlung liegt vor in:

H. J. Heringer, Praktische Semantik, Stuttgart 1974, bes. 59–72; 150–211.

In ähnlicher Form bieten eine Analyse der Vorwurfsinteraktion:

G. Fritz – F. Hundsnurscher, Sprechaktsequenzen, Überlegungen zur Vorwurf/Rechtfertigungs-Interaktion, in: Deutschunterricht 27 (1975), Heft 2, 81–103.

9. Kommunikationsprinzipien und der Aufbau von Kommunikation

9.1. Zur Ontogenese des Lügens

In einer Sammlung jiddischer Witze findet sich folgendes Gespräch:
»Wohin fährst du?«
»Nach Warschau, Holz einkaufen.«
»Wozu die Lüge? Ich weiß doch: Wenn du sagst, du fährst nach Warschau, Holz einkaufen, dann fährst du in Wirklichkeit nach Lemberg, Getreide verkaufen. Zufällig weiß ich aber, daß du tatsächlich nach Warschau fährst, um Holz zu kaufen. Wozu lügst du also?«

Wir finden solche Gespräche manchmal lustig, aber lustig sind sie wohl kaum für jene, die sie führen. Die Kommunikation hat hier ein Stadium erreicht, in dem es dem einen Partner nicht mehr möglich ist, eine einfache Aussage einfach zu verstehen. Man erreicht dieses Stadium nicht ohne eine Vorgeschichte zunehmend verbissenerer gemeinsamer kommunikativer Erfahrungen, über denen mindestens einem der Partner jeder Spaß daran gründlich vergangen ist. Es ist eine Station auf einem Weg ohne Wiederkehr: Wer einmal dahin gelangt ist, kann – zumindest mit diesem Partner – nie wieder unbefangen sprechen.

Worin besteht denn der Witz und das zugleich Bedrückende solcher Kommunikationen? Der Gefragte – wir nennen ihn A – ist ein gewohnheitsmäßiger Lügner und als solcher erkannt. Sein Partner – B – glaubt, einen Weg gefunden zu haben, die Lügen A's zu erkennen und sie zu entschlüsseln. Aber jetzt muß er feststellen, daß A ihn seinerseits durchschaut hat und doch wieder eine Möglichkeit gefunden hat zu lügen, indem er die Wahrheit gewissermaßen zur Lüge zweiten Grades macht. Zwar ist er für diesmal ertappt – zumindest glaubt B, ihn ertappt zu haben –, aber damit ist er noch lang nicht am Ende. Man kennt das vom Knobeln: Ich denke, daß du denkst, daß ich denke, daß du denkst, daß ich denke . . .

Wir spüren: Kommunikation setzt notwendig Vertrauen voraus. Mißtrauen belastet sie. Prinzipielles Mißtrauen vollends führt zum Zusammenbruch jeder Kommunikation. Das ist es, was uns bedrückt. Wir können uns sagen, daß dies doch nur ein Witz ist, eine erfundene Geschichte, die uns nicht zu bedrücken braucht. Aber das ist nicht alles: Wir wissen nur zu gut, daß wir in ähnliche Situationen kommen können, und ahnen, wie gefährlich diese Situationen sind. Das sind keine exotischen Überlegungen. So etwas kommt im Leben vor und ist in gewissen Bereichen sogar die Regel.

Um die Probleme und Gefahren, aber auch den Reiz und die Vorteile solcher Kommunikationsformen zu erfassen, wollen wir folgende Fragen stellen und nach Möglichkeit beantworten:

(1) Wie kann es zu solchen Kommunikationsformen kommen?
(2) Wohin führen solche Formen von Kommunikation?
(3) Welche Grundlagen von Kommunikation sind hier bedroht?

Um die erste Frage zu beantworten, müssen wir uns klarmachen, wie die Lüge überhaupt in die Welt eines Individuums kommen kann. Ein Kind, das eine Sprache erst erlernt, kennt keine Wahrheitsprobleme. Es gibt für ein solches Kind weder wahr noch falsch – und damit keine Möglichkeit zu lügen oder auch angelogen zu werden. Wenn man es lehrt: »Das ist ein Auto«, dann hat es keine Möglichkeit, das zu bezweifeln. Die Äußerung ist für das Kind keine Behauptung. Sie führt es erst in einen Sprachgebrauch ein. Sie ist eine Art Definition: Solang man nicht weiß, was ein Auto ist bzw. was ›Auto‹ heißt, kann man die Äußerung schwerlich bestreiten. Ein Auto ist eben genau das, was einem in der Lernsituation als solches vorgestellt wird. Wer ein Kind mit solchen Aussagen belügen wollte, würde es deshalb nicht wirklich belügen. Er würde es vielmehr um den rechten Gebrauch des Ausdrucks ›Auto‹ betrügen.

Die Nicht-Unterscheidung von wahr und falsch zu Beginn der Spracherlernung ist zugleich notwendig und unvermeidbar: Sie ist notwendig, weil ein Kind, das seinen Lehrern bereits in dieser Phase des Spracherwerbs mißtrauen würde, nie die Regel für den Gebrauch des Wortes ›Auto‹ herausfinden könnte. Es könnte nie entscheiden, ob ein Gebrauch dieses Ausdrucks aufrichtig oder unaufrichtig ist. Und die Nicht-Unterscheidung von wahr und falsch ist unvermeidbar, weil dem Kind jedes Mittel fehlt, Zweifel oder Widerspruch zu artikulieren, denn beides setzt eine relativ fortgeschrittene Sprachbeherrschung voraus.

Die Erwachsenen scheinen ganz gut zu wissen, daß für das Kind wahr und falsch nicht unterschieden sind. Sie lügen kleine Kinder normalerweise nicht an. Wo sie es dennoch tun – etwa wenn sie meinen, man könne etwas dem Kind nicht ohne weiteres erklären –, wird es von denen, die es bemerken, nicht für Lüge gehalten, sondern für eine pädagogische Maßnahme. Dies ist eine Haltung, die sicher nicht zu Ungunsten des Kindes und zugunsten des Erwachsenen gedacht ist. Dennoch ist es eine unvernünftige Haltung, weil dadurch künftige Schwierigkeiten programmiert werden: Das Kind, das angelogen wird, kann nur unter größten Schwierigkeiten die zugrundeliegenden Regeln erkennen und ein richtiges Verständnis erlangen, solang es nicht die Lüge bzw. die Manipulation durchschauen kann. Der weitgehende Verzicht auf Lügen, den wir bei Erwachsenen im Umgang mit kleinen Kindern feststellen können, ist übrigens, wie immer die Erwachsenen dies selbst einschätzen mögen, nicht uneigennützig: Hier werden künftige gleichberechtigte Partner – gleichberechtigt insofern, als sie gleichen Teil an der gemeinsamen Sprache haben – in die Sprache, in das Sprachspiel eingeführt. Man braucht die Gemeinsamkeit der Sprache späterhin zum Guten wie zum Bösen. Selbst das Lügen ist erst möglich, wenn eine elementare Verständigung darüber erreicht ist, wie die Ausdrücke der gebrauchten Sprache zu verwenden sind.

Die nächste Stufe der Spracherlernung ist die, in der das Kind lernt, zwischen wahr und falsch zu unterscheiden. Hierfür gibt es spielerische Formen zwischen Erwachsenen und Kindern: Einer behauptet etwas, und der andere bestreitet es. So wird die Möglichkeit gegensätzlicher Meinungen und damit wahr und falsch ins Sprachspiel eingebracht. Rückfragen bezüglich Behauptungen des Kindes zeigen dann auch Wege, wie Wahrheit festzustellen ist. Jetzt kann deutlich werden, welche Rolle Wahrheit und Falschheit spielen: Sie werden zuerst problematisch in der kommunikativen Auseinandersetzung. Solang alles nur kausal verläuft, bleibt der Unterschied von wahr und falsch irrelevant. Es gibt nur Tatsachen, d. h. wahre Sachverhalte, und nur Tatsachen haben Konsequenzen.

Mit der Unterscheidung von wahr und falsch ist die Lüge noch nicht in der Welt. Es ist keine Lüge, etwas als wahr zu behaupten, was falsch ist. Ebensowenig ist es Lüge, etwas als falsch zu behaupten, was wahr ist. Der entscheidende Schritt ist zu lernen, das Gegenteil von dem zu behaupten, was man für wahr hält. Dabei ist es unwesentlich, ob das wahr oder falsch ist. Man kann – wir sahen das in unserem Beispiel – lügen, indem man die Wahrheit sagt. Zwei Fälle sind dabei denkbar. Der erste Fall:

(4) A behauptet, daß dies und dies der Fall ist.

    (i)   Dies und dies ist der Fall.

    (ii) A glaubt nicht, daß dies und dies der Fall ist.

A sagt unwissentlich die Wahrheit in der Absicht, jemand zu belügen. Der zweite Fall ist der unseres Eingangsbeispiels:

(5) A behauptet, daß dies und dies der Fall ist.

    (i)   Dies und dies ist der Fall.

    (ii) A glaubt, daß dies und dies der Fall ist.

    (iii) B glaubt, daß A lügt, wenn (5).

    (iv) A weiß, daß (iii).

Wenn hier (i)–(iv) gelten, können wir sagen, daß A tatsächlich gelogen hat. In der Praxis wird es freilich sehr schwer werden, in solchen Fällen jemandem eine Lüge nachzuweisen.

Ist die Lüge einmal in der Welt, und beide Partner wissen das, dann ist das Paradies naiver Kommunikation verloren. Es läßt sich durch nichts zurückgewinnen. Schon gar nicht durch moralische Appelle wie: »Du sollst nicht lügen!« In solchen Appellen wird indirekt anerkannt, daß die Möglichkeit zu lügen gegeben ist. Aber solche Appelle sind trotz ihrer unverkennbaren Hilflosigkeit für uns von Interesse: Zwar werden sie selten jemand davon abhalten zu lügen, wenn ihm das ansonsten sinnvoll erscheint, doch noch seltener wird jemand sich offen gegen den Anspruch aussprechen, der in solchen Appellen artikuliert ist. Dies scheint zunächst einmal unverständlich, weil dieser Anspruch dahin geht, daß man auf etwas verzichten soll, was seinen Sinn gerade darin hat, einem einen Vorteil zu sichern. Wieso bringt uns ein solcher Anspruch nicht auf? Der Grund ist einfach und keineswegs besonders ehrenwert: Wir wissen sehr gut, daß sich die Vorteile, die wir uns unter Umständen durch Lügen sichern, nur ergeben können, wenn das Lügen insgesamt untersagt bleibt. Gäbe es nicht die Forderung, daß man nicht lügen darf, gäbe es keine Möglichkeit zu lügen, aber auch Handlungen wie behaupten, feststellen, bestreiten usw. würden jeden Witz verlieren, wenn wir keinerlei Anspruch darauf zugestehen würden, daß dabei die Wahrheit gesagt wird. Solang uns dieser Anspruch erhalten bleibt und die Zuwiderhandlungen nicht überhandnehmen, bricht die Kommunikation durch das Lügen nicht gleich zusammen. Sie ändert aber ihre Qualität: »Wer einmal lügt, dem glaubt man nicht, und wenn er keck die Wahrheit spricht!« sagt das Sprichwort. Das notwendige Vertrauen ist, wo nicht zerstört, so doch angeschlagen. Die Kommunikation ist um eine Handlungsmöglichkeit reicher und sophistizierter geworden, aber zugleich auch schwieriger.

9.2. Das Kooperationsprinzip

Das Lügen scheint, obwohl es Kommunikation notwendig voraussetzt, selbst kein kommunikatives Handeln. Es verletzt ein grundlegendes Prinzip jeder Kommunikation, das man so formulieren könnte:
(6) Sei kooperativ!
Das heißt: Wenn man mit andern kommunizieren will, muß man sich mit ihnen auf ein gemeinsames Spiel einlassen. Unbeschadet sonstiger Interessen muß man sich bereitfinden, mit diesen andern zumindest soweit zu kooperieren, wie dies für das Zustandekommen des Spiels erforderlich ist. Wer lügt, ist dazu aber nur zum Schein bereit. Er leistet nicht wirklich seinen notwendigen Beitrag zum Zustandekommen des Spiels. Das Lügen ist parasitär: Es nutzt die Tatsache aus, daß andere ihren Beitrag leisten. Aber die Bereitschaft dieser anderen, ihren Beitrag zu leisten, gründet in der Annahme,

daß alle ihren Beitrag leisten. Wenn sie erkennen, daß einer das nicht wirklich tut, ist die Kommunikation mit ihm ernstlich in Frage gestellt.

Die Verletzung des in (6) artikulierten Prinzips untergräbt die Möglichkeit von Kommunikation. Das Lügen ist dabei eine wichtige, aber nicht die einzige Form der Verletzung. Es gibt weitere, auf die wir noch zu sprechen kommen. Die Bedeutung des Kooperationsprinzips zeigt sich am besten, wenn wir betrachten, welche Konsequenzen Verletzungen dieses Prinzips haben können. Betrachten wir dazu folgendes Gespräch zwischen einem Vater und seinem Sohn:

Vater	Sohn
Was hat's dann, was hasten heute gegessen? Hm?	Ha, ha, hähä
Heute mittag?	Das weiß ich nicht mehr
Weißte nicht mehr?	Mm
No, des mußte aber wissen!	Ich weiß es aber ni mehr
So so	Hh
Hat's Kartoffeln gegeben?	Mhm
Salat?	Ja!
Fleisch?	Nee!
Eier?	Inee
Was dann?	Was anderes
Brot zum Mittagessen?	Mhm
No, erzählt mir's doch mal!	Das weiß ich nich mehr!
Nudeln, hat's Nudeln gegeben?	Mh
Ja?	
Oder lügste mich an?	Ich lüg dich an!
Und nach dem Essen Mußt du oben bleiben oder durfste runtergehen?	

Oberflächlich betrachtet versucht hier der Vater in einer Art Fragespiel von seinem Sohn zu erfahren, was er am Mittag gegessen hat. Der Sohn ist offenbar nicht sehr kooperativ, was ein strategisches Vorgehen des Vaters erforderlich macht. Der Sohn will oder kann die gewünschte Information nicht geben. Er verweigert zunächst jede Antwort. Als der Vater insistiert, zieht sich der Sohn darauf zurück, daß er das nicht mehr wisse. Diese Feststellung könnte an sich ein weiteres Nachfragen abwehren, aber in diesem Gespräch zieht das nicht. Der Vater läßt nicht locker: »No, des mußte aber wissen!«

Offensichtlich geht er davon aus, daß man weiß, was man zu Mittag gegessen hat, und daß der Sohn lügt, wenn er behauptet, er wisse es nicht mehr. Als der Sohn seine Behauptung wiederholt, äußert der Vater nur ein alles oder nichts sagendes »So so«, geht aber nicht darauf ein, warum sein Sohn nicht antworten will. Unter der Annahme des Vaters ist das Verhalten des Sohnes eine starke Provokation, und das »So so« zeigt, daß der Vater dies auch so einschätzt. Er spielt aber einfach sein Fragespiel weiter: »Hat's Kartoffeln gegeben?« Das macht für uns nachträglich das Verhalten des Sohns verständlich: Provokation ist seine Reaktion darauf, daß der Vater sich in dieser Weise mit ihm auseinandersetzt: Einerseits tut er so, als sei er daran interessiert, was seinem Sohn so widerfährt, andererseits macht er deutlich, daß es ihm gleichgültig ist, indem er von einer offenkundigen Lüge nicht Notiz nimmt.

Dem Sohn, der nicht bereit ist, hier mitzuspielen, bleibt nur die Möglichkeit zunehmend starker Provokation, um ein echtes Gespräch zu erreichen, in dem jeder den anderen ernst nimmt. Da die offenbare Lüge nicht als Provokation wirkt, versucht er es damit, daß er sich mehr oder weniger widerspricht. Zumindest ist das zusammengestellte Gericht eigenartig: Kartoffeln, Salat, Brot, Nudeln. Als auch das nicht greift, gibt er auf die Frage seines Vaters offen zu, daß er lügt. Doch diese Aussage hat es in sich.

Was wird damit gesagt? Heißt sie soviel wie, daß der Sohn immer lügt, also auch mit dieser Äußerung? Das würde zu dem sog. Paradox des Lügners führen: Ein Kreter sagt: »Alle Kreter lügen.« Lügt er? Analog: Wenn der Sohn auch mit der genannten Äußerung lügt, hätte er gar nicht wirklich gelogen, weil er eben die Wahrheit gesagt hätte. Wenn er aber damit nicht lügt, dann hätte er gerade gelogen, denn er behauptet ja, daß er lügt. Das Paradox löst sich auf, weil eine solche Aussage normalerweise nicht reflexiv verstanden wird. Sie wäre eher so zu verstehen, daß der Sohn feststellt, daß er gelogen hat und daß er auch beabsichtigt, weiterhin zu lügen. Es ist klar, daß unter dieser Drohung eine sinnvolle Kommunikation nicht mehr möglich ist. Hier erklärt jemand offen, daß er nicht gedenkt, sich an die Spielregeln zu halten. Er gibt zu verstehen, daß man mit ihm dieses Spiel nicht weiterspielen kann. Das ist in gewissem Sinn die äußerste Provokation, die sprachlich möglich ist.

Der Vater geht selbst auf diese ungeheuerliche Provokation nicht ein. Er spielt sein Spiel weiter, als sei nichts geschehen. Hätte er stattdessen reagiert oder hätte er seinem Sohn für die Provokation eine runtergehauen, dann wäre dies, gleichgültig ob der Sohn dies erreichen wollte oder nicht, durchaus im Sinne des Kooperationsprinzips gewesen. Vielleicht wollte der Sohn sogar gerade dies erreichen: Wenn sein Vater in diesem Sinn Wirkung gezeigt hätte, wäre dies für ihn ein Zeichen gewesen, daß seine Handlungen für den Vater Bedeutung haben, daß sie für den Vater einen Unterschied machen. Und dieses »einen Unterschied für den anderen ausmachen« ist das Maß für kommunikativen Erfolg. So wie der Vater faktisch reagiert, bringt er den Sohn in ein gefährliches Dilemma, das unter ungünstigen Umständen bis zur Schizophrenie führen kann: Er zeigt keine Wirkung, nimmt aber dadurch, daß er doch offenkundig kooperationsbereit scheint, dem Sohn die Möglichkeit, ihn einfach als herzlos zu verstehen.

Das Kooperationsprinzip fordert von Kommunikationspartnern, daß sie in dem Maß, in dem sie kommunizieren wollen, bereit sind, aufeinander einzugehen. Das Prinzip ist freilich nicht so zu verstehen, daß jeder Partner gerade das tun soll, was der andere will. Es sichert lediglich das Zustandekommen der Kommunikation und ihre partnerbezogene Kohärenz. Darüber hinaus kann die Kommunikation kontrovers und kompetitiv sein, solang erkennbar bleibt, daß die Partner auch noch im Streit aufeinander bezogen bleiben.

9.3. Kommunikationskonstituierende Prinzipien

Unter das allgemeine Kooperationsprinzip fallen weitere Prinzipien, die den in (6) artikulierten Anspruch in spezielleren Ansprüchen wieder aufnehmen. Man kann diese Prinzipien als Maximen formulieren, an die sich Kommunikationspartner halten sollten:

(7) Sei relevant!

(8) Sei informativ!

(9) Sei aufrichtig!

(10) Sprich klar!

(7)–(10) sind sicher nicht die einzig möglichen Formulierungen, und sie zeigen sicher auch nicht die einzig mögliche Aufteilung der Prinzipien, die unter (6) fallen. Die Maximen (7)–(10) sind teilweise miteinander verwandt und daher nicht scharf abzugrenzen. Aber das braucht uns nicht weiter zu beschäftigen. Wichtiger ist, diese Maximen von vordergründigen Normierungen zu unterscheiden und ihren Sinn genau zu verstehen, denn sie sind tatsächlich konstitutiv für die Möglichkeit von Kommunikation. Ihre Nicht-Befolgung führt zu Verstehensproblemen bis hin zum Zusammenbruch der Kommunikation.

Die Formulierung von kommunikationskonstituierenden Prinzipien als Maximen darf nicht zu einer Fehleinschätzung führen. Es geht hier nicht darum, moralische Appelle an renitente Zeitgenossen zu richten. Wie wir bereits im Fall des Lügeverbots – einer Untermaxime von (9) – gesehen haben, besteht der Sinn dieser Maximen nicht darin, eine moralisch heile Welt zu fordern, sondern darin, das Zustandekommen von Kommunikation zu sichern. Als moralische Appelle sind (7)–(10) ziemlich witzlos: Wer in voller Absicht gegen diese Maximen handelt, wird sich kaum durch den erhobenen moralischen Zeigefinger davon abbringen lassen. Warum sollte er? Wenn das, was dafür spricht, nach diesen Maximen zu handeln, nicht schon für sich spricht, wird das auch kein Appell tun.

Was spricht dafür, nach diesen Maximen zu handeln? Und ist bekannt, was dafür spricht? Zunächst zur zweiten Frage: Es scheint zumindest in dem Sinn bekannt zu sein, daß es das sprachliche Handeln der meisten Sprachteilhaber die meiste Zeit bestimmt. Aber das heißt durchaus nicht, daß auch die meisten Sprachteilhaber in der Lage sind, ihr Handeln entsprechend zu rechtfertigen oder wenigstens die Prinzipien zu nennen, nach denen sie handeln. Für die Praxis genügt es, einfach nach solchen Prinzipien zu handeln. Eine Explikation wird erst erforderlich, wo Kommunikation durch Verstöße gegen diese Prinzipien problematisch geworden ist. Davon, daß Kommunikation nicht erst heute in diesem Sinn problematisch geworden ist und daß sie schon in früheren Zeiten treffend analysiert worden ist, zeugen freilich sehr viele Sprichwörter, Aphorismen und Leitsätze. Wir können deshalb feststellen, daß ein Wissen von Prinzipien, wie wir sie in (7)–(10) artikuliert haben, schon lang zum Bestand unserer kulturellen Überlieferung gehört. Wir haben im Anhang (Beispiel 10) eine Auswahl solcher Sprichwörter zusammengestellt, die analog zu der folgenden Analyse des Sinns von (7)–(10) untersucht werden können.

Was für die Befolgung einer Maxime spricht, zeigt sich, wenn man die Konsequenzen ihrer Nicht-Befolgung betrachtet. Gehen wir der Reihe nach vor: Was spricht für die Relevanzmaxime (7) bzw. welche Konsequenzen hätte ein Verstoß gegen (7). Wir haben in unserem Vater-Sohn-Gespräch ein Beispiel eines Verstoßes gegen (7): Man kann wohl davon ausgehen, daß der Vater schon bald erkannt hat, daß sein Sohn das Fragespielchen nicht mitspielen will. Da dieses Gespräch kaum ohne eine ähnlich geartete Vorgeschichte so verlaufen sein dürfte, wußte der Vater vermutlich schon zu Beginn des Gesprächs, wie sein Sohn reagieren würde. Das bedeutet, daß er wissen mußte, daß dem Sohn das, was er ihm sagte, nicht relevant erscheinen würde. Spätestens aber nach der Feststellung des Sohnes, daß er seinen Vater anlügt, mußte klar gewesen sein, daß es ganz irrelevant war zu fragen »und nach dem Essen?« Die Fortsetzung eines Gesprächs über etwas, was für den Partner irrelevant ist, verstößt gegen das Kooperationsprinzip und bewirkt dadurch natürlich auch, daß der Partner nicht mehr bereit ist, kooperativ zu sein.

Ein Verstoß gegen (7) liegt allerdings nicht schon dann vor, wenn ein Partner A etwas gesagt hat, das für B nicht relevant ist. Zum Verstoß gehört hier notwendig die Absicht. Wird die Absicht erkannt, zählt schon der Versuch als Verstoß. Ein Verstoß gegen das Prinzip liegt vor, wenn A absichtlich etwas sagt, was seiner Meinung nach für B nicht relevant ist. Ob das Gesagte für B tatsächlich irrelevant ist oder nicht, ist nicht von Belang. A könnte sich getäuscht haben. Das würde nichts an seinem Verstoß gegen das Relevanzprinzip ändern. Umgekehrt könnte A etwas für B Irrelevantes gesagt haben in der festen Absicht, ihm etwas Wichtiges zu sagen. Hier wäre es nicht richtig, von einem Verstoß gegen (7) zu sprechen. Das bringt ein Kommunikationsproblem für B mit sich. Er kann sich sinnvollerweise nicht damit begnügen, die Relevanz des Gesagten zu beurteilen. Um A's Kommunikationsverhalten einzuschätzen, muß er sich ein Bild von A's Absichten machen. Aber wie soll er dabei vorgehen?

Hier wird deutlich, daß die bisher formulierten Maximen einseitig sind: Es sind Sprecher-Maximen. Aber da ein Hörer davon ausgehen kann, daß jemand, der mit ihm redet, diese Maximen befolgt, können wir für (7)–(10) entsprechende Hörer-Maximen formulieren, die zeigen, was jeweils auch vom Hörer zu erwarten ist. Im Fall von (7) könnte dies etwa (11) sein:

(11) Geh immer davon aus, daß relevant ist, was dir gesagt wird.

Das fordert, wenn etwas irrelevant zu sein scheint, nicht gleich mit dieser Interpretation zufrieden zu sein, sondern eventuell eine Interpretation zu suchen, unter der dieser Gesprächsbeitrag relevant scheint. Der Sinn von (11) ist offensichtlich: Wer sich danach richtet, hat bessere Aussichten zu vermeiden, daß ihm etwas Interessantes entgeht. Hinzu kommt, daß er dadurch, daß er seinem Partner entgegenkommt, seinerseits einen konstruktiven Beitrag zum Gelingen des Gesprächs leistet, ohne sich selbst über Gebühr zu beschränken.

Wir kommen zu (8). Was spricht dafür, informativ zu sein? In unserem Vater-Sohn-Gespräch findet sich auf Seiten des Sohnes ein Problem mit dieser Maxime. Auf die Frage »Was dann?« antwortet er »Was anderes«. Das ist nach Lage der Dinge nicht sehr informativ. Es ist eine Unterbeantwortung der Frage des Vaters der – zumindest oberflächlich gesehen – wissen wollte, was es war. Da der Sohn schon vorher gesagt hatte, daß es keine Eier waren, und das Spielchen nicht etwa mit dem Hinweis, das sei alles gewesen, abgebrochen hat, mußte eigentlich schon vorher klar gewesen sein, daß es etwas anderes war. Also mußte der Vater das wissen und der Sohn mußte wissen, daß der Vater dies wußte. Wenn der Sohn jetzt etwas sagt, von dem er weiß, daß es der Vater weiß, so ist er nicht informativ. Aber, hätte er das sein sollen? Wie wir gesehen haben, hatte er Gründe, das Spiel seines Vaters nicht mitzuspielen. Er spielt ein anderes Spiel, nämlich den Vater möglichst solang provozieren, bis dieser Wirkung zeigt. Die Provokation aber erreicht er hier gerade dadurch, daß er offen gegen das Informativitätsprinzip verstößt. Und, daß dies eine Provokation sein kann, verweist uns darauf, daß wir an sich davon ausgehen, daß so nicht gehandelt werden sollte. Wer wirklich mitspielen will, handelt so nicht.

Offene Verstöße gegen Kommunikationsprinzipien können ein Mittel sein zu zeigen, daß man an Kommunikation oder an dieser Kommunikation jetzt nicht interessiert ist: Man gibt zu verstehen, daß man nicht mitspielen will. Allerdings liegt nicht immer, wenn scheinbar offensichtlich gegen Kommunikationsprinzipien verstoßen wird, eine Kommunikationsverweigerung vor. Wahrscheinlich ist dies sogar meistens nicht der Fall. Wir werden unten auf eine Reihe von Möglichkeiten zu sprechen kommen, »offensichtliche« Verstöße gegen Kommunikationsprinzipien dazu zu nutzen, bestimmte sophistiziertere kommunikative Handlungen durchzuführen.

Neben offenen Verstößen gegen das Informationsprinzip gibt es versteckte Verstöße, die wir verheimlichen nennen. Der Fall ist hier dem Lügen vergleichbar. Wir müssen unsere Frage, was dafür spricht, nach (8) zu handeln, differenzieren: Was spricht für uns als Gemeinschaft dafür und was spricht für uns als Einzelne dafür, nach (8) zu handeln? Zunächst zum zweiten Teil der Frage: Was für mich als Einzelnen dafür spricht, etwas zu verheimlichen, werde ich von Fall zu Fall entscheiden, und zwar unbeschadet meiner sonstigen positiven Einstellung zu (8). Das heißt: Ich nehme mir etwas heraus, von dem ich gleichzeitig festhalte, daß man es nicht tun sollte. Der scheinbare Widerspruch klärt sich analog zum Lügen auf: Die Vorteile, die ich mir erhoffe, wenn ich etwas erfolgreich verheimliche, können sich nur ergeben, wenn man an (8) festhält. Wenn (8) aufgegeben würde, hätte dies zur Folge, daß auch die entsprechende Hörermaxime (12) aufgegeben würde:

(12) Geh davon aus, daß das, was man dir sagt, informativ ist!

Wenn aber (12) aufgegeben würde, könnte ich nichts mehr verheimlichen, weil ich nicht davon ausgehen könnte, daß man das, was ich vorbringe, für informativ halten würde.

Wir, als Gemeinschaft, können weder (8) noch das entsprechende (12) ernstlich zur Disposition stellen, weil das zum Zusammenbruch von Kommunikation führen müßte. So hätten wir ohne (8) keinen Grund, davon auszugehen, daß irgend etwas, was auf eine Frage gesagt wird, mit dieser Frage etwas zu tun hat. Zugleich ist aber – wieder analog zum Lügen – festzustellen, daß das Verheimlichen in unsere Kommunikation Eingang gefunden hat. Es wäre schlicht naiv, so zu kommunizieren, als würde nie etwas verheimlicht. Wir haben auch längst Strategien entwickelt, wie wir uns gegen Nachteile sichern können, die uns dadurch entstehen könnten. Da das Verheimlichen wie das Lügen öffentlich als Handlungsmöglichkeit bekannt ist, wird es ebenso in der Kommunikation in Rechnung gestellt. Aber das verhindert nicht, daß es wie die Lüge die Kommunikation belastet, indem es sie komplexer macht. Solang das Verheimlichen sich in Grenzen hält, läßt es uns noch die Möglichkeit zu kommunizieren. Nimmt es aber überhand oder wird es sogar in menschlichen Beziehungen zum System, dann kann das zum Kollaps der Kommunikation führen, weil es einen generellen Verdacht entstehen läßt, es werde etwas verheimlicht.

Wir verzichten darauf, den Sinn von (9) zu explizieren. Wir haben oben bereits vom Lügen gesprochen. (9) erschöpft sich zwar nicht in dem Verbot zu lügen, aber dieses Verbot erfaßt doch die wesentlichen Aspekte von (9). Damit kommen wir zu (10), der letzten der von uns formulierten Maximen. (10) fordert von uns, Mehrdeutigkeit zu vermeiden, nicht dunkle Begriffe zu verwenden u. dgl. Auch im Fall von (10) gilt vieles, was wir bereits für die anderen Maximen feststellen konnten: Offene Verstöße gegen (10) können Ausdruck von Kommunikationsverweigerung sein. Versteckte Verstöße können private Vorteile bringen. Man verunsichert den Partner, der nie sicher ist, ob er richtig versteht, bzw. nicht dahin gelangt, etwas zu verstehen und doch meint, etwas Bestimmtes verstehen zu müssen. Solche Verunsicherung des Partners kann helfen, bestimmte Ziele zu erreichen. Sie geht aber eindeutig auf Kosten der Kommunikation. Verstöße gegen (10) behindern einmal das Gelingen der gerade anhängigen Kommunikation und sie belasten künftige Kommunikationen. Wenn jemand häufig Verstößen gegen (10) ausgesetzt war, wird er sich nicht mehr an die (10) entsprechende Hörermaxime (13) halten:

(13) Geh davon aus, daß das, was man dir sagt, klar ist!

Er wird in den schlichtesten Kommunikationsbeiträgen Mehrdeutigkeiten und Hintersinne suchen. Er befindet sich damit in einer Situation, die der Situation des B in dem jiddischen Witzgespräch vergleichbar ist. Wenn sich der Verdacht, etwas könne einen Hintersinn haben, erst einmal festgesetzt hat, beginnt eine Entwicklung ohne Wiederkehr, zumindest, wenn nicht bald therapeutische Maßnahmen ergriffen werden, um den Betroffenen von seinem Verdacht zu befreien. Die Möglichkeit zu einer solchen Entwicklung ist gegeben, weil zunehmend komplexere Annahmen über die Gesprächssituation und das gemeinsame Wissen zu stets komplexeren Interpretationen von Handlungen führen können. Ohne die weitgehende Geltung von (10) ist (13) nicht zu halten, und ohne (13) gibt es keinen Anlaß zu der Annahme, daß irgend etwas einfach verständlich sein könnte. Irgendwann kommt dann bei dieser Entwicklung ohne Wiederkehr der Punkt, an dem die Interpretationskapazität des Betroffenen überfordert ist. Welche Konsequenzen das hat, muß wohl nicht ausgeführt werden.

Es kann nicht im öffentlichen Interesse sein, daß solche Entwicklungen eintreten. Die Maximen (7)–(10) artikulieren, so gesehen, ein öffentliches Interesse an intakter Kommunikation. Sie fordern von Kommunikationsteilnehmern gewisse kooperative Anstrengungen – wie sie in (7)–(10) artikuliert sind –, die gewährleisten sollen, daß die Möglichkeit zu kommunizieren, an der ein öffentliches Interesse besteht, erhalten bleibt.

9.4. Kommunikationsprinzipien und sophistiziertes Reden

Wie wir oben bereits gesagt haben, ist nicht jeder »offene« Verstoß gegen ein grundlegendes Kommunikationsprinzip ein Akt der Kommunikationsverweigerung. Unter bestimmten Bedingungen kann eine »offensichtliche« Verletzung eines Kommunikationsprinzips dazu genutzt werden, einen besonderen kommunikativen Akt zu machen. In solchen Fällen wird dann nicht wirklich gegen ein Prinzip verstoßen, insbesondere wird das Kooperationsprinzip nicht verletzt. Ermöglicht wird das einmal durch die Tatsache, daß der vermeintliche Regelverstoß ganz offensichtlich ist, wodurch klargestellt wird, daß damit keine unerlaubten Vorteile aus der betreffenden Handlung gezogen werden sollen, zum anderen durch einen Kontext gemeinsamer kommunikativer Erfahrungen, aus dem heraus sich dem Adressaten ein Sinn dieser Handlung ergeben kann. Da wir kaum alle denkbaren Fälle erfassen können, in denen scheinbare Verletzungen von Prinzipien zu derartigen Handlungen genutzt werden, beschränken wir uns auf einige wichtige Beispiele, die wir abschließend betrachten wollen, um zu zeigen, wie eine Analyse solcher Fälle aussehen könnte. (Vgl. a. Beispiel 9 im Anhang.)

Hier zunächst die Beispiele:

(a) Während des Dritten Reichs sagte ein Mann: »Die hinkende Lüge geht durchs Land.«

(b) Ein Steward betritt eine Kabine und findet eine unbekleidete Frau vor. Er sagt: »Bitte entschuldigen Sie, mein Herr. Ich habe mich leider in der Tür geirrt.«

(c) Jemand sagt zu einem, der im Sterben liegt: »Jetzt laß den Kopf nicht hängen. Natürlich kommst du durch.«

(d) Ein Mann versucht aus der fahrenden Straßenbahn auf die

Straße zu springen. Er schafft es nicht und fällt hin. Ein Passant: »Sind Sie hingefallen?«

(e) Der Himmel ist blau wie eine Orange.

Zu (a): Hier scheint zunächst einmal ein Verstoß gegen die Aufrichtigkeitsmaxime (9) vorzuliegen. Aber die Tatsache, daß wir dies ohne jede Kenntnis des weiteren Zusammenhanges feststellen können, spricht dafür, daß hier niemand bewußt die Unwahrheit sagen wollte, um jemand hinters Licht zu führen. Wenn er mit dieser Äußerung nicht gegen das Kooperationsprinzip verstoßen hat, muß er etwas anderes gemeint haben als das, was er gesagt hat. Aber das wird nicht so leicht klar – weshalb man einen Verstoß gegen die Klarheitsmaxime (10) vermuten könnte. Wenn wir jedoch die Bedingungen in Rechnung stellen, unter denen dies geäußert wurde, zeigt sich, daß der Mann davon ausgehen konnte, von den meisten Leuten verstanden zu werden. Damals wußte jeder, daß es einen berühmten Mann gab, der hinkte, nämlich Reichspropagandaminister Göbbels. Hinzu kam, daß es nicht aus der Welt der Leute war, diesen Göbbels der Lüge zu bezichtigen. Schließlich wußten die Leute, die der Mann ansprechen wollte, daß man das, was hier gemeint sein konnte, kaum offener hätte aussprechen können, ohne sofort verhaftet zu werden. Der Mann erfuhr übrigens eine unerfreuliche Bestätigung seiner Annahme, daß man schon verstehen würde, was er meinte. Er wurde verhaftet. Aber er hatte Glück im Unglück. Er fragte, warum er verhaftet worden sei. Man sagte ihm, er sei verhaftet worden, weil er Göbbels der Lüge bezichtigt habe. Genau das hätte die Gestapo aber nicht zugeben dürfen, denn damit gestand sie ein, was nicht wahr sein sollte. Als der Mann weiter fragte: »Wieso? Lügt denn der Herr Reichspropagandaminister?« ließ man ihn wieder frei.

Zu (b): Der Steward scheint gegen die Aufrichtigkeitsmaxime zu verstoßen. Aber er konnte davon ausgehen, daß seine Unaufrichtigkeit der Dame nicht verborgen bleiben würde. Zugleich war klar, daß er nicht gegen das Kooperationsprinzip (6) verstoßen konnte, als er sagte, was er sagte. Deshalb konnte er hoffen, daß die Dame seine Äußerung als Versuch verstehen würde, der Situation die Peinlichkeit zu nehmen.

Zu (c): Auch hier scheint gegen die Aufrichtigkeitsmaxime verstoßen, wenn wir einmal annehmen, daß beide wissen, daß keine Hoffnung mehr besteht. Zugleich aber ist für den Angesprochenen klar, daß der Sprecher weiß, daß er – der Angesprochene – im Sterben liegt. Und weiß, daß er das weiß. Er hat jetzt verschiedene Möglichkeiten die Äußerung zu verstehen: als Versuch, ihn zu trösten, oder als makabren Hohn oder als verzweifelten Versuch zu kommunizieren, wo es nichts mehr zu sagen gibt. Aus unserer Sicht heraus ist nicht zu entscheiden, wie die Äußerung letztlich zu verstehen sein könnte. Um hier zu einem Verständnis zu kommen, braucht es weiteres Wissen über das gemeinsame Wissen der beiden.

Zu (d): Die Äußerung des Passanten ist unter Umständen ein Verstoß gegen die Relevanzmaxime (7). Das muß allerdings nicht sein. Der Passant könnte dies nicht erkannt haben. Wenn er es aber erkannt hat, dürfte ihm auch klar sein, daß der Gestürzte dies so auffassen würde. Wenn der Äußerung kein kommunikativer Akt vorangeht, ist es andererseits nicht sinnvoll den offensichtlichen Verstoß gegen (7) als Kommunikationsverweigerung zu interpretieren. In dieser Situation kann der Gestürzte die Äußerung als kommunikativen Akt verstehen, aber wird nicht in der Lage sein festzustellen, um welche Art Handlung es sich dabei gehandelt haben soll, weil ihm dazu das nötige gemeinsame Wissen mit dem Passanten fehlt. Der Passant könnte sein Mitleid zeigen wollen oder eine spöttische Bemerkung gemacht haben u. ä. Die Situation ist nicht ungewöhnlich. Es kommt häufig vor, daß wir uns auf keine Interpretation festlegen können. Wichtig wird das nur, wenn es Konsequenzen für den weiteren Handlungsablauf hat.

Zu (e): Dies ist eine Übersetzung einer Anfangszeile eines Gedichts von Apollinaire. Wäre es eine Behauptung, dann wäre sie, nach allem, was wir sonst annehmen, offenkundig falsch. Wegen der Offenkundigkeit kann es sich hier nicht um eine Lüge handeln. Es hat auch wenig Sinn hier von Kommunikationsverweigerung zu reden. Was bleibt ist die Feststellung, daß damit etwas Außergewöhnliches zu sagen gesucht wird. Was allerdings gesagt werden soll, ist so leicht nicht zu bestimmen. Vielleicht ist diese Zeile eine Anweisung, sich einen Sinn für sie selbst zu suchen.

Unsere Beispiele sind mit Ausnahme des letzten durchweg von verhältnismäßig einfacher Struktur. Andere Fälle sind denkbar, in denen ein sehr viel komplexeres System wechselseitiger Annahmen nötig ist, um hinter den Sinn solcher Handlungen zu kommen. Wir können hier darauf nicht mehr eingehen. Einige Beispiele dieser Art finden sich in den Materialien im Anhang dieses Buches. Abschließend noch eine Feststellung: Wir haben zu zeigen versucht, welche sprachlichen Handlungsmöglichkeiten sich ergeben können, wenn grundlegende Prinzipien der Kommunikation in sprachlichen Handlungen reflektiert dazu genutzt werden, etwas anderes zu tun als das, was man offensichtlich tut. Diese neuen Handlungsmöglichkeiten können ihrerseits zu Verstößen gegen grundlegende Kommunikationsprinzipien genutzt werden. Es handelt sich dann gewissermaßen um Verstöße höheren Grades: Jemand kann etwa so tun, als rede er ironisch, um dadurch seine wirklichen Ansichten zu verbergen. Oder jemand kann so tun, als rede er in übertragenem Sinn von etwas, meint es aber wörtlich und will sich so verschiedene Möglichkeiten offenhalten, sich auf eine Meinung festzulegen, wenn die Umstände besser geklärt sind. Und damit nicht genug: Auch diese Handlungen können wieder offenkundig gemacht werden und dazu dienen, noch sophistiziertere Handlungen zu ermöglichen. Allerdings erreicht dabei die Kommunikation bald ein Stadium beängstigender Komplexität.

Bibliographische Hinweise

Das »Gespräch am Bahnhof« ist aus:
Jüdische Witze, eingeleitet und ausgewählt von S. Landmann, München [9]1966, 71.
Das Vater-Sohn-Gespräch haben wir entnommen aus:
K. Martens, Sprachliche Kommunikation in der Familie, Kronberg/Ts. 1974, 212.
Eine ausführliche Diskussion von Kommunikationsprinzipien findet sich in:
H. P. Grice, Logic and Conversation, Masch. Skript 1968.
Allgemeinerer Natur, aber doch in diesem Zusammenhang von Interesse ist Winchs Untersuchung des Charakters moralischer Normen. »There could not be a human society which was not also, in some sense, a moral community.« (S. 58) Aus:
P. Winch, Nature and Convention, in: ders., Ethics and Action, London 1972, 50–72.
Winch befaßt sich in dieser Arbeit insbesondere mit der Bedeutung der Norm, daß man die Wahrheit zu sagen hat: „But we can say that the notion of a society in which there is a language but in which truth-telling is not recognized as the norm is a self-contradictory one«. (S. 61)
Eine literarisch-wissenschaftliche Darstellung von Entwicklungen interpersoneller Beziehungen, die bis zur völligen Blockierung von Kommunikation reichen können, gibt Laing in:
R. D. Laing, Knoten, Reinbek b. Hamburg 1972.

10. Erfolgsorientiertes Kommunizieren

Gedächtnisprotokoll des Einstellungsgesprächs H.H.H.

S.: Um allen Mißverständnissen von vorneherein vorzubeugen, erkläre ich Ihnen, daß es bei diesem Gespräch nicht etwa um eine Gesinnungsprüfung oder eine Anhörung geht, auch nicht um Ihre Kriegsdienstverweigerung, Ihren Ersatzdienst oder um die DFG-IdK und DFG-VK. Zwar hat Ihre Mitgliedschaft in der DFG-VK sicher etwas mit Ihrer Kriegsdienstverweigerung zu tun, doch geht es hier nur um Ihre Einstellung zum Grundgesetz ...
Ich habe hier eine Anzahl von Flugschriften und Zeitschriften, in denen Sie als Verantwortlicher genannt sind. Sind Sie das? ...
H.: Ich möchte mich dazu nicht äußern, es liegt an Ihnen, nachzuweisen, daß ich derjenige bin.
S.: Das können Sie uns doch ruhig sagen, ich gehe jedenfalls davon aus, daß Sie derjenige Heinrich Häberlein sind, der hier als Verantwortlicher genannt wird.
H.: Das liegt an Ihnen.
S.: Sie wollen sich also nicht dazu äußern.
H.: Nein.
S.: Das sind Schriften und Flugblätter, die nach Meinung des Innenministeriums weit über das hinausgehen, was die Aufgabe Ihrer Organisation ist. Hier steht in der Ausgabe Nr. 2 von DISKOFO folgender Absatz: »*Die gewaltfreie Aktion:* Sie hebt den Gegensatz zwischen passiv-pazifistischer und gesellschaftsrevolutionärer Haltung auf, indem sie politische Aktivität und Engagement fordert, aber Gewalt, d. h. physische Gewalt, ablehnt und damit das Entstehen einer neuen Art von Militarismus vermeidet. ... Die gewaltfreie Aktion nimmt die Verhaltensweise und basisgerechte Struktur einer sozialistischen Gesellschaft, die sie erreichen will, voraus, in ihrem Kampf um das Erreichen dieser Gesellschaft, den wir als praxistisch definieren würden. ...«
Wie stehen Sie zu dieser Äußerung?
H.: Um Ihnen eine Antwort geben zu können, muß ich meine Grundeinstellung erklären. Aus meiner Einstellung als Christ habe ich den Kriegsdienst verweigert und mich auf den Art. 4 Abs. 3 des Grundgesetzes – ein Grundrecht übrigens – berufen. Meiner christlichen Überzeugung zufolge will ich diese Gesellschaft, die freiheitlich-demokratische Grundordnung, mitgestalten ...
S.: Wie stellen Sie sich denn nun die Mitgestaltung dieser Gesellschaft vor, der freiheitlich-demokratischen Grundordnung? Sie haben selbst diesen Begriff gebraucht.
H.: Die Entwicklung unserer Demokratie und Verwirklichung der Grundrechte, z. B. trete ich ein für die nichteingeschränkte Wahrnehmung des Grundrechtes der Kriegsdienstverweigerung. Sie wissen, daß die DFG-VK für die Abschaffung des Prüfungsverfahrens für Kriegsdienstverweigerer eintritt und daß dem Bundestag in diesem Jahr ein Gesetz zur Abschaffung

des Verfahrens vorgelegt worden ist. Leider hat der Bundespräsident dieses Gesetz noch nicht unterzeichnet.

S. (unterbricht): Das interessiert mich jetzt nicht, gehört Ihrer Meinung nach zur Gestaltung der Demokratie auch Sozialisierung? Wir haben das Mehrparteiensystem die Gewaltenteilung, wie stehen Sie dazu?

H.: Bitte, lassen Sie mich doch ausreden, ich will Ihnen ja meine Einstellung erklären. Ein zweiter Schwerpunkt der Tätigkeit der DFG-VK ist das Wirken für Entspannung, Versöhnung zwischen den Völkern, Verständigung und Abrüstung. Um diese Ziele zu erreichen, besonders die Abrüstung in Ost und West, ist es meiner Meinung nach nötig, die Rüstungsindustrie unter stärkere Kontrolle zu stellen, wenn es sein muß, zu verstaatlichen, wie das ja nach Art. 14 und 15 des Grundgesetzes durchaus möglich ist.

S.: Ja, aber die Kontrolle besteht doch, durch unabhängige gewählte Abgeordnete. Oder können Sie denn so einfach hergehen und Waffen herstellen?

H.: Es ist bekannt, daß die Verflechtung zwischen Militär und Rüstungsindustrie sehr groß ist und daß eine Lobby besteht, die sehr großen Einfluß auf Politiker ausübt. Der Spiegel hat vor einiger Zeit darüber eine große Reportage gebracht, wie Sie vielleicht wissen.

S.: Naja, aber andere haben auch ihre Lobby.

H.: Bahn und Post sind ja auch in staatlicher Hand, weshalb sollte dies bei der Rüstungsindustrie nicht möglich sein, wenn es das Grundgesetz zuläßt? So könnte zum Beispiel eher darauf hingewirkt werden, daß konkrete Abrüstungsmaßnahmen eingeleitet werden.

S.: Halten Sie das für ein Kriterium von Sozialismus?

H.: Es verwundert mich, daß Sie mich immer über Sozialismus ausfragen wollen, obwohl in der Einladung zu diesem Gespräch steht, daß sich aus meiner Mitgliedschaft in der DFG-VK einige Fragen ergeben hätten. Was hat das denn mit Sozialismus zu tun?

S.: Ich zitiere aus einem Positionspapier der DFG-IDK: »Die DFG-IDK ordne sich ein in die sozialistische Revolution zur Befreiung der Völker von Ausbeutung und Kapitalismus/Imperialismus. Seine Waffen seien die wirtschaftliche Macht, das Militär und die Verschleierung dieser Herrschaft. Dagegen kämpften die sozialistischen Staaten, die Befreiungsbewegungen in der nicht industrialisierten Welt und die demokratische Opposition in den kapitalistischen Staaten. Den Bündnissen dieser Kräfte (Sozialisten, Kommunisten, Pazifisten, Liberale, Christen, u. a.) komme besondere Bedeutung zu.« Wie stehen Sie zu dieser Aussage?

H.: Darf ich erfahren, woher Sie das haben?

S.: Aus den »Informationen des Bundesministeriums des Innern – Innere Sicherheit« vom 30. 10. 1973, aber wir kommen schon noch auf das wesentliche.

H.: Wenn das in einem Papier der DFG-IDK gestanden hat, dann kann ich mir nur vorstellen, daß es sich um einen Diskussionsbeitrag gehandelt hat. Wie Sie wahrscheinlich selbst schon wissen, steht in der Präambel des DFG-VK-Programms: »Die DFG-VK ist eine unabhängige Vereinigung von Menschen verschiedener Weltanschauungen und unterschiedlicher politischer Auffassungen, die aus geistiger, sittlicher und politischer Verantwortung das dauernde friedliche Zusammenleben aller Völker durch Beseitigung des Krie-

183

ges und seiner Ursachen erstrebt.« Aus dieser Definition des Charakters der DFG-VK geht hervor, daß in der DFG-VK verschiedene Grundpositionen vorhanden sind und deshalb auch über grundsätzliche und aktuelle Fragen unterschiedliche Meinungen möglich sind. Es sind also in der Organisation Kommunisten genauso vertreten wie Christen oder Sozialdemokraten und Liberale. Verschiedene Standpunkte werden frei und offen diskutiert, wie das nach demokratischen Gepflogenheiten üblich ist. So kann es durchaus sein, daß ein Diskussionspapier mit einem solchen Inhalt vorgelegt worden ist, das dann diskutiert wurde. Mir ist aber nicht bekannt, daß sich diese Meinung durchgesetzt hat.

S.: Ja, aber wie stehen Sie zu dieser Aussage?

H.: Für mich ist das Programm der DFG-VK und das damalige Programm der DFG-IDK verbindlich, das auf dem Bundeskongreß beschlossen wurde. Darin steht, daß die DFG-VK eine pazifistische Organisation ist, und dazu stehe ich voll und ganz. Außerdem habe ich die Grundsatzerklärung der Organisation unterschrieben, die lautet: »Der Krieg ist ein Verbrechen der Menschheit. Ich bin daher entschlossen, keine Art von Krieg zu unterstützen und an der Beseitigung aller Kriegsursachen mitzuarbeiten.«

S.: Sie möchten also nichts weiter dazu äußern?

H.: Nein.

S.: Sie machen es uns aber nicht leicht, unsere Zweifel an Ihrer Verfassungstreue auszuräumen. Sie sollten etwas gesprächiger sein. Doch gehen wir auf etwas anderes über. Ich habe hier ein Flugblatt der »Demokratischen Aktion 72«, auf dem Ihr Name als Verantwortlicher steht. Es geht um die Bundestagswahl. Da steht drauf: »Strauß, Barzel und Co. dürfen nicht an die Macht. Deshalb keine Stimme der CDU/CSU am 19. November.« Was war das denn für eine Vereinigung?

H.: Soweit ich mich erinnern kann, war das eine Initiativgruppe zur Bundestagswahl ...

S. (unterbricht): Und was für Leute waren denn da dabei?

H.: Das ist vier Jahre her, genau kann ich Ihnen das nicht mehr sagen, doch waren es vorwiegend Mitglieder der DFG-IDK.

S.: Ja, aber was hat das denn mit den Aufgaben der DFG-IDK zu tun?

H.: Kriegsdienstverweigerern ist es doch wohl erlaubt, sich zur Bundestagswahl äußern zu dürfen, oder etwa nicht?

S. (blättert im Stoß von Flugblättern): Hier habe ich ein Flugblatt, in dem es um Befreiungsarmeen geht – Befreiungsbewegungen nennt man die ja – da steht auch Ihr Name darunter – was hat denn das mit der DFG-IDK zu tun? Seit wann unterstützen denn Kriegsdienstverweigerer Befreiungsbewegungen, die doch Gewalt anwenden?

H.: Das kann man parallel zum Weltkirchenrat sehen, auf den ich mich gerade als Christ berufen möchte. Der Weltkirchenrat hatte angesichts der Befreiungskriege in Guinea-Bissao und Mocambique das Antirassismusprogramm beschlossen, mit dem die dortigen Befreiungsbewegungen unterstützt wurden – natürlich nicht mit Waffen und Kriegsgerät, sondern mit Medikamenten usw., also humanitäre Hilfe, um die Not zu lindern. Man wird wohl kaum behaupten können, daß der Weltkirchenrat die Gewalt und Blutvergießen unterstützen will. Genauso hat die DFG-IDK zu humanitärer Hilfe aufgerufen und ihre Solidarität mit den unterdrückten Völkern erklärt. Im übrigen war und ist es immer die Position unserer Organisation gewesen, daß nicht die Gewalt unterstützt, sondern dazu aufgerufen und hingewirkt wird, daß das Blutvergießen so schnell als möglich aufhört.

S.: Wie verträgt sich das aber mit diesem Positionspapier, in dem steht, »daß die Befreiungsbewegungen gegen die Ausbeutung, Kapitalismus/Imperalismus kämpften.«

H.: Zu diesem Papier habe ich mich bereits geäußert, ich brauche das nicht zu wiederholen.

S.: Etwas anderes. Sie sind auch Mitglied der VVN, Vereinigung der Verfolgten des Naziregimes. Weshalb sind Sie denn dort Mitglied, Sie waren doch nicht Verfolgter oder Ihre Familie – ich kann mich auch täuschen.

H.: Mein Vater war als Soldat im Krieg. Er erzählte mir, daß er neben anderem auch durch Kriegserlebnisse zum Glauben an Gott und Jesus Christus gekommen ist. Aus diesem Glauben heraus und aus christlicher Verantwortung hat er nach dem Krieg eine Ausbildung zum Diakon gemacht. Er ist jetzt Pfarrer. In diesem Sinne hat er mich auch zur Ehrfurcht vor den Millionen Opfern des Nationalsozialismus erzogen. Dafür bin ich ihm dankbar. Ich habe von daher auch meine christliche Grundeinstellung und meine Ehrfurcht vor den Opfern des Dritten Reiches. Dazu kommt, daß ich Pastor D. Martin Niemöller, der ja der Bekennenden Kirche angehörte und dafür lange Jahre im KZ saß, persönlich kenne. Ich habe mich mit seinem Leben und seinem Wirken viel beschäftigt. Das war ein entscheidender Anstoß dafür, daß ich Mitglied in VVN geworden bin. Meine Mitgliedschaft – ich bin dort nicht aktiv tätig, sondern nur einfaches Mitglied – ist Ausdruck meiner tiefsten Ehrfurcht und Solidarität mit den Opfern und den Überlebenden der KZ's.

S.: Nach den Verfassungsschutzberichten von 1972 und 1974 ist die VVN aber eine kommunistische Vereinigung, die der DKP nahesteht. Wie stehen Sie denn dazu?

H.: Nach dem Programm und nach der Zusammensetzung zu schließen, kann ich das aus meiner Erfahrung heraus nicht bestätigen.

S.: Wie setzt sich denn die VVN zusammen?

H.: In der VVN haben sich in erster Linie Christen, Juden, Sozialdemokraten, Kommunisten zusammengeschlossen, die zur Zeit des Nationalsozialismus verfolgt wurden oder im KZ saßen.

S.: Sind auch CSU-Mitglieder in der VVN?

H.: Von der Nürnberger VVN-Gruppe ist mir das nicht bekannt, ich weiß aber, daß Adenauer kurz nach dem Kriege Mitglied der VVN war. Er ist dann aber – Anfang der 50er Jahre glaube ich, war das – ausgetreten.

S.: In den Berichten des Innenministeriums steht, daß die DFG-VK die DKP im Kampf gegen den Antikommunismus unterstützt. Haben Sie nicht die Beobachtung gemacht, daß VVN und DFG-VK in kommunistisches Fahrwasser geraten sind, wie das hier steht?

H.: Herr Stender, das ist vielleicht Ihre Meinung, die ich aber so nicht teilen kann.

S.: Naja, sagen wir einmal, das ist die Meinung von Herrn Bundesinnenminister Maihofer.

H.: Übrigens, was von diesen Berichten zu halten ist, zeigt folgendes Beispiel:

Im Verfassungsschutzbericht von 1974 steht, daß unser Bundesvorsitzender Helmut M. Vogel Landesvorsitzender der DFU in Baden-Württemberg wäre. Herr Vogel hat nie in Baden-Württemberg gewohnt und war nie Mitglied der DFU, er ist Mitglied der FDP. Als er in einem Schreiben an seinen Parteifreund Maihofer diese Behauptung richtigstellte, bekam er als Antwort, daß man sich für diesen Fehler entschuldigen würde. Ich kann von diesen Berichten nicht viel halten, wenn offensichtliche Falschinformationen darin enthalten sind.

S.: Sehen Sie uns doch nicht als Gegner, wir wollen ja nur eine Antwort auf unsere Fragen haben. Können Sie sich nicht um ein sachliches Gespräch bemühen? Bitte, verstehen Sie mich nicht falsch, das Gespräch ist schon sachlich, mir geht es aber mehr um den Inhalt, um die Sache, z. B. um Ihre Meinung zum Sozialismus.

H.: Ich dachte, es geht um meine Mitgliedschaft in der DFG-VK. Das steht in der Einladung.

S.: In diesem Positionspapier, das ich vorhin schon zitierte, geht es aber um die sozialistische Revolution, und das ist ein Papier der DFG-IDK.

H.: Dazu habe ich mich bereits geäußert. Im übrigen zeigt ja die Praxis der DFG-VK, bei der es um die Betreuung von Kriegsdienstverweigerern und um die Verwirklichung von Abrüstung geht, daß wir unsere Aufgabe nicht darin sehen, eine sozialistische Gesellschaft zu schaffen, sondern zu verhindern, daß es wieder Gewalt und Blutvergießen gibt und zu einem dritten Weltkrieg kommt. Uns geht es darum, daran mitzuarbeiten, daß der Friede durch Gewaltverzicht und Abrüstung erhalten wird und nicht durch Gewaltandrohung und Abschreckung.

S.: Gehört dazu, daß dieses System geändert werden soll?

H.: Dazu steht im Programm des DFG-VK: »Den Frieden zu sichern, die Demokratie zu gestalten – für diese Ziele wirbt und arbeitet die DFG-VK.« Das habe ich vorhin ja schon einmal erklärt, wie ich das sehe.

(S. liest ein Zitat, in dem sich eine Pastorin Krote (Grote o. ä.) zum chinesischen Sozialismus bekennt.)

Stimmen Sie diesem Zitat zu?

H.: Wenn das diese Pastorin Krote so gesagt hat, kann ich dem nicht zustimmen.

S.: Welchem Sozialismus stimmen Sie denn dann zu, wenn nicht dem chinesischen?

H.: Ich bin Mitglied der DFG-VK – darum geht es hier ja wohl –, und die DFG-VK stimmt in ihrem Programm keinem irgendwie gearteten Sozialismus zu.

S.: In diesem Positionspapier steht aber etwas anderes. Wenn Sie in solch verantwortungsvollen Positionen in der DFG-VK sind, müßten Sie doch dazu etwas sagen können?

H.: Die Sozialdemokraten vertreten ihren Sozialismusbegriff, der sich unterscheidet vom Sozialismusverständnis der Kommunisten, dieses ist wieder anders als das der Maoisten – es gibt ja davon inzwischen auch schon wieder mehrere Gruppen, die sich unterscheiden. Weshalb sollte ich Ihnen das erklären, wenn ich als engagierter Christ in einer pazifistischen Organisation tätig bin. Warum fragen Sie mich nicht nach meiner pazifistischen und christlichen Gesinnung? Wenn es um Sozialismus geht, müssen Sie schon einen Sozialisten oder Kommunisten fragen. Ich halte es für müßig, mit Ihnen über die verschiedenen Sozialismen zu diskutieren.

S.: Sie halten es also für müßig, mir eine Antwort zu geben, wenn ich Sie nach Ihrer persönlichen Meinung zum Sozialismus frage?

H.: Sie haben mich gefragt, was ich von dem Zitat halte.

S.: Sie stimmen dem also nicht zu?

H.: Nein, denn hier ist von einem gewaltsamen Umsturz die Rede, und die DFG-VK vertritt den Standpunkt – ich darf das aus dem Programm zitieren: »Sie verfolgt ihre Ziele – Widerstand gegen jede Kriegsvorbereitung und Beseitigung aller Kriegsursachen – mit gewaltlosen Mitteln.«

S.: Sie wollen also gewaltlose Mittel anwenden. Würden Sie also einen gewaltlosen Umsturz bejahen – es gibt ja solche Theorien?

– Halten Sie es überhaupt für möglich, die Prinzipien unserer Gesellschaft zu ändern? Ich meine natürlich, ob Sie das für zulässig halten?

H.: Das Grundgesetz läßt es nicht zu, die Prinzipien unserer Gesellschaft zu ändern, die Grundrechte sind unantastbar.

S.: Streben Sie eine Änderung an, oder streben Sie das nicht an?

H.: Ich strebe einen Umsturz nicht an, sondern die Verwirklichung der Grundrechte und den Ausbau unserer Demokratie. Das ist übrigens auch die Position der DFG-VK.

S.: Die NPD hat ja auch ein Parteiprogramm, will aber etwas ganz anderes. Wie ist das dann mit der DFG-VK, es kann ja auch sein, daß . . .

H. (unterbricht): Die Übereinstimmung von dem, was die DFG-VK tut und was in ihrem Programm steht, können Sie ja an der Praxis der Organisation erkennen, die ich vorhin schon geschildert habe.

S.: Ja, aber dieses Positionspapier ist auch Praxis.

H.: Dazu habe ich mich bereits geäußert. . . .

S.: Im Programm der DFG-VK steht folgendes: »Bei der Beseitigung friedenshemmender Strukturen bedarf es auch wissenschaftlicher Untersuchungen. Die kritische Friedensforschung sieht den Weg zum Frieden nicht allein in der Beseitigung des Krieges zwischen den Staaten, sondern gleichermaßen in der Abschaffung innergesellschaftlicher Gewalt- und Herrschaftsverhältnisse. Dabei hat sie es sich zur Aufgabe gemacht, die Ursachen und Bedingungen der Friedlosigkeit zu untersuchen.« Es ist also hier die Rede von der Abschaffung innergesellschaftlicher Gewalt- und Herrschaftsverhältnisse. Was ist denn damit gemeint?

H.: Das kann ich Ihnen jetzt so aus dem hohlen Bauch heraus nicht erklären. Da müßte ich zunächst meine Unterlagen über die kritische Friedensforschung zu Hause einsehen und nachlesen, was genau gemeint ist, damit ich nichts Falsches sage.

S.: Aber die DFG-VK hat das doch in ihr Programm übernommen, und deshalb ist doch diese Aussage über die Abschaffung innergesellschaftlicher Gewalt- und Herrschaftsverhältnisse programmatisch verbindlich.

H.: Dieser Absatz ist lediglich eine Aussage über die kritische Friedensforschung. Das wird deutlich, wenn man weiterliest: »Die DFG-VK bemüht sich deshalb um Zusammenarbeit von kritischer Friedensforschung und praktischer Friedensbewegung. Sie greift Ergebnisse der kritischen Friedensforschung in ihrer Arbeit auf; gleichzeitig trägt sie eigene Vorstellungen und Erfahrungen an die kritische Friedensforschung heran.«

Das bedeutet also, daß hier ein wechselseitiger Prozeß der Zusammenarbeit gemeint ist und nicht etwa eine einseitige Übernahme von Meinungen. Im übrigen glaube ich kaum, daß man z. B. der Hessischen Stiftung für Friedens- und Konfliktforschung, die auch aus Landesmitteln Geld bekommt und von der sich Teile zur kritischen Friedensforschung zählen, unterstellen könnte, daß sie unsere Gesellschaft beseitigen wolle.

S.: Was verstehen Sie denn unter Abschaffung innergesellschaftlicher Gewalt- und Herrschaftsverhältnisse.

H.: Die Abschaffung bzw. Veränderung von Verhältnissen, die der Verwirklichung von Grundrechten entgegenstehen. Zum Beispiel die Abschaffung des Prüfungsverfahrens für Kriegsdienstverweigerer. Eine weitgehende Demokratisierung also, ausgehend vom Grundgesetz.

S.: Was verstehen Sie denn unter Demokratisierung?

H.: Ich möchte mit einem Beispiel antworten: Am nächsten Donnerstag wollte ich in der Schule als Lehramtsanwärter anfangen, und nun sitze ich hier bei diesem Gespräch und kann nicht damit rechnen, in der nächsten Zeit eingestellt zu werden. Damit ist mein Grundrecht der freien Berufswahl eingeschränkt.

S.: Sie kennen doch den Beschluß der Ministerpräsidenten und das Urteil des Bundesverfassungsgerichts, daß der Bewerber Zweifel an seiner Verfassungstreue ausräumen muß. Ist das für Sie verbindlich? Gesetze müssen Sie ja auch beachten.

H.: Ja.

S.: Ich sehe hier eine Diskrepanz zwischen Ihrer Meinung zu diesem Gespräch und dem Urteil des Bundesverfassungsgerichtes.

H.: Ich sehe da keine Diskrepanz, denn sonst wäre ich ja nicht hier. Ich bin durchaus bereit, Zweifel an meiner Verfassungstreue auszuräumen – es zumindest zu versuchen. Doch wurden mir von Ihnen immer wieder Fragen gestellt, die ja eigentlich mit den Punkten, wie sie in Ihrem Schreiben angedeutet wurden, z. B. der DFG-VK, nichts zu tun haben.

S.: Das hängt damit zusammen, daß wir hier nur mittelbar über Organisationen sprechen wollten, es ging uns in erster Linie um Ihre Einstellung zum Grundgesetz. Doch dabei haben Sie uns im Stich gelassen. Es liegt an Ihnen, ob Sie uns noch etwas sagen wollen.

H.: Ich möchte nur noch zum Ausdruck bringen, daß ich ja bereits die mir zugeschickte Erklärung zur Verfassungstreue unterschrieben und den Bewerbungsunterlagen beigelegt habe. Mein Engagement in der DFG-VK steht im Zusammenhang mit dieser Erklärung, und mein Wirken innerhalb der DFG-VK wird vom Inhalt dieser Erklärung mitbestimmt.

S.: Doch jetzt will ich auch noch eine Erklärung an Sie richten. Wir haben von vornherein betont, daß es hier nicht um eine Gesinnungsprüfung oder ähnliches geht, sondern lediglich um ein Gespräch, damit vorhandene Zweifel an Ihrer Verfassungstreue ausgeräumt werden können.

Wir hatten uns etwas mehr Gesprächsbereitschaft erhofft, um die Fragen klären zu können, doch Sie haben es uns und damit Ihnen selbst sehr schwer gemacht. Es sieht im Moment nicht so besonders gut aus.

10.1. Einstellungsgespräche – Charakterisierung einer Kommunikationsform

Die Umstände, unter denen es zu solchen Gesprächen kommt, dürften ebenso bekannt sein wie die Tatsache, daß es darüber oft leidenschaftliche Diskussionen gab und gibt. Diese Diskussionen sind nahezu ausschließlich mit unmittelbar politischen und rechtlichen Fragen befaßt. Selten wird dagegen die Frage gestellt, welche Möglichkeiten die betroffenen Parteien – um solche handelt es sich weit eher als um Gesprächspartner – haben könnten, diese Gespräche in ihrem Sinn erfolgreich zu gestalten. In dieser Hinsicht leben selbst politisch und juristisch versierte Sprachteilhaber von der Hand in den Mund, was dann, wie etwa im Fall von H, zu unerfreulichen Ergebnissen führt. Man kann der Ansicht sein, daß die sogenannten Einstellungsgespräche nur dadurch zu bewältigen sind, daß man sie mit politischen und rechtlichen Mitteln so oder so aus der Welt schafft. Mittlerweile aber werden solche Gespräche geführt, und man macht es sich allzu leicht, wenn man jeden ungünstigen Ausgang auf politische Motive zurückführt. Für den Augenblick jedenfalls ist festzustellen, daß unbeschadet jeweiliger politischer Positionen eine Reihe von Chancen verpaßt werden, die Gespräche besser im Sinn der eigenen Ziele zu gestalten. Damit kein falscher Eindruck entsteht: Wir sind nicht der Meinung, daß es in der Frage der Einstellungsgespräche allein darauf ankäme, eine bessere Gesprächsstrategie zu entwickeln, um sie als Problem auszuschalten. Das Problem ist politischer Natur. Aber uns interessiert dies spezielle Einstellungsgespräch in erster Linie unter kommunikationstheoretischem Aspekt. Es dient uns als Demonstrationsobjekt für ein bestimmtes Problem kommunikativen Handelns: Wie gestalte ich ein Gespräch so, daß es in meinem Sinn erfolgreich verläuft. Das Einstellungsgespräch H.H.H. ist vielleicht kein typisches Gespräch, aber es eignet sich gut als Material für unsere Untersuchung: Wir kennen die Bedingungen, unter denen es zu dem Gespräch kommen mußte. Wir kennen den institutionalisierten Sinn des Gesprächs. Und wir kennen – was natürlich für H und S so nicht galt – die faktische Gesprächsführung der Parteien und die jeweiligen Reaktionen. Das versetzt uns in die Lage, die Gesprächsführung unter dem Gesichtspunkt erfolgreichen kommunikativen Handelns zu analysieren: Wir können versuchen, die Handlungen nicht allein als verständlich und der Situation nach möglich zu verstehen, sondern darüber hinaus ihre Wirkung hinsichtlich der Erreichung von Gesprächszielen zu prüfen, die über den jeweiligen Sprechakt hinausreichen. Dabei zeigt sich, ob und inwieweit Möglichkeiten zu einer Verbesserung der vorliegenden Gesprächsstrategien bestehen.

Wir können das Einstellungsgespräch H.H.H. als Partie eines Spiels »Einstellungsgespräch« betrachten. Diese Betrachtungsweise eröffnet uns bestimmte Möglichkeiten der Beschreibung des Gesprächs, sowie seiner Bewertung relativ zu anderen möglichen Spielverläufen, die wir freilich nur als Spekulation verstehen können. Wir können uns fragen:

(1) Was ist das für ein Spiel?
(2) Wie kommt es zu diesem Spiel?
(3) Wozu dient das Spiel?
(4) Welchen Nutzen haben die Spielausgänge für die Spieler?
(5) Ist es ein faires Spiel?
(6) Gibt es für einen Spieler eine Gewinnstrategie?
(7) Wie verläuft die gegebene Partie?
(8) Was könnte welcher Spieler besser machen?
(9) Welchen Einfluß haben externe Motive auf das Spiel?

Wenn wir dabei von Spiel sprechen, heißt das keineswegs, daß wir das Einstellungsgespräch als eine weniger ernsthafte Angelegenheit betrachten. *Spiel* dient uns hier als eine Art methodisches Konzept: Wir verstehen das Gespräch, d. h. eine bestimmte Folge kommunikativer Handlungen, als Realisierung bestimmter Handlungsmöglichkeiten, die wir uns durch Spielregeln in einen systematischen Zusammenhang gebracht denken. Das Spiel »Einstellungsgespräch« können wir dann etwa so beschreiben: Es ist ein Spiel für zwei Parteien oder Spieler. Jede Partei kann aus mehreren Personen bestehen. Eventuelle Abstimmungsprobleme innerhalb der Parteien lassen wir unberücksichtigt. Die beiden Parteien haben verschiedene Aufgaben: Partei S – wir nennen sie so, weil Regierungsdirektor S hauptsächlich als Sprecher dieser Partei auftritt – muß herausfinden, welche Einstellung Partei H – so genannt nach dem Bewerber H.H.H. – zum Grundgesetz der Bundesrepublik Deutschland hat. Partei H muß versuchen, Partei S davon zu überzeugen, daß sie eine Einstellung zum Grundgesetz hat, die mit dem vereinbar ist, was Partei S für eine notwendige Voraussetzung für eine Einstellung von Bewerbern in den öffentlichen Dienst hält. Partei S hat ihr Ziel erreicht, wenn sie zu einer richtigen Einschätzung der Einstellung von Partei H gekommen ist. Partei H hat ihr vom Spiel her definiertes Ziel erreicht, wenn Partei S davon überzeugt ist, daß sie – Partei H – die geforderte Einstellung zum Grundgesetz hat. Beide Parteien haben zur Erreichung ihrer Gesprächsziele alle Möglichkeiten des Gesprächs: Sie können Fragen stellen, behaupten, widersprechen, zweifeln, insistieren usw.

Die Beschränkung auf diese Handlungsmöglichkeiten – sie gibt dem Spiel Namen und Charakteristik – ist nicht ohne Bedeutung: Selbst wenn man davon ausgeht, daß die Chancen H's in dem Spiel insgesamt schlecht sind, so ist damit zumindest eine Form der Entscheidung gewählt, die nicht schon durch die Mittel, die dabei Anwendung finden, zu einer Schädigung H's führt. Andere Formen sind denkbar, werden anderorts und wurden hierzulande in einer anderen Zeit praktiziert: Es könnte etwa zu dem Spiel gehören, daß H die andere Partei bestechen muß oder daß H, wenn sie nicht sagt, was von ihr erwartet wird, mit Stromstößen traktiert wird. In diesem Zusammenhang ist auch noch festzustellen, daß H äußerlich nicht gezwungen wird, an dem Spiel teilzunehmen. Es ist deshalb nicht ganz korrekt, wenn Einstellungsgespräche als Verhöre bezeichnet werden, auch wenn sie ansonsten und insbesondere in der Praxis Ähnlichkeiten mit Verhören aufweisen.

Wenn es zu einer Partie des Spiels »Einstellungsgespräch« kommt, ist dem eine bestimmte Entwicklung vorausgegangen, die wir berücksichtigen müssen, wenn wir das Verhalten der Spieler verstehen und bestimmen wollen, ob und welche Möglichkeiten die Spieler haben, das Spiel für sich erfolgreich zu gestalten: H ist als Bewerber für den öffentlichen Dienst aufgetreten. Er erfüllt die fachlichen Anforderungen. Um in den öffentlichen Dienst aufgenommen zu werden, muß er darüber hinaus »Gewähr dafür bieten, daß er jederzeit für die freiheitlich demokratische Grundordnung eintreten wird.« Diese Anforderung ist durchaus problematisch, weil unklar ist, was man tun könnte, um ihr zu genügen.

In der Praxis bleibt diese Anforderung aber solang unproblematisch, wie der Anstellungsbehörde keine Erkenntnisse vorliegen, die sie daran zweifeln lassen, daß der Bewerber jederzeit für die freiheitlich demokratische Grundordnung eintreten wird. Wenn es deshalb überhaupt zu einem Einstellungsgespräch kommt, dann kann der Bewerber davon ausgehen, daß die andere Partei bereits Zweifel an seiner Verfassungstreue hat. Seine Aufgabe ist deshalb nicht einfach, wie dies nach unserer obigen Spielbeschreibung den Anschein haben könnte, einem prinzipiell unvoreingenommenen Partner gegenüber seine positive Einstellung zum Grundgesetz zu demonstrieren. Er muß die bereits vorhandenen Zweifel ausräumen. Das heißt: Er beginnt das Spiel in jedem Fall mit einem – vielleicht entscheidenden – Handicap.

Das Spiel »Einstellungsgespräch« ist nicht deshalb schon unfair, weil es für den einen Spieler mit einem Handicap beginnt. Das erklärt sich aus der Funktion des Spiels im Zusammenhang des gesamten Einstellungsvorgangs. Es dient nicht dazu, jeden Bewerber für den öffentlichen Dienst auf seine Einstellung zum Grundgesetz hin zu überprüfen, sondern dazu, im Fall von Bewerbern, die bereits Anlaß zu Bedenken gegeben haben, eine endgültige – jedenfalls, soweit die

Anstellungsbehörde betroffen ist – Entscheidung im persönlichen Gespräch herbeizuführen. Das Einstellungsgespräch ist gewissermaßen, auch wenn es mit einem Handicap beginnt, eine zweite Chance des Bewerbers. Wenn deshalb das Einstellungsverfahren kritisiert wird, dann ist sicher nicht gerade das Einstellungsgespräch die Stelle, an der die Kritik in erster Linie ansetzen sollte: Das Gespräch könnte trotz des Handicaps sogar das faire Moment in diesem Verfahren sein, weil es den Betroffenen selbst zu Wort kommen läßt und ihm prinzipiell – wie das in der Praxis aussieht, ist es eine andere Frage – eine Chance läßt. Weitaus kritikwürdiger als das Gespräch ist das Verfahren, das zu dem Handicap des Bewerbers geführt hat. Aber darauf können und wollen wir in diesem Zusammenhang nicht eingehen.

Das Spiel hat drei mögliche Ausgänge: (a) S kann seine Zweifel bestätigt sehen; (b) S kann seine Zweifel behoben sehen; (c) S kann unsicher sein, wie er die Sache beurteilen soll. Ausgang (c) werden wir nicht weiter berücksichtigen, da er in der Regel einfach zu einer Verlängerung des Spiels eventuell mit neuen Spielern führt. Ausgang (a) wie Ausgang (b) sind für S prinzipiell gleich erstrebenswert, wenngleich er realiter nach der Vorerwartung eher auf (a) hinarbeiten wird. Für S ist das Spiel dann erfolgreich verlaufen, wenn er zu einer ihn befriedigenden Entscheidung kommt, die er plausibel begründen kann. Adressat der Begründung ist dabei die vorgesetzte Dienstbehörde, die natürlich unter dem Anspruch steht, die Interessen des Staates zu wahren. Für H ist Ausgang (b) erstrebenswert, allerdings nicht unbedingt und um jeden Preis. Wir werden darauf noch zu sprechen kommen.

Ist das Spiel fair? Wir haben bereits darauf hingewiesen, daß es nicht schon deshalb unfair ist, weil es unter Bedingungen zustande kommt, die ihrerseits unfair sein können. Unfair ist das Spiel dann, wenn es den Partnern ungleiche Chancen läßt, es erfolgreich zu gestalten. Hier einige Beispiele fairer und unfairer Spiele: Schach ist – nach allem, was bekannt ist – ein faires Spiel. Beide Spieler treten, soweit das Spiel betroffen ist, unter gleichen Bedingungen an und haben dieselben Handlungsmöglichkeiten, die sie nach Maßgabe von Spielregeln realisieren dürfen, die für beide gleich verbindlich sind. Dagegen ist Mühle ein unfaires Spiel, weil es für den Spieler, der das Spiel eröffnet, eine Gewinnstrategie gibt. Wenn er eine bestimmte Folge von ihm möglichen Spielzügen ausführt, hat sein Partner keine Chance, das Spiel zu gewinnen. Daneben gibt es sog. Glücksspiele, die mehr oder weniger fair sind, weil sie eine bestimmte Wahrscheinlichkeitsverteilung für in bestimmter Weise bewertete Ausgänge haben.

Es ist nicht einfach, das Spiel »Einstellungsgespräch« in dieser Hinsicht zu beurteilen. Man könnte sagen, daß es eine Gewinnstrategie für S gibt, weil er so oder so zu einer Entscheidung kommen kann, die er mit nur wenig Geschick rechtfertigen kann. Aber, was für S ein Gewinn ist, muß kein Verlust für H sein. Es besteht allerdings die Möglichkeit, daß S das Spiel unausweichlich zu einem Ende bringt, das ein Verlust für H ist. Damit ist prinzipiell die Möglichkeit gegeben, das Spiel ohne Verletzung seiner Regeln aus der Sicht des H unfair zu machen. Dies kann unter zwei Gesichtspunkten relevant werden: Zum einen kann es sein, daß die Person (bzw. Personen), die die Rolle des S spielt, aus rein privaten Gründen daran interessiert ist, daß H unter keinen Umständen in den öffentlichen Dienst gelangt. Zum andern kann das Spiel zum »Schauspiel« degenerieren, vergleichbar den sog. Schauprozessen totalitärer Staaten. In diesem Fall wäre S allein an einem für H negativen Ausgang interessiert und würde auch über eine Gewinnstrategie verfügen, diesen Ausgang herbeizuführen. In der Praxis kann kein Bewerber für den öffentlichen Dienst, der zu einem Einstellungsgespräch geladen wird, von vornherein ganz ausschließen, daß er nur vorgeführt wird, um dem Buchstaben eines Erlasses zu genügen, ohne wirklich eine Chance zu haben. Dieser Umstand ist für seine Einschätzung seiner Möglichkeiten von entscheidender Bedeutung. Wir werden diesen Umstand in Rechnung stellen müssen, wenn wir das Verhalten von H.H.H. in dem protokollierten Gespräch untersuchen.

10.2. Analyse des Gesprächs

Die Tatsache, daß H.H.H. sich auf das Einstellungsgespräch eingelassen hat, kann verschiedene Gründe haben: Er könnte, obwohl er nicht an eine echte Chance glaubte, zu dem Gespräch bereit gewesen sein, weil er bereits beabsichtigte, es zu protokollieren und das Protokoll zu veröffentlichen. Er könnte sich darauf eingelassen haben, obwohl er sich für chancenlos hielt, um seinen Eltern, die an seine Chance glaubten, definit zu zeigen, wie seine Lage einzuschätzen ist. Er könnte das Ganze für ein Mißverständnis gehalten haben, das sich ausräumen ließe, wenn er seine Haltung darstellen dürfte. Er könnte halbherzig an eine Chance geglaubt haben, die Zweifel an seiner Verfassungstreue auszuräumen. Sicher sind weitere Gründe denkbar, auch Kombinationen von Gründen. Außerdem ist denkbar, daß er im Verlauf seine Einschätzung des Gesprächs und seiner Chancen änderte. Wenn wir seine Gesprächsführung beurteilen wollen, müssen wir uns an seinen Gründen orientieren. Diese Gründe sind uns allerdings nicht direkt zugänglich. Wir müssen sie aus seinem Gesprächsverhalten erschließen. Um aber nicht in einen Zirkel zu geraten, beginnen wir mit der unseres Erachtens naheliegenden Annahme, daß er schon daran interessiert war, als verfassungstreuer Bürger anerkannt zu werden und in den öffentlichen Dienst eingestellt zu werden. Auf der Grundlage dieser Annahme interpretieren wir seine Handlungen, solang nicht andere Annahmen notwendig erscheinen.

Weniger schwierig scheint eine Bestimmung der Gründe von S, sich auf das Spiel einzulassen. S ist in offizieller Funktion beteiligt. Er hat die Interessen des Staates zu wahren. Die Art und Weise, wie er dies tut, wird allerdings wesentlich von seinen eigenen Vorstellungen von Staat, Verfassung, Verfassungstreue und Verfassungsfeinden abhängen. Sein Gesprächsverhalten ist unter Umständen nach zwei Gesichtspunkten zu bewerten: Dient es einer erfolgreichen Bewältigung seiner Aufgabe und/oder dient es der Realisierung seiner privaten Vorstellungen vom Verlauf solcher Gespräche? Da wir über den zweiten Aspekt nur unzureichende Mutmaßungen anhand des Protokolls anstellen könnten, beschränken wir uns auf den ersten Aspekt.

S eröffnet das Gespräch mit einer Erklärung, die nochmals den Zweck des Gesprächs klarstellen soll. Indem er feststellt, was zur Sache gehört und was nicht, gibt er zu erkennen, daß er das Gespräch in der Hand behalten will.

Nach dieser Eingangserklärung konfrontiert er H mit einer Reihe von Schriften, in denen H als Verantwortlicher genannt ist, und fordert von H dazu eine Stellungnahme. Bevor es zu dieser Forderung kommt, gibt es ein nicht unwesentliches Intermezzo, auf das wir aber erst im Zusammenhang mit H's Gesprächsführung eingehen werden. Die Strategie von S ist die eines – freilich nicht besonders geschickten – Prüfers. Er wählt in gewissem Sinn den direkten Weg zur Lösung seiner Aufgabe. Er stellt Fragen und fordert Stellungnahmen zu bestimmten Punkten, die er für entscheidend hält. Da S im Verlauf des Gesprächs wiederholt Textstücke präsentiert, kann man davon ausgehen, daß er seine Strategie bereits vor dem Gespräch beschlossen hat. Dieser Eindruck stützt sich auf die Beobachtung, daß S mehrmals direkte Steuerungseingriffe macht. Er unterbricht H, wenn dieser seiner Meinung nach nicht zur Sache kommt: *Das interessiert mich jetzt nicht.* Er reagiert nicht auf H's Erklärungen, jedenfalls mit wenigen Ausnahmen. Er treibt das Gespräch durch ständig neue Fragen voran, insistiert, wo es ihm wichtig erscheint. Und er bedroht H offen, als dieser sich zum wiederholten Mal einer Antwort in seinem Sinn entzieht: *Sie machen es uns aber nicht leicht, unsere Zweifel an Ihrer Verfassungstreue auszuräumen. Sie sollten etwas gesprächiger sein.* Das heißt wohl soviel wie, daß er H's Aussageverweigerung zu dessen Ungunsten auslegen will.

Die Punkte, die S für entscheidend hält, sind: sozialistische Gesellschaft, Sozialisierung, Mehrparteiensystem, Gewaltenteilung, immer wieder Sozialismus, Bündnisse mit Sozialisten und Kommunisten, Befreiungskampf, Gewaltanwendung, kommunistisches Fahrwasser, in dem die Vereinigungen sich befinden sollen, denen H angehört, Systemveränderung, Umsturz, Abschaffung innergesellschaftlicher Gewalt- und Herrschaftsverhältnisse, Demokratisierung. Man muß dazu bemerken, daß dies keine Besonderheit von S sein dürfte. Immerhin stützt sich S auf Materialien, die er kaum selbst zusammengetragen haben dürfte. Die Idee, die S mit seinem Vorgehen vermutlich verfolgt, ist, H zu zwingen, seine Einstellung zu bestimmten Positionen unserer freiheitlich demokratischen Grundordnung zu offenbaren. Wenn wir ein solches Gespräch betrachten, fällt uns natürlich ein, daß, selbst wenn H die Erwartungen von S in dieser Hinsicht erfüllt, noch lang nicht geklärt ist, ob H damit als verfassungstreu bzw. als verfassungsfeindlich einzustufen ist. Aber damit sind wir auf dem besten Weg, die Situation zu verkennen, die für S und für H gegeben ist: Ob es in unserem Sinn, nach unserem Verständnis noch offen ist, wie H's Antworten zu bewerten wären, ist hier nicht von Belang. Es geht nicht darum, wie was zu bewerten ist, was letztlich nichts anderes heißt, wie w i r es bewerten würden, sondern darum, wie S es bewertet.

Das betrifft die Kritik des Spiels »Einstellungsgespräch« insgesamt. Innerhalb des Spiels ist es so, daß S bewertet, und er tut das als eine Person, die zumindest qua Amtseid verpflichtet ist, in öffentlichem Interesse zu handeln. Wir stellen also fest, daß es für S – solang er in vertretbarer Weise im Rahmen geltender Gesetze bleibt – keine Diskrepanz zwischen seiner Bewertung der Antworten H's und einer r i c h t i g e n gibt. Genau das ermöglicht ihm auch, auf die von ihm eingeschlagene Weise zu einer Entscheidung zu kommen, die ihn zufriedenstellt.

Die Strategie des S scheint naheliegend und ist – in seinem Sinn – hinreichend, da H ihm dabei entgegenkommt. Er hätte das Spiel aber auch so spielen können, daß H weniger den Eindruck hätte haben müssen, doch einer Gesinnungsprüfung unterzogen zu werden. Er hätte H weitgehend die Initiative überlassen können und nur da und dort eine Bemerkung machen, die H angeregt hätte, sich zu einer bestimmten Sache zu äußern. Statt wiederholt auf seine Zweifel an H's Verfassungstreue hinzuweisen, hätte er H zu verstehen geben können, daß er ihn für vertrauenswürdig hält. Und dieses »hätte« bezieht sich nicht unbedingt darauf, daß S eben andere Ziele in dem Spiel hätte verfolgen können, sondern darauf, daß er genau die Ziele, die er verfolgt, auch so und sogar besser so hätte verfolgen können.

Seine Aufgabe ist herauszufinden, ob H Gewähr bietet, jederzeit für die freiheitlich demokratische Grundordnung im Sinne des Grundgesetzes einzutreten. So wie S vorgeht, muß er damit rechnen, daß er diese Aufgabe aus verschiedenen Gründen nicht befriedigend erfüllt: H könnte sich, da die Punkte, die S ins Gespräch bringt, als kritisch bekannt sind, eine Reihe geschickter Antworten zurechtgelegt haben, die seine Einstellung zum Grundgesetz gerade nicht offenbaren, aber, einmal ausgesprochen, von S nicht einfach ignoriert werden können. Oder H könnte – und dies scheint tatsächlich der Fall zu sein – durch die Art der Gesprächsführung des S zur Verweigerung gebracht werden. S legt dies zu Ungunsten von H aus, aber, ob er damit auch in öffentlichem Interesse richtig handelt, ist zu bezweifeln.

Die Aufgabe des S, die Einstellung H's zum Grundgesetz festzustellen, ist nur unter der Voraussetzung, daß H ein aufrichtiger Mensch ist, so zu lösen, wie S dies versucht. Der direkte Weg der Prüfungsfrage führt zunächst einmal dahin, daß man erfährt, was jemand zu einer Sache s a g t , nicht unbedingt dahin, daß man erkennt, was er davon hält. Um das einigermaßen verläßlich herauszufinden, muß man einen indirekten Weg wählen. Im Fall des Einstellungsgesprächs H.H.H. hätte dies so geschehen können: S spricht H auf ein scheinbar marginales Problem an und bringt bis zu einem gewissen Grad selbst Argumente in dieser Sache vor, die von Mitgliedern sog. verfassungsfeindlicher Organisationen vorgebracht werden könnten. S zeigt sich verständnisvoll, um H aus der Reserve zu locken. Ein solches Vorgehen brächte S freilich in die Nähe eines agent provocateur, und wir wollen hier nicht unterstellen, daß eine solche Strategie von S oder anderen Personen, die seine offizielle Rolle spielen, für diskutabel gehalten wird. Aber dies ist eine Möglichkeit, auf die sich H trotz unserer Vorbehalte einrichten muß und die deshalb seine Strategie mitbestimmen könnte.

Interessanter als die Gesprächsführung des S ist die des H. Er hat die entschieden schwierigere Rolle, ganz abgesehen davon, daß für ihn mehr auf dem Spiel steht als für S. Man kann davon ausgehen, daß H dies auch weiß. Dennoch scheint er Schwierigkeiten zu haben, seine Situation im Spiel einzuschätzen: Auf die Frage von S, ob er derjenige sei, der als Verantwortlicher in einer Anzahl von Schriften genannt sei, antwortet er mit einer Aussageverweigerung: *Ich möchte mich dazu nicht äußern, es liegt an Ihnen, nachzuweisen, daß ich derjenige bin.* Dieses Verhalten könnte bei Gericht sinnvoll sein, wo es Sache der Anklage wäre nachzuweisen, daß H der Genannte ist, und H durch seine Zustimmung die Arbeit der Anklage unnötig erleichtern würde. In diesem Spiel schadet es ihm nur. S faßt die

Weigerung als Bestätigung auf: *Ich gehe jedenfalls davon aus, daß Sie derjenige Heinrich Häberlein sind,* und H hätte wissen können, daß S dies tun wird. Wir werden unten noch genauer darauf eingehen.

Die einzige Chance, die H hat, das Gespräch erfolgreich zu gestalten, besteht darin, S freundlich zu stimmen. Da die Aussageverweigerung H's ganz am Anfang des Gesprächs steht, ist nicht davon auszugehen, daß H an dieser Stelle bereits eine Strategie verfolgen will, nach der etwas anderes als Einstellung in den öffentlichen Dienst als Erfolg zu betrachten wäre. Später erschiene das möglich: H könnte der Meinung sein, daß die Sache zu seinen Ungunsten gelaufen ist und sich nicht mehr darum scheren, wie S gestimmt ist oder wird. Aber hier zu Beginn des Gesprächs gibt es unter unserer Annahme keine Alternative für H. Es ist vielleicht nicht einfach herauszufinden, was H dazu hätte tun können, aber unzweifelhaft hat er etwas Falsches getan. H ist in der Lage eines Vertreters, der einen Artikel zu verkaufen hat, an dem sein Gegenüber nicht unbedingt interessiert ist. Selbst wenn ihm das ganze Gespräch und S insbesondere zuwider ist, macht es wenig Sinn, wenn er eine aggressive Note ins Spiel bringt.

Es ist schwer einzuschätzen, wie sich das Gespräch entwickelt hätte, wenn H an der genannten Stelle anders geantwortet hätte. In Anbetracht der faktischen Entwicklung möchte man annehmen, daß dies wenig für ihn gebracht hätte. Aber das ist Spekulation und für eine Einschätzung seines Verhaltens deshalb nicht sehr wesentlich, weil er ohne zusätzliche Schwierigkeiten in einer Weise hätte handeln können, von der mehr Erfolg zu erwarten gewesen wäre. Hier einige Möglichkeiten: H hätte antworten können

(a) Ja, ich bin dieser H.H.

(b) Nein, das muß jemand anders sein, oder man hat dies ohne mein Wissen getan.

(c) Ich sehe Herr S., Sie haben sich große Mühe gemacht. Aber ich muß Sie enttäuschen. Ich bin zwar der Genannte, aber die haben damals einfach meinen Namen auf die Papiere gesetzt, ohne mich zu fragen. Ich war nie ganz der Meinung, die in diesen Papieren vertreten wurde, aber ich hielt es dummerweise nicht für nötig mich ausdrücklich davon zu distanzieren, weil ich nicht gedacht hatte, daß es darüber einmal zu Zweifeln an meiner Verfassungstreue kommen könnte.

(d) Ja, ich bin wohl verantwortlich, obwohl ich heute nicht mehr hinter dem stehen kann, was da geschrieben steht.

Antwort (a) dürfte vergleichsweise neutral in ihrer Wirkung auf das Gespräch sein. Interessanter und zugleich brisanter als (a) erscheint Antwort (b). Mit einer solchen Antwort hätte H vieles ausräumen können, was seiner Einstellung in den öffentlichen Dienst entgegensteht, vorausgesetzt, daß die Antwort nachweislich wahr oder aber nicht als falsch auszuweisen wäre. S ist davon ausgegangen, daß H im Sinn von (b) geantwortet hätte, wenn (b) zugetroffen hätte. Begründet ist diese Annahme vermutlich darin, daß S glaubt, niemand würde eine ihn entlastende Aussage unterlassen, wenn diese auch noch wahr wäre. S konnte allerdings zunächst nicht davon ausgehen, daß auch die Umkehrung dieser Annahme gilt, daß nämlich niemand eine solche Aussage machen würde, wenn sie falsch wäre. Es ist bekannt, daß Leute lügen.

Dies bringt uns auf ein zentrales moralisches Problem erfolgsorientierten Kommunizierens: Darf man lügen, wenn das der Durchsetzung der eigenen Ziele dienlich ist? Dazu ist zunächst festzustellen, daß der Sinn des Lügens gerade darin liegt, der eigenen Sache zu dienen. Wer lügt, tut dies für gewöhnlich genau aus diesem Grund. Aber das beantwortet die moralische Frage nicht. Wenn jemand lügt, um sich persönliche Vorteile zu verschaffen, dann kann von Dürfen keine Rede sein. Er tut es eben. Die Frage, die sich für ihn noch stellt, ist nicht moralischer, sondern strategischer Natur: Was leistet die Lüge für die Erreichung meines Ziels? Das ist freilich nicht so zu verstehen, als wären moralisches und strategisches Handeln als Alternativen zu sehen. Wer moralische Fragen ausklammert, hat ein bestimmtes Erfolgskriterium gesetzt und steht jetzt vor dem Problem, wie er sich am besten verhalten kann, um in dem gesetzten Sinn erfolgreich zu sein. Wer dagegen moralische Fragen einbezieht, ist unter Umständen auch und gerade damit befaßt, was er tun darf, damit das, was ihm zunächst als Kommunikationserfolg erschien, noch ein Erfolg für ihn ist, wenn er es erreicht.

Für H stellt sich das Problem so: Er hat das Gespräch – jedenfalls gehen wir davon aus – aufgenommen, um zu erreichen, daß er in den öffentlichen Dienst eingestellt wird. Das ist ein in jeder Hinsicht legitimes Ziel. Für einen moralisch handelnden Menschen ist auch ein solches Ziel nur erreichbar, wenn er es erreichen kann, ohne gegen das zu verstoßen, was er für moralisch vertretbar hält. Er hat in seinem Leben ein Ziel, das vor allen anderen Zielen Vorrang hat: ein moralisch einwandfreies Leben zu führen. Was immer er tut, kann nur erfolgreich für ihn sein, wenn es ihn nicht in Konflikt mit seinem Lebensziel bringt. Damit haben wir allerdings erst den allgemeinen Rahmen bestimmt, in dem sich die Frage, ob man lügen darf, für einen moralischen Menschen stellt. Die Antwort steht noch aus.

Die erste Antwort ist natürlich: nein. Das darf unter keinen Umständen zur Disposition stehen. Wie wir in dem Beitrag über Kommunikationsprinzipien ausgeführt haben, muß das Lügen verboten sein, weil es, wäre es erlaubt, die Kommunikation in einer entsprechenden Gemeinschaft zerstören würde. Weitere Überlegung zeigt jedoch, daß diese erste kategorische Antwort selbst moralisch betrachtet nicht unproblematisch ist. Was soll man tun, wenn ein Verzicht auf Lügen dazu führen kann, daß man gegen andere moralische Maximen verstößt? Darf man auch dann nicht lügen, wenn man nur so das Leben eines Freundes retten kann? Diese Frage muß jeder für sich selbst beantworten. Wir wollen nur darauf hinweisen, daß auch bei einer Entscheidung unbedingt moralisch zu handeln, für H nicht notwendig ausgemacht sein mußte, daß er zur Erreichung seines Ziels Einstellung nicht lügen dürfte. Wenn er dieses Ziel allein als sein persönliches sah, wenn es ihm dabei vor allem auf finanzielle Sicherheit usw. ankam, ist die moralische Entscheidung gegen das Lügen klar. Wenn er aber sein Ziel auch als moralisches betrachtete, nämlich Lehrer zu werden, um auch einen Beitrag dazu leisten zu können, daß im Schulunterricht auf moralisch hohe Ziele hingearbeitet wird, dann wäre nicht grundsätzlich ausgemacht, daß nicht gelogen werden darf.

Antwort (c) hat gewisse Ähnlichkeiten mit (b) und wäre, falls (b) falsch ist, dieser Antwort aus strategischen Gründen vorzuziehen, weil kein Risiko einer Entlarvung bestünde. H hat sich auch zu dieser Antwort nicht entschlossen, obwohl er fraglos imstande war, sich eine solche Antwort auszudenken. Daß H nicht in diesem Sinn geantwortet hat, könnte verschiedene Gründe haben: Er könnte für falsch halten, was mit (c) gesagt wird, und damit eine Äußerung von (c) als Lüge betrachten. In diesem Fall wäre (c) wie (b) zu betrachten. Die Tatsache, daß (c) von S kaum als Lüge zu entlarven wäre, ist moralisch belanglos. Der Unterschied zwischen (b) und (c) ist strategischer Natur und wird erst relevant, wenn prinzipiell (b) und (c) in Erwägung gezogen würden, auch wenn sie falsch sind. Ein anderer Grund für H könnte sein, daß er glaubte, vor S zu der Sache stehen zu müssen, obwohl (c) sogar in etwa zutreffend war. Dies würde vielleicht auch sein faktisches Verhalten erklären: Er distanziert sich nicht, auch später nicht, wo ähnliche Situationen vorliegen, aber er bekennt sich auch nicht zu der Sache.

Wir haben H für seine moralische Haltung weder zu loben noch zu tadeln, wenngleich wir feststellen können, daß er sich durch einen Verzicht auf Antworten wie (b) und (c) zwei sehr effiziente Möglichkeiten nimmt, das Gespräch so zu führen, daß er am Ende in den öffentlichen Dienst eingestellt wird. H hätte sich aber unbedacht seiner moralischen Einstellung strategisch klüger verhalten können, als er sich faktisch verhielt. Er hätte, wie bereits gesagt, relativ gesprächsneutral mit (a) antworten können, oder er hätte einen Schritt weitergehen und mit (d) antworten können. Antwort (d) reduziert die moralische Problematik auf eine Distanzierung hier und jetzt von ehemals eingenommenen Positionen. H konnte kaum hoffen, um eine solche Distanzierung herumzukommen, wenn er das Ziel Einstellung unter den gegebenen politischen Verhältnissen erreichen wollte. Er hätte durch Antwort (a) vielleicht einen Aufschub in dieser Frage erreichen können, aber, wie der weitere Verlauf des Gesprächs zeigt, eben nur einen Aufschub. Letztlich ist es dann gerade sein ständiges Ausweichen vor einer Distanzierung, das ihm von S angelastet wird. Wenn wir behaupten, daß H kaum hoffen konnte, um eine Distanzierung herumzukommen, heißt das natürlich nicht, daß er es nicht gehofft haben kann. Sein späteres Verhalten könnte in diesem Sinn zu verstehen sein. Er versucht wiederholt, S seine Haltung zu erklären, um zu erreichen, daß S erkennt, weshalb er bestimmte Dinge getan hat und daß diese Dinge keine Zweifel an seiner Verfassungstreue begründen müssen. Wir werden im folgenden vor allem darauf eingehen, wie er dabei vorgegangen ist, ob er, da er nun einmal so vorgehen wollte, strategisch klug vorgegangen ist, und wie die Chancen eines solchen erklärend argumentativen Vorgehens in Gesprächen dieser Art allgemein einzuschätzen sind. Bevor wir auf diese Fragen eingehen jedoch noch eine kurze Überlegung zur Frage der Distanzierung.

Was hindert H daran, sich kurz und bündig von allem zu distanzieren, das für Leute wie Regierungsdirektor S Zweifel an seiner Verfassungstreue begründen könnte? Die Antwort scheint schnell gefunden: Er wird überzeugt sein, daß die Positionen, von denen er sich distanzieren soll, im wesentlichen richtig und auch mit dem Grundgesetz vereinbar sind. H stellt dies mehrmals fest: *Meiner christlichen Überzeugung zufolge will ich diese Gesellschaft, die freiheitlich demokratische Grundordnung, mitgestalten und die Entwicklung unserer Demokratie und die Verwirklichung der Grundrechte.* Man kann aber fragen, ob H's Überzeugungen ihn tatsächlich an einer Distanzierung hindern müssen. Einmal hätte er versuchen können – wir werden unten auf einen solchen Fall zu sprechen kommen –, sich formal von bestimmten vermutlich unfreiheitlichen und undemokratischen Positionen zu distanzieren, um dann in einer Erklärung seiner Position in diesen Fragen inhaltlich alles zu halten, was ihm wesentlich erschien. Dies hätte vermutlich S nicht restlos befriedigt, ihm aber den Eindruck genommen, H sei nicht gesprächsbereit. Zum anderen hätte H sich fragen können, wieso er eigentlich gerade in dieser Situation offen zu seinen Überzeugungen stehen sollte. Was konnte er sich davon versprechen? Und würde es seinen Überzeugungen Abbruch tun, wenn er in einer solchen Situation scheinbar von ihnen Abstand nimmt? Damit keine Mißverständnisse entstehen: Es gibt sicher Situationen, in denen es richtig und wichtig ist, sich zu seinen Überzeugungen zu bekennen. Eine solche Situation ist etwa gegeben, wenn eine Solidarisierung von Gleichgesinnten erreicht werden soll oder wenn vor einem schwankenden Publikum Festigkeit der Überzeugung demonstriert werden soll, um ein Beispiel zu geben und zur Nachfolge zu animieren. Dabei ist jeweils wesentlich, daß ein Publikum da ist, bei dem Hoffnung besteht, es zu gewinnen. In dem Einstellungsgespräch H.H.H. ist aber Regierungsdirektor S das einzige Publikum, das zu gewinnen praktisch keine Chance besteht.

Vielleicht wird H's Verhalten verständlich, wenn man es im Zusammenhang der christlichen Tradition des Bekennermuts sieht. H gibt zwar keine Bekenntnisse ab, aber sein Verzicht auf klare Distanzierung könnte ein Reflex dieser Tradition sein. H kennt sicher das erschreckende Bild des Petrus, der seinen Herrn verleugnet, dann das Bild Luthers: »Hier steh ich, ich kann nicht anders!« Bei solchen Vorbildern konnte er sich schwerlich zu einer Distanzierung durchringen, ohne das als Charakterschwäche zu verstehen. Mut zum Bekenntnis wird immer noch und nicht nur von Christen hoch bewertet. Und je widriger die Umstände, je stärker die zu erwartenden Sanktionen, desto größer die Heldentat. Aber solche Heldentaten sind nicht unproblematisch. Zwar sind sie historisch als Überzeugungs- und Solidarisierungsmittel ziemlich erfolgreich gewesen, aber sie können auch unmittelbar zum Untergang bestimmter sozialer Gruppen führen. Wenn sich die überzeugten Anhänger eines bestimmten Glaubens oder einer bestimmten Ideologie ohne Not in solche Heldentaten stürzen, liefern sie sich und ihre Sache freiwillig-unfreiwillig ans Messer. Die Gegner verfügen dann über ein sicheres Mittel, sie herauszufinden und so oder so zu erledigen. Wer sich so verhält, gleicht den tapferen jungen Sioux-Kriegern. Sie brachten sich ohne Not in größte Gefahr, um ihren Heldenmut unter Beweis zu stellen, ein Verhalten das vermutlich zum Desaster der Sioux-Nationen beigetragen hat. Stellt man solche Entwicklungen in Rechnung, dann scheint gar nicht mehr so ausgemacht, daß es moralisch geboten ist, sich jederzeit zu seinen Überzeugungen zu bekennen. Ganz zu schweigen davon, wie sich solches Handeln unter mehr pragmatischen Gesichtspunkten auswirkt.

Zurück zu H's Gesprächsverhalten: Allgemein ist zu der ersten Spielhandlung H's zu bemerken, daß er hätte versuchen müssen, einem offenen Konflikt mit S aus dem Weg zu gehen. Im Grund kommt ihm S ungewollt sogar entgegen, indem er einen solchen Konflikt offen ansteuert. Hätte H so reagiert, wie wir dies im Zusammenhang mit (d) beschrieben haben, dann hätte er seiner Stellungnahme, zu der er sich doch bereitfindet, einen anderen Wert geben können. So wie er vorgeht, fällt es S leicht, seine Ausführungen als Ausweichmanöver abzutun. Für H ist das sehr schwerwiegend, weil er damit sein vermutlich stärkstes Argument, nämlich daß er als Christ und in christlicher Verantwortung handeln will, ohne Gewinn vertan hat. Dieses Argument hätte, richtig eingesetzt, entscheidende Bedeutung zugunsten H's haben können. Er hätte es deshalb sorgfältig vorbereiten müssen. Die Vorbereitung hätte durch einen Tribut an die Einschätzungen geleistet werden können, die S vermutlich von den vorgelegten Texten hatte. H hätte dabei sinngemäß so vorgehen können, wie wir es skizziert haben. Stattdessen setzt H zu einer ausführlichen Begründung seiner Position an, die in der Sache durchaus angemessen sein mag, aber von S jetzt im Anschluß an H's Aussageverweigerung als ein weiterer Versuch gewertet wird, sich einer Stellungnahme zu entziehen.

Die Aufgabe von S ist nicht, von H eine plausible Erklärung dafür zu erhalten, warum dieser überzeugt ist, daß die Aktivitäten, die Zweifel an seiner Verfassungstreue aufkommen ließen, durchaus mit dem Grundgesetz zu vereinbaren sind. S muß die Einstellung H's bestimmen und deshalb wird alles, was H vorbringt und das Zeichen vorheriger Überlegungen zeigt, für S weniger interessant sein als das, was H spontan erklärt. Die Idee, die dahintersteckt, ist einfach: Wenn jemand sich eine Erklärung zurechtgelegt hat, wird er sich sicher damit nicht als Verfassungsfeind verraten. Wenn er sich dagegen spontan äußern muß, wird sich weit eher seine eigentliche Einstellung verraten. S scheint sich nach diesem simplen Prinzip zu richten. Er eröffnet damit H sogar eine zusätzliche Chance, die dieser allerdings nicht wahrnimmt: H hätte, indem er seine wichtigsten Aussagen mit den Anzeichen der Spontaneität vorgebracht hätte, dafür sorgen können, daß S diese Aussagen als Offenbarung von H's Einstellung betrachtet hätte.

Im Anschluß an seine leichte Unmutsäußerung *Bitte lassen Sie mich doch ausreden* kommt H auf einen heiklen Punkt zu sprechen: auf Verstaatlichung und Verflechtung von Militär und Rüstungsindustrie. Spätestens an der ersten Reaktion von S hätte H erkennen müssen, daß es nicht sehr klug von ihm war, selbst solche Fragen ins Gespräch zu bringen. Für S ist die Forderung nach Verstaatlichung ein Zeichen für Sozialismus und als solche jedenfalls nicht gerade ein Zeichen für Verfassungstreue. Natürlich heißt das nicht, daß S damit recht hat, aber, wenn man sich denken kann, daß er eine solche Einstellung hat, braucht man ihn nicht unbedingt selbst darauf ansprechen. H hätte die Situation noch retten können, wenn er nach dem Einwand von S: *Ja, aber die Kontrolle besteht doch, durch unabhängige gewählte Abgeordnete* leicht ironisch geantwortet hätte. Stattdessen unterstellt er Befangenheit der Politiker. H's Verdacht gegen die Politiker kann für S ein Anzeichen für Mißtrauen in die freiheitlich demokratische Grundordnung sein, eine Vorstufe der Verfassungsfeindlichkeit. Auf den zweiten Kommentar von S in dieser Sache: *Naja, aber andere haben auch ihre Lobby* reagiert H mit einem Versuch, S von der Möglichkeit seiner – H's – Auffassungen zu überzeugen. Würde ihm dies gelingen, hätte er damit im wesentlichen auch seinen Gesprächserfolg gesichert. Aber sein Überzeugungsversuch ist ein wenig hoffnungsvolles Unterfangen. Dies ist nicht unbedingt der Ort, noch die Zeit für solche Versuche. Wer sich in H's Situation auf so etwas einläßt, scheint wenig von Überzeugungsprozessen zu wissen: H kann nicht ernsthaft annehmen, daß seine Argumente S neu sein werden. Wenn sie aber nicht neu sind, kann man davon ausgehen, daß S mit ihnen nicht zu überzeugen ist. Wären sie neu, wäre die Chance, daß so wenig Argumente eine grundlegende Haltung eines Menschen sofort ändern, immer noch gering.

S bringt das Gespräch wieder auf Sozialismus, und H äußert seine Verwunderung darüber, daß er über Sozialismus ausgefragt wird. Ernsthaft verwundert dürfte H kaum sein, aber es ist grundsätzlich nicht schlecht, daß er hier nicht unmittelbar Stellung nimmt. Statt sich allerdings, wie er es tut, darauf zu berufen, daß in seiner Einladung zu dem Gespräch nichts von Sozialismus stand, hätte er hier, – später tut er das – auf seine mangelhafte Kompetenz in Fragen des Sozialismus hinweisen können. S reagiert auf die Frage H's, was seine Mitgliedschaft in der DFG-IDK mit Sozialismus zu tun hätte, mit einem Zitat aus einem Positionspapier dieser Vereinigung und fordert von H eine Stellungnahme. Wieder verweigert H eine unmittelbare Stellungnahme und fragt erst einmal zurück: *Darf ich wissen, woher Sie das haben?* Natürlich ist es für H wichtig zu wissen, welchen Status das Papier hat, weil er seine Antwort daran orientieren muß. Aber es wäre zunächst einmal wesentlich für ihn, die kritischen Punkte – kritisch im Sinne von S – des Papiers zu erkennen und sich davon unter Hinweis auf strikte Gewaltlosigkeit zu distanzieren. Später tut er dies dann doch noch, aber die Distanzierung ist so verklausuliert, daß sie ihm keinen Vorteil bringt.

S hat Schwierigkeiten, die dann doch noch erfolgte Distanzierung H's zu erkennen. Vielleicht möchte er auch eine offene Distanzierung erreichen. H greift wieder zu dem Mittel der Aussageverweigerung. Er ist offensichtlich davon überzeugt, daß ihm dies von Nutzen sein könnte, denn er setzt es auch späterhin noch ein, obwohl ihm S unmißverständlich erklärt, daß ihm dies nichts nutzt: *Sie machen es uns aber nicht leicht, unsere Zweifel an Ihrer Verfassungstreue auszuräumen. Sie sollten etwas gesprächiger sein.* S läßt H keine Zeit darauf zu reagieren. Er geht zu einem weiteren Punkt über: H's Beteiligung an der »Demokratischen Aktion 72«. S ist daran interessiert, was für Leute daran beteiligt waren. H hätte hier einfach feststellen können, daß dies Freunde von ihm waren, die er von da und dort, auch von der DFG-IDK her kannte. Das hätte S die Möglichkeit genommen, die folgende Frage zu stellen: *Ja, was hat denn das mit den Aufgaben der DFG-IDK zu tun?* Aber selbst so, wie sich das Gespräch faktisch entwickelt hat, hätte H klüger reagieren können, als er es getan hat. Er hätte erklären können, daß dies natürlich nichts miteinander zu tun hätte, auch wenn es vielleicht nicht ganz zufällig gewesen wäre. Statt dessen reagiert er aggressiv: *Kriegsdienstverweigerern ist es doch wohl erlaubt, sich zur Bundestagswahl äußern zu dürfen, oder etwa nicht?*

Die schroffe Reaktion H's ist denkbar ungeeignet, seine Chancen auf einen erfolgreichen Verlauf des Gesprächs zu verbessern. Selbst, wenn wir als Gesprächserfolg nicht allein das Erreichen der Einstellung in den öffentlichen Dienst betrachten, scheint eine derartige Reaktion H's nicht angebracht. So wird er weder überzeugen, noch einen guten Eindruck für seine Sache machen. Aber darauf kommt es H im Augenblick vielleicht gar nicht an. Vielleicht hat er einfach genug von der Gesprächsführung von S und muß sich Luft machen. Wenn er hinsichtlich seines ursprünglichen – von uns unterstellten – Gesprächsziels resigniert hätte und jetzt dazu übergegangen wäre, S klarzumachen, was er von dem ganzen Verfahren hält, wäre das für uns Anlaß, unsere Bestimmung des Gesprächserfolgs zu revidieren. H handelt im folgenden nicht in diesem Sinn. Er scheint vielmehr im Rahmen dessen, was er für vertretbar hält, an seinem ursprünglichen Ziel festzuhalten. So ist seine schroffe Reaktion zwar nicht unverständlich, aber doch nicht strategisch klug.

Als S auf die Mitgliedschaft H's in der VVN zu sprechen kommt, antwortet H strategisch: Er begründet seine Mitgliedschaft mit den untadeligen Motiven der Ehrfurcht vor und Solidarität mit den Opfern des Nationalsozialismus. Entscheidend ist dabei, daß er diese Begründung nicht direkt vorträgt, sondern sie aus seiner christlichen Erziehung und den Kriegserlebnissen seines Vaters erklärt. S nimmt dies kommentarlos zur Kenntnis. Aber seine nächste Frage zeigt, daß H die Frage nach der Mitgliedschaft in der VVN nicht so beantwortet hat, wie sie gemeint war. Deshalb macht er den Sinn der Frage jetzt offensichtlich: *Nach den Verfassungsschutzberichten von 1972 und 1974 ist die VVN aber eine kommunistische Vereinigung, die der DKP nahesteht.*

Das bedeutet soviel: H ist Mitglied der VVN, und das ist einer der Gründe, die ihn der Einstellungsbehörde als potentieller Verfassungsfeind verdächtig gemacht haben, weil sie die VVN für kommunistisch, und das heißt in ihrem Sinn verfassungsfeindlich hält. Durch seine untadelige Begründung läßt H diesen Verdacht zunächst einmal ins Leere stoßen. Aber dieser Verdacht ist S zu wichtig. Er hakt nach. H reagiert zunächst strategisch richtig, indem er sich nicht auf die Frage einläßt, ob die Berichte des Verfassungsschutzes zutreffend sind oder nicht, sondern sich auf seinen eigenen Eindruck beschränkt. Da die VVN nicht offiziell als verfassungsfeindlich eingestuft ist, kommt es einer Bewertung der Mitgliedschaft H's in der VVN in erster Linie auf seine subjektive Einstellung zu dieser Vereinigung an. Aber in Anbetracht der Schwere des Verdachts ist H's Feststellung etwas schwach.

H erklärt S, daß er nicht der Meinung ist, daß die Vereinigungen in kommunistisches Fahrwasser geraten sind. Eine Erklärung in diesem Sinn mußte er abgeben, wenn er sich nicht jede Chance auf einen erfolgreichen Verlauf des Gesprächs nehmen wollte. Damit erreicht er, daß seine Meinung gegen die von S steht. Bei gleichberechtigten Partner ist dies eine Pattsituation. Bei Partnern wie S und H genügt es für den schlechtergestellten H nicht, nur seine Meinung gegen die von S zu stellen. Er müßte sie sofort mit Argumenten stützen, die S wenigstens einigermaßen plausibel sein könnten.

In seiner Reaktion auf den wiederholten Kommunismusverdacht von S macht H einen schwerwiegenden Fehler: Er versucht die Informationsquelle von S zu diskreditieren. Dies wäre sinnvoll, wenn das Gespräch vor einem unabhängigen Publikum stattfände, das über den Ausgang des Gesprächs zu befinden hätte. Aber hier ist S zugleich Partei und Gericht. Die von H beabsichtigte Wirkung, den Verdacht von S fragwürdig zu machen, indem er dessen Quelle fragwürdig macht, tritt deshalb nicht ein. H handelt sich lediglich den Vorwurf ein, er bemühe sich nicht um ein sachliches Gespräch. S ist offensichtlich verärgert und gibt hiermit zu verstehen, daß er mit dem bisherigen Verlauf des Gesprächs unzufrieden ist. Dann macht er noch einen Versuch, das Gespräch in seinem Sinn auf die Sache zu konzentrieren. Dabei zeigt er sich ein letztes Mal konziliant: *Verstehen Sie mich nicht falsch, das Gespräch ist schon sachlich, mir geht es aber mehr um den Inhalt, um die Sache, z. B. um Ihre Meinung zum Sozialismus.*

H hätte an dieser Stelle vielleicht noch alles retten können, wenn er sich kooperationsbereit gezeigt hätte: *Ja, Sie haben nicht unrecht. Irgendwie sind wir bislang nicht miteinander zurechtgekommen. Aber ich will versuchen, das zu ändern. Sie wollen also meine Meinung zum Sozialismus kennenlernen.* Natürlich hätte H jetzt etwas zum Sozialismus sagen müssen. Dabei wäre es kein Schaden, wenn er nicht in der Lage wäre, verschiedene Formen oder Auffassungen von Sozialismus wie ein Politikwissenschaftler oder gar wie ein theoretisch geschulter Marxist zu differenzieren. Im Gegenteil: Sogar wenn er dies könnte, wäre es gut für ihn, den Eindruck zu vermeiden, daß er in Fragen des Sozialismus kompetent ist. Insbesondere wäre es gut, wenn er sich weitgehend ohne sog. linken Jargon ausdrücken würde, weil er damit S erschweren würde, ihn in die Ecke jener einzuordnen, die diesen Jargon beherrschen.

Drei Stationen der Entwicklung wollen wir noch ansprechen: S fragt H, welchem Sozialismus er zustimmt, wenn nicht dem chinesischen. H weist die Frage zurück. S insistiert. H's Reaktion gipfelt in der Feststellung: *Wenn es um Sozialismus geht, müssen Sie schon einen Sozialisten oder Kommunisten fragen. Ich halte es für müßig, mit Ihnen über die verschiedenen Sozialismen zu diskutieren.* In Anbetracht des wiederholt geäußerten Interesses von S an einer Stellungnahme zum Sozialismus, jetzt zu verschiedenen Formen davon, kommt dieses Statement H's einer Aufkündigung der Gesprächsbereitschaft gleich. Verständlich wäre eine solche Antwort, wenn H hiermit das Gespräch beenden wollte, etwa weil er sich für chancenlos hält. Aber H will nichts dergleichen.

Die nächste Station: Auf die Frage, was mit der Abschaffung innergesellschaftlicher Gewalt- und Herrschaftsverhältnisse gemeint sei, antwortet H: *Das kann ich Ihnen jetzt so aus dem hohlen Bauch heraus nicht erklären. Da müßte ich zunächst meine Unterlagen über die kritische Friedensforschung zu Hause einsehen und nachlesen, was genau gemeint ist, damit ich nichts Falsches sage.* Das Eingeständnis seiner aktualen Inkompetenz ist in einer so zentralen Frage nicht angebracht, auch wenn H dabei aufrichtig ist. Anders als im Fall des Sozialismus, wo H einen Vorteil davon haben konnte, Inkompetenz zu zeigen, müßte er hier auf eine Antwort vorbereitet sein: Hier ist die Stelle, an der er auf die Vereinbarkeit seiner Position mit dem Grundgesetz abheben könnte. Dadurch, daß er sich inkompetent zeigt und feststellt, daß er sich vorbereiten müsse, um nichts Falsches zu sagen, erreicht er, daß S seinen Verdacht bestätigt sieht: Wenn H nichts zu verbergen hätte, müßte er nicht fürchten, etwas Falsches zu sagen. Vielleicht meint H diese letzte Bemerkung im Sinn wissenschaftlicher Redlichkeit, aber das ist nicht von Bedeutung, sondern, wie S diese Bemerkung verstehen kann. Und, daß S sie böswillig interpretieren würde, konnte H nach dem bisherigen Verlauf des Gesprächs annehmen.

Noch ein letzter Punkt in unserer Analyse des Einstellungsgesprächs: Auf die Frage, was er unter Demokratisierung versteht, antwortet H: *Ich möchte mit einem Beispiel antworten: Am nächsten Donnerstag wollte ich in der Schule als Lehramtsanwärter anfangen, und nun* sitze ich hier bei diesem Gespräch und kann nicht damit rechnen, in nächster Zeit eingestellt zu werden. Damit ist mein Grundrecht der freien Berufswahl eingeschränkt. Was konnte sich H von einer solchen Reaktion versprechen? Für S kann die Rechtmäßigkeit, und das heißt hier die Vereinbarkeit solcher Einstellungsgespräche mit freiheitlich-demokratischen Prinzipien nicht zur Diskussion stehen. Er kann sich auf geltendes Recht stützen. Das heißt nicht, daß dieses Recht damit jeder Diskussion entzogen ist, aber das Einstellungsgespräch ist kaum der Ort für diese Diskussion. Wer in dem Gespräch über die Rechtmäßigkeit dieses Gesprächs diskutieren will, handelt wie jemand, der mit einem Polizeibeamten über den Sinn von Parkverboten diskutiert, um zu erreichen, daß er eine Strafe nicht zahlen muß. Im Fall von H's letztem Gesprächsbeitrag kommt noch hinzu, daß S die implizite Kritik an der Rechtmäßigkeit des Einstellungsgesprächs als indirekte Beleidigung seiner Person auffassen könnte.

10.3. Strategische Leitsätze

»Es sieht im Moment nicht so besonders gut aus«, bemerkt Regierungsdirektor S am Ende des Einstellungsgesprächs. Wir können nur mutmaßen, daß es besser für H ausgesehen hätte, wenn er sich im Sinn unserer Vorschläge mehr erfolgsorientiert verhalten hätte. Es gibt keine Erfolgsgarantie. Vieles, was wir diskutieren konnten, hängt direkt mit den Besonderheiten des Beispiels zusammen und ist deshalb nicht oder nur durch Analogie auf andere Kommunikationen übertragbar. Das gilt insbesondere für das Wissen, das die Gesprächsteilnehmer notwendig brauchen. Daneben gibt es aber eine Reihe von Überlegungen, die eine Verallgemeinerung erlauben. Diese Überlegungen, die wir bei der Analyse des Gesprächs en passant angestellt haben, wollen wir jetzt in einen etwas systematischeren Zusammenhang bringen. Wir werden zu diesem Zweck eine Art Leitlinien für strategisches Verhalten in Kommunikationen formulieren.
Die Leitlinien haben eine gewisse Ähnlichkeit mit den Prinzipien, die wir in dem Beitrag über Kommunikationsprinzipien diskutiert haben. Tatsächlich sind sie von diesen nicht mit letzter Konsequenz zu trennen. Der entscheidende Unterschied liegt im Gesichtspunkt: Hier sind wir an Möglichkeiten erfolgsorientierten Kommunizierens interessiert. Das setzt die Möglichkeit von Kommunikation, die uns dort beschäftigt, bereits voraus. Und während dort das öffentliche Interesse an Kommunikation betont wird, stehen hier auch private Interessen der Gesprächsteilnehmer zur Diskussion. Aber insofern, als erfolgreiches Kommunizieren die Beherrschung der elementaren Regeln von Kommunikation voraussetzt, die in jenen Gesprächs-

maximen artikuliert werden sollten, sind diese Gesprächsmaximen in gewissem Sinn auch Maximen für strategisch kluges Kommunizieren. Wer erfolgreich Skat spielen will, muß vor allen Dingen die Regeln des Skatspiels blind beherrschen.

Zunächst ein Grundprinzip erfolgreichen Kommunizierens:

(10) Rede überlegt!

Die Allgemeinheit von (10) bedingt eine gewisse Trivialität: (10) ist eben ein Gemeinplatz, was soviel heißt, daß dieses Prinzip allgemein bekannt ist, nicht aber, daß es von jedermann befolgt wird. Die Befolgung von (10) ist eine Grundvoraussetzung für planvolles Kommunizieren, das den Gesprächserfolg nicht nur dem Zufall überläßt. Es garantiert aber nicht den Erfolg und ist keine conditio sine qua non für den Erfolg.

Nach (10) handeln heißt übrigens nicht, daß man sich zu jeder einzelnen sprachlichen Handlung erst nach einer Phase der Überlegung entschließt. (10) läßt sich nicht auf Einzelakte verteilen. Im Gegenteil: Die Einzelakte dürfen nur in besonderen Fällen erst noch überdacht werden, weil eine jeweils vorangeschickte Reflexion sich auf die Durchführung der Handlung wie auf den umfassenden Handlungsablauf störend auswirken kann. Wer etwa jeweils erst überlegen wollte, ob er eine witzige Bemerkung machen sollte oder nicht, würde dadurch gerade den Witz seiner Bemerkung stören.

Überlegtes Reden setzt nicht nur Überlegung im Einzelfall, sondern allgemein Reflexion auf die Bedingungen von Kommunikation voraus. In der Praxis, in der oft keine Zeit für Reflexion bleibt, müssen einem Gesprächsteilnehmer komplexe Einschätzungen von Gesprächsabläufen, möglichem Partnerverhalten und dergleichen bereits zur Verfügung stehen. Er muß gewissermaßen ganze Partien von Sprachspielen im Kopf haben. Das ermöglicht ihm dann eine gewisse Kontrolle des Gesprächsverlaufs, weil er Entwicklungen vorwegnehmen und sich optimal darauf einstellen kann. Damit ist zunächst einmal die Möglichkeit gemeint, wie gut dies einem Sprachteilhaber in der Praxis gelingt, ist zu einem wesentlichen Teil Begabungssache, denn überlegtes Reden ist auch eine Kunst. Es ist aber nicht nur eine Kunst. Man kann etwas dafür tun, besser zu werden: Man kann sich in der Analyse von Kommunikationen üben. Das verhilft einem zu detaillierten Kenntnissen von Situationstypen, Reaktionsfolgen und mehr oder weniger erfolgreichen Gesprächsstrategien. Weiterhin kann man sich den Sinn gängiger Kommunikationsprinzipien klarmachen und versuchen, sich selbst und andere in der Kommunikation zu beobachten, um festzustellen, ob und wieweit man diese Prinzipien befolgt hat und wie sich dies ausgewirkt hat. Auf diese Weise kann selbst ein weniger talentierter Sprachteilhaber soviel Erfahrung sammeln, daß er besser begabten, aber weniger erfahrenen Gesprächspartnern überlegen ist.

Wenn wir Prinzipen überlegten Redens zusammenstellen wollen, sind wir nicht auf uns allein gestellt und müssen nicht bei Null anfangen. Wir meinen damit nicht in erster Linie, daß es bereits eine Unzahl von Büchern gibt, in denen Kurse für erfolgreiches Reden angeboten werden. Wir meinen das Wissen, das Generationen von Sprachteilhabern zusammengetragen haben und das in Sprichwörtern, Lebensweisheiten, Aphorismen pointiert artikuliert wurde. Eine Auswahl davon findet sich im Anhang. Wer erfolgsorientiert kommunizieren möchte, muß sich nicht nur bestens von seinen eigenen Zielen und denen seiner Partner Rechenschaft geben und die Bedingungen, unter denen er mit diesen Partnern zu reden hat, berücksichtigen. Er muß darüber hinaus eine Reihe von strategischen Leitlinien beachten, deren Befolgung eine nach Lage der Dinge optimale Atmosphäre für erfolgreiches Reden schaffen kann. Solche Leitlinien könnten etwa sein:

(11) Sei bemüht, für aufrichtig gehalten zu werden!

(12) Unterstelle deinem Partner nur beste Absichten!

(13) Sage nie, daß dein Partner unrecht hat!

(14) Baue deinem Partner Brücken, damit er sich ohne Gesichtsverlust von einer zunächst vertretenen Position zurückziehen kann!

(15) Gib deinem Partner Chancen, sein Wissen und Können zu zeigen!

(16) Zeig dich verständnisvoll!

(17) Vermeide **Spott**!

(18) Rede verständlich!

(19) Vermeide Jargon!

(20) Reagiere gelassen auf Spott, Widerspruch, Zweifel und Gehässigkeiten!

(21) Betone die Gemeinsamkeiten mit deinem Partner!

(22) Gib dich nicht belehrend!

(23) Zeig nie offen Überlegenheit!

Eine Orientierung an diesen Leitlinien garantiert natürlich keinen Gesprächserfolg, aber ihre Nichtbeachtung wirkt sich negativ auf die Erfolgsaussichten aus. Dies gilt ganz unabhängig von den Besonderheiten bestimmter Sprachspiele: für ein Einstellungsgespräch ebenso wie für ein Gespräch unter Freunden oder ein zufällig zustande gekommenes Gespräch unter Fremden. Es handelt sich bei (11)–(23) um strategische Leitlinien, die besonders kooperatives Gesprächsverhalten fordern. Sie gleichen darin den elementaren Kommunikationsmaximen, gehen aber über sie hinaus, weil sie nicht allein die Möglichkeit von Kommunikation betreffen, sondern zusätzliche kooperative Anstrengungen fordern. Der Sinn dieser kooperativen Anstrengungen besteht darin, daß sie ohne einseitig auf den privaten Vorteil gerichtet zu sein, doch auch der Verfolgung privater Kommunikationsziele förderlich sind. Man kann jemand, der nach diesen Leitlinien handelt und dabei durchaus seinen eigenen Vorteil im Sinn hat, mit einem Kaufmann vergleichen, der dafür sorgt, daß seine Kunden zufrieden sind: Das ist angenehm für die Kunden und bringt ihm die Chance, besser mit ihnen ins Geschäft zu kommen.

Es gibt nichts, was gegen eine Befolgung der Leitlinien (11)–(23) sprechen könnte. Allerdings ist dazu folgende Anmerkung zu machen: Die Leitlinien betreffen nur den Fall, in dem der Gesprächspartner wirklich, d. h. nicht nur der Form nach Gesprächspartner ist. Wenn dagegen zwei Parteien vor einem Publikum diskutieren, das zu beeinflussen ihr eigentliches Interesse ist, während ihnen die gegenseitigen Meinungen unwichtig scheinen, kann es empfehlenswert sein, gegenüber dem Scheinpartner bestimmte Leitlinien zu mißachten. Unter Umständen erwartet das Publikum Spott, Lächerlichmachen, einen bestimmten Jargon, Betonung von Meinungsunterschieden. Aber dieser Fall berührt uns im Grund nicht, weil hier nicht wirklich zwischen den vermeintlichen Partnern, sondern mit dem Publikum kommuniziert wird.

Neben den Kooperationsmaximen (11)–(23) lassen sich auch Leitlinien für kompetitives sprachliches Handeln finden:

(24) Zeig, daß du überlegt sprichst!

(25) Schieb deinem Partner die Beweislast zu!

(26) Zeig Initiative!

(27) Behaupte nie mehr als notwendig!

(28) Verunsichere den Partner durch Zweifel!

(29) Laß den Partner über deine Ansichten und Absichten möglichst im Unklaren!

(30) Diskreditiere die Quellen des anderen!

(31) Diskreditiere die Quellen des anderen nicht!

(32) Bereite deine Zweifel und deine wesentlichen Thesen sorgfältig vor!

Unsere Liste kann nur einen winzigen Bruchteil der strategischen Leitlinien aufführen, die für diesen Aspekt kommunikativen Handelns in Sprichwörtern, Redensarten, Aphorismen formuliert worden sind. Aber unsere Liste zeigt bereits, daß es sich hier um Leitlinien handelt, die einen anderen Status haben als die Leitlinien (11)-(23) und erst recht als die elementaren Kommunikationsmaximen. So ist etwa keineswegs immer ausgemacht, ob man nach einer dieser Leitlinien handeln sollte, wenn man seine Gesprächserfolge im Auge hat, und nicht etwa besser nach ihrem kontradiktorischen Gegenteil. Ein Beispiel dafür bieten (24) und (31). In der Analyse des Einstellungsgesprächs haben wir z. B. gesagt, daß es für H besser gewesen wäre, die Quelle des S nicht als unglaubwürdig hinzustellen. Das schien nach Lage der Dinge in diesem Gespräch sinnvoll. In einer anderen Situation wäre es vielleicht erfolgversprechend gewesen, dies zu tun. So hätte etwa S diese Strategie wählen können, um H zu verunsichern oder zu verärgern, und ihn dadurch dazu bringen, die Kontrolle über seine Gesprächsführung zu verlieren. Allgemein ist zu Leitlinien wie (24)–(32) festzustellen, daß sie – auch wenn sie kategorisch formuliert sind – nur unter Berücksichtigung der besonderen Bedingungen sinnvoll zu befolgen sind, die in einer bestimmten Situation gelten. Und noch unter einem weiteren Gesichtspunkt unterscheiden sie sich von den Leitlinien (11)–(23): Während diese Kooperationsmaximen durchweg moralisch vertretbar sind, sind die Kompetitionsleitlinien (24)–(32) alle mehr oder weniger moralisch fragwürdig. Weniger fragwürdig sind vielleicht (24), (26), (32) und ähnliche Leitlinien, mehr schon (28), (30). Vollends fragwürdig, wenn nicht rundweg intolerabel, wären Leitlinien wie:

(33) Lüg, wo immer dir dies Vorteil bringt!

Wir haben oben am Beispiel des Einstellungsgesprächs darauf hingewiesen, daß gerade ein Handeln nach solchen Leitlinien sehr erfolgversprechend sein kann. Ob man sich deshalb dazu entschließen sollte, liegt von Fall zu Fall in der moralischen Entscheidung des einzelnen.

Bibliographische Hinweise

Das Gedächtnisprotokoll des Einstellungsgesprächs H.H.H haben wir entnommen aus:

Dokumente eines neuen Mc Carthyismus, in: Blätter für Deutsche und Internationale Politik 11 (1976), 1281–1289.

Aus Raumgründen waren wir gezwungen, den Text etwas zu kürzen.

Den methodischen Sinn eines Verständnisses von Kommunikation als Spiel hat Wittgenstein zu zeigen gesucht. Hierzu:

L. Wittgenstein, Philosophische Untersuchungen, Frankfurt a. M. 1967.

Eine systematische Darstellung der mathematischen Spieltheorie und ihrer Möglichkeiten geben:

R. D. Luce – H. Raiffa, Games and Decisions, New York-Sydney 1957.

Die Literatur über erfolgreiches Kommunizieren wird ebenso alt wie unüberschaubar, wenn wir Logik, Grammatik und Rhetorik dazu zählen. Selbst das Alte Testament enthält Ratschläge für das Kommunizieren. Hiob und die Sprüche wären hier in erster Linie zu nennen und nicht zuletzt das Gebot: Du sollst kein falsches Zeugnis ablegen.

Eine leicht verständliche Darstellung rhetorischer Mittel, die auch auf eine Verbesserung der Erfolgsaussichten aus sind, bietet:

H. Schlüter, Grundkurs der Rhetorik, München ³1976.

Dort findet sich auch eine ausführliche Bibliographie.

Die moralischen Fragen, die sich bei einer Bestimmung der Möglichkeiten erfolgsorientierten Kommunizierens stellen könnten, wurden in der Diskussion um die Kantschen Imperative zu beantworten gesucht. Hierzu:
P. Winch, Ethics and Action, London 1972, bes. die Artikel 3, 8, 9, 10, 11.
Eine dramatische Bearbeitung zur Problematik der Verhältnismäßigkeit von Zweck und Mittel gibt es von Jean Paul Sartre:
J. P. Sartre, Die schmutzigen Hände, Reinbek 1961.

11. Folgerungen

11.1. Zur Rekonstruktion von Sachverhalten

Mißtrauische Zeitgenossen sagen manchmal: »Ich glaube nur, was ich sehe.« Allzu ernst darf es ihnen damit allerdings nicht sein, wenn sie sich nicht peinlich einschränken wollen. Was wir sehen, ist, für sich betrachtet, oft nicht besonders interessant: Eine glimmende Zigarette etwa ist zunächst nichts weiter als eine glimmende Zigarette. Erst, wenn sie in Zusammenhang mit anderem, nicht notwendig Sichtbarem oder Zugänglichem betrachtet wird, kann sie bzw. die Tatsache, daß sie glimmt, Bedeutung erlangen. Ein findiger Kriminalist kann auf der Grundlage dieses an sich unbedeutenden Faktums zur Lösung eines komplexen Falls kommen.

Kriminalisten haben dieses »im Zusammenhang betrachten« zu einer wahren Kunst entwickelt. In weniger raffinierter Form ist es uns allen aus dem Alltag vertraut. Es ist uns sogar so geläufig, daß wir es für gewöhnlich gar nicht besonders bemerken. Man möchte sagen: Es widerfährt uns. Wir können uns oft nur durch besondere Anstrengung dazu bringen, nur das zu betrachten, was tatsächlich zu sehen ist. Wir sehen, was wir sehen, meist als Teil eines sinnvollen Handlungs- und Geschehenszusammenhangs, von dem uns nicht selten gerade jene Teile nicht unmittelbar zugänglich sind, die für unsere eigene Handlungsorientierung von Bedeutung sind. Wir suchen deshalb in dem, was uns zugänglich ist, Spuren oder Reflexe dessen, was uns nicht zugänglich ist. Die Spuren sind uns dann so gut wie das, was zu ihnen geführt hat. In ihnen oder durch sie glauben wir Gewißheit über an sich verborgene Sachverhalte erlangen zu können.

Das Aufspüren des Unzugänglichen im Zugänglichen – oder einfach im gerade Bekannten – ist, wie gesagt, für gewöhnlich durch seine Selbstverständlichkeit als eigenständige Handlung verborgen. Wo es Schwierigkeiten macht, wo es der Überlegung bedarf, ist es uns als Folgern oder Schließen bekannt. Betrachten wir dazu ein Beispiel. Zunächst einige allgemeine Vorbemerkungen: Am 4. 2. 1962 verkündete Landgerichtsdirektor Dr. Seibert vom Landgericht München II das Urteil in der Strafsache gegen Brühne, Vera, und Ferbach, Johann. Tenor: Die Angeklagten »sind schuldig zweier in Mittäterschaft begangener Verbrechen des Mordes. Sie werden zu lebenslangem Zuchthaus verurteilt. Die bürgerlichen Ehrenrechte werden ihnen auf Lebenszeit aberkannt ...« Damit endete nach 22 Verhandlungstagen einer der aufsehenerregendsten Strafprozesse der bundesdeutschen Nachkriegsgeschichte. Das Gericht hatte sich in seiner Entscheidung wesentlich auf eine Reihe sog. Indizien gestützt. Der Tathergang war – außer dem bzw. den Tätern, deren Identität nicht als bekannt vorauszusetzen war – keiner lebenden Person unmittelbar, d. h. aus eigener Anschauung, bekannt. Damit war nur ein indirekter Beweis, i.e. ein Indizienbeweis möglich. Das Gericht mußte sich aus den Spuren – in weitestem Sinn –, die die Tat hinterlassen hatte, ein Bild des Tathergangs machen: Auf der Grundlage als unstrittig zu betrachtender Feststellungen mußten Folgerungen gezogen werden, die eine zweifelsfreie Rekonstruktion des Geschehens ermöglichten. Das Gericht hat Feststellungen getroffen und Folgerungen gezogen, und zwar Feststellungen und Folgerungen von exemplarischer Kühnheit, die den Fall für eine exemplarische Untersuchung von Folgerungen geeignet erscheinen lassen.

Noch eine kurze Bemerkung zur Wahl gerade dieses Beispiels: Ein Strafprozeß ist sicher nicht gerade die Normalform von Disputen, und man kann deshalb zurecht fragen, ob er sich als Paradigma für eine Untersuchung von Folgerungen eignet. Er weicht in mancher Hinsicht von unseren alltäglichen, nicht institutionalisierten Kontroversen ab. Es gibt im Strafprozeß eine vorab anerkannte Entscheidungsinstanz: das Gericht, bestehend aus Berufsrichtern und Geschworenen. Es gibt in jedem Fall ein absehbares Ende, d. h. die Kontroverse wird im Rahmen des Prozesses so oder so entschieden. Aber gerade durch diese Abweichungen, die in der Tat Reglementierungen aus einer interessanten Notlage heraus sind, bietet sich ein Strafprozeß als exemplarischer Untersuchungsgegenstand an. Die Reglementierung und das Unbehagen an ihr sind geeignet, uns auf entscheidende Eigenschaften korrekten Folgerns aufmerksam zu machen.

Wir können hier nicht auf alle Folgerungen eingehen, die zu dem vorgelegten Urteil geführt haben. Wir beschränken uns auf den Komplex der Tatzeitbestimmung. In der Urteilsbegründung wird dazu folgendes ausgeführt:

Zur Tatzeit:

... Dr. Praun wurde an diesem Tage letztmals kurz vor 19.00 Uhr beim Verlassen seiner Praxis in München gesehen. Er war im Begriffe, in seine Pöckinger Villa zu fahren; die Fahrt dahin dauert etwa 40 Minuten. Elfriede Kloo wurde durch den Zeugen Erhard am Mittwoch vor Ostern (13. April 1960) gesehen. Sie hat gegen 18.00 Uhr des 14. April 1960 noch gelebt, weil Dr. Praun um diese Zeit mit ihr von München aus telefoniert hat.

Am Karfreitagmorgen (15. April 1960) kam gegen 07.00 Uhr der Zeuge Schauer auf das Grundstück Dr. Prauns. Bei diesem Zeugen handelt es sich um einen Bundesbahnbediensteten, der in seiner Freizeit den großen Garten Dr. Prauns in Ordnung hielt. Er hatte für die Osterzeit den Auftrag, vorher zusammengerechtes Laub zu verbrennen. Er arbeitete an diesem Tage von 07.00 Uhr morgens bis gegen Mittag in dem Garten, ohne eine Spur menschlichen Lebens festzustellen. Der Personenkraftwagen Dr. Prauns stand unverschlossen vor der Haustür und nicht in der Wellblechgarage. Die Vorhänge waren zugezogen; auch der Hund wurde entgegen der sonstigen Gewohnheit nicht in den Garten gelassen. Der Zeuge hielt sich auch in den folgenden Tagen (Karsamstag, Ostersonntag und -montag) für kurze Zeit in dem Grundstück auf und fand die Situation unverändert.

Gestatten schon die Bekundungen des Zeugen Schauer den Schluß, daß Dr. Praun zwischen Donnerstagabend und Freitagmorgen ermordet wurde (hierfür sprechen auch die in der Aktentasche Dr. Prauns gefundenen Zeitungen und leicht verderblichen Lebensmittel sowie ein im Kühlschrank verwahrter, offensichtlich für den Karfreitag bestimmter Fisch), so ergibt sich eine weitere Einengung der Tatzeit durch die Aussage der Zeugin Emilie Klingler. Diese Zeugin befand sich am Donnerstagabend in ihrem Gartengrundstück in Pöcking und pflanzte dort einige Ziersträucher. Dieses Grundstück liegt etwa 340 Meter vom Hause Dr. Prauns entfernt und ca. 35 Meter niedriger. Als sie gerade den letzten Strauch eingepflanzt habe und es schon fast ganz dunkel gewesen sei, so bekundete die Zeugin, habe sie in einem Abstand von 20 bis 30 Sekunden zwei Schüsse gehört. Dies sei ihr besonders aufgefallen, da um diese Zeit in der Gegend nicht geschossen werde. Einer Täuschung sei sie dabei keinesfalls unterlegen, weil sie den Knall von Pistolenschüssen von einer früheren Gelegenheit her kenne.

Daß die Zeugin diesen Schüssen besondere Bedeutung beigemessen hat, ergibt sich daraus, daß sie hiervon sofort ihrem im Haus befindlichen Ehemann erzählt, der dies als Zeuge vor Gericht auch bestätigte. Ferner erschien dem Schwurgericht hinsichtlich der Zuverlässigkeit ihrer Angaben noch ein weiterer Umstand von Wichtigkeit. Als Frau Klingler nämlich nach Entdeckung der Tat am Mittwoch nach Ostern der Polizei von ihrer Beobachtung Mitteilung machte, fand sie dort keinen Glauben, weil sie von *zwei* Schüssen sprach. Der Polizeibeamte erklärte ihr, daß sie nur einen Schuß gehört haben könne, weil Dr. Praun sich – nach damaliger Auffassung der Polizei – mit einem Schuß getötet habe und der auf die Kloo im Keller abgegebene Schuß außerhalb des Hauses Praun unhörbar gewesen sei. Die Zeugin Klingler blieb aber schon damals trotz dieses Vorhalts darauf bestehen, daß es sich um zwei Schüsse gehandelt habe, was, wie die späteren Ermittlungen ergaben, den Tatsachen entsprach.

Hinsichtlich der Uhrzeit konnte die Zeugin Klingler keine genauen Angaben machen. Sie hat nur davon gesprochen, daß es unbedingt nach 19.00 Uhr gewesen sein müsse und daß es fast ganz dunkel gewesen sei. Nach einer Auskunft des deutschen Wetterdienstes hat sich ergeben, daß am 14. April 1960 die Sonne in Pöcking gegen 19.02 Uhr unterging, nach 19.22 Uhr das sogenannte Zwielicht eintrat, bis schließlich um 19.45 Uhr fast völlige Dunkelheit erreicht wurde. Daraus hat das Gericht in Verbindung mit der Aussage Klingler den Schluß gezogen, daß die beiden Schüsse ungefähr um 19.45 Uhr gefallen sind.

Das Schwurgericht hat zwar bei einem im Rahmen des Lokaltermins abgehaltenen Schießversuch die in der Villa Dr. Prauns abgegebenen Schüsse auf dem Grundstück der Zeugin Klingler nicht hören können. Es hat diesem Umstand aber keine besondere Bedeutung beigemessen. Einmal ist es gerichtsbekannt, daß Witterungseinflüsse die Hörbarkeit eines Geräusches beeinflussen, zum anderen aber – und das war entscheidend – ließen sich die damaligen Verhältnisse überhaupt nicht mehr rekonstruieren, weil seit dem Tattag an dem zwischen der Villa Dr. Prauns und dem Hause der Frau Klingler gelegenen Abhang zwei Wohngebäude errichtet wurden, die die Fortpflanzung des Schalles in dieser Richtung beeinflussen.

Eine weitere zeitliche Festlegung und damit auch eine Bestätigung der Aussage Klingler gestattet die bei dem toten Dr. Praun gefundene Armbanduhr. Wie bereits vorher ausgeführt, war infolge des Sturzes Dr. Prauns das Glas der Uhr abgesprungen. Die Uhr stand still, als sie die Polizeibeamten dem Toten am 13. April 1960. [Offensichtlich ein Schreibfehler, richtig: 20. April 1960. Anmerk. d. Verf.] abnahmen und Dr. Praun jun. übergaben. Die Uhr zeigte damals auf 08.45 Uhr. Dies ergibt sich aus der glaubhaften Aussage des Zeugen Dr. Praun jun., der die Uhr später in einer Kassette verwahrte. Im Frühjahr 1961 übergab er sie auf Aufforderung der Polizei zum Zwecke der Untersuchung dem Bayerischen Landeskriminalamt. Hier stellte der Sachverständige Dr. Schöntag fest, daß der kleine Zeiger der Uhr (Stundenzeiger) durch das Hinstürzen des Ermordeten an seinem Ende auf eine Strecke von ca. 1 mm scharfkantig umgebogen war, so daß der große Zeiger (Minutenzeiger) nicht passieren konnte. Hierauf beruhte das Stehenbleiben der Uhr und nicht etwa auf einer mangelnden Federspannung, weil die weiteren Untersuchungen ergaben, daß die Uhr nach Anheben des großen Zeigers noch etwa 15 Stunden lang lief. Bedenkt man, daß nach der oben festgestellten Beschädigung der Minutenzeiger noch etwa eine Stunde lang weiterlaufen konnte, ehe er durch den Stundenzeiger gehemmt wurde, dann kommt man unter Abrechnung einer Stunde (also von 08.45 Uhr auf 07.45 Uhr) genau zu dem Zeitpunkt, der mit den Beobachtungen der Zeugin Klingler hinsichtlich der beiden Schüsse (19.45 Uhr) übereinstimmt.

Dies war auch die Meinung des Sachverständigen Dr. Schöntag unter der Voraussetzung, daß die Uhr tatsächlich um 08.45 Uhr stehen geblieben ist. Als sie nämlich in den Besitz des Sachverständigen gelangte, zeigte sie 09.48 Uhr. Dr. Praun hat hierzu angegeben, daß er am 13. April 1960 [offensichtlich ein Schreibfehler, richtig: 20. April 1960. Anmerk. d. Verf.] dabei gewesen sei, als die Uhr seinem toten Vater abgestreift und sofort ihm übergeben worden sei. Die Zeiger hätten damals 08.45 Uhr gezeigt. Anschließend habe er die Uhr in einer Kassette verwahrt und diese erst ein Jahr später zur Polizei gebracht. Er sei damals selbst sehr erstaunt darüber gewesen, daß die Uhr jetzt 09.48 Uhr anzeige. Er könne sich dies nur so erklären, daß der große Zeiger durch die Erschütterungen auf dem Transport *einmal* über den aufgehobenen kleinen Zeiger gehoben und die Uhr wieder etwa eine Stunde weitergelaufen sei. – Das Schwurgericht sah keinen Anlaß, an der Aussage Dr. Prauns jun. zu zweifeln, nachdem auch der Sachverständige Dr. Schöntag die Erklärung hinsichtlich des Weiterlaufens der Uhr durch die Erschütterung für durchaus möglich gehalten hat. Bestärkt von der Richtigkeit der Aussage des Zeugen Dr. Praun jun. wurde das Gericht noch durch den Umstand, daß der Zeuge, bereits lange bevor überhaupt an eine kriminaltechnische Untersuchung der Uhr gedacht wurde, der Zeugin Meyer erklärt hatte, daß die Uhr seines Vaters um 08.45 Uhr stehengeblieben sei. Dies hat die Zeugin

Meyer bestätigt. Die Todeszeit (Gründonnerstagabend) steht auch nicht im Widerspruch zu den Feststellungen des Kriminalobermeisters Rodatus hinsichtlich der Leichenstarre bei den beiden Ermordeten. Dies ergibt sich aus dem Gutachten des Sachverständigen Professor Dr. Laves, der erklärt hat, daß sich insoweit die Feststellungen des Zeugen Rodatus nach medizinischen Erkenntnissen mit dem vom Gericht angenommenen Todeszeitpunkt vertragen.

11.2. Folgerung als Bedeutungsbeziehung

In dem hier wiedergegebenen Auszug aus der Urteilsbegründung finden wir die Begründung des Gerichts dafür, daß es von einem bestimmten Tatzeitpunkt ausgegangen ist. Ziel der Begründung ist es, etwaige Zweifel an der Annahme des Gerichts als gegenstandslos auszuweisen. Wie ist das Gericht dabei vorgegangen? Wieso konnte es sich von diesem Vorgehen versprechen, daß es als Begründung gelten konnte? Und vor allem: War es zu diesem Vorgehen berechtigt? Ist dieses Vorgehen im einzelnen korrekt?

Um Mißverständnisse zu vermeiden: Wir sind hier nicht an juristischen Fachfragen interessiert, auch nicht daran, wie die Urteilskompetenz des Gerichts politisch und moralisch legitimiert ist. Wir sehen von diesen Fragen ab, soweit dies eben möglich ist, und verstehen unsere Fragen so: Kann m a n so vorgehen? Was berechtigt einen dazu?

Die Begründung beginnt mit vier komplexen Feststellungen:

(1) Dr. Praun wurde am 14. 4. 1960 kurz vor 19.00 Uhr beim Verlassen seiner Praxis in München letztmals gesehen. Er war im Begriff, in seine Pöckinger Villa zu fahren.

(2) Die Fahrt München–Pöcking dauert etwa 40 Minuten.

(3) Elfriede Kloo wurde durch den Zeugen Ehrhard am 13. 4. 1960 gesehen.

(4) Elfriede Kloo hat am 14. 4. 1960 gegen 18.00 Uhr noch gelebt, weil Dr. Praun um diese Zeit mit ihr von München aus telephoniert hat.

Das Gericht überläßt es den Adressaten der Begründung, die notwendigen Schlüsse zu ziehen, die diese Feststellungen erst sinnvoll erscheinen lassen:

(5) Der Zeitpunkt der Ermordung von Praun muß um oder nach 19.40 Uhr 14. 4. 1960 gelegen haben.

(6) Der Zeitpunkt der Ermordung von Frau Kloo muß um oder nach 18.00 Uhr 14. 4. 1960 gelegen haben.

Das Gericht konnte dies tun, weil es davon ausgehen konnte, daß des Deutschen mächtige Adressaten die für solche Schlüsse notwendigen Zusammenhänge für gegeben erachten würden:

(7) Wenn (1) und (2) gelten, dann kann Praun nicht vor ungefähr 19.40 Uhr 14. 4. 1960 ermordet worden sein.

(8) Wenn (4) gilt, kann Frau Kloo nicht vor ungefähr 18.00 Uhr 14. 4. 1960 ermordet worden sein.

Einen etwas seltsamen Status hat dabei (3): Wenn (4) zutrifft, erübrigt sich (3). Vielleicht ist (3) als zusätzliche Stützung zu verstehen, doch wirkt (3) weit eher als Hinweis, daß Zweifel hinsichtlich (4) nicht ganz auszuschließen sind. Tatsächlich verbirgt sich hinter dieser zusätzlichen Feststellung etwas, was aus der von uns zitierten Passage nicht zu ersehen ist, aber insgesamt von großer Bedeutung sein könnte: Sowohl (1) als auch (4) sind dem Gericht nur über die Aussage einer einzigen Zeugin bekannt, der Praxishelferin Meyer. Diese Frau war es zugleich, die zusammen mit ihrem Verlobten die Tat am 19. 4. 1960 entdeckt hat. Damit hing die wesentliche erste Bestimmung eines terminus post quem letztlich von der Glaubwürdigkeit einer Zeugin ab, die schon aus Gründen kriminalistischer Routine selbst zum Kreis der Verdächtigen gezählt werden mußte.

Das Gericht ist offensichtlich von der Glaubwürdigkeit der Zeugin Meyer ausgegangen. Wir können und wollen hier nicht darauf eingehen, ob dies berechtigt war. Wenn wir die Annahmen mitmachen, die in (1)–(4) ausgedrückt werden, spricht nichts dagegen, zu (5) und (6) überzugehen. Interessant ist dabei in unserem Zusammenhang, daß das Gericht es nicht für notwendig erachtet hat, die notwendigen Schlüsse selbst ausdrücklich vorzunehmen. Offensichtlich ging es davon aus, daß sie sich gewissermaßen von selbst einstellen würden, daß die Leser erkennen würden, daß der Sinn der Feststellung von (1)–(4) gerade darin besteht, sie – die Leser – zu (5) und (6) zu führen. Um davon sinnvoll ausgehen zu können, mußte das Gericht annehmen, daß die in (7) und (8) artikulierten Zusammenhänge nicht nur anerkannt würden, sondern auch so geläufig sind, daß die Leser sofort und von allein auf sie kommen würden, sofern sie – die Leser – sich überhaupt davon Rechenschaft geben würden, daß in der Begründung nur (1)–(4) und nicht auch (5)–(8) aufgeführt sind.

Man kann wohl feststellen, daß das Gericht dies zurecht angenommen hat. Eine explizite Formulierung der Folgerungen hätte hier pedantisch gewirkt. Soviel wissen wir schon als einigermaßen erfahrene Sprachteilhaber. Weniger klar dürfte sein, was es heißt, daß nichts gegen einen Übergang von (1)–(4) zu (5) und (6) spricht – die Richtigkeit von (1)–(4) natürlich vorausgesetzt. Und noch etwas ist mit dem, was wir bislang festgehalten haben, nicht geklärt: Wie erklärt es sich, daß so von einem zum andern übergegangen werden kann? Zur ersten Frage: Was könnte gegen diesen Übergang sprechen? Zuerst natürlich die Tatsache, daß uns (1), (2) und (4) selbst zweifelhaft erscheinen. Aber das schließen wir im Augenblick aus. Weiter spricht dafür, daß die in (7) und (8) artikulierten Zusammenhänge zu bezweifeln oder gar zu bestreiten sind. Diesen Zusammenhängen, die speziell auf den bestimmten Fall bezogen sind, liegen allgemeinere Annahmen über Zusammenhänge zugrunde, die etwa so formuliert werden könnten:

(9) Wenn jemand zu einem bestimmten Zeitpunkt lebt, kann er nicht vor diesem Zeitpunkt gestorben sein.

(10) Wenn jemand etwas tut oder im Begriff ist, etwas zu tun, muß er am Leben sein.

Das *kann nicht* in (9) und das *muß* in (10) drückt dabei aus, daß es sich bei den beschriebenen Zusammenhängen nicht um nur mögliche, sondern um notwendige Zusammenhänge handelt: Es sind keine Umstände vorgesehen, unter denen (9) oder (10) falsch sein könnten. Begründet ist das in der Bedeutung dessen, was hier gesagt wird. So wie wir *leben* und *sterben* verwenden, kann (9) nur wahr sein. Anders gesagt: Wenn *leben* bedeutet, was es in unserer Sprache bedeutet, und *sterben* bedeutet, was es in unserer Sprache bedeutet, ergibt sich die Wahrheit von (9) praktisch von selbst. Dasselbe gilt von *etwas tun* und *am Leben sein*. Wir können feststellen, daß zwischen den Bedeutungen oder Gebrauchsweisen ein Zusammenhang, eine Art wechselseitige Bestimmung besteht. Das zeigt sich etwa auch in folgender Überlegung: Angenommen wir ändern etwas an der Gebrauchsweise von *leben,* so daß durchaus wahr behauptet werden könnte, daß jemand z. B. Holz gehackt hat, nachdem er gestorben war. In diesem Fall würde sich zwangsläufig auch die Bedeutung von *sterben* ändern, denn so, wie wir es jetzt verwenden, schließt die wahre Behauptung von (11) aus, daß auch (12) wahr behauptet werden könnte.

(11) Dr. Praun ist gestorben.

(12) Dr. Praun lebt.

Das gilt selbstverständlich so nur, wenn in (11) und (12) auf dieselbe Person Bezug genommen wird.

Es gibt zwischen den Ausdrücken unserer Sprache viele Bedeutungszusammenhänge dieser und auch anderer Art. Wir wollen sie semantische Beziehungen nennen. Solche semantischen Beziehungen machen wir uns zunutze, wenn wir Schlüsse ziehen. Wie bereits angedeutet, lassen sich dabei verschiedene semantische Beziehungen unterscheiden. So können wir etwa den Zusammenhang zwischen *leben* und *sterben* als Unverträglichkeit charakterisieren, den Zusammenhang zwischen *leben* und *etwas tun* als Folgerungsbeziehung. Zugrunde liegt dieser Feststellung über semantische Beziehungen in unserer Sprache die sachliche Überlegung, daß man nicht von ein und demselben Objekt behaupten kann, es lebe und es sei gestorben, bzw. daß man nur, wenn etwas lebt, von diesem Etwas auch sagen kann, daß es etwas getan hat. Letzteres ist allerdings nicht ganz unproblematisch, weil *etwas tun* auch manchmal so verwendet werden kann, daß diese Charakterisierung nicht zutrifft. Wir werden auf dieses und weitere Probleme gleich noch zu sprechen kommen.

Die Charakterisierung der semantischen Relationen in unserer Sprache geht, wie gesagt, auf sachliche Überlegungen zurück, die sich auf logische Relationen zwischen den Wahrheitswerten von Aussagen beziehen. Tatsächlich kann man feststellen, daß – mit einer Ausnahme, nämlich der sog. Antilogie – jeder möglichen logischen Relation zwischen Aussagen entsprechend eine semantische Relation definiert werden kann. Wir ersparen uns aber, für all diese Relationen Beispiele zu geben. Das würde uns zu weit von unserer Analyse der Tatzeitbestimmung abbringen. Für eine Untersuchung der Folgerungen in unserem Beispieltext genügen uns die genannten semantischen Beziehungen Unverträglichkeit und Folgerungsbeziehung bzw. Implikation, wie die letztere auch genannt wird.

Während die allgemeine oder auch formale Bestimmung semantischer Relationen im wesentlichen unproblematisch ist – man braucht dazu allenfalls Anfängerkenntnisse in logischer Theorie –, kann es hinsichtlich des Bestehens einer bestimmten semantischen Relation zwischen zwei gegebenen sprachlichen Ausdrücken zu erheblichen Differenzen kommen. Einen solchen Fall haben wir bereits angesprochen: Es ist nicht so ganz ausgemacht, daß zwischen *etwas tun* und *leben* die Relation der semantischen Implikation besteht. Manchmal sagt man z. B., jemand hätte noch als Toter seine Feinde das Fürchten gelehrt, oder: Ein Haus verstellt mir die Aussicht. Nun sind *jemand das Fürchten lehren* oder *jemand die Aussicht verstellen* sicher Fälle von *etwas tun*. Anders gesagt: Beides impliziert, daß etwas getan wird. Aber im ersten Fall wird dies von jemand behauptet, der ausdrücklich als tot bezeichnet wird, im zweiten von etwas, von dem wir für gewöhnlich annehmen, daß es überhaupt nicht leben kann. Wenn es dennoch – was tatsächlich der Fall ist – in unserer Sprache sinnvoll möglich ist, so zu reden, dann müssen wir feststellen, daß die semantische Relation zwischen *leben* und *etwas tun* zumindest nicht einfach die der Implikation ist. Freilich ist das Problem, das sich hier stellt, noch verhältnismäßig unproblematisch. Eine sophistiziertere Analyse des Bedeutungszusammenhangs dieser sprachlichen Zeichen könnte der erkennbar gewordenen Komplikation Rechnung tragen und den Zusammenhang so charakterisieren, daß er uns befriedigend geklärt scheint. Ernsthaft problematisch sind erst Fälle, in denen sich ein grundsätzlicher Dissens zwischen verschiedenen Sprachteilhabern darüber zeigt, ob ein Ausdruck so oder so zu verwenden ist, was jeweils wesentliche Auswirkungen auf die Einschätzung der semantischen Relationen zwischen diesem Ausdruck und anderen Ausdrücken haben kann. Genau diese Fälle sind in unserem Zusammenhang besonders interessant: Unsere Bereitschaft, den Schlüssen des Gerichts zu folgen und diese Schlüsse eventuell sogar selbst zu ziehen, hängt unmittelbar damit zusammen, ob wir bereit sind, die vom Gericht unterstellten semantischen Relationen zu akzeptieren. Wo dies der Fall ist, wie etwa bei den unseren Auszug einleitenden Feststellungen, fällt uns unsere Zustimmung zu der Redeweise des Gerichts gar nicht auf. Wo wir nicht oder nur mit Vorbehalten bereit sind, die Schlüsse des Gerichts nachzuvollziehen, zeigt sich eine fehlende Übereinstimmung in unseren Redeweisen.

Schon die nächste Folgerung des Gerichts offenbart Differenzen hinsichtlich der Redeweise des Gerichts und unserer Redeweise. Das Gericht stellt dieses Mal ausdrücklich klar, was erschlossen werden soll: Die Bekundungen des Zeugen Schauer gestatten den Schluß, daß (13) zutrifft:

(13) Praun und Kloo wurden zwischen Donnerstagabend und Freitagmorgen ermordet.

Das Vorgehen des Gerichts ist klar: Es will, nachdem es einen terminus post quem bestimmt hat, den Zeitraum einkreisen, in dem die Tat bzw. die Taten stattgefunden haben müssen. Als erste Begrenzung des Zeitraums in der anderen Richtung, d. h. als Bestimmung eines ersten terminus ante quem, wählt es die Aussagen des Zeugen Schauer. Natürlich ergibt sich auch hier ein Problem der Glaubwürdigkeit, aber das lassen wir außer acht und folgen soweit dem Gericht, daß wir folgendes für wahr erachten:

(14) Von 7.00 Uhr bis Mittag war für jemand, der im Garten arbeitete, keine Spur menschlichen Lebens im dazugehörenden Haus festzustellen.

(15) Der Personenkraftwagen Dr. Prauns stand unverschlossen vor der Haustür und nicht in der Wellblechgarage.

(16) Die Vorhänge waren zugezogen.

(17) Der Hund wurde entgegen der sonstigen Gewohnheit nicht in den Garten gelassen.

(18) In den folgenden Tagen fand der Zeuge die Situation unverändert vor.

Nach Meinung des Gerichts lassen diese Feststellungen den Schluß auf (13) zu. Auch hier – wie bei (1)–(4) – werden die für den Schluß notwendigen Zusammenhänge nicht expliziert. Aber, anders als im ersten Fall, handelt es sich hier nicht um Zusammenhänge, die jedem Sprecher des Deutschen sofort präsent sind, und insbesondere nicht um Zusammenhänge, die so unstrittig sind: Während es für uns außer

Zweifel steht, daß wer lebt, nicht gestorben ist, sind die Zusammenhänge, die zur Rechtfertigung eines Schlusses von (14)–(18) auf (13) herangezogen werden können, nur mehr oder weniger plausibel und lassen Raum für viele Zweifel. Das Gericht hat diese Zusammenhänge offensichtlich für hinreichend plausibel gehalten, sogar für so plausibel, daß es glaubte, sie unexpliziert lassen zu können. Aber prüfen wir im einzelnen, wie sich die Zusammenhänge im Licht von Zweifeln ausnehmen. Was könnte (14) leisten? Besagt (14) in gewisser Weise mehr als es offensichtlich besagt? Um dies herauszufinden, müssen wir uns darauf besinnen, welchen Sinn die Feststellung von (14) in dem gegebenen Zusammenhang haben soll: Warum stellt man fest, daß keine Spur menschlichen Lebens – ein großes Wort für das, was damit gemeint ist! – festzustellen ist? Damit dieser Umstand für etwas spricht, auf das es einem ankommt:

(19) Wenn (14), dann spricht das dafür, daß Praun und Kloo zu dieser Zeit bereits nicht mehr am Leben waren.

Daß etwas für etwas anderes spricht, besagt sicher weniger als, daß dies andre logisch daraus folgt. Es besagt andererseits mehr als nur, daß beides sich nicht ausschließt. Die Frage ist, ob und, wenn überhaupt, wieviel mehr gesagt wird. Die Tatsache, daß neben (14) noch (15)–(18) stehen, zeigt, daß (14) allein nicht für ausreichend gehalten wurde. Zu leicht können Erklärungen dafür gefunden werden, daß (14) zutreffen kann, ohne daß (13) wahr sein muß: Praun und Kloo hätten verreist sein können, oder sie könnten Langschläfer sein, oder sie könnten tot gewesen sein, ohne deshalb ermordet worden zu sein. Letzteres freilich scheint in Anbetracht dessen, was wir sonst von den Tatumständen wissen, an den Haaren herbeigezogen. Ein entsprechender Zweifel würde sicher in den Bereich der nicht mehr vernünftigen Zweifel verwiesen werden, wenn er nicht durch außergewöhnliche Belege erhärtet werden könnte. Das verweist uns auf ein wichtiges Problem, auf das wir noch eingehen werden. Hier haben wir diese Möglichkeit nur angeführt, weil in (13) festgestellt wird, Praun und Kloo seien ermordet worden, und (13) auf (14)–(18) gestützt werden soll. Zumindest die Behauptung, daß es sich um Mord handelt, ist durch (14)–(18) nicht zu stützen.

Nimmt man (15) zu (14) hinzu, so scheint einiges dafür zu sprechen, daß Praun und Kloo in dem fraglichen Zeitraum im Haus waren. Was dafür spricht, ist die Erklärung für (15):

(20) Wer längere Zeit außer Haus geht, läßt sein Auto nicht unverschlossen vor der Garage stehen.

(21) Wenn es zutrifft, daß (20), dann spricht (15) dafür, daß Praun und Kloo nicht außer Haus waren.

Diese Erklärung benutzt eine gängige Schlußfigur, den sog. modus tollens: Wenn gilt: Wenn p, dann q, und gilt: nicht q, dann kann man schließen, daß nicht p. Allerdings sind für eine logisch gültige Anwendung dieses Schlußschemas im Fall dieser Erklärung nicht alle Bedingungen erfüllt. Zwar können wir (20) unproblematisch in eine Wenn-dann-Aussage umwandeln und (15) als Verneinung des Dann-Teils dieser Aussage verstehen, aber der Wenn-dann-Satz bleibt dabei wie (20) eine Art Erfahrungssatz, der anerkanntermaßen nicht ohne Ausnahme gilt. Genau das aber ist zu fordern, wenn ein Schluß nach modus tollens hier möglich sein soll. So bleibt es bei einer gewissen Plausibilität der Erklärung, und diese Plausibilität ist wesentlich abhängig von unserer Phantasie: Die angeführte Erklärung ist vielleicht das, was jedermann auf Anhieb in diesem Zusammenhang einfällt. Darin ist fürs erste die Plausibilität der Erklärung begründet. Bekanntermaßen ist aber im Leben nicht immer alles, wie man es bei oberflächlicher Betrachtung sieht. Auch für (15) gibt es weitere Erklärungsmöglichkeiten. Praun und Kloo könnten überstürzt abgereist sein, oder sie könnten spazieren gegangen sein, dabei jemand getroffen haben und mit dieser Person weggefahren sein. Wenn dieser Jemand der spätere Täter war oder sonst Gründe hätte, späterhin unbekannt zu bleiben, könnte dies erklären, warum er bzw. sie im Prozeß nicht aufgetreten ist. Das alles ist natürlich Spekulation, aber man darf fragen, ob es spekulativer ist als das, was das Gericht für plausibel zu halten scheint.

Die Feststellungen (16) und (17) bringen wenig Neues. Sie sind mit den alternativen Erklärungen vereinbar, die wir im Zusammenhang mit (14) und (15) angesprochen haben. Sofern (14) und (15) nicht zur Stützung von (13) heranzuziehen sind, gilt dies auch für (16) und (17). Wichtiger scheint (18). Es ist nicht dasselbe, ob sich in einem Haus einen Morgen lang nichts rührt oder ob sich an vier Tagen in diesem Haus nichts geregt zu haben scheint, insbesondere, wenn dann am fünften Tag zwei Leichen in diesem Haus aufgefunden werden. Mit (18) erscheint gewissermaßen auch das andere in neuem Licht. (13) gewinnt an Plausibilität, weil es schwieriger wird, einigermaßen glaubhafte Erklärungen für (14)–(17) zu finden, die diese Feststellungen als Stützung für (13) ausschließen. Allerdings bleibt das Ausmaß des Plausibilitätszuwachses dennoch an die Phantasie geknüpft: Auch jetzt lassen sich noch Erklärungen denken, die andere Interpretationen der in (14)–(17) festgestellten Tatsachen geben, ohne notwendig weniger einleuchtend zu sein. Sind aber erst einmal mehrere Erklärungen denkbar – sie zu formulieren ist Aufgabe der Verteidigung –, dann fällt es schwerer, sich ohne weitere Untersuchungen für eine davon auszusprechen. Die ursprüngliche Plausibilität von Aussagen wie (19) und (20) leidet unter der Vielfalt denkbarer Erklärungen. Und damit leidet auch die Plausibilität von (13). Das Gericht geht in seiner Urteilsbegründung auf Zweifel an seiner Schlußfolgerung aus den Bekundungen des Zeugen Schauer nicht ein. Es scheint aber doch gespürt zu haben, daß danach noch Reste vernünftiger Zweifel an seiner Eingrenzung des Zeitraums bleiben konnten, in dem die Tat stattgefunden haben muß. Es tut etwas, was überflüssig wäre, wenn die Folgerung von (14)–(18) auf (13) tatsächlich gerechtfertigt wäre. Es stützt (13) noch auf drei weitere Indizien: a) Zeitungen in Prauns Aktentasche, b) leicht verderbliche Lebensmittel, c) einen offensichtlich für Karfreitag bestimmten Fisch. Da wir hier nicht mit einer Würdigung dieses besonderen Urteils befaßt sind, verzichten wir auf eine kritische Betrachtung dieser zusätzlichen Stützung für (13) und skizzieren nur kurz, wie man dabei vorzugehen hätte: Wie schon bei (14)–(18) gilt, daß die hier angesprochenen Sachverhalte nicht erlauben, rein logisch auf (13) zu schließen. Um die Auffassung des Gerichts zu verstehen, es handle sich hier um etwas, was für einen Schluß auf (13) spricht, hat man sich Zusammenhänge nach der Art von (20) zu denken. Diese Zusammenhänge zu bewerten und zu prüfen, ob sie dazu angetan sind, den Schluß auf (13) zu stützen, bleibt jedem anheimgestellt, der sich die Mühe macht, die Sache durchzudenken.

11.3. Folgerungen aus Indizien

Alle weiteren Ausführungen im Zusammenhang der Tatzeitbestimmung gehen jetzt davon aus, daß die Zeit von Donnerstagabend bis Freitagmorgen als terminus post quem bzw. terminus ante quem feststeht. Es geht nur noch um die Einengung der Tatzeit, und die Mittel, die dazu eingesetzt werden, sind derart, daß sie keine weitere Stützung des Zeitrahmens abgeben können. Es handelt sich dabei im wesentlichen um zwei Schritte: Die Aussage der Zeugin Klingler, mit der eine Eingrenzung des Tatzeitpunkts Praun auf ungefähr 19.45 Uhr erreicht werden soll, und um den sog. Uhrenkomplex, mit dem 19.45 Uhr als exakte Tatzeit ausgewiesen werden soll. Um die Untersuchung nicht zu sehr auszudehnen, beschränken wir uns im folgenden auf den sog. Uhrenkomplex. Eine Analyse der Schlußfolgerungen, die das Gericht aus der Aussage Klingler gezogen hat, kann sich jeder selbst erarbeiten.

Aus Gründen der Übersicht zunächst eine Liste der explizit vom Gericht getroffenen Feststellungen:

(22) Bei dem toten Dr. Praun wurde eine Uhr aufgefunden.

(23) Das Glas der Uhr war infolge des Sturzes abgesprungen.

(24) Die Uhr stand still, als sie dem Toten abgenommen wurde.

(25) Die Uhr wurde von den Polizeibeamten Dr. Praun jun. übergeben.

(26) Die Uhr zeigte damals auf 8.45 Uhr.

(27) Dr. Praun jun. übergab die Uhr im Frühjahr 1961 dem Bayerischen Landeskriminalamt.

(28) Der kleine Zeiger der Uhr war durch das Hinstürzen des Ermordeten an seinem Ende auf einer Strecke von ca. 1 mm scharfkantig umgebogen, wie der Sachverständige des Landeskriminalamtes feststellte.

(29) Das Stehenbleiben der Uhr beruhte auf der in (28) beschriebenen Deformation, nicht auf mangelnder Federspannung.

(30) Nach der in (28) beschriebenen Deformation konnte der Minutenzeiger der Uhr noch etwa eine Stunde weiterlaufen.

(31) Stellt man (30) in Rechnung, dann ergibt sich unter Abrechnung einer Stunde (also von 8.45 Uhr auf 7.45 Uhr) genau der Zeitpunkt, der mit den Beobachtungen der Zeugin Klingler hinsichtlich der beiden Schüsse (19.45 Uhr) übereinstimmt.

(32) Als die Uhr in den Besitz des Sachverständigen gelangte, zeigte sie 9.48 Uhr.

(33) Dr. Praun jun. erklärt den Umstand, daß die Uhr 9.48 Uhr und nicht, wie von ihm angegeben, 8.45 Uhr zeigte, mit Erschütterungen beim Transport der Uhr.

(34) Zeugin Meyer hat bestätigt, daß Dr. Praun jun. zu einem Zeitpunkt, bevor an eine kriminaltechnische Untersuchung der Uhr gedacht wurde, bereits zu ihr gesagt hatte, die Uhr sei um 8.45 Uhr stehengeblieben.

Auf der Grundlage von (22)–(34) glaubte das Gericht, folgern zu können, daß die Tatzeit genau 19.45 Uhr war. Gehen wir zunächst einmal davon aus, daß (22)–(34) zutreffend sind. Selbst in diesem Fall folgt aus diesen Feststellungen nicht, daß die vorgenommene Tatzeitbestimmung korrekt ist. Rekapitulieren wir: Wenn die Tatzeitbestimmung aus (22)–(34) folgen würde, müßte sie korrekt sein, wenn die Konjunktion von (22)–(34) wahr ist, d. h. wenn jede einzelne der Feststellungen (22)–(34) wahr ist. Es gibt aber Erklärungen dafür, daß die Tatzeitbestimmung falsch sein könnte, obwohl (22)–(34) wahr sind. Diese Erklärungen müssen nicht zutreffen, aber sie liegen im Rahmen dessen, was nach allem, was wir von unserer Welt wissen, möglich ist. Dies bedingt, daß entweder (22)–(34) durch eine Anzahl weiterer wahrer Aussagen ergänzt werden müssen, oder die Folgerung allenfalls eine gewisse Plausibilität beanspruchen kann, nach Maßgabe der Plausibilität der Zweifel, die gegen die Annahmen vorgebracht werden können, die der Folgerung zugrunde liegen.

Zunächst einige Beispiele von Erklärungen, die zeigen, daß die Tatzeitbestimmung nicht aus (22)–(34) folgt: Selbst, wenn unstrittig ist, daß (22) wahr ist, heißt das nicht, daß Dr. Praun sen. diese Uhr zum Zeitpunkt seiner Ermordung am Arm gehabt haben muß. Jeder Kenner von Kriminalromanen weiß, daß das Zurücklassen einer Uhr am Tatort dazu genutzt werden kann, die Annahmen über den Tatzeitpunkt zu manipulieren. Allerdings impliziert die Vermutung, daß die Uhr nachträglich an Prauns Arm angebracht worden ist, daß (23) und (28) falsch sind, was entgegen unserer Voraussetzung wäre. Es bleibt aber die Möglichkeit einer ad-hoc-Manipulation: (23) und (28) sind ebenso wahr wie (22), aber der Täter bzw. die Täter erkannten, daß sie die Deformation der Uhr zu einer Manipulation des Tatzeitpunkts nutzen könnten. Wenn (29) und (30) wahr sind und wenn die Erklärung von Praun jun. in (33) zutreffend ist, bestand für die Täter die Möglichkeit zu einer derartigen Manipulation. Geht man davon aus, daß die Angeklagten die Täter waren, so mag diese Vermutung durchaus zweifelhaft erscheinen. Aber davon durfte das Gericht zumindest nach dem Gesetz nicht ausgehen – ob es faktisch doch davon ausgegangen ist, ist eine Frage, die wir nicht zu beantworten haben. Geht man von einem professionellen Mörder aus – und nichts spricht dagegen, dies zu tun – scheint eine derartige Manipulation im Bereich des Möglichen.

Eine weitere mögliche Erklärung, diesmal im Zusammenhang mit (33): Es ist nicht ausgeführt, ob Praun jun. die Uhr sofort abgelesen hat, nachdem er sie erhalten hat. Die Feststellung in (26), die Uhr hätte damals 8.45 Uhr gezeigt, basiert auf einer Aussage von Praun jun. Wenn die Uhr dem Toten etwa eine Stunde, bevor Praun jun. die Zeit abgelesen hat, abgenommen worden ist und dabei durch die Erschütterung der Minutenzeiger noch einmal den Stundenzeiger übersprungen hat, dann wäre davon auszugehen, daß die Uhr ursprünglich bei etwa 7.37 Uhr stehengeblieben wäre, was als Tatzeitpunkt irgendeinen Zeitpunkt zwischen etwa 18.33 Uhr und 19.37 Uhr ausweisen würde, was allerdings bei Glaubwürdigkeit der Zeugin Meyer auf einen Zeitraum von wenigen Minuten vor 19.37 Uhr bis 19.37 Uhr einzuschränken wäre. Im Gegensatz zur ersten Erklärung würde dies allerdings nichts oder wenig zur Entlastung der Angeklagten beitragen. Wir haben hier aber auch nicht die Absicht, irgendjemand zu be- oder entlasten. Wir untersuchen lediglich die Schlüssigkeit der Begründung, die das Gericht vorgelegt hat. Das Gericht hat sich im Fall von Praun sen. auf eine sehr genaue Tatzeitbestimmung festgelegt, was eine sehr genaue Überprüfung gerechtfertigt erscheinen läßt.

Wir haben bisher (22)–(34) als wahr betrachtet. Betrachten wir jetzt, wie sich diese Feststellungen im Licht von Zweifeln ausnehmen und was von diesen Zweifeln zu halten ist. Worauf stützt sich das Gericht, wenn es von der Wahrheit dieser Feststellungen ausgeht? Es stützt sich auf Polizeiberichte, Expertenmeinungen und die Aussagen verschiedener sonstiger Zeugen. Solang das Gericht keine außergewöhnlich ernste Gründe hat anzunehmen, daß ein Polizeibericht oder eine unwidersprochene Expertenmeinung unzuverlässig ist, wird es diesen Quellen Glauben schenken. Daß es dies tut, ist eine conditio sine qua non für die Möglichkeit eines Strafprozesses: Ohne diese Einstellung wäre das Gericht notorisch in Beweisnot. Entsprechend haben Zweifel an der Glaubwürdigkeit dieser Quellen wenig Aussicht bei Gericht als vernünftig anerkannt zu werden. Wir verzichten hier auf solche Zweifel, was bedeutet, daß wir von der Wahrheit von (22), (24), (25), (29), (30) und (32) auszugehen haben. Die restlichen Aussagen aber bleiben unseren hypothetischen Zweifeln zugänglich.

Von unserem Verzicht auf Zweifel sind bis zu einem gewissen Grad auch die Aussagen (23) und (28) betroffen, obwohl sie insgesamt in ihrer Geltung angezweifelt werden können. Begründet ist das im internen Aufbau dieser Aussagen. So wird in (23) von der Uhr behauptet, daß das Glas infolge des Sturzes des Toten abgesprungen ist. Damit von einem Zutreffen oder Nicht-Zutreffen dieser Behauptung überhaupt die Rede sein kann, muß von der Wahrheit von (35) ausgegangen werden:

(35) Das Glas der Uhr war abgesprungen.

Das ergibt sich aus einer allgemeinen semantischen Relation in unserer Sprache: Wenn etwas aufgrund von etwas der Fall ist, muß insbesondere gelten, daß es der Fall ist. Das heißt: Zwischen *ist infolge des Sturzes abgesprungen* und *ist abgesprungen* besteht eine Folgerungsbeziehung. Da außerdem zwischen *ist nicht infolge des Sturzes abgesprungen* und *ist abgesprungen* eine Folgerungsbeziehung besteht, wird die Frage der Wahrheit von (35) von der Frage der Wahrheit von (23) nicht unmittelbar berührt. Man spricht in diesem Fall, in dem ein Ausdruck und sein kontradiktorisches Gegenteil in einer Folgerungsbeziehung zu ein und demselben Ausdruck stehen, davon, daß zwischen Ausdruck und impliziertem Ausdruck eine Präsuppositionsbeziehung besteht. Die Präsuppositionsbeziehung ist auch eine Folgerungsbeziehung, aber sie ist enger als diese. Es gibt Folgerungsbeziehungen, die keine Präsuppositionsbeziehungen sind. Ein Beispiel: Wenn jemand ermordet worden ist, impliziert das, daß er tot ist. Wenn er aber nicht ermordet worden ist, kann er leben oder tot sein. Interessant ist die Präsuppositionsbeziehung, weil jemand unabhängig davon, ob das, was er behauptet hat, wahr ist oder nicht, dafür geradestehen muß, daß wahr ist, was sich über Präsupposition aus dem ergibt, was er behauptet hat. Im Fall von (23) wäre dies (35). Aber (35) ist durch die polizeiliche Ermittlung am Tatort gesichert, so daß dieser Aspekt von (23) unserem Zweifel entsprechend unserer Verzichtserklärung entzogen bleibt. Analoges gilt für (28). Mit der Behauptung von (28) wird (36) präsupponiert:

(36) Der kleine Zeiger der Uhr war an seinem Ende auf einer Strecke von ca. 1 mm scharfkantig umgebogen.

Da (36) allerdings erst etwa ein Jahr nach der Tat von einem Sachverständigen des Landeskriminalamtes verbindlich festgestellt wurde, bleibt hier doch Raum für gewisse Zweifel:

(37) Wodurch ist gewährleistet, daß die untersuchte Uhr mit der am Tatort aufgefundenen identisch ist?

(38) Wodurch ist gewährleistet, daß die Uhr, selbst wenn sie mit der aufgefundenen identisch ist, sich zum Zeitpunkt der Untersuchung in exakt dem Zustand befand wie bei ihrer Auffindung?

Beides ist allein durch die Aussage von Praun jun. bestätigt, der – siehe (33) – sogar eine Veränderung des Zustands konstatierte und diese in der bekannten Weise erklärte. Den Aussagen von Praun jun. kommt im Zusammenhang des sog. Uhrenkomplexes größte Bedeutung zu: Er war es, der die Uhr als die seines Vaters identifizierte. Er ist die einzige Quelle der Annahme, daß die Uhr bei Auffindung auf 8.45 Uhr stand. Soll man ihm glauben? Es gibt eine Maxime, die besagt, daß der glaubwürdig ist, der kein Interesse daran hat, daß die Annahmen Glauben finden, die Dinge verhielten sich so, wie er aussagt. Abgesehen davon, daß dies kaum je der Fall sein dürfte, ist festzustellen, daß Dr. Praun jun. grundsätzlich dasselbe Interesse am Tod seines Vaters gehabt haben könnte, wie man es bei den Angeklagten unterstellt hat: Habgier. Praun jun. erbte das nicht unbeträchtliche Vermögen seines Vaters.

Das Gericht ist von der Glaubwürdigkeit des Zeugen Praun jun. ausgegangen. Wenn wir dem Gericht darin folgen, bleibt doch die Möglichkeit zu diesen Zweifeln:

(39) Ist erwiesen, daß das Glas der Uhr durch den Sturz abgesprungen ist?

(40) Ist erwiesen, daß die Deformation des Stundenzeigers durch den Sturz herbeigeführt wurde?

Beide Fragen wären unter Umständen durch eine kriminaltechnische Untersuchung befriedigend zu beantworten gewesen, wenn eine solche sofort von Spezialisten vorgenommen worden wäre und wenn sichergestellt gewesen wäre, daß der Tatort vom Zeitpunkt der Tat bis zum Zeitpunkt der Entdeckung der Tat unzugänglich gewesen wäre. Aber beides war nicht gegeben. Wir wollen die Zweifel nicht weiterverfolgen. Wer an der Sache interessiert ist, sei auf die Arbeit von Frank Arnau über den Prozeß verwiesen. Wir stellen nur fest, daß der Schritt von (35) zu (23) und der Schritt von (36) zu (28) allein durch die Annahme gestützt ist, daß das alles so gewesen sein könnte. Nun impliziert zwar die Aussage, daß etwas so und so gewesen ist, daß es möglich war, daß dies so und so gewesen ist. Es gilt aber nicht die Umkehrung, daß, was sein könnte, notwendig so gewesen ist. Der Schritt von (35) zu (23) bzw. (36) zu (28) hat deshalb auch nur eine gewisse Plausibilität. Diese Plausibilität ergibt sich im Rahmen dessen, was hier bewiesen werden soll: Wenn man davon ausgeht, daß die Angeklagten tatsächlich schuldig sind und die Morde in der unterstellten Weise durchgeführt haben, dann paßt dazu gut, daß die Sache mit der Uhr genau so abgelaufen ist, wie hier angenommen wird. Und, was gut zu all dem andern paßt, was man beweisen möchte, wird für richtig gehalten, solang nichts dagegen spricht. Das freilich heißt zunächst einmal: Solang niemand dagegen spricht. Widerspruch und Zweifel stellen sich nicht von allein ein. Sie müssen artikuliert werden. Die schiere Tatsache, daß sich die Dinge nicht so verhalten, wie sie dargestellt werden, ist bedeutungslos, solang dies nicht ausdrücklich festgestellt, d. h. bei Gericht vorgebracht worden ist. Das hat einen guten Grund: Wir sind mit Einfällen meist nicht so gesegnet, daß wir unsere Vorstellungen zu einem komplexen Tatbestand allein schon aufgrund abstrakter Zweifel aufgeben könnten. Erst, wenn ein Zweifel oder ein Einspruch mit Erklärungen verbunden ist, die erlauben, den gesamten anstehenden Zusammenhang in neuem Licht zu sehen, kann er ernstgenommen werden. Das bedeutet: Von *so könnte es gewesen sein* gehen wir faktisch über zu *so war es,* solang uns nichts bekannt wird, was andere Übergangsmöglichkeiten zeigt, die im gegebenen Rahmen ebensogut Platz haben könnten.

Gegenstand von Zweifeln kann auch nach unserem weitgehenden Verzicht die Aussage (26) sein. Mit ihr wird festgestellt, daß die Uhr auf 8.45 Uhr stand. (26) geht auf eine Aussage von Praun jun. zurück und ist im Zusammenhang mit (36) und (29) zu betrachten, wo die Deformation des Stundenzeigers festgestellt und damit das Stehenbleiben der Uhr begründet wird. Dieser Zusammenhang berechtigt uns zu einer ansonsten sinnlosen Frage:

(41) Kann die Uhr bei Auffindung 8.45 Uhr gezeigt haben, wenn (36) und (29) zutreffen?

Die Antwort ist nein. Sie kann allenfalls ungefähr 8.45 Uhr gezeigt haben, nämlich 8.43 Uhr oder 8.42 Uhr – das ist abhängig von der genauen Beschaffenheit der Uhr. 8.45 ist unter den gegebenen Umständen unmögliche Zeigerstellung: Damit der Minutenzeiger 45 Minuten anzeigen könnte, müßte der Stundenzeiger bereits über die 9 hinausgerückt sein. Damit ist (26) strenggenommen falsch. Die Frage ist, welche Konsequenzen daraus zu ziehen sind. Man könnte etwa annehmen, daß die Uhr tatsächlich nicht 8.45 Uhr, sondern 9.48 angezeigt hatte. Daraus wäre nicht einmal ein Vorwurf gegen Praun jun. abzuleiten. Es wäre verständlich, daß er die Uhr in der Aufregung falsch abgelesen haben könnte. Dies würde der Tatsache Rechnung tragen, daß die Uhr 9.48 Uhr anzeigte, als sie in Besitz des Sachverständigen gelangte. Eine andere Annahme wäre, daß Praun einfach die 8.43 Uhr als 8.45 Uhr gelesen hat. Während die erste Annahme wegen eines unbestrittenen Alibis von Frau Brühne von größter Bedeutung sein könnte, wird unser in (41) artikulierter Zweifel praktisch bedeutungslos, wenn die zweite Annahme gemacht wird.

Selbst wenn wir davon ausgehen, daß die Uhr 8.43 Uhr anzeigte, als sie aufgefunden wurde, und daß es die Uhr des Toten war und daß diese Uhr durch den Sturz in der bekannten Weise deformiert wurde, bleibt zweifelhaft, ob all dies den Schluß auf eine Tatzeit 19.45 Uhr erlaubt. Aus (26) folgt nicht:

(42) Es war 8.45 Uhr als die Uhr stehen blieb.

Es ist allgemein bekannt, daß Uhren vor- oder nachzugehen pflegen. Vielleicht hatte Praun sen. eine sehr gute Uhr, die sehr genau lief, aber selbst dann bleibt die Möglichkeit, daß er sie nach einer nicht korrekt gehenden Uhr gestellt haben könnte. Man muß, da keine Möglichkeit besteht festzustellen, ob die Uhr korrekt ging, mindestens eine Toleranz von ± 10 Minuten in Rechnung stellen. In Anbetracht der Tatsache, daß auch der terminus post quem nur eine ungefähre Bestimmung zuläßt, ist die Toleranz von ± 10 Minuten allerdings nicht weiter von Bedeutung. Weit wichtiger ist eine andere Überlegung: In (30) wird festgestellt, daß die Uhr nach der Deformation noch ungefähr eine Stunde laufen konnte. Dies ist nur bedingt richtig. Es berücksichtigt allein die äußerste Möglichkeit. Es gibt aber keinen Grund zu der Annahme, daß die Deformation zu einem so frühen Zeitpunkt eingetreten sein muß. Sie könnte – ceteris paribus – zu jedem beliebigen Zeitpunkt zwischen etwa 7.40 Uhr und 8.43 Uhr eingetreten sein. Ein Zeitpunkt nahe 8.43 Uhr würde – wobei wir 8.43 Uhr als 20.43 Uhr lesen – die Angeklagte Brühne unter Umständen wesentlich entlasten. Für einen Zeitpunkt nahe 7.40 Uhr spricht allein die Aussage der Zeugin Klingler, die gegen 19.45 Uhr zwei Schüsse gehört haben will. Wenn aber die Aussage von Frau Klingler herangezogen wird, um die Annahme des relativ frühen Zeitpunkts zu rechtfertigen, verliert der sog. Uhrenkomplex seine Bedeutung als autonomes Indiz. Was so geschlossen wird, ist allenfalls noch insoweit von Interesse, als es mit der Aussage Klingler verträglich ist, und ergibt keine zusätzliche Stützung der Tatzeitbestimmung. Dazu ist bloße Verträglichkeit eine zu wenig informative Relation.

Sie läßt zwar nicht alles überhaupt Mögliche zu, aber der Bereich dessen, was möglich bleibt, wenn nur Verträglichkeit gefordert wird, ist so groß wie die Phantasie derer, die ihn mit hypothetischen Konstruktionen ausfüllen.

11.4. Zur Bedeutung von Zweifeln

Keiner der Zweifel, die wir hier vorgebracht haben, führt zwingend zu der Annahme, daß die Tatzeit nicht 19.45 Uhr sein konnte. Das Problem ist, ob die vom Gericht getroffenen Feststellungen im Licht dieser Zweifel noch als hinreichend dafür betrachtet werden können, ein Urteil zu begründen, das schwerste Konsequenzen für zwei Menschen hat. Anders gesagt: Die Frage ist, ob der Prozeß der Wahrheitsfindung damit zu Ende sein durfte. Diese Frage ist nicht als prinzipielle Kritik am Vorgehen des Gerichts zu verstehen. Wir können nicht sinnvoll fordern, daß das Gericht nur Schlüsse zieht, die logisch gerechtfertigt erscheinen. Würden wir dies fordern, so käme das einer völligen Lähmung der Rechtsprechung gleich, weil der Möglichkeit, an sachlichen Feststellungen zu zweifeln, kein logisches Ende gesetzt ist. Das Gericht muß Zweifel gewichten und akzeptiert deshalb nur solche Zweifel als erwägenswert, die es für vernünftig hält. Es geht dabei nicht wesentlich anders vor als jeder von uns. Auch uns ist nicht Zweifel gleich Zweifel. Darin besteht gerade unsere Vernünftigkeit, daß wir nicht jeden beliebigen Zweifel ernstnehmen. Indem wir diesen Zweifel ernstnehmen und jenen nicht, demonstrieren wir, was wir für vernünftig halten.

Was wir oder ein mehr oder weniger zufällig zusammengesetztes Gericht für vernünftig halten, ist damit natürlich nicht einfach vernünftig, wenn dies heißen soll, daß es für die gesamte Gemeinschaft als vernünftig gelten soll. Darüber, was verbindlich als vernünftig zu gelten hat, ist keine endgültige Entscheidung möglich. Jeder, der zu uns, d. h. zu unserer Sprachgemeinschaft gehört oder zu gehören glaubt, kann prinzipiell seine Vorstellungen darüber einbringen, was als vernünftig gelten soll. Das notorische Problem, was denn nun vernünftigerweise anzunehmen ist, wird immer dann aktuell, wenn etwa ein Dissens unter uns darüber entsteht, ob aus diesem jenes geschlossen werden darf, ob dies und jenes unverträglich ist. Der fällige Streit wird für gewöhnlich als ein Streit zur Sache geführt, aber insofern, als es dabei auch darum geht, was unter welchen Bedingungen korrekterweise festgestellt und gefolgert werden darf, ist es wesentlich ein Streit darüber, wie geredet werden soll. Und, weil der Streit um die Sache immer auch ein Streit um die Zusammenhänge in unserer Sprache ist, halten wir ihn über die besondere Sache hinaus für interessant. Es geht uns, wenn wir etwa darüber streiten, ob das Gericht einen bestimmten Zeitpunkt als Tatzeit annehmen durfte, nicht einfach darum, ob in diesem einen Fall richtig gehandelt wurde. Sicher ist allein schon das wichtig und interessant, aber für uns geht es buchstäblich um mehr: Mit dem verhandelten Mordfall haben die meisten von uns nichts zu tun, und er liegt zudem so weit zurück, daß die Sache an sich nicht mehr allzu aktuell ist. Aber mit jeder solchen Verhandlung steht auch etwas zur Diskussion, was unsere Angelegenheit ist. Es geht um die Geltung bestimmter Sprachregeln. Das Gericht trifft, indem es zu einem bestimmten Urteil kommt und dieses Urteil in bestimmter Weise begründet, auch Entscheidungen über die semantischen Verhältnisse in unserer Sprache. Das bedeutet: Es entscheidet – unbeschadet seiner juristischen Kompetenz – in einer Sache, die ebenso unsere Sache ist, in der wir mitzureden haben.

Mit dem Blick auf die kritischen Fälle, in denen es zu einem Streit unter uns kommen kann, wie zu reden ist, könnte man den Eindruck gewinnen, daß darüber, wie die semantischen Beziehungen in unserer Sprache einzuschätzen sind, ein permanenter Streit im Gang ist. Daran ist allenfalls soviel richtig, daß es keine semantischen Relationen in unserer Sprache gibt, die grundsätzlich und für alle Zeit eine ausgemachte Sache sind. Das heißt aber nicht, daß alles jederzeit umstritten ist, nicht einmal, daß alles gleichzeitig umstritten sein könnte: Noch im Streit darüber, ob dies oder jenes geschlossen werden darf, setzen wir die Geltung anderer Bedeutungsbeziehungen gleichsam blindlings voraus. Manchmal wird es auch über das so Vorausgesetzte zum Streit kommen, aber immer bleibt ein unübersehbar großer Bereich, in dem nichts problematisiert wird. Das Unproblematische kommt uns nur nicht in den Blick. Es ist wie eine gute Brille, die man nicht sieht, wenn man mit ihr sieht.

Bibliographische Hinweise

Den Auszug aus dem Urteil haben wir entnommen aus:
O. Gritschneder, Der Fall Brühne, Frankfurt a. M. 1966.
Für eine kritische Betrachtung des Urteils verweisen wir auf:
F. Arnau, Der Fall Brühne–Ferbach, München 1965.
H. Jagusch, Lehren eines Mordprozesses, in: Neue Juristische Wochenschrift Heft 49 (1971), 2188–2206.
Systematische Darstellungen logischer Schlußschemata finden sich in nahezu jeder Einführung in die Logik. Einen schnellen Überblick bietet etwa:
I. M. Bocheński – A. Menne, Grundriß der Logistik, Paderborn 1965.
In der logisch-philosophischen Diskussion interessierte die Frage, was uns

berechtigt, so und so zu schließen. Eine hintergründig unterhaltende Darstellung dieses Problems findet sich in:

Lewis Carroll, What the Tortoise Said to Achilles, in: ders., Complete Works, London 1939, 1104–1108.

Carrolls Problem wurde von Ryle aufgenommen, der es dadurch zu lösen versucht, daß er Schlußschemata als eine Art »Lizenz« versteht. Hierzu:

G. Ryle, If, So, and Because, in: M. Black (ed.), Philosophical Analysis, Ithaca, N. Y., 1950, 323–340.

Gegen Ryle behauptet Geach, daß dies nicht zutreffen könne, da es keine Instanz gebe, die eine solche Lizenz zu vergeben hätte. Hierzu:

P. T. Geach, Assertion, in: ders., Logic Matters, Oxford 1972, 254–269.

Wittgenstein hat sich zu diesem Problem dahingehend geäußert: »Ist der logische Schluß richtig, wenn er den Regeln gemäß gezogen wurde; oder, wenn er richtigen Regeln gemäß gezogen wird? Wäre es z. B. falsch, wenn man sagte, aus ~p solle immer p gefolgert werden? Aber warum soll man nicht lieber sagen: so eine Regel gäbe den Zeichen ›~p‹ und ›p‹ nicht ihre gewöhnliche Bedeutung. Man kann es so auffassen – will ich sagen – daß die Schlußregeln den Zeichen ihre Bedeutung geben, weil sie Regeln der Verwendung dieser Zeichen sind. Daß die Schlußregeln zur Bestimmung der Bedeutung der Zeichen gehören. In diesem Sinne können die Schlußregeln nicht falsch oder richtig sein.«

L. Wittgenstein, Bemerkungen zu den Grundlagen der Mathematik, Oxford 1967, 179.

12. Unverträglichkeit

12.1. Kommunikation mit sog. Geisteskranken

Oft ist es im Leben wichtig oder sogar ausschlaggebend zu wissen, ob das, was jemand sagt, wahr ist oder nicht. Als Kriterium dafür sehen wir an, wie es sich in der Welt verhält. Wenn jemand sagt *Er ist gesprungen,* dann ist dies wahr, wenn es sich wirklich so zugetragen hat. Wir sagen »so zugetragen«, scheinen also zu wissen, wie. Wir bedenken meistens nicht, daß die Frage der Wahrheit oder die Überprüfung natürlich davon abhängt, was gesagt wurde. Das nehmen wir vielmehr gern als gegeben oder unproblematisch. Aber natürlich ist es etwas anderes, wenn mit dem Äußern von *Er ist gesprungen* gemeint wurde, daß der Topf gesprungen ist, und dies wahr ist, als wenn gemeint wurde, daß der Hase gesprungen ist, und dies wahr ist. Es scheint also unabdingbare Voraussetzung zu wissen, was gesagt wurde bzw. gemeint wurde, wenn man sich fragt, ob dies wahr sei. Und wissen, was gemeint wurde, ist in vielen Fällen kommunikativ problematisch:

Text 1

(1) Dr. A: Wer hat das Flugzeug erfunden?

(2) Peter: Ich weiß es.

(3) Dr. A: Sie meinen, Sie wissen es nicht.

(4) Peter: Ich weiß es.

(5) Dr. A: Sie wissen es.

(6) Peter: Ja, ich weiß es.

(7) Dr. A: Wenn Sie's wissen, können Sie mir's sagen?

(8) Peter: Wenn ich es weiß, wie kann ich's Ihnen dann sagen? Ich könnte.

(9) Dr. A: Sie könnten es mir sagen?

(10) Peter: Ja, weil ich weiß, ich weiß, ich weiß, äh, wer das Flugzeug erfunden hat.

(11) Dr. A: Okay, wenn Sie wissen, wer das Flugzeug erfunden hat, dann sagen Sie mir, wer es erfunden hat.

(12) Peter: Ich kann es.

(13) Dr. A: Sie können es?

(14) Peter: Natürlich könnte ich.

(15) Dr. A: Sie könnten es. Also, dann können Sie mir jetzt sagen, wer das Flugzeug erfunden hat?

(16) Peter: Ich weiß es.

(17) Dr. A: Sie wissen es?

(18) Peter: Ja, ich weiß es.

(19) Dr. A: Das heißt, Sie kennen die Antwort auf diese Frage.

(20) Peter: Ja.

(21) Dr. A: Ja. Gut, dann können Sie mir jetzt sagen, wie die Antwort heißt?

(22) Peter: Wer das Flugzeug erfunden hat, ich weiß es.

(23) Dr. A: Was Sie sagen wollen, ist, daß Sie es nicht wissen.

(24) Peter: Ich weiß es. Wenn ich es nicht wüßte, dann, dann, dann könnte ich es Ihnen nicht sagen.

(25) Dr. A: Sie können es mir also nicht sagen, nicht wahr?

(26) Peter: Ja, ich kann es, denn ich weiß es.

Text 2 (Peter unter Amytal)

(27) Dr. A: Peter, ich möchte Sie etwas fragen. Ich halte hier eine Pfeife in der Hand. Sehen Sie sie?

(28) Peter: Nein.

(29) Dr. A: Dr. C, sehen Sie die Pfeife?

(30) Dr. C: Ja, ich sehe die Pfeife.

(31) Dr. A: Peter, wie kommt das: Ich zeige Ihnen eine Pfeife, und Sie sagen, nein, Sie sehen sie nicht. Dr. C sagt, ja, er sieht sie. Wie kommt es, er sagt ja, Sie sagen nein?

(32) Peter: Na und. Der Doktor sagt, er sieht sie nicht.

(33) Dr. C: Ich sehe sie wohl.

(34) Peter: Sie sehen sie?

(35) Dr. A: Was sagen Sie nun, Peter?

(36) Peter: Ich sehe die Pfeife.

(37) Dr. A: Sie sehen also die Pfeife?

(38) Peter: Mmhm

(39) Dr. A: Moment mal! Sagen Sie. Ich habe die Pfeife hier in der Hand. Sehen Sie die Pfeife?

(40) Peter: Nichts, ich sehe sie nicht.

(41) Dr. A: Dr. C, sehen Sie die Pfeife?

(42) Dr. C: Ja, ich sehe sie.

(43) Dr. A: Peter, wie kommt das: Wenn ich Ihnen die Pfeife zeige und Dr. C und frage, ob Sie die Pfeife sehen, dann sagen Sie, nein, ich sehe sie nicht, und Dr. C sagt, ja, ich sehe sie? Sie sehen sie beide und geben verschiedene Antworten. Wie kommt das?

(44) Peter: Vielleicht sieht er anders, mit seinen Augen.

(45) Dr. C: Was hat er in der Hand, Peter?

(46) Peter: Eine Pfeife.

(47) Dr. C: Welche Farbe hat sie?

(48) Peter: Sie ist braun.

(49) Dr. C: Glauben Sie, daß sie braun ist?

(50) Peter: Nein.

Die beiden Texte sind Wiedergaben von Gesprächen zwischen Ärzten (A, C) und einem Schizophrenen (Peter). Da uns die psychischen Probleme sog. Geisteskranker natürlich nur über Kommunikationen zugänglich sind, haben sich Psychotherapeuten seit langem mit der Sprache und der Kommunikation von Geisteskranken befaßt. In der älteren Literatur hierzu werden als wesentlich drei Eigenschaften herausgearbeitet: die Unzugänglichkeit, die Unverständlichkeit und die Inkohärenz.

Die angenommene Unzugänglichkeit von Schizophrenen besteht darin, daß sie oft nicht auf ihren Partner eingehen, zum Beispiel auch nicht auf Fragen antworten. Manchmal wiederholen sie nur die Frage (Echolalie), manchmal stellen sie eine Gegenfrage, die mit der ursprünglichen Frage nichts zu tun hat, oder sie gehen überhaupt nicht auf die Frage ein. Sieht man sich derartige Kommunikationen genauer an, findet man aber auch leicht andere plausible Gründe für dieses Verhalten. Zum Beispiel muß man bedenken, daß oft nur sehr stereotype Fragen vom Arzt gestellt werden, die übrigens fast ausnahmslos Testfragen sind (vgl. Anhang Text 7). So scheint es nicht verwunderlich, wenn ein Patient auf die Frage ›Datum?‹ vielleicht nur wiederholend (eventuell als eine Art Provokation) antwortet. Oder auch, daß er auf die Frage ›Lieben Sie Ihren Vater mehr oder Ihre Mutter?‹ vielleicht zurückfragt ›Wieviel Zähne hat ein Pferd?‹. Man kann das zumindest als eine Auflehnung gegen diese Art der Kommunikation verstehen, die gänzlich asymmetrisch verläuft (vgl. Anhang Text 7). Aufgrund derartiger Kommunikationsgewohnheiten könnte es auch nicht verwundern, wenn Geisteskrankheit einherginge mit der Außerkraftsetzung oder Modifikation elementarer kommunikativer Grundsätze wie zum Beispiel, daß man informativ kommuniziert oder daß man so reden sollte, daß der Partner einen versteht.

Die Unverständlichkeit von Schizophrenen kann verschieden weit gehen. Es kommt vor, daß sie sich kommunikativ sehr weit von ihrer Umwelt entfernen und eine Art Privatsprache ausbilden mit Neologismen, Verschlüsselungen und dergleichen. Häufig ist es aber so, daß sie Wortfolgen, Satzfetzen oder auch Satzfolgen äußern, die uns unverständlich sind. Es ist nicht ohne weiteres zu sagen, in welchen der beiden Fälle die Unverständlichkeit weiter geht. Im Fall der reinen Verschlüsselung wäre eine Art Übersetzung hinreichend, um das Gemeinte zu verstehen. Im andern Fall sind die Wörter verständlich, nur den Zusammenhang sehen wir nicht. Diese Art der Unverständlichkeit wird also mit dem dritten Merkmal verbunden sein.

Die sog. Inkohärenz der Kommunikation von Geisteskranken wird in verschiedener Weise diagnostiziert. Es heißt, ihre Rede sei unzusammenhängend und dunkel. Sie reihen heterogenste Gedanken in sinnloser Weise aneinander, ohne daß wir irgendeine Verbindung wahrnehmen können. Sie reden verworrenes Zeug und neigen zur Ideenflucht, Sprunghaftigkeit und Zerfahrenheit. Der Grund für diese Inkohärenz wird gemeinhin auf unzusammenhängendes, auch assoziatives Denken zurückgeführt. Dies ist allerdings nicht greifbar: Sie reden eben so. Wenn man bedenkt, daß der Zusammenhang unserer Rede vor allem darauf beruht, daß wir gleichartige Regeln befolgen, so daß der Partner bestimmte Abfolgen als regelhaft versteht, und daß wir oft die gleichen Annahmen machen (weil ›normal‹ eben nichts anderes heißt, als daß wir in bestimmten Annahmen übereinstimmen), erweist sich der Schluß auf die Inkohärenz des Denkens allerdings als nicht gerechtfertigt. Denn Geisteskranke könnten andere Regeln mit der Zeit ausgebildet haben und sie könnten andere Dinge glauben als Normale. Es gibt genügend Evidenz dafür, daß öfter nur Unverständnis vorliegt, wo dem Partner Inkohärenz unterstellt wird. (Vgl. die Interpretation und Diagnose im Anhang Text 12). Wenn schon geringe Unterschiede des gemeinsamen Wissens Mißverständnisse zur Folge haben, wie weit muß das erst bei größeren Divergenzen führen.

Im großen und ganzen kann man sagen, daß kommunikative Handlungen von Geisteskranken gemeinhin als regellos und damit vielleicht als nicht intentional angesehen wurden. Diese Ansicht dürfte auch ins allgemeine Bewußtsein gedrungen und dort auf fruchtbaren Boden gefallen sein, insofern es allgemein üblich ist, jemandem, der nach einer andern Regel handelt als man selbst, zu unterstellen, er handle abweichend, regellos oder überhaupt nicht. Diese Ansicht ermöglicht eine Art abwehrende Immunisierung gegen das Erlernen der Handlungsweise der Geisteskranken und ist insofern trivial als andrerseits Geisteskrankheiten genau mit derartigen Kriterien definiert werden, so daß es eigentlich keine empirische Erkenntnis ist, daß Geisteskranke so handeln, sondern eine Art Definition. Aus diesem Grund wird sich auch die Einstellung gegenüber Geisteskranken dann sofort ändern, wenn man annimmt, sie handelten regelhaft. Denn in diesem Moment sieht man den Geisteskranken wieder als möglichen Kommunikationspartner an und sei es nur in dem Sinn, daß man selbst seine Sprache lernen und ihn dann verstehen könnte (natürlich immer unter dem Risiko, selbst geisteskrank zu werden, das viele Psychotherapeuten gespürt haben). Eine solche Richtung der Psychotherapie hat nun in neuerer Zeit versucht, einige allgemeine Formen der Kommunikation von Geisteskranken zu ermitteln, deren Verständnis gleichsam auch als Schlüssel zur Entstehung und Therapie angesehen werden kann. Es ist erstaunlich, daß hierbei kaum linguistische Methoden zur

Analyse derartiger Kommunikationen verwendet wurden. Demgemäß bleibt die Differenziertheit und Plausibilität oft auch gering.

12.2. Der Fall Peter

Wenn man davon ausgeht, daß Geisteskranke wie andere Menschen nach Regeln handeln, daß sie nur andere Regeln befolgen als andere Mitglieder der jeweiligen Gesellschaft, so muß man es als wichtige Grundlage jeder Therapie ansehen, diese Regeln zu ermitteln. Man kann wohl davon ausgehen, daß ihre Regeln verwandt sind mit den Regeln der jeweiligen Gesellschaft oder historisch von ihnen abgeleitet sind, daß sie mehr oder weniger differieren und daß mehr oder weniger allgemeine Regeln von der Modifikation betroffen sind. In unsrem Beispielfall nun heißt es, sei eine sehr allgemeine Regeländerung zu bemerken. Die Diagnose ist: Der Patient vertauscht unbewußt *ja* und *nein*. Er negiert analog bejahte Sätze mit *nicht* und verwendet verneinte Sätze ohne Negation. Inwiefern eine solche Änderung einer sprachlichen Regel sehr allgemein und grundlegend ist, soll nun verdeutlicht werden.

Der erste der beiden Texte scheint keinen Anhaltspunkt für die Diagnose zu bieten. Denn alle Akte von Peter sind sowohl normal verständlich als auch unter Vertauschung. Zum Beispiel könnte Peter mit dem Äußern von (6) im ersten Teil A zustimmen und im zweiten Teil insistieren auf dem, was er mit (4) gesagt hat. Oder wenn wir die Äußerung von (5) als Frage verstehen, würde Peter mit (6) diese Frage – in gewisser Weise redundant – bejahen. Genauso klar verständlich, aber nicht plausibler, ist das Äußern von (6), wenn Peter vertauscht hätte: Er würde dann im ersten Teil die Frage (5) bejahen bzw. der Behauptung widersprechen und im zweiten Teil darauf insistieren, daß er es nicht weiß, was er mit (4) schon gesagt hätte. Genausowenig wie mit (6) scheint die Diagnose mit (8) zu erhärten. Im normalen Gebrauch könnte Peter damit zum Ausdruck bringen, daß sein Problem ist, es dem Doktor zu sagen (mit betontem *Ihnen*), oder aber, daß sein Problem ist, es überhaupt zu sagen (mit betontem *sagen* oder auch betontem *wie*). Das wäre zwar eigenartig, weil es im allgemeinen als einfach angesehen wird, den entsprechenden Namen zu nennen. Es ist aber möglich und würde durch den weiteren Verlauf der Kommunikation nicht ausgeschlossen. Man könnte aber diese Äußerung auch verstehen als eine Art Weigerung, sein Wissen zu beweisen, besonders unter dem Gesichtspunkt, daß die Äußerung (7) natürlich etwas eigenartig ist, weil es normalerweise nicht gerechtfertigt wäre, eine bedingte Frage zu stellen oder eine bedingte Aufforderung zu machen, wenn die Bedingung unmittelbar vorher vom Partner als erfüllt behauptet wurde. Es wäre damit eben nur ein Beweis für diese Behauptung gefordert. Obwohl diese Stelle (in dieser Interpretation) etwas eigenartig ist, erscheint sie nicht beweiskräftig für die Diagnose. Denn unter Vertauschung bleibt sie zumindest genauso eigenartig. Bei konsequenter Vertauschung würde Peter fragen: Wenn ich es nicht weiß, wie kann ich es dann nicht sagen? Und das erscheint uns doch eigenartig, da wir es als selbstverständlich ansehen, daß man etwas nicht sagen kann, wenn man es nicht weiß. Man könnte die Äußerung mit dieser Bedeutung nur verstehen als tautologischen Hinweis darauf, daß es nicht notwendig ist, jemanden aufzufordern, etwas nicht zu sagen, was er nicht weiß, eben weil der allgemeine Grundsatz gilt.

Nun hat aber A mit (7) Peter gar nicht aufgefordert, es nicht zu sagen. Sollte Peter seinen Partner auch so verstehen, wie es ihm die Diagnose für den eigenen Sprachgebrauch unterstellt? Gegen diese Annahme scheint uns einiges zu sprechen. Denn sie würde wahrscheinlich den Zusammenhang der Kommunikation vollständig auflösen. Wie sollte man die Antwort ›Ich weiß nicht‹ auf die Frage ›Wer hat das Flugzeug nicht erfunden?‹ denn deuten? Uns scheint es (falls die Diagnose stimmt), daß Peter in gewissem Sinn eine weitere Kompetenz hat als der Arzt. Denn Peter befolgt seine Regel, ist sich aber zugleich immer dessen bewußt, daß seine Partner andere Regeln befolgen. Das gleiche gilt zwar für den Arzt: Er befolgt seine eigene Regel, nimmt aber an, daß Peter andere befolgt. Peter erscheint toleranter, da er dies akzeptiert, während der Arzt nicht von seiner Regel abgeht und Peter ständig auf seine eigene Regel bringen will. Dieser Schein der Toleranz trügt aber. Gerade in dem Tolerieren verschiedener Regeln scheint nämlich der kommunikative Defekt auf Seiten Peters zu liegen. Zwar ist es realistisch anzunehmen, daß faktisch die Partner verschiedene Regeln befolgen, dies ist aber eine kommunikative Herausforderung, insofern für ein gutes Verständnis diese Situation überwunden werden muß. Kommunikative Partner müssen deshalb alle Anstrengungen unternehmen, die Regeln anzugleichen oder zumindest gegenseitig über ihre Regeln Bescheid zu wissen. Ein Teil der Kommunikationsverweigerung Peters beruht darin, daß er sich der Verschiedenheit der Regeln voll bewußt sein muß, aber keine Anstrengung für eine Angleichung unternimmt, ja man kann es sogar so sehen, daß es sich hier nicht mehr um ein normales Differieren der Regeln von Partnern handelt: Peter hat die Gemeinsamkeit aufgegeben; er hat seine Regeln absichtlich geändert. Dies scheint der entscheidende Punkt für die Diagnose, der auch zeigt, daß kommunikative Toleranz zusammengehen kann mit Aufgabe der

Gemeinsamkeit oder gewollter Asozialität. Therapeutisch wäre natürlich zu bedenken, daß diese Aufgabe nicht ein willkürlicher Akt ohne eigene Geschichte ist.

Nun haben wir allerdings etwas über das Ziel hinausgeschossen, indem wir die Diagnose als richtig unterstellt haben. Wir möchten aber behaupten, daß aus Text 1 nichts für die Richtigkeit der Diagnose zu entnehmen ist. Generell möchten wir behaupten: In einer reinen Konversation (ohne nicht-sprachliche Handlungen) ist die Vertauschung – konsequent durchgeführt – nicht zu bemerken, oder zumindest nicht zweifelsfrei nachzuweisen.

Die Diagnose der Ärzte erscheint uns vom kommunikativen Standpunkt gesehen eigenartig undifferenziert. Schon wenn man nur das Verständnis von Peter rekonstruieren will, gibt es eine Anzahl von Möglichkeiten. Die Diagnose ist erst einmal aufzuteilen in zwei Teilbedingungen:

(i)   Peter meint S als nicht-S.

(ii) Peter nimmt an, A handle so wie er selbst.

Beide Bedingungen können erfüllt sein oder nicht, wir bekommen also kombinatorisch vier Möglichkeiten:

(51) (i und ii)

(52) (i und nicht ii)

(53) (nicht i und ii)

(54) (nicht i und nicht ii)

Selbstverständlich ist die Sachlage noch wesentlich verwickelter, weil Peter auch Annahmen darüber machen wird, welche Regel A ihm unterstellt: Wir können also im gemeinsamen Wissen höher klimmen und dadurch relevante Deutungsunterschiede für die einzelnen Akte bekommen.

Nun liegt aber hier der Glücksfall vor, daß die Regeln, die durch (i) und (ii) bzw. deren Negate charakterisiert werden können, recht einfach sind. Wir gewinnen nämlich alle Deutungsmöglichkeiten dadurch, daß wir im Ausgangstext die entsprechenden Vertauschungen vornehmen. Die Resultate sind dann Texte in u n s e r e r Sprache, die uns je ein Verständnis Peters geben und damit – wenn wir davon ausgehen, daß A jedenfalls so redet wie wir – auch die Verstehensmöglichkeiten von A.

Um diese Texte zu rekonstruieren, muß man noch eine andere Undifferenziertheit der Diagnose berücksichtigen: Es ist wichtig zu wissen, ob Peter seine Regel nur auf Hauptsätze anwendet oder auch auf Nebensätze. Dieser äußerliche Unterschied hat nämlich gravierende Konsequenzen in der Kommunikation. Zum Beispiel kann die Erhaltung der Voraussetzungen, die im Nebensatz enthalten sein mögen, bei gleichzeitiger Negation des Hauptsatzes eigenartige Folgen haben.

In (10) führt Negation im Hauptsatz zu (10a), Negation in Hauptsatz und Nebensatz zu (10c):

(10a) Ich kann es nicht sagen, weil ich es weiß.

(10c) Ich kann es nicht sagen, weil ich es nicht weiß.

Während (10c) als ganz plausible Begründung erscheint, können wir (10a) nicht so leicht akzeptieren, obgleich man sich natürlich leicht Bedingungen ausdenken kann, unter denen (10a) auch zur Begründung taugte.

Führen wir im Ausgangstext die entsprechenden Vertauschungen durch, so erhalten wir neben diesem sechs weitere Texte. Und diese Texte müssen alle Deutungsmöglichkeiten repräsentieren, so weit wir auch gegenseitige Annahmen auftürmen. Das heißt, daß der erwähnte Glücksfall auch darin besteht, daß das Auftürmen gegenseitiger Annahmen hier nicht immer zu einem neuen Verständnis führen muß, sondern daß letztlich bestimmte Möglichkeiten systematisch zusammenfallen, bestimmte Annahmen sich wegkürzen.

Wenn wir alle rekonstruierten Texte betrachten, werden wir feststellen, daß alle mehr oder weniger zusammenhängend sind. Keiner ist völlig unverständlich, wenngleich die verschiedenen Versionen mehr oder weniger gut verständlich sind. Eine Version wird um so unverständlicher sein, je mehr spezielle Annahmen man zu ihrem Verständnis machen muß. Das bedeutet aber gerade, daß innerhalb einer Kommunikation, wenn man weiß, daß diese Annahmen erfüllt sind, ein Verständnis gar nicht schwieriger ist.

Das Resultat, daß alle Versionen verständlich sind, lehrt uns auch: Wenn man die Gemeinsamkeit der Regel aufgibt, gibt es gleich sehr viele Möglichkeiten, etwas zu verstehen. Wir werden unsicher.

Wir wollen hier nur noch eine der sieben Versionen abdrucken und kurz betrachten. Es handelt sich um den Fall, daß Peter nur im Hauptsatz vertauscht, aber annimmt, daß der Arzt die gleiche Sprache spricht, also ebenfalls vertauscht. Die Version dürfte der Diagnose entsprechen, weil Unbewußtheit der Vertauschung nichts andres heißt, als daß Peter annehmen muß, der Arzt handle wie er. Dieses Verständnis gibt der folgende Text:

(1a) Dr. A: Wer hat das Flugzeug nicht erfunden?

(2a) Peter: Ich weiß es nicht.

(3a) Dr. A: Sie meinen nicht, Sie wissen es nicht?

(4a) Peter: Ich weiß es nicht.

(5a) Dr. A: Sie wissen es nicht?

(6a) Peter: Nein, ich weiß es nicht.

(7a) Dr. A: Wenn Sie's wissen, können Sie mir's nicht sagen?

(8a) Peter: Wenn ich es weiß, wie kann ich's Ihnen dann nicht sagen? Ich könnte nicht.

(9a) Dr. A: Sie könnten es mir nicht sagen?

(10a) Peter: Nein, weil ich weiß, ich weiß, ich weiß, äh wer das Flugzeug erfunden hat.

(11a) Dr. A: Okay, wenn Sie es wissen, wer das Flugzeug erfunden hat, dann sagen Sie mir nicht, wer es erfunden hat.

(12a) Peter: Ich kann es nicht.

(13a) Dr. A: Sie können es nicht?

(14a) Peter: Natürlich könnte ich nicht.

(15a) Dr. A: Sie könnten es nicht. Also, dann können Sie mir jetzt nicht sagen, wer das Flugzeug erfunden hat?

(16a) Peter: Ich weiß es nicht.

(17a) Dr. A: Sie wissen es nicht?

(18a) Peter: Nein, ich weiß es nicht.

(19a) Dr. A: Das heißt nicht, Sie kennen die Antwort auf diese Frage?

(20a) Peter: Nein.

(21a) Dr. A: Nein. Gut, dann können Sie mir jetzt nicht sagen, wie die Antwort heißt?

(22a) Peter: Wer das Flugzeug erfunden hat, ich weiß es nicht.

(23a) Dr. A: Was Sie sagen wollen, ist nicht, daß sie es nicht wissen.

(24a) Peter: Ich weiß es nicht. Wenn ich es nicht wüßte, dann, dann, dann könnte ich es Ihnen sagen.

(25a) Dr. A: Sie können es mir also sagen, nicht wahr?

(26a) Peter: Nein, ich kann es nicht, denn ich weiß es nicht.

Erstaunlich in dieser Version ist nun, daß sie überhaupt nicht plausibler ist als die Urversion. Das heißt, die Diagnose führt überhaupt nicht zu einem besseren Verständnis. Sie führt sogar dazu, daß Peter sich widersprüchlich verhalten würde. Denn Widersprüche kommen in dieser Version mindestens an zwei Stellen vor. Der erste Widerspruch taucht in (10a) auf, wo im ersten Satz vorausgesetzt ist, daß er die Antwort weiß. Peter hat aber selbst in (6a) behauptet, daß er es nicht weiß. Ein weiterer Widerspruch findet sich in (24a): Am Anfang sagt Peter, daß er es nicht weiß, dann setzt er aber im irrealen Wenn-Satz voraus, daß er es weiß. Man darf deshalb getrost annehmen, daß entweder die Diagnose gewagt ist, weil sie uns gar kein besseres Verständnis für Peter schafft, oder aber, daß die Befolgung dieser Regel große Schwierigkeiten mit sich bringt, die einen in Widersprüche verwickeln.

Schwierigkeiten gibt es übrigens auch in anderen Versionen. Wenn z. B. der Arzt annimmt, daß Peter vertauscht und glaubt, der Arzt vertausche nicht, dann wäre für ihn Peters Verständnis das folgende:

(1b) Dr. A: Wer hat das Flugzeug erfunden?

(2b) Peter: Ich weiß es nicht.

(3b) Dr. A: Sie meinen, Sie wissen es nicht.

(4b) Peter: Ich weiß es nicht.

(5b) Dr. A: Sie wissen es.

(6b) Peter: Nein, ich weiß es nicht.

Die Äußerung (5b) ist doch – gleich ob Frage oder Gegenbehauptung – sehr eigenartig. Muß ein Arzt durch solches Verhalten den Patienten nicht verrückt machen?

Fazit dieser Überlegungen ist, daß in handlungsfreien Zusammenhängen die Negationsvertauschung nicht zu verifizieren ist. Sie kann in diesem Fall nur verifiziert werden, wo der Text- oder der sprachliche Handlungszusammenhang widersprüchlich wird. Und sogar in diesem Fall ist natürlich nicht klar, nach welcher Regel gehandelt wird. Denn Widerspruch bleibt Widerspruch, egal ob ich die Negation vertausche oder nicht.

Die Situation ändert sich im Text 2, wo einmal der Patient durch Drogen verlangsamt wurde, zum andern aber drei Partner beteiligt und die Normalen in der Überzahl sind. Die Strategie von A ist, Peter und C gegeneinander auszuspielen. Dies ist ihm gelungen mit (31), wo er offenbar denkt, es handle sich um einen Widerspruch. Aber selbstverständlich könnte der eine die Pfeife sehen und der andere nicht. Man muß zur Konstruktion des Widerspruchs noch zu Hilfe nehmen, daß beiden die Pfeife sichtbar vor die Nase gehalten wird und daß beide sehen oder gleich sehen. Insofern ist die Antwort (32) auch ungeschickt (falls Peter durchhalten will), da sie natürlich sofort durch (33) widerlegt werden kann. Das Interessante dabei ist, daß nun wirklich ein Widerspruch da ist: Peter behauptet, der Doktor sage, er sehe sie nicht. Aber der Doktor sagt, er sehe sie. Jetzt wird Peter schwach. Er gibt mit (36) sein Spielchen auf, obwohl er den Widerspruch vermeiden könnte, wie er es später auch mit (44) in der analogen Situation tut. Damit setzt ein auffälliges Schwanken in der Anwendung seiner Regel bei Peter ein: Während der Fall, daß ein Partner einem andern widerspricht ganz normal und geläufig in der Kommunikation ist, beginnt Peter jetzt sich selbst zu widersprechen. Einmal widerspricht natürlich, was er mit (36) behauptet hat, dem, was er mit (28) behauptet hat. Das wäre nicht unbedingt gravierend, falls Peter eben seine Meinung hierüber geändert hätte. Wenn er aber dem wieder mit (40) widerspricht, dann wird sein Handeln unter diesem Gesichtspunkt regellos und wir wüßten eigentlich nicht mehr, was er sagen will, weil uns jetzt auch die Diagnose im Stich läßt. Denn die neue Diagnose wäre ja: ständiges Schwanken zwischen Vertauschung und Nicht-Vertauschung. In dieser Kommunikation braucht uns das nicht weiter zu kümmern, weil die Fakten für uns so klar scheinen, daß wir jeweils schließen, was Peter meinen muß. Allerdings gerät dies selbst hier ins Wanken, denn wir können gar nicht mehr sagen, ob Peter wirklich die Vertauschung vornimmt oder ob er manchmal auch trotzig widersprechen will (z. B. mit (40)).

12.3. Unverträglichkeit als Bedeutungsbeziehung

Wenn ein Kommunikationspartner selbst Widersprüchliches behauptet, dann wissen wir nicht mehr, was er sagen will. Er sprengt in gewissem Sinn das Sprachspiel des Behauptens, wir können, ohne die Tatsachen zu beachten, sagen, daß dies nicht stimmen kann. Eine widersprüchliche Handlung des Partners läßt uns ratlos stehen. Wir wissen nicht, was wir glauben oder tun sollen. Diese Wirkung widersprüchlicher symbolischer Handlungen ist offenbar geworden im sog. double bind. Die Grundstruktur dieser Kommunikationsform besteht darin, daß ein Partner gewohnheitsmäßig mit dem andern paradox kommuniziert. Ein Muster für solche Kommunikationen sind etwa Aufforderungen wie
(55) Laß dir nichts befehlen!
Wenn der Adressat diese Aufforderung befolgt, verstößt er gegen sie. Befolgt er sie nicht, dann befolgt er sie. Wir haben also hier eine ähnliche Situation wie bei dem Lügenbeispiel in Beitrag 9. Besonders gravierend sind solche paradoxen Handlungen im Verhältnis zu Kindern. Wenn etwa eine Mutter auf ihr Kind mit ausgebreiteten Armen zugeht, um sich umarmen zu lassen und selbst das Kind zu umarmen, dann erstarrt und unentschlossen stehenbleibt, gleichzeitig aber sagt: »Willst du mich nicht umarmen? Du brauchst doch deine Gefühle nicht zu verbergen.« Kinder, die früh solchen Paradoxien ausgesetzt sind, müssen in der Beziehung zu ihrer Mutter verunsichert werden. Sie können nicht wissen, was zu tun ist. Lernende und Abhängige werden hier Schaden erleiden bis hin zur Schizophrenie.
Wir wollen sagen, daß zwei Behauptungen einer Person, die nicht zugleich beide wahr oder zugleich beide falsch sein können, unverträglich sind. Die Unverträglichkeit der Behauptungen ist natürlich bedingt durch die Sätze, die geäußert wurden, um die Behauptungen zu machen. Nur so weit klar ist, welche Behauptungen gemacht wurden, kann man auch von ihrer Unverträglichkeit reden. Ein Grund, warum man nicht ohne weiteres auch von der Unverträglichkeit von Sätzen sprechen kann, ist, daß die Referenz der Sätze wechseln kann. Zum Beispiel müssen ›Er sieht sie‹ und ›Er sieht sie nicht‹ nicht unverträglich sein, falls mit ›er‹ oder auch mit ›sie‹ jeweils auf andere Gegenstände referiert wird. Deshalb muß vorausgesetzt werden, daß

die Referenz gleich bleibt, wenn wir von der Unverträglichkeit von Sätzen reden wollen.

Die Unverträglichkeit ist weiter als die Widersprüchlichkeit. So sind die beiden Sätze

(56) Er sieht sie.

(57) Er sieht sie nicht.

widersprüchlich: Wenn der eine wahr ist, muß der andere falsch sein und umgekehrt. Da also nicht beide zugleich wahr sein können, sind diese Sätze auch unverträglich. Dagegen sind

(58) Er sieht sie anders.

(59) Er sieht sie nicht.

zwar unverträglich, aber nicht widersprüchlich: Es kann sein, daß beide falsch sind, nämlich, wenn er sie genauso sieht.

Wir denken uns die Bedeutung der Ausdrücke einer Sprache so, daß sie gegeneinander abgegrenzt sind und in einem System zusammenhängen. Den Zusammenhang der Bedeutung können wir darstellen durch die beiden hier eingeführten Relationen der Folgerung und der Unverträglichkeit. Von diesen beiden können wir noch andere Relationen ableiten, wenn wir sie brauchen. Zum Beispiel beruht die Unverträglichkeit von S1 und S2 darauf, daß einer von beiden oder beide irgendwelche S3 und S4 implizieren, die widersprüchlich sind. Die Relationen zwischen einzelnen Ausdrücken einer Sprache leiten wir ab von den Relationen zwischen Sätzen, die diese Ausdrücke enthalten. Zum Beispiel werden wir die Unverträglichkeit von (58) und (59) auf das besondere Bedeutungsverhältnis von ›anders‹ und ›nicht‹ zurückführen. Wir müssen dabei allerdings bedenken, daß sich die beiden nicht in jedem Kontext gleich verhalten müssen.

Man darf sich die Stellung eines Ausdrucks in einem relationalen System nun allerdings nicht so begründet denken, daß die Ausdrücke eine bestimmte Bedeutung hätten und daß ein Ausfluß dieser Tatsache sei, daß sie in bestimmten Bedeutungsbeziehungen zu anderen Ausdrücken stünden. Vielmehr besteht die Bedeutung wesentlich in diesen Beziehungen: Die Bedeutungsbeziehungen eines Ausdrucks sind wesentlicher Bestandteil seiner Bedeutung. Denn nur dadurch, daß ein Ausdruck sich von anderen abgrenzt, hat er überhaupt Bedeutung, und nur dadurch, wie er sich von anderen Ausdrücken abgrenzt, hat er eine bestimmte Bedeutung. Man kann dies exemplifizieren an Ausdrücken aus verschiedenen Sprachen, die gemeinhin als Übersetzungen voneinander angesehen werden, weshalb man sie auch für bedeutungsgleich halten könnte, wie etwa dt. ›Gast‹ und fr. ›hôte‹. Beachtet man aber die semantischen Relationen, dann sieht man, daß das dt. ›Gast‹ in anderen Zusammenhängen steht. So gilt z. B.

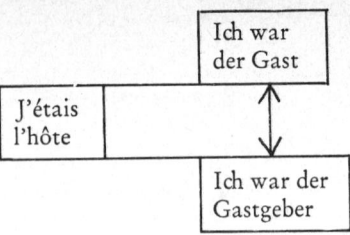

Das dt. ›Gast‹ steht in Opposition zu ›Gastgeber‹ und hat demgemäß auch eine andere Bedeutung als das fr. ›hôte‹, wo es eine solche Opposition nicht gibt.

Wir wollen derartige Bedeutungszusammenhänge etwas ausführlicher darstellen an einem Beispiel, das für die Handlungstheorie und ihren Zusammenhang mit einer Bedeutungstheorie grundlegend ist, nämlich am Zusammenhang der Ausdrücke ›wissen‹, ›können‹, ›sagen‹. Wir verwenden dabei – für pure Verträglichkeit, — für Unverträglichkeit, → für Folgerung.

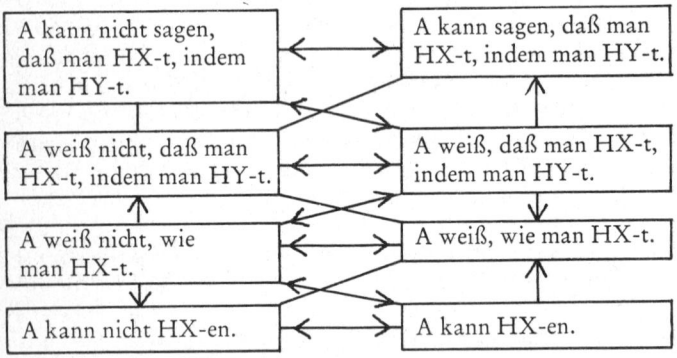

Diese Darstellung berücksichtigt natürlich nur den Zusammenhang dieser Ausdrücke untereinander. Sie gibt damit zugleich eine Vorstellung davon, wie komplex der Bedeutungszusammenhang eines Ausdrucks ist, da die einzelnen Ausdrücke ja auch zu vielen anderen in direkten Beziehungen stehen. Aus diesem Schema lassen sich eine Menge von Tatsachen ablesen, die in der Diskussion über den Zusammenhang geistiger Fähigkeiten und geistiger Tätigkeiten und in der Diskussion über das Lernen eine große Rolle gespielt haben. Dafür einige Beispiele:

Es empfiehlt sich beim Wissen eine Unterscheidung zu machen zwischen Wissen-wie und Wissen-daß. Wir sehen, daß aus dem HX-enkönnen folgt, daß man weiß, wie man HX-t, daß aber daraus nichts folgt bezüglich des Wissens, daß man in der und der Weise HX-t. Mit anderen Worten: Das intuitive Können beinhaltet zwar, daß man weiß, wie etwas geht, aber es beinhaltet nicht, daß man auch die Methode kennt oder gar formulieren könnte. Dies ist eine allgemeine Regel für die Tatsache, daß ein Sprecher die Regeln einer Sprache zwar intuitiv befolgen kann, daß er aber deshalb nicht die Regeln formulieren können muß, obgleich es natürlich möglich ist, daß er das kann, denn beides ist ja nicht unverträglich. Für das Lehren und Lernen eines regelhaften Handlungszusammenhangs, z. B. einer Sprache, hat dies natürlich Konsequenzen, die gezeigt werden können durch den Zusammenhang eines analogen Systems für das Lernen entsprechender Handlungen oder Tatsachen. Dadurch könnte man nämlich zeigen, daß aus dem Wissen, daß bestimmte Regeln gelten, nicht folgt, daß man nun auch die Regeln anwenden kann. Damit sind die Grenzen eines bestimmten reflektierenden Sprachunterrichts aufgezeigt, wo man davon ausgeht, daß das Reflektieren der Regeln sich auf das Befolgen der Regeln ohne weiteres auswirkt oder daß das Formulierenkönnen (im Fremdsprachunterricht) wesentliches Ziel sein könne.

Hier zeigt sich auch, daß eine derartige Darstellung des Bedeutungszusammenhangs nicht so mißverstanden werden darf, als sei dieser Bedeutungszusammenhang der Grund oder eine Begründung für diese Tatsache. Jeder, der die Ausdrücke in dieser Weise verwendet, wird vielmehr die Darstellung als trivial ansehen und zu allen Folgerungen der vorgeführten Art nur sagen können, das wußte ich schon vorher. Der Sinn derartiger Darstellungen besteht deshalb auch nur darin, die Zusammenhänge, die wir schon beherrschen, übersichtlich zu machen, in Erinnerung zu rufen, wenn jemand sie nicht beachtet oder ohne Not neue einführen will. Daß dies eine wichtige Aufgabe ist, zeigt uns die Geschichte der Lerntheorie und der Diskussion des Zusammenhangs von Wissen und Können, wo ständig ohne Not gegen die Bedeutungszusammenhänge verstoßen wird oder wo in der reflektierenden Behandlung die Zusammenhänge nicht genügend beachtet werden.

Einen anderen wesentlichen Aspekt des Schemas finden wir in der Unverträglichkeit von Wissen-daß und Nicht-sagen-können-daß, die hier nur im Spezialfall auftaucht. Diese Unverträglichkeit spielt eine gewisse Rolle in dem beliebten Thema des Zusammenhangs von Sprechen und Denken, wo oft sehr undifferenziert das Wissen zum Denken gezählt wird, ohne verschiedene Erscheinungen des Denkens zu differenzieren, die sich unter der Fragestellung ganz verschieden verhalten. Hier ist nun angenommen, man könne nicht etwas wissen, was man nicht sagen kann, und damit Stellung bezogen gegen ein privates Wissen, von dem man sich einbildet, es zu haben, von dem man aber nicht sagen kann, was es zum Inhalt hat. Wahrscheinlich müßten Anhänger dieses Wissens gerade die angegebene Unverträglichkeit deshalb zurückweisen und demgemäß einen anderen Gebrauch von den entsprechenden Ausdrücken machen. Eine Auseinandersetzung wäre also hier so zu führen, daß man die Bedeutungszusammenhänge der Ausdrücke offenlegt (denn nach unserer Kompetenz sind derartige Redeweisen durchaus abweichend), um dann die Möglichkeiten der Argumentation und Angleichung zu überprüfen. Wir kommen damit von der stärker beschreibenden Anwendung der Methode, Bedeutungszusammenhänge anzugeben, zu ihrer kommunikativen Verwendung.

Genausowenig wie die Bedeutung primär und die Bedeutungsbeziehungen sekundär sind, ist uns die Bedeutung irgendwie unmittelbar gegeben. Was die Bedeutung eines Ausdrucks ist, erkennen wir erst über die Beziehungen, in denen er steht. Wenn sich also die Regeln der Verwendung eines Ausdrucks bei verschiedenen Sprechern unterscheiden, dann ist es ein wesentlicher Bestandteil des Herausfindens der Verwendungsregel eines Partners für den Ausdruck X herauszufinden, in welchen Bedeutungsbeziehungen der Ausdruck X zu anderen Ausdrücken für diesen Partner steht. Der Sinn kommunikativer Rückfragen wie ›Heißt das, daß . . .?‹, ›Dann also nicht . . .?‹ u. dgl. besteht genau darin, die Bedeutungsbeziehungen zu ermitteln, die für den Partner gelten.

In der Kommunikation werden die Bedeutungsbeziehungen deshalb in einem andern Sinn relevant. Da zum Beispiel die Unverträglichkeit nicht etwas ist, was den Ausdrücken einer Sprache absolut anhaftet, sondern nur durch einen bestimmten Gebrauch etabliert ist, treten kommunikative Probleme gerade dadurch auf, daß B meint, eine bestimmte Bedeutungsbeziehung gelte, die aber für A gar nicht gilt. Man wird sogar die These wagen können, daß kein Kommunikationspartner, mit dem, was er äußert, etwas Unverträgliches oder gar Widersprüchliches meinen wird. Denn eigentlich scheint es unmöglich, so etwas zu meinen. Deshalb ist es für B im Grunde nur ein Indiz, daß er A falsch versteht, wenn er glaubt, A widerspreche sich. Als kommunikative Maxime könnte man das so formulieren:

(61) Verstehen vor Widerspruch!

Wir können also nicht davon ausgehen, daß wir – sozusagen gesichert durch eine allgemein verbindliche Bedeutung der Ausdrücke – immer verstehen, was mit Äußerungen gemeint ist und daß wir dann nachträglich feststellen würden, daß dies unverträglich miteinander ist. Viel eher wird uns die Unverträglichkeit hinweisen auf irgendein kommunikatives Problem. Allerdings ist die Deutung der Unverträglichkeit als Indiz für ein Mißverständnis wohl zu eng. Man kann mindestens drei Fälle unterscheiden, wenn B meint, A habe etwas Unverträgliches gesagt: (i) A hat in der Zwischenzeit seine Meinung geändert: Er glaubt oder will gar nicht mehr das, was er vorher geglaubt oder gewollt hat. In diesem Fall ist sozusagen das Frühere außer Kraft gesetzt, eine echte Unverträglichkeit liegt nicht vor.

(ii) B versteht A nicht richtig, d. h. er weiß gar nicht, was A eigentlich sagen wollte, und kann deshalb auch nicht die Unverträglichkeit für das, was A meinte, feststellen. In diesem Fall ist die Feststellung der Unverträglichkeit nur als Aufforderung an einen selbst zu nehmen, den Partner besser zu verstehen, also herauszubekommen, was A gemeint hat, und dies natürlich dadurch, daß man etwas über den Gebrauch herausbekommt, den A von den Ausdrücken macht.

(iii) A überblickt die Zusammenhänge dessen, was er gesagt hat, nicht so weit, daß er die Unverträglichkeit sieht. A ist sich eben in diesem Moment nicht oder überhaupt nicht bewußt, daß bestimmte Handlungen unverträglich sind. Dies dürfte damit zusammenhängen, daß kein Mensch seine eigene Kompetenz in diesem Sinn völlig überblickt, und vor allem, daß seine Kompetenz nicht völlig konsistent ist, so daß sie keine Unverträglichkeiten enthielte, etwa daß ein Mensch seine Bewertungsnormen so weit zusammenhängend und konsistent gestalten kann, daß keine sich mehr widerstreiten.

Der letzte Aspekt dürfte damit zusammenhängen, daß sich die Kompetenz eines Menschen historisch und sozial aufbaut. Völlige Konsistenz könnte historischen Stillstand bedeuten und Asozialität, weil vielleicht jedes Interagieren mit Partnern die Konsistenz bedrohen würde. Denn, wie wir gesehen haben, taucht die Unverträglichkeit in der Kommunikation nicht nur in dem Sinn auf, daß ein Partner sich widerspricht oder sich zu widersprechen scheint, sondern ein Partner kann dem andern widersprechen, und analog kann die Handlung eines Partners mit der des andern unverträglich sein. Gerade dies ist ein Anlaß kommunikativer Auseinandersetzung: Kommunikation wäre überflüssig, wenn alle sowieso schon dasselbe täten, glaubten und wüßten.

Bibliographische Hinweise

Die Textbeispiele stammen aus:

J. Laffal – L. Ameen, Hypotheses of Opposite Speech, The Journal of Abnormal and Social Psychology 58 (1959), 267–269.

J. Laffal – L. D. Lenkoski – L. Ameen, »Opposite Speech« in a Schizophrenic Patient, Journal of Abnormal and Social Psychology 52 (1956), 409–413.

Die Übersetzung ist von uns. Im Anhang sind auch die englischen Originale (Beispiel 13) abgedruckt.

Das Schema zu *wissen, können, sagen* ist leicht modifiziert übernommen aus: M. Muckenhaupt, Spiele lehren und lernen, Tübingen 1976, 40.

Der double-bind-Fall findet sich in:

R. D. Laing, Self and Others, Harmondsworth 1969, 146.

Probleme des Widerspruchs und der Unverträglichkeit sind eine Domäne der Logik. Widerspruch ist das schlechthin zu Vermeidende. Entdeckt man in einem logischen Kalkül oder in einer Theorie einen Widerspruch, so sind sie wertlos. Eine logische Behandlung der Inkonsistenz, die gleichzeitig auf linguistisch relevante Fragen eingeht, findet sich in:

P. F. Strawson, Introduction to Logical Theory, London 1952, Kap. 1.

Weitergehende Überlegungen finden wir bei Wittgenstein, zum Beispiel folgende in den Bemerkungen über die Grundlagen der Mathematik:

»Ein Sprachspiel kann nun durch einen Widerspruch seinen *Sinn* verlieren, den Charakter des Sprachspiels.« (103)

»Wäre es denn nicht möglich, daß wir einen Widerspruch hervorbringen *wollten*? Daß wir – mit Stolz auf eine mathematische Endeckung – sagten: »Sieh, so erzeugen wir einen Widerspruch«. Wäre es nicht möglich, daß z. B. viele Leute versucht hätten, einen Widerspruch im Gebiet der Logik zu erzeugen, und daß es dann endlich *einem* gelungen wäre?

Aber warum hätten Leute *das* versuchen sollen? Nun, ich kann vielleicht jetzt nicht den plausibelsten Zweck angeben. Aber warum nicht z. B. um zu zeigen, daß alles auf dieser Welt ungewiß sei?« (105)

»Warum soll es in der Mathematik keinen Widerspruch geben dürfen?« – Nun, warum darf es in unsern einfachen Sprachspielen keinen geben? (Da besteht doch gewiß ein Zusammenhang.) Ist das also ein Grundgesetz, das alle denkbaren Sprachspiele beherrscht?

Angenommen ein Widerspruch in einem Befehl z. B. bewirkt Staunen und Unentschlossenheit – und nun sagen wir: »das eben ist der Zweck des Widerspruchs in diesem Sprachspiel.« (130)

Anwendungen der Unverträglichkeit als semantische Relation zur Ermittlung der Bedeutung von Ausdrücken finden sich in:

J. Lyons, Einführung in die moderne Linguistik, (deutsche Übersetzung) München 1971, Kap. 10.

H. J. Heringer, Praktische Semantik, Stuttgart 1974, Kap. 3.2; 3.4.

Systematisch wurden kommunikative Probleme mit Widersprüchen in der neueren Psychologie behandelt, zum Beispiel in der sog. Theorie der kognitiven Dissonanz:

L. Festinger, A Theory of Cognitive Dissonance, Evanston, Ill., 1957.

Die Wirkung von Paradoxien auf das menschliche Zusammenleben wurde gezeigt in der Theorie des sog. double bind (Doppelbindung). Siehe hierzu:

P. Watzlawick – J. H. Beavin – D. D. Jackson, Menschliche Kommunikation, Bern 1969, Kap. 6.

R. D. Laing, Self and Others, Harmondsworth 1969, 144–150.

13. Argumentieren

Pro und Contra: Rauchverbot am Arbeitsplatz

Peter Merseburger: Ich habe jeden Respekt vor der persönlichen Freiheit und trotzdem plädiere ich für eine gesetzliche Regelung, die den Nichtraucher auf Antrag vor dem Raucher am Arbeitsplatz schützt. Ich hoffe, daß die Zeugenvernehmung hier die Gründe im einzelnen darlegen wird. Ich möchte sie vorweg zusammenfassen: Mir scheint erwiesen, daß Passivrauchen in keinem Falle harmlos ist. In jedem Falle stellt Passivrauchen eine erhebliche Belästigung des Nichtrauchers dar, aber Gesundheitsschäden sind keinesfalls auszuschließen.

Das Recht auf möglichst reine Luft ist ein elementares Recht jedes Bürgers, das der Raucher für sich selbst in Frage stellt, mißachtet, aber er sollte dieses Elementarrecht wenigstens beim Nichtraucher achten. Die Hoffnung allerdings, daß die Raucher auf die Nichtraucher Rücksicht nehmen, ist seit langem eine Illusion. »Teils saufen sie den Tabak, andere fressen ihn und von etlichen wird er geschnupft, also daß mich wundert, warum ich noch keinen gefunden, der ihn auch in die Ohren steckt.«

Dieses Zitat ist fast 300 Jahre alt. Sie sehen, das Problem ist beinahe zeitlos aktuell, es stammt von Simplicius Simplicissimus, von Grimmelshausen also, und daran hat sich bis heute leider nichts geändert. Weil Raucher die Rechte der Nichtraucher immer wieder mit Füßen treten, glaube ich, muß der Gesetzgeber handeln. Er sollte in den Fällen, in denen Raucher und Nichtraucher nicht gütlich zueinander finden und eine Regelung einvernehmlich herstellen können, dem Nichtraucher als der Minderheit, die hier vermutlich geschädigt wird, das Recht einräumen und geben, das Nichtrauchen am Arbeitsplatz durchzusetzen.

Julia Dingwort-Nussek: Bei dieser Vorabstimmung habe ich natürlich einen ganz furchtbar schweren Stand. Vorweg gesagt, ich bin Nichtraucher wie mein Kollege Merseburger. Ich bin aber im Gegensatz zu ihm der Meinung, daß ein Rauchverbot am Arbeitsplatz medizinisch nicht notwendig, rechtspolitisch bedenklich und sozialpsychologisch wahrscheinlich sogar gefährlich wäre. Ich begründe meine Meinung:

Die Schädlichkeit des sogenannten Passivrauchens ist bisher wissenschaftlich nicht erwiesen, und die Befragung später wird wohl auch ergeben, daß sie wissenschaftlich bei normalen Arbeitsverhältnissen nicht erweislich ist.

Es gibt natürlich überempfindliche Personen, aber die gibts nun gegen sehr viele Stoffe, gegen Hausstaub oder Tierhaare oder was weiß ich, da muß man sich selbstverständlich arrangieren, wie man sich überhaupt arrangieren sollte, denn schädlich – medizinisch – ist Rauchen zwar nicht für andere, aber selbstverständlich kann es eine erhebliche Belästigung sein. Ich behaupte nur, es ist eine Belästigung, wie sehr viele andere Belästigungen, denen wir ausgesetzt sind im mitmenschlichen Zusammenleben oder die auch von uns selbst ausgehen; nur eigenartigerweise wird eine bestimmte Gruppe, und das sind die Raucher, wegen der Belästigung, die von ihnen ausgeht, unglaublich viel stärker verketzert als die Urheber anderer Belästigungen.

Schon das Wort *Passivraucher* ist ja eine Diskriminierung. Wir sprechen ja auch nicht von Passivfahrern, wenn wir die Fußgänger meinen, obwohl, wie wir alle wissen, auch das Auto Schadstoffe ausstößt und nicht zu knapp. Viele behaupten sogar, viel mehr, als es vom Rauchen ausgeht, ganz im Gegenteil. Sie wissen, der Bundeskanzler hat erst vor 2 Tagen gewarnt vor autofeindlicher Gesinnung, hat gefordert, die Umweltfeindlichkeit nicht zu übertreiben usw. Rauchen, wie gesagt, Belästigung.

Im übrigen wird vielfach argumentiert, ein Rauchverbot am Arbeitsplatz auf Antrag eines einzelnen sogar, d. h. extrem undemokratisch, zwinge sogar die Raucher selbst zu ihrem Glück. Dies allerdings wage ich erheblich zu bestreiten, denn das weiß jeder Pädagoge, gegen übermäßiges Rauchen ist ein Verbot die schädlichste und pädagogisch am wenigsten geeignete Maßnahme und im Gegenteil geeignet, Erziehung zum mäßigeren Rauchen oder zum Nichtrauchen im Gegenteil zu behindern. Darum mein Votum: Pädagogische Maßnahmen gegen übermäßiges Rauchen *ja*, Rauchverbot *nein*.

Dies sind die Eingangsplädoyers des Pro-Anwalts und der Contra-Anwältin in der vom Süddeutschen Rundfunk innerhalb des ARD-Fernsehprogramms am 18. 12. 1975 um 20.15 Uhr ausgestrahlten Sendung »Pro und Contra« zum Thema »Rauchverbot am Arbeitsplatz«.

13.1. Die Struktur von Pro-und-Contra-Sendungen

In den Sendungen dieser Reihe – sie wird vielen bekannt sein – wird ein Thema zur Diskussion gestellt, genauer: zwei gegensätzliche Thesen zum jeweiligen Thema, die vom Moderator der Sendung, Emil Obermann, in seinen einleitenden Bemerkungen formuliert werden, und zwar eine Pro-These und eine Contra-These. Zwei »Anwälte« – in unserem Fall die Journalisten Peter Merseburger und Julia Dingwort-Nussek – haben die Aufgabe, die Pro- bzw. der andere die Contra-These durch Argumente zu stützen, die sie in ihren Eingangsplädoyers vortragen. Im darauffolgenden Teil der Sendung müssen sie versuchen, durch die Befragung von vier Sachverständigen – in unserem Fall drei Mediziner und ein Jurist – ihre Argumente zusätzlich zu bekräftigen, aus der Befragung weitere Argumente für ihre These zu gewinnen und andererseits die Argumente ihres Gegenübers zu entkräften. In ihren Schlußplädoyers schließlich geht es darum, die wichtigsten Argumente zusammenzufassen und zu bewerten, um dadurch die »Jury« zu überzeugen. Diese Jury, die aus 25 zufällig aus dem Stuttgarter Telefonbuch ausgewählten Männern und Frauen besteht, die vor der Sendung kurz über das jeweilige Thema informiert werden, hat man eingeführt, um trotz der ernsthaften Themen einen gewissen Spielcharakter zu wahren und die Sendung lebendiger, anschaulicher, spannender und damit auch unterhaltender zu machen. Denn ihre Funktion ist es, den Erfolg oder Mißerfolg der vorgetragenen Argumentationen – wenn auch natürlich völlig unverbindlich und unambitioniert – meßbar zu machen, indem sie am Anfang und am Ende der Sendung über die Pro- und Contra-Thesen abstimmt und so die Umstimmungen erkennen läßt, die durch die Argumentationen erreicht wurden, die allerdings auch durch andere Gründe und Motive bedingt sein können.

Damit handelt es sich aufgrund der Konstellationen der Sendung um eine typische, ja fast modellhafte Argumentationssituation. Dies ist angesichts der Tatsache, daß der Aufbau der Sendung dem Gerichtsverfahren nachgebildet bzw. nachempfunden ist, nicht verwunderlich, denn der Begriff »argumentatio« stammt ja aus der antiken Rhetorik, zu deren wichtigsten Funktionen die als Theorie der Gerichtsrede gehörte. Es geht um eine Behauptung bzw. um einen Sollenssatz, eine Seite der Anwälte – die andere – die Jury – von der Wahrheit Geltung oder Berechtigung zwischen verschiedenen Kommunikationspartnern umstritten ist. Dies verdeutlicht die Abstimmung zu Beginn der Sendung. Es sind zwei Seiten vertreten, wovon die eine – die Seite der Anwälte – die andere – die Jury – von der Wahrheit des Umstrittenen bzw. dessen Gegenteil überzeugen will, und zwar dadurch, daß sie weitere Behauptungen macht, weitere Informationen gibt, die das Umstrittene stützen bzw. dessen Falschheit zeigen sollen. (Der Einfachheit wegen spreche ich im folgenden immer nur von Behauptungen, Wahrheit und Falschheit, obwohl damit auch Sollenssätze usw. sowie Berechtigung usw. mitgemeint sind.) Noch etwas komplexer wird die Situation bei »Pro und Contra« dadurch, daß nicht nur ein A einen oder mehrere B zu überzeugen versucht, sondern daß es einen A_1 gibt (den Pro-Anwalt), der B_2, d. h. den Teil der Jury, der zu Beginn für die Contra-These gestimmt hat, von der Richtigkeit seiner These – nennen wir sie T – überzeugen möchte, sowie einen A_2 (den Contra-Anwalt), der B_1, also den Teil der Jury, der zu Beginn für die Richtigkeit von T gestimmt hat, von der Falschheit von T, also von der Richtigkeit von Nicht-T überzeugen will. Zur Veranschaulichung (die Pfeile stehen für »will überzeugen«):

A_1 (Pro T) ⟶ B_1 (Pro T)

A_2 (Contra T) ⟶ B_2 (Contra T)

Inwieweit das Argumentieren für die Contra-These bei unserem Beispiel identisch ist mit dem Argumentieren für Nicht-T, d. h. in welchem Verhältnis die konkreten Thesen zueinander stehen, soll uns zu

Beginn des nächsten Abschnitts, in dem die Analyse des vorliegenden Materials einsetzen wird, noch beschäftigen. Von den besonderen Bedingungen einer Fernsehsendung mit ihren unterschiedlichen Stufen von Kommunikationspartnern, d. h. auch Adressaten der Argumentation – der Jury, den Zuschauern an den Bildschirmen usw. – und damit auch der Erörterung der Frage, wer durch die Argumentationen primär überzeugt werden soll, die Jury, die Zuschauer allgemein, bestimmte Zuschauergruppen usw. werde ich – dies sei zuvor noch ausdrücklich betont – in unserem Zusammenhang absehen und mich nur auf das am Bildschirm zu verfolgende Geschehen, das dort ablaufende Spiel konzentrieren.

13.2. Worum es in den Beispieltexten geht

Nun aber zur Analyse unserer Beispiele. Die vom Moderator formulierten beiden Thesen, für die die beiden Anwälte in den zu Beginn dieses Beitrags wiedergegebenen Plädoyers argumentieren, lauten:

»*Pro:* Rauchen am Arbeitsplatz sollte unterlassen werden, dann verboten sein, wenn Nichtraucher das verlangen. Passivrauchen in geschlossenen Räumen ist für Pro in vielerlei Hinsicht unzumutbar.

Contra lehnt ein solches Einspruchsrecht der Nichtraucher ab und fordert: Nichtraucher ertragt die Raucher! Seid nicht intolerant, verderbt Euren rauchenden Kollegen nicht den Genuß an ihrer Zigarette, ihrer Zigarre oder gar an ihrer Pfeife.«

Diese Formulierungen lassen das Pro und Contra bei unserem Thema zwar erkennen, nämlich

Pro: (1) Rauchen am Arbeitsplatz sollte verboten sein, wenn Nichtraucher das verlangen.

Contra: (2) Rauchen am Arbeitsplatz sollte nicht verboten sein, (auch) wenn Nichtraucher das verlangen.

Sie sind aber unserer Meinung nach nicht deutlich genug. Denn während sich (1) und (2) als die Quintessenz der oben zitierten Formulierungen ausschließen, ist die Meinung, daß Rauchen am Arbeitsplatz unterlassen werden sollte – als Teil der Pro-These angeführt – keineswegs unverträglich mit dem Fürrichtighalten von (2), ebensowenig wie das Fürrichtighalten von (1) etwas mit der in der Contra-These erwähnten Intoleranz zu tun hat – neutraler formuliert: zu tun haben muß. Im Hinblick auf das Abstimmungsverhalten der Jury wie auch auf die Argumentationen der beiden Anwälte wäre es deshalb wohl besser gewesen, die Thesen wie in (1) und (2) zu formulieren, wo ein Argumentieren für (1) auch automatisch ein Argumentieren gegen (2) ist und umgekehrt, während dies in der ursprüng-

lichen Formulierung nicht eindeutig so ist: Wenn z. B. der Pro-Anwalt dafür argumentieren würde, daß Rauchen am Arbeitsplatz
unterlassen werden sollte, hat er damit nicht automatisch dagegen
argumentiert, daß das Rauchen am Arbeitsplatz nicht verboten sein
sollte. Ebensowenig treffen Argumente für mehr Toleranz allgemein
die These, daß Rauchen am Arbeitsplatz verboten sein sollte, da
Toleranz nicht nur auf Seiten der Nichtraucher verlangt werden kann.
Diese Überlegungen zeigen schon, daß es bei Argumentationen
grundsätzlich sehr auf deutliche Formulierung, das genaue Heraus-
arbeiten dessen ankommt, wofür bzw. wogegen zu argumentieren ist,
weil in vielen Fällen – diese Erfahrung macht man immer wieder
– Meinungsverschiedenheiten oft nur auf Verständnis- und Verständigungsprobleme zurückzuführen sind, also nur Scheinmeinungs-
verschiedenheiten sind.

Nach dieser Vorklärung dessen, worum es bei den vorliegenden Ar-
gumentationstexten geht, d. h. dessen, wofür bzw. wogegen in diesen
Texten argumentiert wird, können wir uns nun den Texten genauer zuwenden. Beide – Peter Merseburger ebenso wie Julia Dingwort-
Nussek – beginnen ihr Plädoyer mit einer kurzen Feststellung ihrer
Auffassung, für die sie im weiteren Verlauf einige Gründe anführen,
die die Richtigkeit ihrer Meinung belegen sollen. Die von Merseburger
vorgetragenen Argumente können im wesentlichen so paraphrasiert
werden:

(3) Passivrauchen ist in keinem Fall harmlos.
(4) Passivrauchen stellt eine erhebliche Belästigung des Nichtrauchers
    dar.
(5) Das Recht jedes Bürgers auf möglichst reine Luft muß gewähr-
    leistet sein.

Die von Julia Dingwort-Nussek sind:

(6) Die Schädlichkeit des Passivrauchens ist bisher wissenschaftlich
    nicht erwiesen.
(7) Die Schädlichkeit des Passivrauchens ist bei normalen Arbeits-
    verhältnissen nicht erweislich.
(8) Es gibt auch andere Belästigungen außer dem Rauchen, die nicht
    so verketzert werden, z. B. die Luftverschmutzung durch Autos.
(9) Ein Rauchverbot am Arbeitsplatz ist die pädagogisch am wenig-
    sten geeignete Maßnahme bei der Erziehung zum mäßigeren
    Rauchen oder zum Nichtrauchen.

Sehen wir uns diese Argumente sowie ihren Zusammenhang untereinander etwas genauer an. Die Argumente (3) und (4) sind in Merseburgers Argumentation offensichtlich nicht unabhängig: Zunächst wird
(3) als Argument vorgebracht, dessen Status Merseburger mit »mir
scheint erwiesen« qualifiziert. Da das Argument – wie übrigens die

meisten Argumente überhaupt – aber nicht über jeden Zweifel erhaben ist, bringt Merseburger das schwächere Argument (4), das ziemlich unbestreitbar ist und auch von der Contra-Anwältin – vgl. (8) – anerkannt wird, und schwächt (3) im Nachsatz ab durch »Gesundheitsschäden sind keinesfalls auszuschließen.« Ebenso haben auch die Argumente (6) und (7) in der zweiten Argumentation einen engen Zusammenhang, denn bei (7) handelt es sich praktisch um eine stärkere Version von (6), das aber dennoch vorgebracht wird, um für den Fall, daß (7) nicht zu halten ist, immer noch ein ähnliches Argument zu besitzen.

13.3. Was ist ein Argument?

Wir haben bisher immer schon von Argumentationen, von Argumentieren, von Argumenten gesprochen, davon, daß (3)–(9) Argumente für bzw. gegen (1) bzw. (2) sind, ohne allerdings explizit zu machen, was Argumente eigentlich sind, d. h. was Behauptungen wie (3)–(9) zu Argumenten macht, was das Kriterium dafür ist, bei einer bestimmten Behauptung von einem Argument zu sprechen. Denn nicht jede Behauptung kann ja ein Argument für alles Beliebige sein. So können offensichtlich zwar (3)–(5) Argumente für die Richtigkeit von (1) sein, aber nicht

(10) Gestern hat es geregnet.

(11) Fritz ist Nichtraucher.

(12) Rauchen am Arbeitsplatz sollte erlaubt sein, auch wenn Nichtraucher ein Verbot verlangen.

Ebenso können (3)–(5) eher Argumente für die Richtigkeit von (1) sein als etwa (6)–(9). Dies zeigt, daß eine Behauptung nur dann ein Argument für eine andere Behauptung sein kann, wenn zwischen dem Argument und der zu stützenden Behauptung, die im weiteren Verlauf Konklusion genannt werden soll, eine Folgerungsbeziehung besteht. Anders ausgedrückt: Ein Satz p kann nur dann als Argument für q verwendet werden, wenn q in irgendeiner Weise aus p folgt. Daß es dafür, daß p ein Argument für q sein kann, notwendig ist, daß zwischen p und q eine Folgerungsbeziehung besteht, zeigen die folgenden Beispiele:

(13) Rauchen am Arbeitsplatz sollte verboten sein, wenn Nichtraucher das verlangen, weil es gestern geregnet hat.

(14) Rauchen am Arbeitsplatz sollte verboten sein, wenn Nichtraucher das verlangen, weil Fritz Nichtraucher ist.

(15) Rauchen am Arbeitsplatz sollte verboten sein, wenn Nichtraucher das verlangen, weil Passivrauchen eine erhebliche Belästigung des Nichtrauchers darstellt.

(16) Rauchen am Arbeitsplatz sollte verboten sein, wenn Nichtraucher das verlangen, weil das Recht jedes Bürgers auf möglichst reine Luft gewährleistet sein muß.

Denn Äußerungen von (13) und (14) kann man wohl kaum als Argumentationen bezeichnen, von (15) und (16) dagegen sehr wohl, und zwar deshalb, weil zwischen p und q in (15) und (16) eine Folgerungsbeziehung besteht, in (13) und (14) aber nicht. Die Notwendigkeit zeigt sich vor allem aber darin, daß jeder, der Sätze der Art wie (13)–(16) behauptet, aber auch Sätze mit *denn, da* usw., die Verpflichtung übernimmt, den Übergang von p zu q auf Verlangen zu rechtfertigen. Jeder, der Sätze dieser Art behauptet, kann auf eine Rechtfertigung seines Schlusses, der durch *weil, denn, da* oder andere Konjunktionen ausgedrückt ist, festgelegt werden. Wir wollen dies an einem Beispiel verdeutlichen: Nehmen wir an, daß A (15) behauptet, um B mit Hilfe von

(4) Passivrauchen stellt eine erhebliche Belästigung des Nichtrauchers dar.

von der Berechtigung von

(1) Rauchen am Arbeitsplatz sollte verboten sein, wenn Nichtraucher das verlangen.

zu überzeugen. Nehmen wir weiter an, daß B so reagiert – was bei der Sendung »Pro und Contra« aufgrund der Spielregeln allerdings nicht möglich ist –, daß er A's Argumentation zurückweist, indem er sagt »Ich halte zwar (4) auch für richtig, aber dies ist noch lange kein Argument für (1)«, oder daß B A's Argumentation zwar nicht zurückweist, aber dennoch einwendet »Ich halte zwar (4) auch für richtig, ich bin aber unsicher, ob (4) ein Argument für (1) ist« usw. A wird in solchen Fällen in der Regel so antworten, daß er Sätze anführt, Behauptungen macht wie etwa:

(17) Alles, was eine erhebliche Belästigung darstellt, sollte verboten sein, wenn ein Betroffener ein Verbot verlangt.

(18) Alles, was eine erhebliche Belästigung darstellt, sollte verboten sein, wenn einer ein Verbot verlangt.

(19) Alles, was eine erhebliche Belästigung darstellt, sollte verboten sein.

(20) Alles, was eine erhebliche Belästigung darstellt, sollte verboten sein, wenn ein Betroffener ein Verbot wünscht.

(21) Alles, was eine Belästigung darstellt, sollte verboten sein, wenn ein Betroffener ein Verbot verlangt.

(22) Normalerweise sollten erhebliche Belästigungen verboten sein.

(23) Wenn etwas eine erhebliche Belästigung darstellt, sollte es normalerweise verboten sein.

(24) Wenn etwas eine erhebliche Belästigung darstellt, sollte es eigentlich verboten sein.

(25) Im Prinzip sollten erhebliche Belästigungen verboten sein.

(26) Wenn etwas eine erhebliche Belästigung darstellt, sollte es in der Regel verboten sein.

(27) Wenn etwas eine erhebliche Belästigung darstellt, sollte es in den meisten Fällen verboten sein.

(28) Wenn etwas eine erhebliche Belästigung darstellt, sollte es in der Mehrzahl der Fälle verboten sein.

(29) Alles, was eine erhebliche Belästigung darstellt, sollte verboten sein, außer wenn ein Verbot unzumutbar ist.

(30) Alles, was eine erhebliche Belästigung darstellt, sollte verboten sein, außer wenn ein Verbot auf große Schwierigkeiten stoßen würde.

usw.

Dies ist natürlich nur eine Auswahl und beliebig erweiterbar. In Fällen wie (17)–(30) wollen wir von Schlußpräsuppositionen sprechen, und zwar in Analogie zur Redeweise, daß man annehmen muß, daß diejenigen, die Sätze wie

(31) Alle meine Kinder schlafen.

(32) Fritz hat aufgehört, seine Frau zu schlagen.

behaupten, die Wahrheit von

(33) Ich habe Kinder.

(34) Fritz hat früher seine Frau geschlagen.

voraussetzen oder – um einen in der Linguistik gebräuchlich gewordenen Terminus einzuführen – präsupponieren. Diese Annahme ist deshalb gerechtfertigt, weil es der Sinn von Behauptungen ist, einen Wahrheitsanspruch für das Behauptete aufzustellen, d. h. etwas zu sagen, das nach Wahrheit und Falschheit beurteilbar ist. Und eine Behauptung etwa von (31) oder (32) kann nur dann wahr oder falsch sein, wenn (33) bzw. (34), also die Präsuppositionen, wahr sind. Und was für Behauptungen allgemein gilt, gilt auch für Behauptungen wie (13)–(16) sowie für andere Fälle, in denen das intendierte Verhältnis zweier oder mehrerer Sätze nicht explizit ausgedrückt ist, die aber auf Sätze der Form (13)–(16) bzw. auf Sätze mit *da, denn* usw. zurückführbar sind. Denn wenn der Sinn solcher Äußerungen wie (13)–(16) darin besteht, die Wahrheit von q mit Hilfe der Wahrheit von p zu begründen, also die Wahrheit von q durch die Wahrheit von p zu stützen, dann müssen diejenigen, die (13)–(16) behaupten, die Wahrheit eines Satzes der Art wie (17)–(30) voraussetzen. Denn ein Schluß von p auf q ist nur dann möglich, wenn ein solcher allgemeinerer Satz, ein Satz mit Variablen sozusagen, präsupponiert wird.

Die Beispiele

(13) Rauchen am Arbeitsplatz sollte verboten sein, wenn Nichtraucher das verlangen, weil es gestern geregnet hat.

(14) Rauchen am Arbeitsplatz sollte verboten sein, wenn Nichtraucher das verlangen, weil Fritz Nichtraucher ist.

zeigen dies sehr gut. Denn bei ihnen ist kein allgemeinerer Satz der Art wie in (17)–(30) als wahr voraussetzbar. Die Schlußpräsuppositionen, die die Argumentationen in (13) und (14) rechtfertigen könnten, etwa

(35) Wenn es am Vortag geregnet hat, sollten alle Handlungen verboten werden.

(36) Immer wenn jemand Nichtraucher ist, sollte Rauchen am Arbeitsplatz verboten sein, wenn Nichtraucher das verlangen.

hält wohl niemand für wahr, d. h. es besteht auch keine Folgerungsbeziehung zwischen den in (13) und (14) durch *weil* verbundenen Sätzen. Deshalb ist auch keine Stützung von

(1) Rauchen am Arbeitsplatz sollte verboten sein, wenn Nichtraucher das verlangen.

durch

(10) Gestern hat es geregnet.

oder

(11) Fritz ist Nichtraucher.

möglich, und deshalb können wir bei (13) und (14) auch nicht von Argumentationen sprechen. Die beiden Beispiele machen darüber hinaus deutlich, daß die Verbindung zweier Sätze bzw. Behauptungen durch *weil, denn, da* usw. allein kein Indiz für das Vorliegen einer Folgerungsbeziehung ist, also dafür, daß ein Schluß vorliegt, sondern daß im Gegenteil die korrekte Verwendung von Sätzen der Form ›q, weil p‹; ›q, denn p‹; ›da p, q‹ usw. schon voraussetzt, daß zwischen den durch die Konjunktionen verbundenen Sätzen eine Folgerungsbeziehung besteht.

Das Bestehen einer Folgerungsbeziehung zwischen den bei einer Argumentation verwendeten Sätzen, die durch die Angabe einer Schlußpräsupposition explizit gemacht werden kann, ist zwar eine notwendige Bedingung dafür, bei einer Handlung von einer Argumentation sprechen zu können, aber noch nicht hinreichend. Damit ist gemeint, daß allen Argumentationen Folgerungsbeziehungen zugrunde liegen müssen, daß aber nicht alle Handlungen, denen Folgerungsbeziehungen zugrunde liegen, Argumentationen sind.

Betrachten wir die folgenden Beispiele

(37) Rauchen am Arbeitsplatz ist verboten, wenn Nichtraucher das verlangen, weil Passivrauchen in keinem Fall harmlos ist.

(38) Passivrauchen ist in keinem Fall harmlos. Deshalb sollte Rauchen am Arbeitsplatz verboten sein, wenn Nichtraucher das verlangen.

Nehmen wir dabei an, (37) werde in einer Situation geäußert, in der alle an der Kommunikation Beteiligten wissen, daß Rauchen am Arbeitsplatz verboten ist, wenn Nichtraucher das verlangen, und (38) werde in einer Situation geäußert, in der die an der Kommunikation Beteiligten über die Auswirkungen einer Untersuchung diskutieren, die ergeben hat, daß Passivrauchen in keinem Fall harmlos ist. Ohne Zweifel wird in beiden Fällen geschlossen, ohne Zweifel besteht in beiden Fällen zwischen den durch *weil* bzw. *deshalb* verbundenen Sätzen eine Folgerungsbeziehung, die durch eine Schlußpräsupposition der Art wie (17)–(30) explizit gemacht werden kann. Dennoch handelt es sich hier um andere Fälle als bisher. Denn während es bisher darum ging, ob etwas verboten werden sollte oder nicht, geht es in der skizzierten Verwendungssituation von (37) darum, zu begründen, zu erklären, warum Rauchen am Arbeitsplatz verboten ist. Und bei (38) darum, aus einer bestimmten Erkenntnis durch das Ziehen von Schlüssen weitere Erkenntnisse zu gewinnen. Anders ausgedrückt: Die Frage, um die es bei unseren ersten Beispielen ging, hieß

(39) Sollte Rauchen am Arbeitsplatz verboten werden, wenn Nichtraucher das verlangen?

Bei (37) dagegen lautet sie

(40) Warum ist Rauchen am Arbeitsplatz verboten, wenn Nichtraucher das verlangen?

und bei (38)

(41) Was folgt aus der Erkenntnis, daß Passivrauchen in keinem Fall harmlos ist?

In Fällen wie (37) wollen wir von Begründungen oder Erklärungen sprechen, in Fällen wie (38) vom Schlüsseziehen, und nur in Fällen wie bei den bisher behandelten Beispielen von Argumentieren. Zusätzlich zur Bedingung, daß eine Folgerungsbeziehung besteht, die auch für das Begründen, Erklären und Schlüsseziehen gilt, kommt beim Argumentieren also noch die Bedingung hinzu, daß – und dies gilt für die anderen Handlungen nicht – die Wahrheit der Konklusion in Frage steht, also entweder bestritten oder bezweifelt wird, oder es fraglich ist, ob alle an der jeweiligen Kommunikation Beteiligten sie teilen usw.

Diese Unterscheidungen dürfen aber nicht so verstanden werden, als seien sie an der unterschiedlichen syntaktischen Form festgemacht. Sondern sie gehen ausschließlich auf die unterschiedlichen Handlungs- bzw. Situationsbedingungen zurück, so daß der gleiche Satz, wie etwa

(42) Der Angeklagte hat seinen Onkel ermordet, weil dieser ihn
     enterbt hat.

– nehmen wir an im Plädoyer eines Staatsanwalts – je nach den
Voraussetzungen entweder als Argumentation oder als Erklärung
verstanden werden kann: Als eine Argumentation, wenn es darum
geht, die Schuld des Angeklagten zu beweisen, als Erklärung, wenn
die Schuld des Angeklagten unbestritten ist, wenn er selbst ein Geständnis abgelegt hat usw., und es um die Motive, die Beweggründe
des Angeklagten geht, die Auswirkung auf die Höhe des Strafmaßes
usw. haben können. Zwei kurze Bemerkungen seien hier noch ange-
fügt: Außer dem von uns erläuterten Gebrauch von *argumentieren*
gibt es noch einen weiteren Gebrauch, nach dem auch Erklärungen,
Begründungen, Schlüsseziehen Argumentationen sind, und zwar deshalb, weil bei ihnen – und dies ist das Definiens dieses Gebrauchs von
argumentieren – geschlossen wird, und weil diesen Handlungen Folgerungsbeziehungen zugrundeliegen. Aufgrund der aufgezeigten Unterschiede scheint uns der engere Gebrauch jedoch sinnvoller zu sein,
zumal das weitere Verständnis auch zu sehr an der Form und zu
wenig bzw. gar nicht an den Situations- bzw. Handlungsbedingungen
orientiert ist. Zum zweiten: Ich habe Erklärungen im vorangehenden
manchmal auch Begründungen genannt, andererseits aber auch im
Zusammenhang von Argumentationen von Begründungen gesprochen. Dies hängt damit zusammen, daß *begründen* sowohl in Fällen
verwendet werden kann, wo es darum geht, nur Gründe, Motive,
u. ä. zu erfahren als auch in Fällen, bei denen es darauf ankommt,
etwas mit Gründen zu rechtfertigen. So ist auch

(40) Warum ist Rauchen am Arbeitsplatz verboten, wenn Nicht-
     raucher das verlangen?

verschieden verstehbar. Einmal, um mit der zweiten Möglichkeit zu
beginnen, als Vorwurf im Sinne von

(43) Welche Gründe rechtfertigen das Rauchverbot am Arbeitsplatz?

Hierbei sind die Ausgangsbedingungen für eine Argumentation gegeben, denn

(44) Es ist richtig, das Rauchen am Arbeitsplatz zu verbieten, wenn
     Nichtraucher das verlangen.

steht zur Diskussion und muß gerechtfertigt werden. Zum anderen
kann (40) auch nur eine Informationsfrage sein, ohne die Absicht, für
die Entscheidung zum Rauchverbot eine Rechtfertigung zu verlangen,
also nur im Sinne des Wunsches nach der Erklärung, warum ein
bestimmter Sachverhalt, nämlich das Rauchverbot, besteht.

Kommen wir zu unserem Beispiel zurück und fassen die bisherigen
Schritte zusammen.

– Die Ausgangssituation war, daß B die Richtigkeit von

(1) Rauchen am Arbeitsplatz sollte verboten sein, wenn Nichtraucher das verlangen.

bestreitet.

– A behauptet deshalb

(15) Rauchen am Arbeitsplatz sollte verboten sein, wenn Nichtraucher das verlangen, weil Passivrauchen eine erhebliche Belästigung des Nichtrauchers darstellt.

Damit will A den B mit Hilfe von

(4) Passivrauchen stellt eine erhebliche Belästigung des Nichtrauchers dar.

von der Richtigkeit von (1) überzeugen.

– B gibt zwar zu, daß (4) wahr ist, bestreitet aber weiterhin (1) mit der Begründung, (4) sei kein Argument für (1) oder mit der Begründung, es sei unsicher, ob (4) ein Argument für (1) sei.

– Darauf führt A eine weitere Behauptung an, z. B.

(17) Alles, was eine erhebliche Belästigung darstellt, sollte verboten sein, wenn ein Betroffener ein Verbot verlangt.

um damit zu zeigen, daß (4) ein Argument für (1) ist, und zwar aufgrund von (17). Anders ausgedrückt: A will durch die Behauptung von (17) seinen Schluß von (4) auf (1), den er in (15) vollzogen hat, rechtfertigen.

Innerhalb dieser Argumentation heißt (4) das Argument, (1) die Konklusion und (17) die Schlußpräsupposition. Dabei ist – um es noch einmal zu erwähnen –

– die *Konklusion* das Strittige, also der Teil, um dessen Wahrheit es geht,

– das *Argument* der Teil, mit dessen Hilfe die Wahrheit bzw. die Falschheit des Strittigen gestützt werden soll, und

– die *Schlußpräsupposition* der Teil, der den Übergang vom Argument zur Konklusion rechtfertigt, d. h. der Teil, aufgrund dessen die als Argument angeführte Behauptung überhaupt erst ein Argument für die Konklusion sein kann.

Oder graphisch dargestellt:

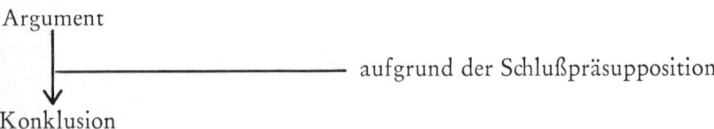

Argument

— aufgrund der Schlußpräsupposition

Konklusion

Häufig – besonders in der Logik, deren Aufgabengebiet ja gerade Folgerungsbeziehungen und Schlüsse sind – nennt man das, was wir Argument und Schlußpräsupposition nennen, auch Prämissen, und zwar Unter- bzw. Oberprämisse. Doch da diese Redeweise zum einen nicht spezifisch ist für das Argumentieren, sondern für alle Schlüsse gilt, vor allem aber da dieser Sprachgebrauch die völlig unterschiedliche Funktion von Ober- und Unterprämisse verschleiert, halten wir die in diesem Beitrag eingeführte Terminologie für besser. Gleiches gilt im Fall von *Argument*, das oft auch noch anders verwendet wird, als wir es hier vorgeschlagen haben, in der Weise nämlich, daß das Ganze, d. h. Argument, Konklusion und Schlußpräsupposition zusammen ein Argument genannt wird. Da *Argument* auf diese Weise mehrdeutig wird und zudem der weitere Gebrauch von *Argument* uns eher der logischen Redeweise bzw. dem Gebrauch von *argument* im Englischen als dem normalen Sprachgebrauch im Deutschen zu entsprechen scheint, wollen wir nur in dem zuerst eingeführten Sinn von Argumenten sprechen und das Ganze – also Argument, Konklusion und Schlußpräsupposition – Argumentation nennen. Allerdings ist auch *Argumentation* mehrdeutig, wenn auch in anderer Weise. Nämlich – ähnlich wie *Behauptung* – einmal als Bezeichnung für einen Text, eine sprachliche Einheit also, einmal als Bezeichnung für die Handlung, durch die der Text hervorgebracht wird. Deshalb wollen wir auch hier eine Terminologie einführen, die diesem Umstand Rechnung trägt, und von Argumentationsergebnis und Argumentationshandlung sprechen oder kürzer – analog zur Praxis bei *Behauptung* – von Argumentation (im Sinne von Argumentationsergebnis) und Argumentationshandlung.

13.4. Weitere Gesichtspunkte, die bei Argumentationen eine Rolle spielen

Wir haben bei der Erörterung von Schlußpräsuppositionen bisher immer nur davon gesprochen, daß sie den Übergang vom Argument zur Konklusion rechtfertigen. Schlußpräsuppositionen drücken aber nicht nur aus, d a ß ein Übergang gerechtfertigt ist, sondern gleichzeitig auch w i e , d. h. die Qualifizierung der Rechtfertigung, ob die Konklusion also notwendig aus dem Argument folgt, ob das in der Konklusion Ausgedrückte immer der Fall ist bzw. sein muß, wenn das im Argument Ausgedrückte der Fall ist, oder ob dies nur normalerweise, in der Regel, sehr oft, oft, relativ häufig, häufiger als daß es nicht der Fall ist, usw. der Fall ist, d. h. die Konklusion also nur mit einer gewissen Wahrscheinlichkeit aus dem Argument folgt. Diese Qualifizierung ist besonders deshalb sehr wichtig, weil es bei der überwiegenden Mehrzahl von Argumentationen so ist, daß die Konklusion nicht notwendig aus dem Argument folgt, sondern nur mit einer mehr oder weniger großen Wahrscheinlichkeit. Meist macht ein Argument das Fürwahrhalten der Konklusion nur mehr oder weniger plausibel, zwingt einen aber nicht, auch die Konklusion für wahr zu halten, wenn man das Argument und die Schlußpräsupposition für wahr hält. Dies trifft nur für das logische Folgen im engeren Sinne zu, das für viele immer noch das Ideal für jedes Folgen ist.

Vom logischen Folgen, davon also, daß q aus p logisch folgt, spricht man dann und nur dann, wenn – ich wähle eine weniger technische Definition – es zu einem Widerspruch führen würde, zur gleichen Zeit p zu behaupten und q zu bestreiten. Nach dieser Definition folgt

(45) Fritz ist unter 30 Jahren alt.

logisch aus

(46) Fritz ist 29 Jahre alt.

Und

(47) Der Minister ist zurückgetreten.

folgt logisch aus

(48) Intrigen zwangen den Minister zum Rücktritt.

Offensichtlich folgt aber

(1) Rauchen am Arbeitsplatz sollte verboten sein, wenn Nichtraucher das verlangen.

nicht logisch aus

(3) Passivrauchen ist in keinem Fall harmlos.

(4) Passivrauchen stellt eine erhebliche Belästigung des Nichtrauchers dar.

(5) Das Recht jedes Bürgers auf möglichst reine Luft muß gewährleistet sein.

Ebensowenig folgt

(2) Rauchen am Arbeitsplatz sollte nicht verboten sein, (auch) wenn Nichtraucher das verlangen.

logisch aus

(6) Die Schädlichkeit des Passivrauchens ist bisher wissenschaftlich nicht erwiesen.

(7) Die Schädlichkeit des Passivrauchens ist bei normalen Arbeitsverhältnissen nicht erweislich.

(8) Es gibt auch andere Belästigungen außer dem Rauchen, die nicht so verketzert werden, z. B. die Luftverschmutzung durch Autos.

(9) Ein Rauchverbot am Arbeitsplatz ist die pädagogisch am wenigsten geeignete Maßnahme bei der Erziehung zum mäßigeren Rauchen oder zum Nichtrauchen.

Diese Argumente können stellvertretend stehen für die meisten anderen Argumente, die – man achte nur einmal auf die tagtägliche Argumentationspraxis – die jeweiligen Konklusionen auch nicht logisch implizieren. Zur Erläuterung: *p impliziert q logisch* bedeutet das gleiche wie *q folgt logisch aus p.*

Allerdings ist es möglich, beispielsweise

(17) Alles, was eine erhebliche Belästigung darstellt, sollte verboten
sein, wenn ein Betroffener ein Verbot wünscht.

zu (4) hinzuzufügen, und zusammen würden (4) und (17) die Konklusion (1) logisch implizieren: Es würde – wie man leicht sehen
kann – zu einem Widerspruch führen, die Konjunktion, d. h. die
und-Verbindung von (4) und (17) zu behaupten und gleichzeitig (1)
zu bestreiten. Dies gilt übrigens für alle Schlüsse nach diesem Muster,
dem sog. modus ponens, der symbolisch darstellbar ist als

(49) Wenn p, dann q

$$\frac{p}{\text{Also: } q}$$

In unserem Fall wäre für p (4) und für q (1) einzusetzen. Die um-
gekehrte Form dagegen, für die sich ein Beispiel im Anhang (Beispiel 14) findet, ist kein gültiges Schlußmuster:

(50) Wenn p, dann q

$$\frac{q}{\text{Also: } p}$$

Gegen das hier dargestellte und bei Logikern übliche Vorgehen gibt
es jedoch eine Reihe erheblicher Bedenken, auf die wir in unserem
Zusammenhang aber nicht eingehen wollen.

Zurück zu unserer Argumentationssituation, in der A dem B eine
Schlußpräsupposition angegeben hat, die zum einen seinen Schluß von
(4) auf (1) rechtfertigen, zum andern aber auch die Stärke explizit
machen soll, die A seinem Argument (4) beimißt, und nehmen wir
weiter an, A habe

(26) Wenn etwas eine erhebliche Belästigung darstellt, sollte es in
der Regel verboten sein.

als Schlußpräsupposition angegeben. Es kann nun sein, daß B damit
immer noch nicht zufrieden ist und nachfragt, was denn *in der Regel*
bedeute, d. h. daß ihm die Stärke, die A seinem Argument beimißt,
noch nicht deutlich genug ist. Darauf kann A antworten, indem er
in der Regel erläutert, etwa durch

(51) *In der Regel* heißt hier so viel wie *fast immer*.

(52) *In der Regel* heißt hier so viel wie *sehr oft*.

(53) *In der Regel* bedeutet hier *außer wenn ein Verbot unzumutbar
ist*.

usw.

Damit präzisiert er den Ausdruck für die Stärke durch andere Ausdrücke bzw. durch die Angabe bestimmter Bedingungen. Dieses Spiel
läßt sich natürlich beliebig weitertreiben; es wird aber dann seinen
Abschluß finden, wenn die an der Kommunikation Beteiligten den
Eindruck haben, sich wechselseitig richtig zu verstehen. Dieses Nach-

fragen ist natürlich bei anderen Ausdrücken – bei unserem Beispiel etwa bei *erheblich* oder *Belästigung* – in gleicher Weise möglich bzw. oft nötig.

Ein weiterer Grund, warum B mit der Angabe von A's Schlußpräsupposition noch nicht zufrieden ist – ein Grund, der auch noch weit häufiger eine Rolle spielen dürfte als der zuerst erwähnte –, kann darin liegen, daß B A's Schlußpräsupposition nicht für wahr hält, daß er sie wie die Konklusion auch bestreitet oder bezweifelt. Nehmen wir an, B bestreitet die von A vorgebrachte Schlußpräsupposition (26). A kann dann für die Wahrheit von (26) als Argument etwa

(54) Erhebliche Belästigungen sind für die Betroffenen unzumutbar.

anführen, und diese Argumentation für (26) u. U. durch die Schlußpräsupposition

(55) Wenn etwas für bestimmte Leute unzumutbar ist, sollte es in der Regel verboten werden.

rechtfertigen. Dies bedeutet, daß A prinzipiell vor der gleichen Situation steht wie ganz zu Beginn, nur auf einer anderen Stufe: Es geht für A zwar immer noch darum, die ursprüngliche Konklusion, also (1) zu stützen, doch ist A zunächst gezwungen, den Status von (4) als Argument zu stützen, d. h. (26) zu rechtfertigen, das damit auch zu einer Konklusion wird, für die A (54) als das Argument anführt, das er durch (55) als Argument rechtfertigt. Graphisch dargestellt sieht dies so aus:

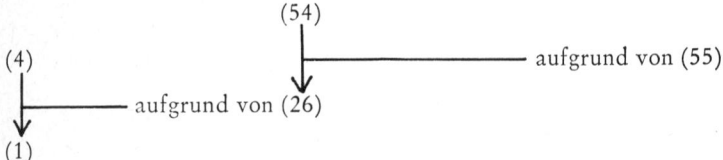

In solchen Fällen wollen wir von gestuften Argumentationen oder Argumentationsketten sprechen. Natürlich ist (54) wiederum bestreitbar und kann wiederum gerechtfertigt werden, usw. Beendet wird diese Argumentationskette dann sein, wenn – einmal davon abgesehen, daß A die Geduld verliert oder sonstige Umstände zum Ende führen – B nicht weiter nachfragt, nicht weiter bestreitet oder bezweifelt.

Was ist dann der Fall, wenn B nicht weiter nachfragt? Einmal kann es natürlich sein, daß A sein Argumentationsziel, nämlich B von der Wahrheit bzw. Richtigkeit der ursprünglichen Konklusion, z. B. von (1) zu überzeugen, erreicht hat. Die Bedingungen dafür, daß B von A's Argumentation überzeugt ist, sind

(i) B hält das von A vorgebrachte Argument für wahr.

(ii) B hält die von A vorausgesetzte bzw. u. U. explizit gemachte Schlußpräsupposition für wahr.

Wir glauben, daß die Notwendigkeit dieser beiden Bedingungen zu offensichtlich ist, als daß sie hier näher begründet werden müßte: Es ist klar, daß B wohl kaum z. B. mit Hilfe von (4) von der Richtigkeit von (1) zu überzeugen ist, wenn er nicht einmal (4) für wahr hält, obwohl ein Schluß etwa von der Konjunktion von (4) und (17) auf (1) auch dann ein gültiger Schluß ist, wenn (4) falsch ist. Ebenso wie es einleuchtend ist, daß B – auch wenn er (4) für wahr hält – nicht mit Hilfe von (4) zu überzeugen ist, wenn er die Schlußpräsupposition nicht für wahr hält, d. h. also gar nicht der Meinung ist, daß (1) aus (4) folgt. Allerdings – dies sei hier einschränkend gesagt – kann B in bestimmten Fällen dennoch von der Argumentation überzeugt werden, auch wenn er die von A vorausgesetzte bzw. explizit gemachte Schlußpräsupposition nicht für wahr hält. Und zwar dann, wenn er eine ähnliche Schlußpräsupposition für wahr hält, also in unserem Beispiel etwa

(23) Wenn etwas eine erhebliche Belästigung darstellt, sollte es normalerweise verboten sein.

oder

(26) Wenn etwas eine erhebliche Belästigung darstellt, sollte es in der Regel verboten sein.

Solche Fälle wollen wir aber hier ausklammern und uns auf die Fälle beschränken, bei denen B von A's Argumentation genau in dem von A beabsichtigten Sinne und in der von A intendierten Weise überzeugt wird, obwohl die erwähnte Möglichkeit ziemlich häufig auftreten dürfte. Bei den beiden erwähnten Bedingungen dafür, daß B von A's Argumentation überzeugt ist, handelt es sich zwar um notwendige, aber nicht um hinreichende Bedingungen: Nur bei logischem Folgen sind die Bedingungen auch hinreichend. In den anderen Fällen jedoch ist B nicht gezwungen, die Konklusion für wahr bzw. für richtig zu halten, wenn er das Argument und die Schlußpräsupposition für wahr hält. Die Argumentation zwingt dann nicht, sondern macht die Konklusion nur mehr oder weniger plausibel, d. h. legt das Akzeptieren der Wahrheit der Konklusion nur mehr oder weniger nahe.

Daß B nicht weiter nachfragt, muß aber nicht unbedingt heißen, daß B auch überzeugt ist: Es kommt sehr häufig vor, daß man zwar eine Argumentation hinreichend und auch im Sinne des Argumentierenden verstanden hat, ohne von ihr überzeugt worden zu sein; dann nämlich, wenn man anderes für wahr hält, wenn man andere Auffassungen und Meinungen hat. Es wäre aber ganz sicher verfehlt zu sagen, daß in einem solchen Fall A's Argumentationshandlung nicht gelungen sei: Gelungen ist sie sehr wohl, da sie richtig verstanden wurde, und sie wäre auch gelungen, wenn sie nicht richtig verstanden worden wäre, aber prinzipiell als die intendierte Handlung verstehbar ist; sie hat nur keinen Erfolg gehabt, d. h. sie hat nicht überzeugt. Daß jemand argumentiert hat, muß man folglich auch dann sagen können, wenn man gar nicht glaubt, daß die als Argument von A vorgebrachte Behauptung wahr ist und/oder daß diese Behauptung überhaupt ein Argument für die Konklusion ist. Und zwar kann man dann sagen, daß jemand argumentiert, wenn es um etwas geht, dessen Wahrheit umstritten ist und der Handelnde eine Behauptung macht, von der man annimmt, daß sie als Stützung der Konklusion gedacht ist, auch wenn man sie selbst nicht für eine Stützung hält.

13.5. Beispielanalysen

Es erscheint vielleicht etwas unverständlich, daß wir hier so ausführlich den weiteren Fortgang einer Argumentationshandlung mit Rückfragemöglichkeiten, Erwiderungen, weiteren Differenzierungen von seiten des Argumentierenden usw. behandelt und ausgemalt haben, obwohl diese Möglichkeit weder innerhalb der Sendung gegeben ist noch uns bei der Analyse der vorliegenden Argumentationen zur Verfügung steht. Denn aufgrund der Spielregeln hat die Jury ebensowenig das Recht, Rückfragen usw. zu stellen, wie die Anwälte die Möglichkeit haben, auf die Argumentation des anderen Anwalts einzugehen, und wir haben natürlich erst recht keine Möglichkeit mehr, in diese Kommunikation einzugreifen. Und, so könnte man noch hinzufügen, diese Situation, vor der wir stehen, sei viel häufiger als die Situation, in der wir die Möglichkeit zu Rückfragen usw. haben, und zwar nicht nur bei schriftlichen Argumentationen. All dies ist unserer Meinung nach nicht zu bestreiten. Dennoch halten wir das hier gewählte Vorgehen für richtig, weil die Darstellung einer sozusagen idealen Argumentationssituation, d. h. einer Argumentationssituation, in der alle Handlungs- und Reaktionsmöglichkeiten gegeben sind, wertvolle Hinweise auch für das Vorgehen geben kann, das beim Verstehen und der Analyse anderer Argumentationen, bei denen diese Möglichkeiten eingeschränkt oder – wie in unserem, dem in der Tat wohl häufigsten Fall – gar nicht gegeben sind, notwendig ist. Im Grunde ist unsere Darstellung der »idealen« Argumentationssituation eigentlich schon ein Beweis dafür. Denn es handelt sich bei ihr ja nicht um eine faktisch erfolgte, sondern nur um eine konstruierte Kommunikationssituation. Und bei der Analyse vorliegender Argumentationen geht man in gleicher Weise vor, wie wir das bei der

Konstruktion der Situation getan haben, d. h. zumindest prinzipiell so wie der direkt an der Kommunikation beteiligte Partner B. Ein Unterschied besteht nur insofern, als wir im Gegensatz zu B keine direkten Fragen stellen und keine direkten Antworten erwarten können. Stattdessen müssen wir unsere Hypothesen über die von A vorausgesetzte Schlußpräsupposition, die Stärke des Arguments, die Verwendungsweisen der bei der Argumentation von A verwendeten Wörter, eventuelle implizite Zwischenschritte, die Einschätzung der Argumentation durch A selbst usw. aufgrund des Kontextes, der Situationsbedingungen, unserer Kenntnis über A, unserer Kenntnis des Gebiets, in dem argumentiert wird usw. überprüfen, abwägen und beurteilen, welche der Hypothesen wahrscheinlicher oder plausibler ist, welche Hypothese am ehesten das von A Gemeinte erfassen kann. Dies zeigt übrigens auch, daß auch der analysierende Linguist nicht über den Kommunikationen, die er analysiert, steht, sondern mit den gleichen Verstehensproblemen konfrontiert ist und die gleichen Verfahren zum Verstehen anwenden muß wie der direkt an der Kommunikation beteiligte B. Diese Überlegungen sollen abschließend anhand von Beispielen aus unseren Texten noch etwas veranschaulicht werden. Außerdem sollen diese Beispielanalysen Anregungen geben für die Beschäftigung mit anderen Texten in diesem Buch – sei es in anderen Beiträgen oder im Anhang –, in denen ebenfalls argumentiert wird.

Analysieren wir zunächst die argumentative Struktur der folgenden Passage aus dem Plädoyer von Frau Dingwort-Nussek:

(56) Ich bin aber im Gegensatz zu ihm der Meinung, daß ein Rauchverbot am Arbeitsplatz medizinisch nicht notwendig, rechtspolitisch bedenklich und sozialpsychologisch wahrscheinlich sogar gefährlich wäre. Ich begründe meine Meinung: Die Schädlichkeit des sogenannten Passivrauchens ist bisher wissenschaftlich nicht erwiesen und die Befragung später wird wohl auch ergeben, daß sie wissenschaftlich bei normalen Arbeitsverhältnissen nicht erweislich ist.

Diese Formulierungen zeigen, daß die zu Beginn als

(6) Die Schädlichkeit des Passivrauchens ist bisher wissenschaftlich nicht erwiesen.

und

(7) Die Schädlichkeit des Passivrauchens ist bei normalen Arbeitsverhältnissen nicht erweislich.

paraphrasierten Argumente nur als indirekte Argumente für

(2) Rauchen am Arbeitsplatz sollte nicht verboten sein, (auch) wenn Nichtraucher das verlangen.

gedacht sind, insofern als sie zunächst nur als Argumente für

(57) Ein Rauchverbot am Arbeitsplatz ist medizinisch nicht notwendig.

dienen sollen – dieser Zusammenhang wird durch »Ich begründe meine Meinung« offensichtlich. Argumente für (2) – wenn auch nur indirekte – sind sie aber dennoch, da aus (57) – ohne daß dieser sehr wahrscheinlich bei der Argumentation mitverstandene Schritt explizit gemacht wird – (2) geschlossen werden kann, aufgrund von etwa

(58) Immer wenn ein Verbot medizinisch nicht notwendig ist, sollte es auch nicht erlassen werden.

Dieses Vorgehen, offensichtliche bzw. offensichtlich scheinende Schlußfolgerungen nicht mehr auszudrücken bzw. gar nicht mehr explizit zu vollziehen, findet sich sehr häufig und ist prinzipiell auch notwendig, da das explizite Angeben aller Schritte einer Argumentation weder möglich noch immer notwendig ist, sondern die Argumentation oft viel zu umständlich machen würde. Die Struktur von (56) – wenn wir von den hier schon erwähnten, aber erst später begründeten rechtspolitischen und sozialpsychologischen Überlegungen absehen – sieht also so aus, daß (6) bzw. (7) Argumente für die Konklusion (57) sind, die ihrerseits wiederum aufgrund der Schlußpräsupposition (58) als Argument für die Konklusion (2) fungiert.

Graphisch dargestellt:

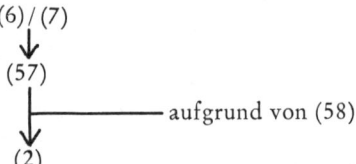

Es sei aber betont, daß diese Darstellung nur eine unter anderen möglichen ist, daß durchaus auch andere Verstehensmöglichkeiten denkbar sind, was die Struktur angeht, d. h. was die Formulierung der Schlußpräsuppositionen, der impliziten Konklusionen und die Stärke der Argumente angeht. Gleiches gilt für die folgenden Beispiele. Ebenso wollen wir weitere Gesichtspunkte, die bei einer genaueren Analyse eine Rolle spielen müßten, hier nur anführen: Was heißt »Schädlichkeit«? Was heißt »wissenschaftlich nicht erwiesen«? Was heißt »ist wissenschaftlich nicht erweislich«? Was sind »normale Arbeitsverhältnisse«? Ist ein Rauchverbot am Arbeitsplatz auch dann medizinisch nicht notwendig, wenn die Schädlichkeit des Passivrauchens zwar nicht wissenschaftlich erwiesen, wohl aber von Wissenschaftlern vermutet, befürchtet wird, wenn es zwar keinen Beweis, aber starke Indizien für die Schädlichkeit des Passivrauchens gibt, usw., d. h. welche

Schlußpräsupposition rechtfertigt nach Meinung der Anwältin den Übergang von (6) oder (7) auf (57)?

Statt diesen Fragen weiter nachzugehen, wollen wir auf Merseburgers Argument

(5) Das Recht jedes Bürgers auf möglichst reine Luft muß gewährleistet sein.

zu sprechen kommen, das er zur Stützung von

(1) Rauchen am Arbeitsplatz sollte verboten sein, wenn Nichtraucher das verlangen.

anführt. Denn auch hier sind bestimmte Schritte in der Argumentation nur implizit vollzogen worden: Der Schluß von (5) auf (1) ist nämlich nur dann akzeptabel, wenn man gleichzeitig

(59) Rauchen am Arbeitsplatz verstößt gegen das Recht jedes Bürgers auf möglichst reine Luft.

für wahr hält, denn erst dadurch besteht überhaupt ein Zusammenhang zwischen (5) und (1). (5) allein kann höchstens – etwa aufgrund einer Schlußpräsupposition wie

(60) Wenn das Recht jedes Bürgers auf möglichst reine Luft gewährleistet sein muß, muß alles verboten werden, was gegen dieses Recht verstößt.

ein Argument für

(61) Alles, was gegen das Recht jedes Bürgers auf möglichst reine Luft verstößt, muß verboten werden.

sein. Auch hier wird also ein Argument – (5) – vorgebracht, das nicht direkt für die Konklusion, um die es eigentlich geht – (1) – spricht; wohl aber ist es ein indirektes Argument, und zwar insofern, als die Konklusion (61) die Schlußpräsupposition darstellen kann – und wohl auch so beabsichtigt ist –, die den Übergang von (59) auf (1) rechtfertigt: Das explizit vorgebrachte Argument ist hier also ein Argument für die Schlußpräsupposition, die ein nur vorausgesetztes, aber nicht explizit genanntes Argument für die eigentliche Konklusion (1) rechtfertigen soll. Wir haben also wie im ersten Fall eine gestufte Argumentation:

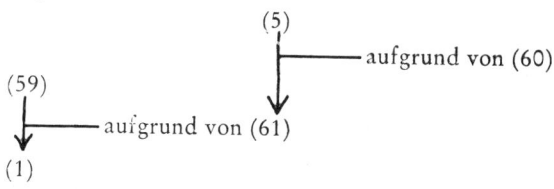

Ein ähnlicher Fall liegt vor bei Argument

(8) Es gibt auch andere Belästigungen außer dem Rauchen, die nicht so verketzert werden, z. B. die Luftverschmutzung durch Autos.,

das als Argument für die Richtigkeit von (2) vorgebracht wird. Auch diese Argumentation vollzieht sich über mehrere Schritte, denn der Schluß von (8) auf (2) ist nur möglich, wenn man gleichzeitig

(62) Das Rauchverbot am Arbeitsplatz bedeutet eine Verketzerung des Rauchens.

(63) Rauchen ist eine Belästigung.

(64) Wenn bestimmte Belästigungen nicht verketzert werden, sollten alle Belästigungen nicht verketzert werden.

voraussetzt bzw. deren Wahrheit akzeptiert – oder natürlich auch etwas andere, aber (62), (63), (64) entsprechende Voraussetzungen macht: Wenn man (64) oder eine entsprechende Voraussetzung nicht für wahr hält, ist nicht zu sehen, wie (8) ein Argument für (2) sein kann. Aufgrund von (64) als Schlußpräsupposition kann (8) jedoch ein Argument für (2) sein, wenn auch kein direktes, sondern nur eines für

(65) Alle Belästigungen sollten nicht verketzert werden.

Die Unwahrscheinlichkeit des Akzeptierens von (65) – wenn man einmal von *verketzern* absieht, das viele zur Annahme von (65) in dieser Formulierung bringen könnte – zeigt jedoch, daß (64) als Schlußpräsupposition auch nicht sehr wahrscheinlich ist, sondern daß (64) eher durch

(66) Wenn bestimmte Belästigungen nicht verketzert werden, sollte dies auch für andere Belästigungen gelten.

zu ersetzen wäre. (66) wiederum würde den Schluß von (8) etwa auf

(67) Nicht alle Belästigungen sollten prinzipiell verketzert werden.

rechtfertigen. (67) kann dann als Schlußpräsupposition zur Rechtfertigung des Übergangs von der weiteren Voraussetzung (63) als Argument – die in (8) sogar implizit ausgedrückt ist – zur Konklusion

(68) Rauchen sollte nicht prinzipiell verketzert werden.

verstanden werden, die ihrerseits aufgrund von (62) als Schlußpräsupposition als Argument für (2) fungieren kann bzw. wohl soll. Und zwar in einem Schluß nach modus tollens, d. h. einem Schluß, der symbolisch darstellbar ist als

(69) Wenn p, dann q

Nicht-q

Also: Nicht-p

und der wie der modus ponens bei jeder beliebigen Einsetzung einen gültigen Schluß ergibt:

(70) Wenn Rauchen am Arbeitsplatz verboten wird, bedeutet es eine Verketzerung des Rauchens.

Rauchen sollte nicht prinzipiell verketzert werden.

Also: Rauchen am Arbeitsplatz sollte nicht verboten werden.

Auch hier sei die Struktur der ganzen Argumentation graphisch dargestellt:

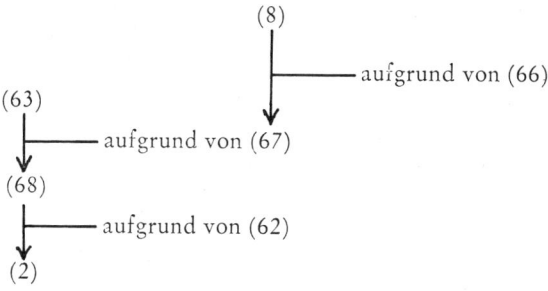

Bibliographische Hinweise

Die Beschäftigung mit Argumentationen, die in der Antike zu den Hauptauf-gabengebieten der Logik und Rhetorik gehörten, ist nach jahrhundertelangem Schattendasein erst in den letzten Jahren wieder stärker in das Blickfeld von Philosophen, Logikern und Linguisten gerückt.

Genauere Informationen zum Zusammenhang von Logik und Argumenta-tionstheorie sowie zum Ursprung und der Entwicklung der Logik seit der Antike finden sich in:

I. M. Bochenski, Formale Logik, Freiburg ³1970.

W. and M. Kneale, The Development of Logic, Oxford 1962.

Zur Rhetorik:

G. Ueding, Einführung in die Rhetorik. Geschichte – Technik – Methode, Stuttgart 1976.

Als grundlegende Standardwerke zur Argumentationstheorie gelten vor allem:

Ch. Perelman – L. Olbrechts-Tyteca, La Nouvelle Rhétorique: Traité de L'Argumentation, 2 Vols., Paris 1958. (Engl. Übersetzung: The New Rhetoric. A Treatise on Argumentation, Notre Dame, Ind. 1969).

S. E. Toulmin, The Uses of Argument, Cambridge 1958. (Dt. Übersetzung: Der Gebrauch von Argumenten, Kronberg/Ts. 1975).

Beide entwickeln ihre Auffassungen in Anlehnung an das juristische Argu-mentieren und in deutlicher Absetzung von der formalen Logik.

Praktischer orientiert, d. h. mehr im Hinblick auf die unmittelbare Anwen-barkeit für die Argumentationspraxis konzipiert ist:

A. Naess, Kommunikation und Argumentation. Eine Einführung in die ange-wandte Semantik, Kronberg/Ts. 1975. (Übersetzung aus dem Norwegi-schen.)

Beispiele für die mehr von der formalen Logik beeinflußte Beschäftigung mit Argumentationen sind:

P. Alexander, An Introduction to Logic: The Criticism of Arguments, London 1969.

R. B. Angell, Reasoning and Logic, New York 1964.

Diese Art der Argumentationstheorie ist in den letzten Jahren besonders von Y. Bar-Hillel propagiert worden, in einer Reihe von Vorträgen und Aufsätzen. Stellvertretend dafür sei genannt:

Y. Bar-Hillel, Argumentation in Pragmatic Languages, in: ders., Aspects of Language, Jerusalem 1970, 206–221.

Damit hat Bar-Hillel auch die linguistische Forschung stark beeinflußt, wie der folgende Aufsatz zeigt:

H. Schnelle, Zur Explikation des Begriffs »Argumentativer Text«, in: Linguistische Probleme der Textanalyse (= Jahrbuch des Instituts für deutsche Sprache 1973), Düsseldorf 1975, 54–76.

Eine Sonderstellung zwischen der zuerst genannten und der logisch orientierten Richtung nimmt der interessante Ansatz ein, der dargelegt ist in Kapitel 7 von:

C. L. Hamblin, Fallacies, London 1970.

Eine – wenn auch nicht mehr ganz neue, aber immer noch charakteristische – Übersicht über verschiedene Auffassungen zur Theorie der Argumentation in natürlichen Sprachen bietet der Abdruck einer Kongreßdiskussion von 1967:

J. F. Staal (ed.), Formal Logic and Natural Languages. A Symposium, in: Foundations of Language 5 (1969), 256–284.

Für weitere Literaturangaben sei verwiesen auf:

H. W. Johnstone, jr., Theory of Argumentation, in: R. Klibansky (ed.), Contemporary Philosophy. A Survey, Vol. I: Logic and Foundations of Mathematics, Firenze 1968, 177–184.

A. N. Kruger, Argumentation and Debate: A Classified Bibliography, Metuchen, N. J., ²1975.

G. Öhlschläger, Beiträge zur Theorie und Praxis der Argumentation. Ein Rezensionsaufsatz, in: Zeitschrift für germanistische linguistik (erscheint).

Eine genauere Darstellung der im vorliegenden Beitrag zugrundegelegten Theorie des Argumentierens findet sich in:

G. Öhlschläger, Linguistische Überlegungen zu einer Theorie der Argumentation, Tübingen (erscheint).

14. Das Warum-Spiel

14.1. Erklären und Begründen

Warum-Fragen und *weil*-Antworten sind in vielen Lebenszusammen-
hängen wichtig. Dies wurde andeutungsweise schon im Beitrag über
das Argumentieren deutlich. Es wird normalerweise so sein, daß ein
Agent mit dem Äußern eines Satzes der Form ›Weil S2‹ oder ›S1
weil S2‹ noch eine andere Handlung vollzieht, daß also das Äußern
eines solchen Satzes erzeugt ist von einem andern Muster. Die beiden
wichtigsten Fälle scheinen hier zu sein, daß P1 dem P2 etwas erklärt,
indem er einen solchen Satz äußert, oder daß P1 dem P2 etwas
begründet, indem er einen solchen Satz äußert. Analog wird P2 mit
seiner *warum*-Frage eine Erklärung oder eine Begründung verlangen.
Natürlich sind auch diese komplexen Muster oft nur Teile des ganzen
Zusammenhangs. So wird man eine Handlung oft begründen, um
sie zu rechtfertigen.

Den Unterschied des Erklärens und Begründens wollen wir hier so
machen, daß wir annehmen, es seien Ereignisse, die man erklärt,
und Handlungen, die man begründet. Erklären wird also reserviert
für sog. Kausalerklärungen, bei denen natürliche Gesetzmäßigkeiten
eine Rolle spielen. Erklären wird im Zusammenhang mit Ursachen
gesehen, Begründen im Zusammenhang mit Motiven. Eine solche
Redeweise entspricht nicht ganz der geläufigen Verwendung, sie trifft
aber einen wichtigen Unterschied.

So gesehen wird die Wichtigkeit dieser beiden Handlungsmuster und
damit auch der *warum*-Fragen und *weil*-Antworten unmittelbar ein-
leuchten. Erklärungen sichern den Zusammenhang und die Struktur
der natürlichen Welt, da sie auf die Gesetze zurückgehen, die diesen
Zusammenhang ausmachen. Begründungen ruhen auf den Regeln der
sozialen Welt. Sie werden dazu dienen, dem P2 die Handlung von P1
besser verständlich zu machen. Denn mit ihnen wird über die Angabe
des Motivs oder des Ergebnisses der Handlung das Muster der Handlung expliziert.

Obwohl wir auf eine genauere Analyse der beiden Handlungsmuster
verzichten müssen, wollen wir doch auf einige wichtige Eigenschaften
hinweisen:

(i) Kausalerklärungen nehmen immer Bezug auf eine zugrundeliegende Gesetzmäßigkeit, auf einen *wenn-dann*-Satz. Wenn z. B. P1
dem P2 erklärt, warum die Flasche zersprungen ist, indem er äußert:
(1) Die Flasche ist zersprungen, weil das Wasser gefroren ist.,
dann nimmt er auf eine Gesetzmäßigkeit Bezug wie
(2) Die Flasche zerspringt, wenn das Wasser gefriert.

Selbstverständlich sind diese Formulierungen mangelhaft, und selbstverständlich müßte die Gesetzmäßigkeit etwas anders formuliert werden, damit sie allgemeingültig ist, aber immer wird der Zusammenhang so sein, daß

(3) S1 weil S2

nur dann als Erklärung akzeptiert werden kann, wenn angenommen werden kann, daß

(4) S1 wenn S2.

(ii) Im Gegensatz zum Erklären braucht beim Begründen nicht angenommen zu werden, daß S1 wenn S2. Wenn ich z. B. dem P2 begründe, warum ich Pfirsiche weggeworfen habe, indem ich äußere

(5) Ich habe sie weggeworfen, weil ich keinen Hunger hatte.,

dann braucht er – um dies als Begründung zu verstehen – nicht anzunehmen, daß ich Pfirsiche immer wegwerfe, wenn ich keinen Hunger habe, bzw. daß ich das glaube. Es kommt hier vielmehr darauf an, daß man es für verständlich hält, daß einer so handelt. Man muß den gleichen Regelzusammenhang haben. So wird es schon schwieriger sein, (6) als Begründung aufzufassen:

(6) Ich gehe nicht unter den Baum, weil ich Hunger habe.

Wenn allerdings P1 glaubt, der Baum habe eine Ausstrahlungskraft, die hungrig macht, und P2 glaubt bzw. weiß das auch, dann wird das Äußern von (6) gut als Begründung laufen können. Damit hängt auch die Lebensweisheit zusammen, daß man andere besser versteht, wenn man selbst einmal in einer ähnlichen Situation gewesen ist. Z. B. wird man den Begründungszusammenhang sehen, wenn einer äußert

(7) Ich habe die Pfirsiche geklaut, weil ich Hunger hatte.,

falls man weiß, was es heißt, Hunger zu leiden.

(iii) Nicht alle beliebigen Sätze der Form ›S1 weil S2‹ können als Erklärungen oder Begründungen verstanden werden, wie wir in (i) und (ii) gesehen haben. (Vgl. mögliche Antworten im Anhang Text 15). Es gibt noch zusätzliche Einschränkungen. Generell unmöglich ist es, durch das Äußern von Sätzen der Form ›S1 weil S1‹ Begründungen zu geben:

(8) Ich lache, weil ich lache.

wird eher als Verweigerung einer verlangten Begründung verstanden. Ähnlich bestimmte Antworten wie in (9) oder (10):

(9) Ich habe sie weggeworfen, weil ich Lust dazu hatte.

(10) Warum ist die Nase krumm.

(iv) Eine weitere wichtige Einschränkung ist die, daß der mit S2 behauptete Zustand der Welt vor dem mit S1 behaupteten angefangen haben muß. Dies ist allerdings nur schwer an der Form der geäußerten Sätze festzumachen, weil die Ausdrucksmittel hier sehr komplex sind. Man kann deshalb diesen Grundsatz weder durch einfache Tempusregeln noch über die möglichen Zeitadverbien belegen. So scheinen Sätze wie (11) durchaus nicht abweichend:

(11) Ich gehe weg, weil es regnen wird.

Hier wäre erst durch eine ausführlichere semantische Analyse zu zeigen, daß das Beispiel nicht gegen unseren Grundsatz verstößt.

Diese Überlegungen begründen, warum die Untersuchung von Begründungskommunikationen und ein systematisches Lehren des Erklärens und Begründens wichtig sein können.

14.2. Das Warum-Spiel

Einfachere Sprachspiele können verschiedenen Zwecken dienen. Man kann sie konstruieren, um durch ihre Eigenschaften wichtige Eigenschaften unsrer normalen Sprache vor Augen zu führen. Man kann sie aber auch aus unsrer normalen Sprache herausdestillieren und dabei die einiger Zusammenhänge entkleideten Spiele als Vorstufe der komplexeren Sprachspiele sehen, die wir tatsächlich spielen. Solche Spiele dienen neben der Demonstration auch praktischen Zwecken: Ihre Beherrschung kann als einfachere Vorstufe der Beherrschung komplexerer tatsächlicher Sprachspiele in der Erlernung dieser Spiele genutzt werden. Dies wird einmal nahegelegt durch die Verwandtschaft dieser Spiele mit Sprachspielen, die wir tatsächlich spielen, zum andern aber auch dadurch, daß Spiele vorzügliche didaktische Mittel sind. Denn die dem normalen Handeln analogen Spielhandlungen können als Übung derartiger Kommunikation genützt werden. Und übendes Handeln, nicht Reflexion über das Handeln, ist die Grundvoraussetzung für die Erlernung von Handeln.

Die Kommunikationsspiele haben gegenüber den üblichen Rollenspielen den Vorteil, daß sie einigermaßen überschaubar sind und als Voraussetzung ihrer begründeten didaktischen Verwendung explizit beschrieben werden können.

Das Warum-Spiel wird von n Partnern P1, P2, ..., Pn gespielt.

Seine Regeln können wir aus der Aufzeichnung einer Partie entnehmen. Es handelt sich hier um ein Protokoll, wo Achtjährige dieses Spiel miteinander spielen:

(12) P1: Ich will später mal viel Geld verdienen.

P2: Warum willst du viel Geld verdienen?

P1: Weil ich eine Reise machen will, eine große Weltreise machen will und ne kleine Weltreise.

P3: Warum willst du Weltreisen machen?

P1: Weil ich da lauter Typen finde ...

P4: Und heiraten kannst.

(Lachen)

P1: Und weil ich dann mal meine Mutti los bin.

P4: Warum willst du von deiner Mutter gehen?

P1: Weil wir immer Klöße und Spinat essen und pfui Teufel. Mag ich nicht. Und weil mein Pappi einen Schnurrbart hat.

P5: Und warum hat dein Pappi einen Schnurrbart?

P1: Einen Schnurbart hat er nicht, er hat einen Schnurrrrbart. Weil es ihm gefällt, und weil er angeben will, weil er mich ärgern will.

P6: Und warum will er dich ärgern?

P1: Weil er mich nicht gern hat und weil er mich haßt.

P7: Warum haßt er dich?

P1: Weil ich bös bin ...

P8: Warum bist du böse?

P1: Erstens, weil ich, ah, weil er nicht so, so stark ist und zweitens habe ich Wunderpillen, wenn ich die ess' bin ich der Stärkste.

P9: Und warum ißt du die?

P1: Weil ich dann meinen Vati umlegen kann und meine Mutti dazu.
(Lachen)

P10: Warum willst du deine Mutti und deinen Vater umlegen?

P7: Du darfst doch nur eins fragen.

P5: Eine Frage, entweder meine Mutti oder meinen Vati.

P10: Vati umlegen.

P1: Weil er immer der Größte ist und (Pause) weil ich die Mutti ab und zu zur Frau haben will.

P11: Und warum willst du die Mutti ab und zu zur Frau haben?

P1: Weil sie mir dann immer den Haushalt macht und weil sie so schwach ist.

P12: Und warum ist sie so schwach?

P1: Erstens weil sie keine Wunderpillen hat und zweitens weil ich so stark bin.

P13: Und warum bist du so stark?

P1: Weil ich hinke.
(Lachen)

P1 äußert einen Aussagesatz, P2 hat darauf die alternativen Möglichkeiten zu äußern ›Warum?‹ oder ›Stimmt nicht‹. Im ersten Fall muß P1 einen begründenden *weil*-Satz äußern, im zweiten kann er sich durch Äußern von ›Stimmt‹ zur Wehr setzen.

(13)

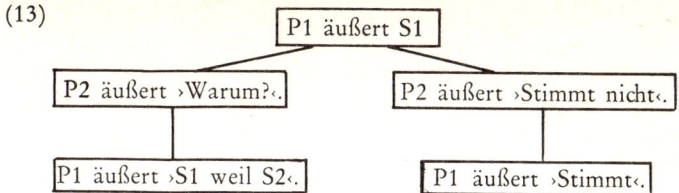

Darauf ist P3 an der Reihe, der in der Koalition der P2 bis Pn die gleichen Möglichkeiten hat wie P2. P1 handelt wieder entsprechend, es folgt P4 und so fort.

Die systematische Beschreibung ist in zweierlei Weise unvollständig: Einmal wäre der gesamte Verlauf der Kommunikation darzustellen. Zum Beispiel könnte das Ende im rechten Zweig gesetzt werden, wenn nach der unfruchtbaren Kette der *stimmt-stimmt nicht*-Äußerungen Pn an die Reihe kommt. Zum andern sind natürlich die Handlungen der Partner komplexer, da die Äußerungen als erzeugt anzusehen sind. Der Einfachheit halber soll nur die zweite Unvollständigkeit etwas gemildert werden.

Als Erzeugung der ersten Äußerung von P1 ist es hier hinreichend anzunehmen, es handle sich um eine Behauptung:

(14)

> P1 behauptet, daß S1,
> indem er äußert S1

Das gleiche gilt für die im Laufe des Spiels auftretenden komplexeren Äußerungen der Form ›S1 weil S2‹. Wenn P2, ..., Pn auf derartige Behauptungen mit dem Äußern von ›Stimmt nicht‹ reagieren, bestreiten sie P1's Behauptung, worauf dieser auf seiner Behauptung insistieren kann.

(15)

> P2 bestreitet, daß S1,
> indem er äußert ›Stimmt nicht‹.

Die jeweilige Bestreitung von P2, ..., Pn zielt dabei auf den unmittelbar vorher behaupteten Satz. Also falls dieser die Form ›S1 weil S2‹ hat, wird dies bestritten.

Etwas komplexer wird die Kommunikation im linken Zweig, weil hier nicht deutlich ist, worauf die *warum*-Frage zielt. Klar ist dies nur, solange einfach S1 geäußert wurde. Ist die Behauptung aber komplex, etwa von der Form ›S1 weil S2‹, dann kann die *warum*-Frage zielen auf S2 oder auf den Zusammenhang von S1 und S2:

```
┌─────────────────────────────────────┐
│   P1 behauptet, daß (S1 weil S2).    │
└─────────────────────────────────────┘
```

```
┌──────────────────────┐   ┌──────────────────────────┐
│  P2 fragt, warum S2,  │   │  P2 fragt, warum S2 eine  │
│ indem P2 äußert ›Warum?‹. │ │  Begründung für S1 ist,   │
└──────────────────────┘   │ indem P2 äußert ›Warum?‹. │
                           └──────────────────────────┘
```

Diese beiden Möglichkeiten treten grundsätzlich auf allen tieferen Stufen auf, nur wird die rechte selten genutzt.

Im folgenden wollen wir über Erfahrungen und Probleme mit dem Warum-Spiel berichten, die sich bei der didaktischen Verwendung und ausgedehnten Erprobungen ergaben. Man sollte dabei bedenken, daß der Stand empirischer Forschungen, die solche differenzierten Beschreibungsmittel anwenden, nicht weit fortgeschritten ist. Insbesondere, was die Kommunikation unter Kindern angeht, müssen wir davon ausgehen, daß sie kaum untersucht ist und daß wir uns in einem Stadium befinden, wo es darum geht

(i)   den Rahmen für künftige empirische Untersuchungen abzustekken.

(ii)   eine Fragestellung solcher Untersuchungen zu erarbeiten.

(iii)   eine Beschreibungssprache für solche empirischen Untersuchungen bereitzustellen oder in Grundzügen zu entwerfen.

(iv)   aufgrund von ersten Erfahrungen Teile einer idealen Kompetenz zu entwickeln und zu begründen.

Diese Untersuchung geht nicht davon aus, daß wir auf dem Gebiet von sprachlichen Interaktionen und Interaktionen überhaupt so weit sind, daß die Beschreibungen so differenziert und haltbar sind, daß wir sinnvoll sog. empirische Methoden (evtl. statistische Methoden) anwenden könnten. Sie geht vielmehr von einer sozialwissenschaftlichen Konzeption aus, wo die Basis für empirische Untersuchungen das Verstehen der zu untersuchenden Handlungen und die Explikation dieses Verstehens ist. Insofern ist hier nicht vorausgesetzt, daß die Kinder Fehler machen, wenn sie anders handeln, als wir es tun würden, als wir es erwarten. Wir sind vielmehr oft unsicher, ob wir die Kinder richtig verstehen. Dennoch haben wir natürlich gewisse Kriterien, hier zu einem Urteil zu kommen, weil wir (i) als Versuchsleiter auch an der Kommunikation partizipiert haben und (ii) an den Reaktionen der übrigen Kinder feststellbar wird, wie die Kommunikation funktioniert hat.

Wir müssen aber deutlich sehen, daß alle andern Wissenschaftler gegenüber dem Handeln von Menschen in der gleichen Situation sind wie wir, daß also gerade solche Untersuchungen, die diese Fragen eskamotieren zugunsten eines großen statistischen Apparats nur eine Art Augenwischerei betreiben, solange ihre Grundlagen handlungstheoretisch nicht geklärt sind. Wir setzen uns damit besonders auch ab von behavioristisch orientierten Untersuchungen, die die Fragen des Verstehens von vornherein ausklammern, da sie von ihrer positivistischen wissenschaftstheoretischen Position her diese Probleme draußen halten wollen.

14.3. Vorversuche

Bei der Erprobung des Warum-Spiels haben wir uns in Vorversuchen an die Altersgrenze herangetastet, ab der ein solches Spiel ohne größere Komplikationen gespielt werden kann. Dies geschah mit einer Gruppe von Kindern im Vorschulalter und einer Gruppe von fünf Kindern der ersten Klasse. In beiden Fällen wurde das Spiel exemplarisch eingeführt, d. h. es wurde unter Erklärungen vorgespielt. Dabei wurden die Kinder sofort beteiligt. In beiden Fällen war das Ergebnis negativ. Zwar konnten die Kinder das Spiel lernen und über kurze Strecken spielen, aber sie spielten es sehr locker, hielten sich nicht unbedingt an die Regeln und schweiften zwischendurch ab. Als Ergebnis dieser Vorversuche kann man festhalten:

(i)   Die Kinder hatten Schwierigkeiten, das Spiel zu lernen und zu spielen.

(ii)   Das Spiel wurde ziemlich locker gespielt. Insbesondere wurde die Begründungsregel nicht eingehalten und die Bestreitungsregel nicht genutzt.

(iii)   Die Kinder – bis auf zwei – haben sehr schnell das Interesse am Spielen verloren.

(iv)   Die Kinder fanden das Spielen langweilig (»weil man dabei sitzen muß«).

(v)   Mehrere Kinder fragten immer wieder nach dem allerersten Satz, nicht nach dem jeweils letzten.

(vi)   Ein Kind konnte sich öfter nicht an den unmittelbar vorher geäußerten Satz erinnern.

Dieses Ergebnis war für uns nicht überraschend, da die ausführliche Analyse des Spiels zeigt, daß ein Spieler schon eine große Zahl sprachlicher Handlungsmuster beherrschen muß, um das Warum-Spiel spielen zu können. Das Warum-Spiel ist also zu komplex für diese Altersstufe, insbesondere wenn man die Verfremdung der Kommunikation durch die reflektierende und stilisierte Spielform in Rechnung stellt. Andrerseits haben wir aufgrund dieser Vorversuche die Instruktion verbessert. Dies ist besonders deshalb notwendig, weil das Ziel ja nicht ist, daß das Spiel gelernt wird, sondern daß durch das Spielen des Spiels etwas gelernt wird. Die Beherrschung des Spiels ist also eine Voraussetzung für das Erreichen der damit verbundenen Ziele.

14.4. Die Lernphase

Die Hauptserie wurde dann mit Kindern der dritten Grundschulklasse und in Gruppen von fünf Kindern gespielt. Dabei wurden meistens Sätze vorgegeben. Die Kinder selbst spontan Sätze angeben zu lassen, hat sich nicht bewährt, weil sie meistens Sätze gewählt haben, die in unserm Sinn nicht relevant waren. Gut gelaufen sind allerdings Versuche mit vorgegebenen Bildern, zu denen die Kinder Sätze formuliert haben. So sind sehr lebhafte Partien auf der Grundlage der Bilder eines Erzählspiels zustandegekommen, die allerdings für sich schon sehr motivierend wirkten und das Interesse der Kinder geweckt haben.

Als Instruktion hat der Versuchsleiter von uns folgenden Text bekommen, an den er sich bei der Einführung des Spiels in etwa halten sollte:

(a) Wir wollen heute ein Spiel machen, das sicher die meisten von euch schon kennen. Wir wollen das Warum-Spiel machen. Das Warum-Spiel ist kein Brettspiel. Es unterscheidet sich also von Spielen wie Mensch-ärgere-dich-nicht oder Malefiz. Das Warum-Spiel ist auch kein Spiel, bei dem man laufen muß oder sich verstecken.

Das Warum-Spiel ist ein Fragespiel. Stellt euch vor, euer Freund oder eure Freundin sagt: »Ich habe gestern mein Fahrrad verschenkt«. Ihr wollt natürlich den Grund wissen, warum das Fahrrad verschenkt wurde. Deshalb stellt ihr eine *warum*-Frage. Ihr fragt: »Warum hast du dein Fahrrad verschenkt?« Euer Freund oder eure Freundin wird z. B. antworten: »Ich habe es verschenkt, weil man nicht mehr damit fahren konnte«. Jetzt wißt ihr den Grund, warum das Fahrrad verschenkt wurde.

(b) Genau dasselbe passiert beim Warum-Spiel. Das Spiel geht so: Die Mitspieler sitzen im Kreis, in der Mitte liegt ein Stapel mit gemischten Karten. Auf jeder Karte steht ein Satz, aber die Karten liegen verdeckt. Die Mitspieler müssen sich einigen, wer anfangen darf. Wenn sie sich nicht einigen können, weil alle anfangen wollen, muß das Los entscheiden. Der Mitspieler, der anfängt – nehmen wir einmal an, A würde anfangen –, nimmt die oberste Karte vom Stapel und liest sie laut vor. Nehmen wir an, auf der Karte würde der Satz stehen: »Ich hab heute meine Hausaufgaben nicht gemacht«. B, der links von A sitzt, fragt: »Warum hast du deine Hausaufgaben nicht gemacht?" A muß mit einem *weil*-Satz antworten. Er kann z. B. sagen: »Ich hab meine Hausaufgaben nicht gemacht, weil ich kein Heft hatte.« Jetzt kennen wir den Grund, warum A die Hausaufgaben nicht gemacht hat. Damit sind wir natürlich nicht zufrieden. Der nächste Mitspieler fragt jetzt nach dem *weil*-Satz, also „Warum hast du kein Heft gehabt?«, und A muß auch dafür einen Grund angeben.

(c) So geht das weiter. Das Spiel ist zu Ende, wenn A keine Begründung mehr einfällt. Er legt dann die Karte zurück. Der Mitspieler, der die letzte Frage gestellt hat, darf als nächster eine Karte ziehen, und das Spiel geht von vorne los.

(d) Aber es gibt noch eine wichtige Zusatzregel: Die Mitspieler müssen nicht immer *warum*-Fragen stellen. Wenn A etwas behauptet hat, was nach Meinung des nächsten Mitspielers nicht stimmt, so kann dieser an Stelle einer *warum*-Frage auch »Stimmt nicht« sagen. Wenn A darauf nichts mehr sagt, ist das Spiel zu Ende und der nächste kommt an die Reihe. A kann aber auch »Stimmt« sagen und dann geht das Spiel weiter, indem der nächste Mitspieler »Warum?« fragt.

Nach dieser beschreibenden Einführung folgte eine Proberunde, in der die Kinder das Spiel meistens schon beherrschten. Es ist auf dieser Altersstufe also nicht mehr generell eine exemplarische Einführung notwendig. Eine exemplarische Einführung unterscheidet sich von der beschreibenden dadurch, daß bei ihr der Einführende die Spielhandlungen vormacht, z. B. in Form einer gespielten Partie, und kommentiert. Während in der beschreibenden Einführung nur sprachliche Handlungen vorkommen. Die Proberunde dagegen ist schon Spielen des Spiels, nicht mehr Einführung. Dennoch kann in vielen Fällen die exemplarische Einführung gewählt werden, weil sie gerade für Kinder besser ist, die stärker an situationsgebundenes Reden gewöhnt sind. Günstig ist auch die Methode, zuerst eine einfache Version zu lehren, die dann weiter ausgebaut wird. So kann man zuerst nur mit *warum*-Fragen und *weil*-Antworten spielen und danach die Alternative der *stimmt-stimmt nicht*-Kommunikation einführen. Regeln für das Ende einer Partie können dann im weiteren Verlauf eingeführt werden. Meistens kommen die Kinder auch schon selbst darauf, daß gewisse Restriktionen sinnvoll sind. So wurde vorgeschlagen, Wiederholungen nicht zuzulassen, das Spiel zu stoppen, wenn es im Kreis läuft und andere Zusatzregeln. Den Kindern der dritten Klasse hat das Spiel gefallen. Kritik wurde nur an einzelnen Partien geübt, weil ihr Verlauf nicht befriedigt hat. Diese grundsätzliche Zustimmung zum Spiel muß natürlich auch auf der Folie des traditionellen Unterrichts gesehen werden, in dem Spielen eine willkommene Abwechslung ist.

Ein Mangel am Anfang der Lernphase war öfter, daß die Kinder das Spiel als extrakommunikativ auffaßten. Sie glaubten, es ginge nur schematisch darum, die Sätze in der vorgeschriebenen Weise zu transformieren oder auch nur spielerisch und simulativ Begründungen vorzubringen. Dies kann sich in verschiedener Weise äußern:

(17) Ich kann dich nicht leiden.
       Warum kannst du mich nicht leiden?
       Weil du einfältig bist.
       Warum bist du einfältig?
       Weil du immer machst, was dir paßt.
       Warum machst du immer, was dir paßt?
(18) Meine Mutter schimpft oft mit mir.
       Warum schimpft . . . meine Mutter . . . mit dir?
       Vl: Du müßtest jetzt sagen ›deine‹, nicht ›meine‹.
       Warum schimpft deine Mutter oft mit dir?
       Weil ich nie das Geschirr sauber abtrockne.
       Warum trocknest du das Geschirr nicht sauber ab?
       Weil das Geschirr so naß ist noch.
       Warum hast du das . . . warum ist das Geschirr nicht trocken?

Hier werden die Anredepronomen nicht geändert, ein Zeichen dafür, daß die Kommunikation nicht als echte Fragekommunikation aufgefaßt wird, sondern die Sätze mehr zitativ verwendet werden. Denn sicherlich haben die Kinder in normalen Kommunikationen keine Schwierigkeiten mehr mit dem Wechsel der Anredepronomen.

Außer der fehlenden Änderung der Pronomina gibt es andere Arten von Fehlern oder Ungenauigkeiten, die wohl ähnlich zu erklären sind:

(19) Warum hast du Geld?
       Warum, weil ich's von meinem Onkel krieg.
       Ja, warum hast du's von deinem Onkel?
       Moment, es geht weiter.
       Warum hast du's von deinem Onkel gekriegt?
       Weil sie ihn gut leiden kann.
       Und warum kann sie ihn gut leiden?
       Weil er nett ist.
       Warum ist er nett? (Gelächter)

Ein solcher Tempuswechsel kommt in verschiedenen Zusammenhängen vor. Er dürfte hier auf einem Versehen beruhen und durch die Unterbrechung bedingt von den Mitspielern nicht korrigiert worden sein. Da das Protokoll nichts weiteres enthält, wäre es auch möglich, daß gerade dies korrigiert wurde.

Das mechanische Spielen, wie es sich im fehlenden Wechsel der Pronomina und dem Durchlassen offenbarer Fehler, die nicht symptomatisch für die Kompetenz der Kinder sind, zeigt, kommt aber nur am Anfang vor, wenn das Spiel nicht sicher beherrscht wird. Später verläuft es wie eine echte Kommunikation.

14.5. Stereotype

Eine auffällige Erscheinung beim Spielen des Warum-Spiels ist es, daß gewisse Stereotype häufig wiederkehren. Am häufigsten hierbei ist der Zusammenhang von Geld und Essen.

(20) Ich spiele den Feuerwehrmann.

Warum spielst du den Feuerwehrmann?
Mitspieler: Das ist doch ganz klar.
Weil ich ein Bub sein möchte.
Warum willst du ein Bub sein?
Weil dann kann man mehr drauß rumrennen.
Warum kann man mehr drauß rumrennen?
Die Mädchen . . . da braucht man nicht auf die kleinen
Geschwister aufpassen.
Mitspieler: Auf, du kommst!
Warum müssen wir auf die Geschwister aufpassen?
Weil die Mutter keine Zeit hat.
Warum hat die Mutter keine Zeit?
Weil sie Arbeit hat.
Warum hat sie Arbeit?
Daß sie Geld verdient.
Warum verdient sie Geld?
Daß wir Kinder zu essen haben.
Warum wollt ihr Kinder zu essen haben?
Daß wir nicht verhungern.
Warum wollt ihr nicht verhungern?
Weiß nichts mehr.

(21) Ich esse gern, ich esse sehr gern Spinat.

Warum ißt du sehr gern Spinat?
Weil er gesund ist.
Warum ist er gesund?
Weil er viele Vitamine erhält.
Warum erhält er viele Vitamine?
Daß ihn die Leute gerne essen.
Warum essen die Leute ihn gern?
Daß sie stark werden.
Warum werden sie stark?
Weil der Spinat ihnen Kraft gibt.
Warum gibt er ihnen Kraft?
Weil sie die Kraft brauchen.
Warum brauchen sie die Kraft?
Zum Arbeiten.
Warum arbeiten sie?

Daß sie Geld verdienen.
Warum müssen sie Geld verdienen?
Um leben zu können.
Warum müssen sie leben?
Daß sie nicht hungern müssen.
Warum müssen sie nicht hungern?
Weil sie etwas zu essen haben.
Das hast du schon gesagt. Du hast vorhin gesagt, daß . . .

Nach den Lernzielen des Spiels wäre es natürlich nicht unerwünscht, daß gerade solche verfestigten Zusammenhänge ans Licht kommen, die im übrigen von entscheidender Wichtigkeit im Leben und im Leben der Kinder sind. Leider laufen aber solche Argumentationen meistens eher automatisch ab und werden von allen akzeptiert, so daß im Verlauf des Spiels dieser Zusammenhang nicht in Frage gestellt oder die Möglichkeit, ihn als Begründung anzuführen, angezweifelt wird. Dies scheint aber immer damit zusammenzuhängen, daß das Spiel nicht ganz gemäß den Regeln gespielt wird. Auch unsere Beispiele enthalten Stellen, wo gegen die Regeln verstoßen wird.
Ein anderes Problem der Stereotype ist, daß sie die Kinder langweilen. Klagen über das Spiel kommen gerade bei solchen Partien. Man könnte deshalb daran denken, solche Stereotype zu vermeiden durch die Auswahl der Ausgangssätze. Das ist aber nicht möglich. Wenigstens ist es uns nicht gelungen, den Verlauf der Argumentation in dieser Hinsicht zu steuern durch die Ausgangssätze. Der Zusammenhang der Züge ist nämlich nicht so eng, daß man nicht immer auf bestimmte Themen kommen könnte. Eine andere sinnvolle Möglichkeit wäre es aber, solche Partien außerhalb des Spiels zu thematisieren und zu analysieren. Damit wäre die Möglichkeit gegeben, dieses Lernziel weiter zu verfolgen.

14.6. Schleifen

Im Zusammenhang mit Stereotypen ist ein anderer typischer Verlauf zu sehen, der die Spieler ebensowenig befriedigt:
(22) Schenk mir die Hälfte der Bonbons.
Warum soll ich dir die Hälfte der Bonbon schenken?
Weil ich sie gerne möchte.
Warum möchtest du sie gerne?
Weil ich sie gern esse.
Warum ißt du sie gern?
Weil sie gut schmecken.
Warum schmecken sie so gut?

Weil sie Vitamine in sich haben.
Warum haben sie Vitamin in sich?
Daß man stark wird.
Warum wird man stark?
Daß man arbeiten kann.
Warum muß man arbeiten?
Daß man Geld verdient.
Warum verdient man Geld?
Daß man sich etwas kaufen kann.
Warum muß man sich etwas kaufen?
Daß man etwas zu essen hat.
Warum muß man etwas zu essen haben?
Sonst verhungert man.
Warum muß man nicht verhungern?
Mitspieler: Nicht warum muß man nicht verhungern!
Weil man etwas zu essen hat.
Warum hat man immer was zu essen?
Weil man Geld hat.
Warum hat man Geld?
Weil man arbeitet.
Warum arbeitet man?
Daß man etwas verdient.
Warum verdient man etwas?
Daß man etwas zu essen hat.
Mitspieler: Jetzt geht's wieder von vorne an. (Lachen)

Wir nennen einen solchen Verlauf eine Schleife. Die Schleife kann, wie
unser Beispiel zeigt, eine gewisse Einsicht in Begründungszusammen-
hänge vermitteln, besonders daß sie im alltäglichen Leben oft zirkulär
angelegt sind. Diese zirkuläre Anlage hängt aber durchaus mit einem
Fehler im Begründen zusammen. Die Kinder können sich offenbar
nicht erklären, wie diese Schleifen zustande kommen, vgl. den Versuch am Schluß von (19). So kann eine Schleife auch nur entstehen,
wenn gegen Regeln das Warum-Spiels verstoßen wird. Der häufigste
Fehler ist dabei die Verwechslung von *warum* und *wieso* einerseits
und entsprechend von *weil* und *damit/daß* andererseits:

(23) Ich weiß nicht, wie ich meine Eltern überzeugen soll.
   Warum weißt du das nicht?
   Weil ich so faul bin.
   Warum bist du so faul? (Lachen)
   Weil ich so gerne schlafe. (Gelächter)
   Und warum schläfst du gerne?

Weil das Bett so weich ist. (Lachen)

Und warum ist das Bett so weich?

Weil du klüger bist.

Weil er so oft drin gelegen hat . . . (unverständlich) . . .
sind lauter Löcher drin. (Lachen)

Aber du siehst es ein, daß es keine Begründung ist.

Ich stecke ein, es gibt keine Möglichkeit mehr.

Weil Federn drin sind.

Im Bett.

Weil Federn drin sind.

Und warum sind Federn drin?

Weil man die reingetan hat.

Und warum hat man sie reingetan?

Damit das Bett weicher ist.

Und warum ist das Bett weicher?

Weil Federn drin sind.

Und warum sind die Federn drin? (Gelächter)

Gib es auf.

(24) Ich will später mal viel Geld verdienen.

Warum willst du später mal viel Geld verdienen?

Weil ich an die BASF gehe.

Warum gehst du in die BASF?

Daß ich viel Geld verdiene.

Das ist aber komisch.

Diese Verwechslung, die auch bei Erwachsenen sehr häufig ist, kommt
durch den engen semantischen Zusammenhang der Paare ›warum‹:
›wieso‹ und ›weil‹:›damit‹. Im Fall, daß mit einem Satz über
menschliche Handlungen gesprochen wird, kann die *warum*-Frage auf
zweierlei Weise verstanden und beantwortet werden. Sie kann einmal
beantwortet werden durch Angabe des Zustands A vor der Handlung H, den man durch die Handlung verändern wollte, und dann
kann sie durch den Zustand Z beantwortet werden, den man durch
die Handlung erreichen wollte. Allgemein kann man sich das in einem
Schema veranschaulichen, das für jede Handlung gilt:

(25)

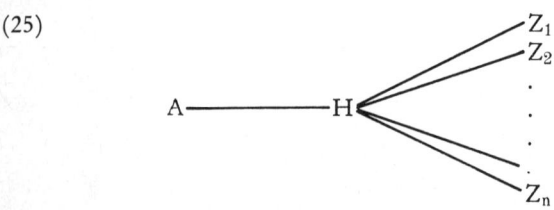

Dabei sind für jede Handlung alternative Ergebnisse Z_1 bis Z_n vorzusehen, weil vorher nur bestimmt ist, daß man gewisse Ergebnisse mit einer Handlung erreichen kann, aber nicht genau, welche man erreichen wird.

In der Form der Antwort auf *warum*-Fragen wirken sich diese beiden Möglichkeiten so aus, daß man im ersten z. B. sagen kann:

(26) Ich habe das gemacht, weil es mir kalt war.

Im zweiten Fall:

(27) Ich habe das gemacht, damit es mir wärmer wurde.

Bei der ersten Art der Antwort schaut man sozusagen nach rückwärts, bei der zweiten Art nach vorn.

Die Schwierigkeiten der Kinder und diese Schleifen entstehen nun dadurch, daß bestimmte Unterschiede der *weil*-Sätze und der *damit*-Sätze nicht beachtet werden:

(i) Im Gegensatz zu (26) ist in (27) und generell bei *damit* nicht behauptet, daß es mir kalt war, noch, daß es mir wärmer wurde. Das letztere ist nur die Absicht, das Ziel der Handlung. Es muß gemäß unserem Schema (25) nicht eintreten.

(ii) Bestimmte unterscheidende Teile des *damit*-Satzes werden in der folgenden *warum*-Frage weggelassen, etwa *würde*. Und es wird einfach gefragt: Warum wurde es dir wärmer?

Der zweite Fehler wirkt sich besonders deshalb gravierend aus, weil durch die Weglassung bestimmter Teile des *damit*-Satzes das Verhältnis der S1 und S2 in ›S1 weil S2‹ gerade umgedreht werden kann. Wir wollen das verdeutlichen an unserem Beispiel (24):

(28) Ich gehe an die BASF.

(29) Warum?

(30) a Damit ich viel Geld verdiene.

    b Weil ich viel Geld verdienen will.

(31) Warum verdienst du viel Geld?

(32) Weil ich an die BASF gehe.

In der Antwort auf (29) hat der Spieler also zwei Alternativen. Wenn er das Motiv seiner Handlung angeben will, muß er im *weil*-Satz das modale *will* verwenden. Der nachfolgende Spieler kann auf die erste Alternative von (30) nicht mit (31) antworten, weil ja gar nicht behauptet wurde, daß der Sprecher viel Geld verdient. Denn das ist beim *damit*-Satz im Gegensatz zum *weil*-Satz nicht vorausgesetzt oder behauptet. Ebensowenig kann aber (31) als korrektes Weiterfragen auf die zweite Alternative in (30) gewertet werden, weil hier nicht behauptet wurde, daß der Sprecher viel Geld verdient. In (31) ist das wichtige *will* ausgelassen, und das ist unzulässig.

Das allgemeine Schema dieses Verfahrens ist:

(33)

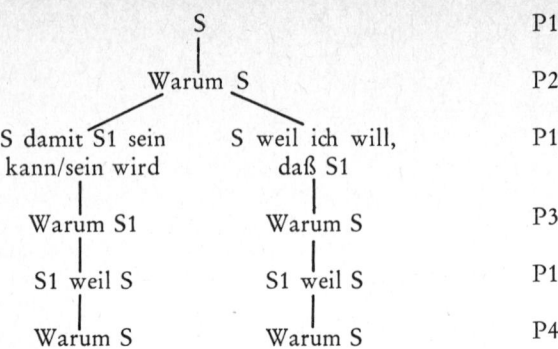

		P1
S		
		P2
Warum S		
		P1
S damit S1 sein kann/sein wird	S weil ich will, daß S1	
		P3
Warum S1	Warum S	
		P1
S1 weil S	S1 weil S	
		P4
Warum S	Warum S	

Beide Möglichkeiten der Schleife beruhen aber wie gesagt auf Fehlern im Spielen (Weglassen von *sein kann, sein wird, ich will daß*) und auf dem falschen Verständnis des *damit*-Satzes. Um diese häufige Abweichung zu vermeiden, kann die entsprechende Variante des Warum-Spiels kontrastiv gespielt werden. Dies ist besonders auch deshalb angezeigt, weil viele Agenten in normalen Kommunikationen ähnlich handeln.

In andern Fällen kommt der Zirkel einfach dadurch zustande, daß gegen eine Bedingung bzw. gegen eine Eigenschaft der Handlung des Begründens verstoßen wird:

(34) Ich lasse mir von Jüngeren doch nichts sagen.

    Warum nicht?

    Vl: Du mußt jetzt einen ganzen Satz machen. Warum . . .

    Warum läßt du dir nichts von Jungs sagen?

    Von Jüngeren heißt es.

    Sie sind ja kleiner als ich.

    Warum sind die kleiner als du?

    Weil die jünger sind.

    Warum sind sie jünger?

    Weil sie kleiner sind.

    Warum sind sie kleiner?

    Weil sie jünger sind.

(35) In manchen Ländern müssen die Kinder nicht zur Schule gehen.

    Warum müssen sie nicht zur Schule gehen?

    Weil es keine gibt.

    Warum gibt es keine Schulen?

    (eingeflüstert) Weil sie kein Geld haben.

    Weil sie kein Geld haben.

    Und warum haben die kein Geld?

    Weil sie arm sind.

Und warum sind die Leute so arm? (Lachen)

Weil sie nur Lumpen tragen.

Warum tragen sie nur Lumpen? (Lachen)

Weil sie arm sind.

Warum sind sie so arm? (Pause)

Eine Bedingung für das Begründen ist die Asymmetriebedingung, wie man sie nennen könnte. Sie lautet allgemein: Wenn S1 weil S2, dann nicht S2 weil S1. Anders formuliert könnte man sagen: Wenn X der Grund für Y ist, dann kann Y nicht der Grund für X sein. Hiergegen wird in der Kommunikation öfter verstoßen. In der folgenden Kommunikation z. B. ist ein solcher Verstoß enthalten:

(36) Sohn: Ich habe keine Selbstachtung. Denn keiner achtet mich.

Vater: Ich achte dich. Denn du hast Selbstachtung.

Es handelt sich hierbei um einen authentischen Fall, wo die zirkuläre Begründungsstruktur einem double-bind zugrundeliegt. Die Zirkularität kann wie folgt dargestellt werden:

(37)

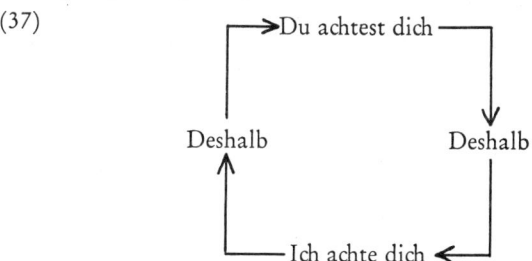

Darum ist, diese Bedingung zu lernen, ein wichtiger Teil des Lernens des Begründens. Das Warum-Spiel würde durch seine Regeln diese Möglichkeit auch sichern, weil ja eigentlich die Mitspieler an dieser Stelle eingreifen könnten, indem sie mit ›stimmt nicht‹ bestreiten, daß die Umkehrung eines behaupteten Begründungsverhältnisses eine Begründung sein kann. Hier zeigt sich aber zugleich eine allgemeine Beschränkung des Warum-Spiels und menschlicher Kommunikation überhaupt. Wenn nämlich keiner merkt oder moniert, daß dies keine Begründung ist oder sein kann, dann kann in dieser Gruppe die Asymmetriebedingung nicht gelernt oder eingeführt werden. Sie existiert nicht. Die Gruppe hat ihre eigene Sprache mit einem Handlungsmuster, das zwar unserem normalen Begründen verwandt ist, aber nicht identisch mit ihm. Es ist ungewiß, ob eine solche Sprache wirklich denkbar ist, ohne daß eine Reihe anderer Zusammenhänge aufgegeben werden muß. Vielleicht könnte man zeigen, daß durch dieses Begründen auch die Konsistenz angetastet würde oder daß einige Schlußregeln aufgegeben werden müßten in einer solchen Sprache.

Wir sind damit bei einem generellen Problem im sprachlichen Handeln der Kinder, deren Spielen wir aufgezeichnet haben, wahrscheinlich aber auch anderer Kinder in diesem Alter.

14.7. Unterlassene Bestreitung

Das auffälligste Ergebnis unserer Versuche mit dem Warum-Spiel ist, daß die Kinder sehr selten den *stimmt-nicht*-Zweig der Kommunikation wählen, sondern nur Ketten von *warum*-Fragen und *weil*-Antworten bilden. Wir haben zuerst vermutet, daß dies mit der Instruktion zusammenhängt und deshalb Instruktionen mit verstärktem Hinweis auf die *stimmt-nicht*-Möglichkeit erprobt. Dann haben wir den Versuchsleiter mitspielen und öfter von dieser Möglichkeit Gebrauch machen lassen. Beides hat den Anteil der *stimmt-nicht*-Äußerungen nicht erheblich erhöht. Dann haben wir angenommen, daß von dieser Möglichkeit kein Gebrauch gemacht wird, weil das Äußern von *stimmt nicht* normalerweise auf dreifache Weise erzeugt sein kann, wenn jemand eine Begründung gegeben hat durch das Äußern von ›S1 weil S2‹ oder einfach ›Weil S2‹. Nehmen wir dazu an, jemand äußert

(38) Mein Vater hat gern getrunken, weil er immer durstig war.

Darauf könnte man in dreifacher Weise reagieren, indem man *stimmt nicht* äußert:

(i)   Man könnte bestreiten, daß der Vater immer durstig war.
(ii) Man könnte bestreiten, daß der Vater gern getrunken hat.
(iii) Man könnte bestreiten, daß das eine der Grund für das andere war.

Hiervon scheidet allerdings der Fall (ii) in unserer Kommunikation aus, denn, wenn vorher gefragt wurde

(39) Warum hat dein Vater gern getrunken?,

dann ist in diesem Zusammenhang schon vorausgesetzt, daß der Vater gerne getrunken hat, ebenso wie das in der Antwort mit (38) vorausgesetzt ist. Es ist aber natürlich nicht möglich, in diesem Spiel etwas zu bestreiten, was sozusagen über den letzten Zug zurückgeht. Dazu müßte ein entsprechender Zusatz in der Äußerung gemacht werden. So blieben aber immer noch die beiden Möglichkeiten (i) und (iii). Um herauszufinden, ob diese Mehrdeutigkeit der Grund für das Unterlassen des Bestreitens war, haben wir eine Variante spielen lassen, wo nur die Möglichkeit (iii) bestand. Wir haben dazu statt *stimmt nicht:stimmt* die Äußerungen *das ist keine Begründung:das ist eine Begründung* eingeführt. Nun wurden Zurückweisungen zwar häufiger, aber dennoch bleibt auffällig, wie selten die Kinder von dieser Möglichkeit Gebrauch machen. Z. B. sind die oben gegebenen Beispiele (23) und (24) schon nach den Regeln dieser Variante gespielt worden, ohne daß eingegriffen wurde.

Strenggenommen ist die Variante auch der Standardversion unterlegen, weil sie eine wichtige Möglichkeit nicht bietet, die für die Erreichung des Lernziels der Normenhinterfragung entscheidend ist. Diese Möglichkeit wird eröffnet durch die Reaktion (iii). Wir wollen das an einem konstruierten Ausschnitt demonstrieren:

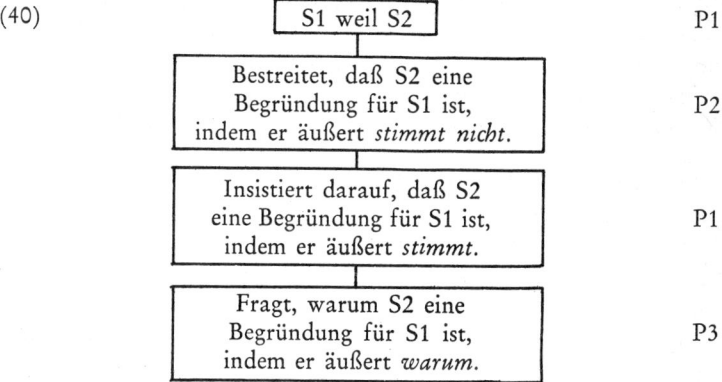

(40)

| S1 weil S2 | P1 |

| Bestreitet, daß S2 eine Begründung für S1 ist, indem er äußert *stimmt nicht*. | P2 |

| Insistiert darauf, daß S2 eine Begründung für S1 ist, indem er äußert *stimmt*. | P1 |

| Fragt, warum S2 eine Begründung für S1 ist, indem er äußert *warum*. | P3 |

Hier wird also eine Begründung für eine Begründung erfragt. Wenn P1 jetzt eine solche Begründung gibt, kann das Spielchen weitergehen. Es kann also eine Kette der Form ((S1 weil S2) weil S3) weil S4 ... zustandekommen. Nun muß jede Begründung irgendwo ein Ende haben, und sicher ist es nicht sinnvoll, sehr lange Ketten dieser Art zu produzieren. Wir schaffen es auch gar nicht. Ebenso scheinen die Kinder in ihren wenigen *stimmt-nicht*-Äußerungen immer nach der Möglichkeit (i) zu handeln. Dennoch halten wir die Beherrschung solcher – wenn auch begrenzter – Begründungsketten für wichtig, weil der Begründungszusammenhang auf einer Regel, auf Verstehen beruht, die nicht als gottgegeben hingenommen werden, sondern hinterfragt werden sollte. Es wäre deshalb durchaus wichtig, Varianten des Warum-Spiels zu finden, die gerade die Wahl dieses Zweiges nahelegen oder initiieren.

Die ausführliche Analyse der Partien des Warum-Spiels hat gezeigt, daß Kinder dieses Alters verschiedene Probleme mit Begründungen und der Verwendung von *weil* haben. Das Kommunikationsspiel kann als Diagnosemittel zu deren Ermittlung eingesetzt werden. Gemäß der Wichtigkeit dieser Handlung können aus der Diagnose begründete Lernziele für die Altersstufe abgeleitet werden. Solche Lernziele könnten sein:

(i)   Begründungen geben und verstehen.

(ii) Begründungen bestreiten oder bezweifeln.

(iii) Stereotype Begründungen erkennen.

(iv) Die Asymmetrie von *weil* beherzigen und Schleifen vermeiden.

Fraglich erscheint, ob die Lernziele mit dem Warum-Spiel erreicht werden können. Kann das Spielen des Spiels zu einer Erweiterung der Kompetenz beitragen? Wir glauben ja, wollen aber vor methodischer Einseitigkeit und unbegründeten Erwartungen warnen. Kommunikationsspiele können für sich der Erreichung bestimmter Lernziele dienen. Sie können aber darüberhinaus im Unterricht in verschiedener Weise eingesetzt werden. Zum Beispiel wird das Spiel von Kindern durchaus nicht oberflächlich oder spielerisch gespielt. Das Ödipus-Beispiel (12) beweist es. Solche Partien können durchaus als Grundlage weiterer reflektierender Betrachtung dienen wie auch Schleifen- und Endlos-Begründungen.

Bibliographische Hinweise

Der Bericht beruht auf einer Serie von Versuchen, die von der Arbeitsgruppe Kommunikativer Unterricht (AKU) durchgeführt wurden in Grundschulen in Großsachsen, Zuzenhausen, Ludwigshafen (Albert-Schweitzer-Schule) und dem Asta-Kindergarten in Heidelberg. Bei der Anlage der Versuche hat auch W. Schenzer mitgewirkt und eine Auswertung vorgelegt in:

W. Schenzer, Das Warum-Spiel. Ein Bericht über die Erprobung eines Kommunikationsspiels in der Grundschule, (Masch.) Tübingen 1973.

Eine ausführlichere systematische Beschreibung findet sich in:

H. J. Heringer, Praktische Semantik, Stuttgart 1974, 175–184.

Weitere Literatur, die sich spezifisch mit Begründen auseinandersetzt ist:

G. Ryle, If, So, and Because, in: M. Black (ed.), Philosophical Analysis, Ithaca, N. Y., 1950, 323–340.

J. Passmore, Explanation in Everyday Life, in Science, and in History, in: History and Theory 2 (1962), 105–123.

G. H. von Wright, Erklären und Verstehen, Frankfurt/M. 1974.

Stark methodisch orientiert ist:

A. R. Louch, Explanation and Human Action, Oxford 1966.

Hier geht es vor allem um eine Auseinandersetzung mit dem Behaviorismus und den Nachweis, daß Erklärungen menschlicher Handlungen auf Verstehen basieren müssen. Die sog. behavioristischen Kausalerklärungen werden als tautologisch und verfehlt angesehen.

Zu den Fragen der didaktischen Verwendbarkeit von Kommunikationsspielen wäre zu konsultieren:

H. J. Heringer, Kommunikativer Unterricht. Ein Programm, LuD 19 (1974), 194–212.

B. Kochan – D. C. Kochan, Problemlösung durch Fragestrategien, Die Deutsche Schule 63 (1971), 246–258.

Grundlegende Einsichten in den Zusammenhang spielerischer Handlungen und deren Beziehungen mit dem Handeln allgemein finden sich bei:

M. Muckenhaupt, Spiele lehren und lernen. Eine Untersuchung zur Lehrkompetenz und Kompetenzerweiterung bei Kindern im Grundschulalter, Tübingen 1976.

Hier wird insbesondere das Fehlen gewisser Fähigkeiten diagnostiziert, die kommunikativ relevant sind, sowie der allgemeine Wert ihres Erwerbs dargestellt.

Eine skeptische Einschätzung der simulativen Verwendung solcher Spiele haben:

V. Gold – M. Wagner – W. L. Ranftl – M. Vogel – J. Weber, Kinder spielen Konflikte, Neuwied 1973.

Dem liegt aber eine sehr enge spieltheoretische Auffassung von Spielen zugrunde.

15. Unbestimmtheit und Mehrdeutigkeit

> ein deut dick
> zwei deut dick
> mehr deut dick
> viel deut dick
> mehr deut dick
> zwei deut dick
> ein deut dick
> un deut licht
>
> (E. Jandl)

Zum reflektierten Kommunizieren gehört, die Möglichkeiten zu sehen, wie man ein Symbol oder eine symbolische Handlung eines Partners verstehen kann. Dies ist keine theoretische Fähigkeit. Sie kann letztlich auch nicht durch Theoretisieren gelehrt werden, wenngleich an ihrem Grunde eine theoretische Einsicht steht. Um verschiedene Verstehensmöglichkeiten zu sehen, muß man lernen, etwas zu merken. Dazu führen uns Fälle, an denen wir etwas sehen, die einen Aha-Effekt erzeugen. Wir werden deshalb in dieser Einheit nicht theoretisch stringent über Mehrdeutigkeiten reden, sondern einen bunten Lehrgang von Beispielen mit Kommentaren geben. Wir fürchten, daß Vielen auch diese Kommentare noch zu lang sein werden. Sie können sie getrost überspringen.

15.1. Unbestimmtheit

Unbestimmtheit und Willkürlichkeit sind in gewissem Sinn grundlegend für unsre symbolischen Handlungen und für die Symbole, die wir dabei verwenden.

Die Unbestimmtheit hängt damit zusammen, daß wir das gleiche Symbol in verschiedenen historischen Zusammenhängen verwenden können und das Symbol dadurch selbst eine Geschichte bekommt. Wir können seine Verwendungsweise mit der Zeit ändern.

Die Willkürlichkeit besteht darin, daß das Symbol nicht irgendwie naturgegeben etwas bedeutet. Im Grunde ist etwas, insofern es Symbol ist, nichts Naturgegebenes mehr. Allerdings darf diese beschränkte Willkürlichkeit nicht so verstanden werden, als könne man mit einem Symbol etwas x-Beliebiges meinen. Was man damit meinen kann, ist sozial vorgegeben. Der einzelne erfährt die Willkürlichkeit überhaupt nicht. Für ihn sind die Verwendungsregeln eines Symbols vorgegeben und zwar so, als seien sie naturgegeben.

Für einen reflektierten Kommunizierenden ist es wichtig, die grundsätzliche Unbestimmtheit und Willkürlichkeit zu erkennen. Er gewinnt damit die Einsicht, daß (i) alles auch ganz anders sein könnte; (ii) sein Partner u. U. etwas andres meint, als er versteht.

Diese Einsicht soll er allerdings nicht im Sinne einer blindwütigen Verstehenskreativität nutzen, indem er etwa immer sucht, ob man irgendwas auch irgendwie anders verstehen kann. Das kann man immer. Es kommt darauf an, diese Einsicht zum Tragen zu bringen, wenn es notwendig wird, und das heißt, wenn kommunikative Probleme auftreten. Sei es, daß man sich mißversteht, sei es, daß der Partner blind eine andere Norm durchsetzen will u. dgl. mehr.

Dies ist ein Bild aus einem psychologischen Test, dem sog. TAT. Bei diesem Test wird dem Probanden eine Serie von Bildern vorgelegt, zu denen er spontan Geschichten erzählen soll. Die psychologische Relevanz besteht darin, daß die Probanden die Bilder in einen Zusammenhang bringen und dazu auf ihre eigenen Erfahrungen, bewußte und unbewußte Wünsche zurückgreifen. Deshalb neigen die

Probanden auch dazu, sich mit einer der dargestellten Personen zu identifizieren und unbewältigte eigene Probleme ins Spiel zu bringen.

Student, 21 Jahre:

Da ist ein junger Mann auf die schiefe Bahn geraten. Er liebt ein Mädchen und sieht, wie das Mädchen einem anderen nachsieht. Er will den jungen Mann beseitigen, eine andere Freundin kommt hinzu, sieht, was er vorhat, und versucht ihn abzubringen mit ganzem weiblichem Einsatz. Es gelingt ihr, aber er schaut voll Eifersucht nach. Dem jungen Mädchen gelingt es, ihn ordentlich zu machen, ihn von der schiefen Ebene zu bringen. Sie bringt seine Wohnung in Ordnung und entfernt die schlechten Bilder.

Student, 21 Jahre:

Der Mann ist Künstler. Die Frau liebt ihn, möchte ihn allein besitzen. Er strebt weg, will sich nicht binden, sondern seine Ziele verfolgen, Großes leisten. Er will frei von Bindung sein, um ungehindert seinen Weg gehen zu können. Die Frau kann ihn nicht in ein bürgerlich-geordnetes Leben zwingen, nicht an die Häuslichkeit fesseln.
Er wird seinen Weg allein fortsetzen, sie kann ihm nicht folgen, bleibt zurück. Er leistet Großes, ist aber zu unstet, um Glück zu finden. Sie schaut ihm lange aus der Ferne nach. Dann sucht sie woanders den Mann, der ihr gibt, was sie verlangt.

Volksschüler, 11 Jahre:

Ein Mann und eine Frau tanzen miteinander. Hinten auf dem Sofa sitzt noch eine Frau. Der Mann hat jähzornige Augen, die Frau gutmütige. Er denkt, was er trinken soll, wenn er mit seinen Freunden weggeht. Die Frau denkt: »Wenn er doch dabliebe!« Sie arbeitet und sorgt für die Kinder, daß sie zu essen bekommen und zur Schule kommen.
Er geht mit seinen Freunden weg und schreit halbbetrunken auf der Straße herum. Er kommt heim, die Frau hat die Tür noch nicht geöffnet. Er tritt sie ein, kommt herein, wirft sich aufs Sofa, schläft und geht am nächsten Morgen zur Arbeit.

Der Interpret der Geschichten sucht sie so zu verstehen, daß sie einen Bezug zur Biographie des Probanden haben, so daß damit entscheidende Teile der Biographie ans Licht kommen. Er achtet besonders auf die Identifikation, die Motivierungen, die sozialen Beziehungen und die Ausgänge der Geschichte.
Die theoretische Begründung des TAT geht davon aus, daß einerseits die Unvollständigkeit der Bilder den Probanden reize zu vervollständigen, indem er eine Geschichte dazu erfindet. Er müsse in das Bild etwas hineinsehen, was objektiv darauf nicht abgebildet sei. Andererseits gestatte die Mehrdeutigkeit des Bildes jedem Probanden, eine eigene Geschichte zu erzählen.

In unserem Zusammenhang erscheint es wichtig, dreierlei zu unterscheiden: Offenheit, Neutralität und Mehrdeutigkeit. Man würde den Sachverhalt dann etwa so beschreiben:

(i) Statische Bilder und Situationen sind offen. Ihr Verständnis ändert sich je nach dem, was vorangeht und was folgt. Insofern die Probanden aufgefordert werden, Geschichten zu den Bildern zu erzählen, müssen sie mehr ins Spiel bringen als auf den Bildern dargestellt. Sie werden das Bild je nach Zusammenhang in unterschiedlicher Weise auslegen.

(ii) Die Möglichkeit der unterschiedlichen Auslegung hat zu tun mit der Neutralität des Dargestellten. Im Beispiel erscheint der Gesichtsausdruck des Mannes zumindest so weit neutral, daß er verstanden werden kann als Ausdruck der Eifersucht, des Jähzorns, vielleicht auch der Sehnsucht usw. Analoges gilt für Handlungen: Wenn man weiß, daß eine Frage gestellt wurde, so ist immer noch möglich, daß damit geprüft, provoziert, Kontakt aufgenommen usw. werden sollte.

(iii) Im Fall der Mehrdeutigkeit gibt es jeweils zwei alternative Symbole, Darstellungen, Deutungen usw. ohne ein neutrales Verständnis. Mehrdeutige Symbole und Darstellungen kippen deshalb von einem Extrem ins andere. Im Fall des TAT sind Mehrdeutigkeiten in diesem Sinn selten. Vielleicht liegt eine darin, die Frau im Hintergrund als Bild im Bild zu sehen.

Die Insel

Zu einem Ufer, wo ewiger Abend waltete
Aus uralten, sinnenden Wäldern, kam er herab,
Und er drang weiter,
Und ein Flügelrauschen zog ihn an,
Das sich gelöst aus dem schrillen
Herzschlag des brodelnden Wassers,
Und ein Gespenst (versinkend,
Wieder erblühend) sah er;
Zum Aufstieg sich wendend, sah er,
Es war eine Nymphe, und sie schlief,
Aufrecht eine Ulme umschlingend.

(G. Ungaretti)

Das Pronomen *er* ist nicht – wie öfter behauptet wird – vieldeutig. Es ist auch nicht im behandelten Sinn unbestimmt. Die Verwendungsmöglichkeiten von *er* sind zwar so, daß jeder beliebige Gegenstand damit gemeint werden kann. In jeder Verwendungssituation ist aber normalerweise klar, daß ein Gegenstand und welcher damit gemeint ist. Das Unübliche der vorliegenden Verwendung ist, daß durch die

Situation, hier den Kontext, nicht deutlich wird, was oder wer gemeint ist. Darin liegt die Verrätselung des Textes.

Zu unterscheiden von diesem Fall ist aber der, wo eine Verwendung gemäß den Regeln mehrdeutig ist, weil beispielsweise der Kontext einen mehrfachen Bezug zuläßt wie in dem folgenden Orakelspruch:

Wenn du den Fluß überschreitest,
wirst du ein großes Reich zerstören.

15.2. Mehrdeutigkeit

»Die folgende Figur, welche ich aus Jastrow entnommen habe, wird in meinen Bemerkungen der H-E-Kopf heißen. Man kann ihn als Hasenkopf, oder als Entenkopf sehen.

Und ich muß zwischen dem ›stetigen Sehen‹ eines Aspekts und dem ›Aufleuchten‹ eines Aspekts unterscheiden.

Das Bild mochte mir gezeigt worden sein, und ich darin nie etwas anderes als einen Hasen gesehen haben.« (L. Wittgenstein, Philosophische Untersuchungen)

»Ich konnte also den H-E-Kopf von vornherein einfach als Bildhasen sehen. D. h.: Gefragt, »Was ist das?«, oder »Was siehst du da?«, hätte ich geantwortet: »Einen Bildhasen«. Hätte man mich weiter gefragt, was das sei, so hätte ich zur Erklärung auf allerlei Hasenbilder, vielleicht auf wirkliche Hasen gezeigt, von dem Leben dieser Tiere geredet, oder sie nachgemacht.

Ich hätte auf die Frage »Was siehst du da?« nicht geantwortet: »Ich sehe das jetzt als Bildhasen.« Ich hätte einfach die Wahrnehmung beschrieben; nicht anders, als wären meine Worte gewesen »Ich sehe dort einen roten Kreis«. –

Dennoch hätte ein Anderer von mir sagen können: »Er sieht die Figur als Bild-H.«

Zu sagen »Ich sehe das jetzt als . . .«, hätte für mich so wenig Sinn gehabt, als beim Anblick von Messer und Gabel zu sagen: »Ich sehe das jetzt als Messer und Gabel.« Man würde die Äußerung nicht verstehen. – Ebensowenig wie diese: »Das ist jetzt für mich eine Gabel«, oder »Das kann auch eine Gabel sein«. (L. Wittgenstein, Philosophische Untersuchungen)

»Der Aspektwechsel. »Du würdest doch sagen, daß sich das Bild jetzt gänzlich geändert hat!««

»Der Ausdruck des Aspektwechsels ist der Ausdruck einer *neuen* Wahrnehmung, zugleich mit dem Ausdruck der unveränderten Wahrnehmung.« (L. Wittgenstein, Philosophische Untersuchungen)

»Das ›Sehen als . . .‹ gehört nicht zur Wahrnehmung. Und darum ist es wie ein Sehen und wieder nicht wie ein Sehen.«

»Und darum erscheint das Aufleuchten des Aspekts halb Seherlebnis, halb ein Denken.« (L. Wittgenstein, Philosophische Untersuchungen)

Die Theorie der sog. Sinneswahrnehmungen baut darauf auf, daß etwas im Aspektwechsel konstant bleibe. Es sei doch sicher eine bestimmte Linienkonfiguration wahrzunehmen, und die sei eben objektiv. Dagegen ist einmal zu sagen, daß so nur ein ganz geringer Teil erfaßt wird von dem, was wir sehen. Der Begriff des Sehens würde verkürzt. Dann aber auch: Das gleiche trifft eben auch auf das Sehen der Linienkonfiguration zu. Was sind es für Linien? So und so geführte usw. Was sind die Linien? Sammlungen von Punkten usw.

Im Fall sprachlicher Zeichen ist die Frage, was konstant bleibt, weniger einsichtig. Oder ist es nur der Wortkörper? Und ist dieser analog zu sehen zu den Linienkonfigurationen?

Ich schreib das wort rot.
Ich schreib das wort *rot*.
Ich schreib *das wort* rot.
Ich schreib das wort rot.

Sonnet
Vergänglichkeit der Schönheit.
C. H. v. H.

   Es wird der bleiche tod mit seiner kalten hand
Dir endlich mit der zeit umb deine brüste streichen /
Der liebliche corall der lippen wird verbleichen;
   Der schultern warmér schnee wird werden kalter sand /
   Der augen süsser blitz / die kräffte deiner hand /

Für welchen solches fällt / die werden zeitlich weichen /
Das haar / das itzund kan des goldes glantz erreichen /
  Tilgt endlich tag und jahr als ein gemeines band.
Der wohlgesetzte fuß / die lieblichen gebärden /
Die werden theils zu staub / theils nichts und nichtig werden /
  Denn opfert keiner mehr der gottheit deiner pracht.
Diß und noch mehr als diß muß endlich untergehen /
Dein hertze kan allein zu aller zeit bestehen /
  Dieweil es die natur aus diamant gemacht.

                    auch du auch du auch du
                    wirst langsam eingehn
                    an lohnstreifen und lügen
                    reich, stark erniedrigt
                    durch musterungen und malz-
                    kaffee, schön besudelt mit straf-
                    zetteln, schweiß,
                    atomarem dreck:
                    deine lungen ein gelbes riff
                    aus nikotin und verleumdung
                    möge die erde dir leicht sein
                    wie das leichentuch
                    aus rotation und betrug
                    das du dir täglich kaufst
                    in das du dich täglich wickelst.
                              (H. M. Enzensberger)

GEWERKSCHAFTSKAMPF

Wir müssen mehr
Waffen exportieren
sagte der Betriebsrat
das macht
unsere Arbeitsplätze
bombensicher
          (Lu Jäger)

In geschriebenen Texten müssen Mehrdeutigkeiten nicht kippen,
wahrscheinlich nicht, weil es sich hier um Schriftzeichen handelt, die ja
seriell in der Zeit und nicht sozusagen auf einen Schlag erfaßt werden.
Die Mehrdeutigkeit liegt aber auch hier darin, daß das ganze Zeichen

durch verschiedene Regeln, nämlich Schreib- und Lesegewohnheiten, gedeutet werden kann.

ICH SAGE GÄNZLICH AB	DER RÖMER LEHR UND LEBEN
LUTHERO BIS INS GRAB	WILL ICH MICH GANZ ERGEBEN
ICH LACHE UND VERSPOTT	DIE MESS UND OHRENBEICHT
LUTHERI SEIN GEBOT	IST MIR GAR SANFT UND LEICHT
ICH HASSE MEHR UND MEHR	ALL DIE DAS PAPSTTUM LIEBEN
DER LUTHERANER LEHR	HAB ICH INS HERZ GESCHRIEBEN
BEI MIR HAT KEIN BESTAND	EIN RÖMISCH PRIESTERSCHAFT
WAS LUTHERN IST VERWANDT	LOB ICH MIT ALLER KRAFT
WER LUTHERISCH VERSTIRBT	DAS HIMMELREICH SOLL ERBEN
IN EWIGKEIT VERDIRBT	WER RÖMISCH BLEIBT IM STERBEN.

Die Aspekte müssen nicht immer vollständige Deutungen ergeben. Die folgenden Figuren kippen zwar, aber die Bilder stellen keine möglichen Gegenstände dar. Unsere Deutung geht ins Leere, weil keine Deutung vollständig ist.

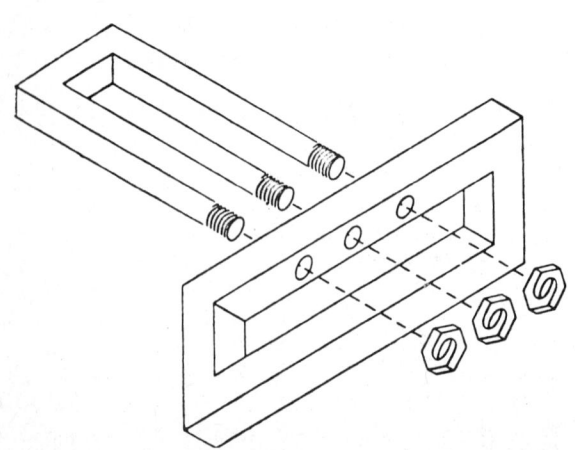

Schließlich noch ein Beispiel, wo die Darstellung selbst nicht mehrdeutig ist, aber auf einen mehrdeutigen Text verweist.

![Foto: zwei Männer auf einem schneebedeckten Weg]

Es ist ein Allgemeinplatz, daß Kontext die Bedeutung ändere. Oder zumindest das Verständnis. So sind die beiden Mannsbilder zwar gleich groß, die dargestellten Männer erscheinen aber unterschiedlich groß durch den Kontext des Bildes.

Schwierig ist es oft, eine Mehrdeutigkeit in einem sog. Nullkontext zu sehen.

»Sie wollen eine Uhr, die richtig geht.«

Dieser Fall ist aber nicht prinzipiell verschieden von dem, wo ein Kontext da ist. Denn eigentlich ist Kontext immer da. Im Fall des Nullkontexts ist z. B. das gemeinsame Wissen, die Regelkenntnis der Partner da. Nur wenn sie die haben, können sie Zeichen überhaupt verstehen.

Wir könnten hier von einem Grundkontext sprechen und sagen, daß auch im Fall des Nullkontexts Kontext vorhanden ist. Ja, der Nullkontext selbst ist auch ein Kontext, insofern er kontrastiert mit allen anderen Kontexten. Im TAT-Test ging es beispielsweise um eine Explizierung des individuellen Grundkontextes. Hier wird ein Teil des impliziten Grundkontexts als expliziter Kontext realisiert.

»Sie wollen eine Uhr, die richtig geht.«

Zwar verändert der Kontext die Verstehensmöglichkeiten – selbstverständlich erscheint dies beim Grundkontext –, aber auch der explizite Kontext legt bestimmte Verständnisse nahe, weil wir natürlich den Gesamttext zusammenhängend verstehen.

Kelim nannte sich Haus.
Meistens nannte er sich sogar altes Haus.
Denn damals konnte er noch nicht gut deutsch.
Er sagte es für alter Haus.

Kann man aber wirklich sagen, daß der Kontext mehrdeutige Symbole monosemiere, das heißt eindeutig mache?

Das Zauberschloß

Es war einmal ein altes, altes Schloß. Das hatte ein Zauberer geschmiedet und gut befestigt. Auch einen goldenen Zauberschlüssel hatte er dazu angefertigt. Den warf er in einen Abgrund, und dabei ist sein Bart abgegangen. So lag das Zauberschloß viele Jahre. Niemand konnte es betreten. Alle, die es öffnen wollten, um sein Geheimnis zu lösen, konnten es nicht, weil kein anderer Schlüssel paßte.

Eines Tages kam ein Jäger, der einen Hirsch verfolgte, in den Abgrund und sah das Gold des Schlüssels blitzen. Er nahm ihn und wickelte ihn in den Bart des Zauberers, der daneben lag. Da zog ihn der Schlüssel unwiderstehlich hin zu dem Schloß. Er nahm es in die Hand. Und als er es aufschloß, löste es sich in Luft auf und verschwand.

16. Anhang: Materialbeispiele

Beispiel 1

A chimpanzee named Lana at the Yerkes Regional Primate Research Center is »talking« with the aid of a computer and a new language created especially for her.

The animal can »read« in her language and can make grammatically correct requests for food and entertainment. Later on the scientists hope to carry on a conversation with her.

Lana »speaks« by punching out sentences on a special vertical keyboard. The requests are answered by a computer, which will grant them if the sentence is grammatically correct and refuse them if Lana makes a grammatical mistake.

The research project is sponsored by the National Institute for Child Development and is conducted jointly by researchers from the University of Georgia, Georgia State University, and the Yerkes Center at Emory University. Seven scientists from the three institutes have been working on the project for more than a year.

Communication

Dr. Ernst von Glasersfeld, a psychologist at the University of Georgia, designed and implemented Lana's special language. He explained:

»We wanted to find out if, in a controlled environment, chimpanzees, gorillas and orang-utans can be taught to communicate spontaneously through the use of a language-like system for their own purposes. Through this we hope to find out something significant about the basic problems many children have in learning their language.«

Von Glasersfeld said the scientists were interested in two levels of communication. First, they wanted to see if the apes could convey wants and needs, for which they would receive material rewards. Then, they wanted to see if the apes could be taught to communicate without the promise of material rewards – to describe something, to »talk« about something they did not necessarily want.

»If they can do that«, said von Glasersfeld, »then it might be possible to get them to ask questions. It might be possible to see up a facility for man-to-ape and ape-to-man communication and maybe even ape-to-ape communication.«

Several attempts to teach non-human primates to speak English have failed because the animals' vocal chords are not equipped for the modulations and emissions necessary to produce English word sounds, von Glasersfeld said.

However, two studies made during the past six years have proved beyond doubt that, when apes are given an effective visual communication technique, apes can express various requests and can learn some of the essential parts of linguistic communication.

The Language »Yerkish«

One important question von Glasersfeld and his colleagues wanted to examine was what factors influence or restrict the apes' ability to acquire a language. To make the study objective and error-free, the scientists created a special language called Yerkish, and designed and built a computer-controlled facility in which to teach it to apes.

The language Yerkish is built from nine simple figures – a vertical line, an equals sign, a rectangle, a caret (or inverted v), a large open circle, a small black circle, a black triangle, a diamond-shaped figure, and a horizontal wavy line. By superimposing these figures on each other, the scientists have created graphic symbols that they call lexigrams, that stand for various concepts.

For example, an open circle intersected by a wavy line means »water«. A vertical line intersecting a black circle enclosed by an open circle is the symbol for »nut«.

»Words«

The present computer system can handle 256 lexigrams or »words«. So far the scientists have created 125 lexigrams. To avoid ambiguity, each lexigram has only one specific meaning; this is unlike English, in which most words have more than one specific meaning.

The symbols are on a vertical keyboard attached to a computer that has been programmed to deal with the language. Above the keyboard are seven small projection screens on which the symbols indicated by pressing keys appear in the sequence in which they are pressed.

In order to »talk«, Lana must activate the system by pulling a bar above the keyboard. She must punch out the proper lexigrams in the proper sequence to make her request and then end the sentence with a period symbol.

»Grammar«

The computer will accept only sentences that are grammatically correct in Yerkish. If Lana makes her request correctly, the computer automatically triggers a dispenser that gives her what she has asked for. If she makes a mistake, the computer sounds an error buzzer, erases all symbols from the screens, and Lana must begin again.

An example of the sentence structure she must follow is, »Please machine give piece of banana«. Instead of »banana,« she can indicate »orange, candy, raisin, water, milk« or other foods. She can also ask for music, a picture, a short movie, a toy, and for the window to be opened.

The computer makes a totally objective judgment of Lana's linguistic performance. This eliminates the possibility that human prejudices or sympathies or errors in regard to Lana will interfere with training her or judging her progress or her competence.

The computer records all Lana's efforts for later study by the scientists.

The researchers know that Lana has not simply memorized the proper sequence to punch on the keyboard because, when they change the position of the lexigrams, she consistently picks out the right ones in the right order to make a grammatically correct request.

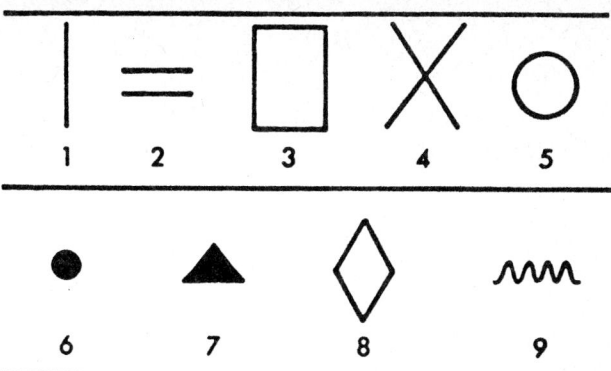

Figure 1. The great majority of the lexigrams which Lana uses are made up of the 9 single design elements shown here.

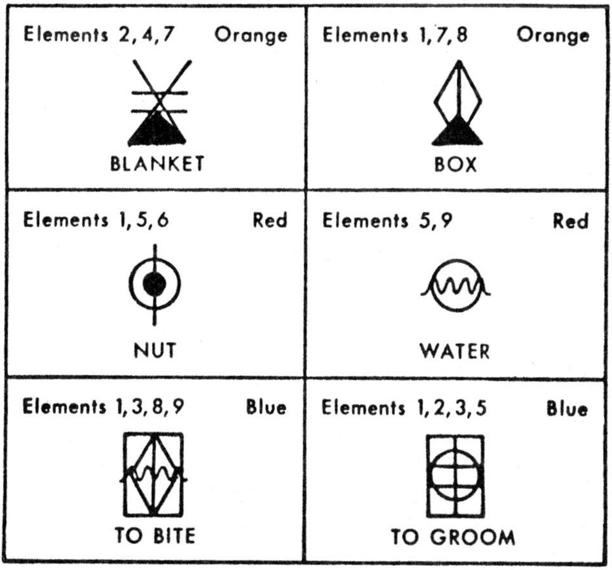

Elements 2, 4, 7 Orange BLANKET	Elements 1, 7, 8 Orange BOX
Elements 1, 5, 6 Red NUT	Elements 5, 9 Red WATER
Elements 1, 3, 8, 9 Blue TO BITE	Elements 1, 2, 3, 5 Blue TO GROOM

Figure 2. Samples of Lana's lexigrams. The numbers indicate the elements of the lexigram; the colour is indicated in the right-hand top corner, the "meaning" underneath.

Table 1
LEXIGRAMS OF LANA, MAY, 1973

Following is Lana's actual vocabulary, i.e., the lexigrams she is using correctly as of May, 1973:

APPLE	MOVIE
BANANA	MUSIC
BLANKET	NO
CHOW	OF
COME (activity)	OPEN
DOOR	PIECE
GIVE (activity)	PLEASE
INTO	ROOM
JUICE	SHELLEY (name of experimenter)
LANA (in instructions to her)	TICKLE (activity)
MACHINE	TIM (name of experimenter)
MAKE (activity)	TO
M&M	TOY
MILK	WATER
	WINDOW

Table 2
SENTENCES OF LANA, MAY, 1973

1. Sentences actually used by Lana:

PLEASE MACHINE GIVE BLANKET
JUICE
M&M
MILK
TOY
WATER

PLEASE MACHINE GIVE PIECE OF APPLE
CHOW
BANANA

PLEASE TIM TICKLE LANA
SHELLEY

PLEASE MACHINE MAKE MUSIC
MOVIE

PLEASE MACHINE MAKE WINDOW OPEN

2. Sentences she responds to:

PLEASE LANA COME TO DOOR

»Reading«

Further proof that she »reads« and understands the visual symbols is shown when the chimp accidentally hits the »please« key while hanging onto the activating bar. If she notices the »please« symbol on the screen, she does not strike they key again but continues to add her request to it.

Also, if one of the scientists punches the first two or three keys of a sentence, Lana can finish it correctly.

The fact that she notices and understands the visual symbols is important. This encourages the scientists to hope that eventually they can ask Lana questions and engage her in conversation.

»Knowledge«

Lana now knows between 35 and 40 lexigrams. New ones are being introduced. When she can produce a certain number of sentences correctly and can learn a new lexigram and use it correctly in a new sentence, »then she will have achieved productivity – the ability to form a correct sentence with new words,« said von Glasersfeld. »That is one of the requirements of language competence.«

»If she responds correctly to questions,« he continued, »then we will be able to. test how far her conceptual mechanism conforms to the conceptual mechanism humans use and express in language.«

Other members of the group working with von Glasersfeld are: Dr. Duane M. Rumbaugh, former associate director of the Yerkes Center and now head of the psychology department at Georgia State University; Dr. Josephine Brown, professor of psychology at Georgia State; Piero Pisani of the University of Georgia's Computer Center; Prof. Harold Warner and graduate students Charles Bell and Timothy Gill of the Yerkes Center.

(Quelle: L. B. Dendy, Communication - Three-way: Chimpanzee, Man, Computer, in: Computers and Automation and People 22 (1973), S. 2–5)

Der Dissident, das künstliche Produkt

In der Rubrik „Frage — Antwort" der in der DDR erscheinenden Zeitung „Bauernecho" benutzte die Redaktion die Frage des Lesers Peter Frohberg „Was sind die Dissidenten, warum treten sie auf und was wollen sie?", um das Problem wie folgt aufzuarbeiten:

„Dissident" ist ein veraltetes Wort. Es stammt aus dem Griechischen. Früher, als man es noch gebrauchte, bedeutete es „Andersdenkender". Aber beim heutigen Gebrauch dieses Wortes geht es nicht um Andersdenkende. Was heißt überhaupt Andersdenkender? Jeder Mensch denkt bekanntlich anders als der andere. „Dissident" im heutigen Sinne heißt Entspannungsgegner innerhalb sozialistischer Länder.

„Dissidenten" treten gerade jetzt auf, weil die Entspannungsgegner in den imperialistischen Ländern sie gerade jetzt brauchen. Erschreckt durch die Schlußakte von Helsinki, bieten imperialistische Kreise alles auf, um den Entspannungsprozeß zu stoppen — und sei es mit der Brechstange. Besonders geeignet dazu sind verschiedenartige Spinner und eitle Gesellen in sozialistischen Ländern, die Westwährungen magisch anzieht, keinerlei soziale Basis im Lande besitzen und verantwortungslos genug sind, sich zu verkaufen. Sie haben sich darauf spezialisiert, in Medien der Entspannungsgegner im Westen auf die Regierung und das Volk des eigenen Landes zu schimpfen, wofür sie dann Geld bekommen, mit dem sie Westwaren kaufen können.

Ihr „Bürgerrechtskampf" ist also ganz einfach. Sie wollen das „Recht" für sich, statt zu arbeiten, wie es anständige Leute tun, ihr Geld durch Verleumdung ihres eigenen Landes zu verdienen. Da die Entspannungsgegner dringend „Dissidenten" benötigen, ist die Nachfrage nach ihnen sehr groß, das Angebot aber wegen des üblen Rufes der „Dissidenten" sehr gering. Folglich zahlen die Entspannungsgegner einen hohen Preis. Da es den „Dissidenten" um Geld und nicht um Bürgerrechte geht, sind sie bereit, stets zur rechten Zeit das zu tun, was die Entspannungsgegner von ihnen verlangen. Das Gewünschte wird prompt gegen Bezahlung geliefert.

Daraus erklärt sich auch, warum die „Dissidenten" nicht nach dem Westen übersiedeln wollen, obwohl sie sich so sehr nach ihm sehnen. Sie fürchten nichts mehr als eine Aussiedelung. Denn laut Auftrag der Entspannungsgegner dürfen sie nicht nach dem Westen übersiedeln, sondern müssen immer lautstärker in ihrem sozialistischen Heimatland schimpfen, den eigenen Staat und die eigene Regierung verleumden. Sind sie erst einmal im Land ihrer Auftraggeber, so ist ihr Wert gleich null. Es gibt bald kein Geld mehr, und der „dissidente" Schreihals ist vergessen.

Der „Dissident" wächst nicht auf dem sozialen Boden des Sozialismus. Er ist etwas Fremdes, ein künstliches Produkt von außen. Ihm fehlt jede sozialökonomische Basis in der sozialistischen Gesellschaft. Darum auch ist er eine vorübergehende Erscheinung. In dem Moment, wo die Nachfrage der Entspannungsgegner nach „Dissidenten" aufhört und die Konten gesperrt sind, verschwindet auch der Dissident, weil er finanziell auf dem Trockenen sitzt. Die Entspannungsgegner lieben den „Dissidenten" nicht, sie lieben nur seinen Verrat.

L. H.

(Quelle: Frankfurter Rundschau, 1. 7. 1977, S. 4)

Beispiel 3

23 Stil und Stillosigkeit in der Gebrauchssprache der Gegenwart

I *Gehobene und alltägliche Sprache*

Gehobene Sprachform ist nicht ein Sondervorrecht der Dichter und Festredner. Sie stellt sich ganz von selbst ein, wo die Ebene des rein Privaten verlassen wird, wo es um überpersönliche Dinge geht. In solchen Fällen wird die Sprache je nachdem förmlich oder feierlich, begeistert oder ehrfurchtsvoll. Ebenso ist die Sprachform des Alltags nicht gleichbedeutend mit Gassensprache. Auch sie kann in die verschiedensten Tönungen gestuft sein, ist je nach der Sprechlage lässig oder behaglich, nüchtern oder vertraulich.

a) Wie ist die „gehobene" Sprachform der folgenden Beispiele zu beurteilen?
1. Meine Herren!

Die fabelhaften Erfolge, die unser Klub erzielt hat, sollen uns nicht abhalten, das Ziel, das wir auf unsere Fahnen geschrieben haben, unentwegt weiter zu verfolgen und voll und ganz zu erreichen. Wir müssen daher immer wieder unsere Leistungen unter Beweis stellen, denn ein Nachlassen könnte letzten Endes katastrophale Auswirkungen für unsern Verein zur Folge haben. Stehen wir daher alle restlos und in vollem Umfang zu unserer großen Sache!
2. M. H.! Die tiefschürfenden Ausführungen des Herrn Vorredners haben mit Recht stürmischen Beifall ausgelöst. Er hat eine Frage angeschnitten, die für unsere Belange von weittragender Bedeutung ist. Wenn er festgestellt hat, daß die neuen Methoden der Charakterbildung in der Jugenderziehung eine ausschlaggebende Rolle zu spielen berufen sind, kann ich ihm restlos beipflichten. Es ist todsicher, daß mit der Lösung dieses Problems unser gesamtes nationales Dasein steht und fällt...

Warum halten es die Redner für nötig, einen so hohen Ton anzuschlagen? — Worin sind die Hauptmängel dieser Stücke zu erblicken? — Lassen sie sich verbessern?

b) Wie ist der Einbruch der Alltagssprache in den folgenden Beispielen aus Schüleraufsätzen zu beurteilen?

1. Die vielen unreinen Reime in Schillers Gedichten sind wohl mit auf das Konto seiner schwäbischen Aussprache zu setzen. 2. Leider ist ein hoher Prozentsatz griechischer Kunstwerke verstümmelt. 3. Der Vorsitzende hielt zum Gedächtnis der Gefallenen eine hübsche Ansprache. 4. Bei der Trauerfeier eröffnete den Reigen der Gesänge eine Arie aus der Matthäuspassion von J. S. Bach.

1. Welche Ausdrücke zerstören die Stimmung? 2. Welche Ausdrücke entstammen einem fremden (zu niederen) Sprachbereich? 3. Versuche die Stilwidrigkeiten herauszufinden und zu verbessern!

(Quelle: Rahn, Deutsche Spracherziehung, S. 73)

Beispiel 5: Ein bayrischer Briefwechsel

Lieber Fonsä, alter Spezi! Wie ich zu meiner außerordentlichen Betrübnis hören mußte, willst Du zurücktreten, und zwar möglichst rasch. Im Prinzip möchte ich lieber Nordlichter ausblasen oder Ananas in Alaska züchten, aber wenn Du meinst. Würde es Dir im Herbst passen? Herzlichst Dein Franz Josef.

P. S. Daß der Tandler neulich an Deinem Stuhl gesägt hat, darfst Du nicht mißverstehen. Es ist sein Freizeit-Hobby und hat ihm der Arzt Bewegung verordnet.

Lieber Franz Josef, ich möcht ja schon, Dir zuliebe auch gleich. Aber, was meine Alte anbetrifft, so ist sie der Meinung, daß ich lieber weiter ins Büro gehen soll, weil ich ihr daheim nur im Weg herumstehe und sie beim Aufräumen und Kochen störe. Da hat sie's schon lieber, wenn ich regiere. Vielleicht solltest Du doch eine Vierte Partei gründen, auch wenn ich Dich ungern unter den Preußen weilen sehe. Nichts für ungut Dein Alfons.

Lieber Fonsä, nichts liegt mir ferner, als Deine guten Absichten mißzuverstehen. Du magst Dich noch so bescheiden geben, ich durchschaue Deine hinterfotzige Art, mir das Amt aufzudrängen. Bleib doch bitte wenigstens noch bis April. In alter Verbundenheit dein Franz Josef.

P. S. Die Bilder mit den Sauhatzszenen, die meine Mitarbeiter heute in Dein Büro bringen, kannst Du ja vorläufig an die Wand lehnen.

Lieber Franz Josef, Deine Fürsorge ist rührend und danke ich Dir vielmals, alter Bazi. Aber ich habe die Leute, die meine Akten raustragen wollten, mit einer Brotzeit versorgt und heimgeschickt. Wir haben nämlich zu Hause keinen Platz, sagt meine Frau. Stets der Deine Alfons.

P. S. Danke für die zugesandten selbstgepflückten Schwammerln. Leider hat mir mein Hausarzt kategorisch Pilze verboten. Wenn S' weiter regieren wollen, hat er gsagt, dürfen S' dös net essen.

Lieber Fonsä, da ich schon den ganzen Tag wie Herkules den Erdball stemmen muß (es ist ein Kreuth), kann ich erst nächste Woche Dein Amt übernehmen. Gern tu ich's gewiß nicht. Wie geht es Deiner gebrochenen Haxen? Der Zimmermann sagt, es sei ihm schrecklich peinlich und er möcht schwören, daß er Dir an der Treppe der Staatskanzlei kein Bein gestellt hat, sondern Dich im Gegenteil vor einem Sturz bewahren wollte. Servus Dein Franz.

Lieber Franz Josef, wenn Du mein Büro brauchst, kann ich ja vielleicht von daheim aus weiter regieren. Daß Du mein Telephon gesperrt hast, um mir unnötige Aufregung zu ersparen, weiß ich zu schätzen. In Treue fest Alfons.

Lieber Alfons, daß Du Ministerpräsident werden willst, ehrt Dich. Hast Du in Deinem aufopfernden Eifer vergessen, daß Bayern nur einen Ministerpräsidenten braucht, und der bin seit gestern ich? Laß keinen Parteitagshader zwischen Dich und mich kommen. Pygmäen können nicht entscheiden, was zwischen zwei alten Freunden vorgeht. Du mußt jetzt vor allem an Dich denken. Wie immer Dein Franz Josef.

P. S. Wie ich höre, benutzt Du immer noch das Briefpapier mit dem Briefkopf »Der Bayerische Ministerpräsident«. Mich stört's ja nicht, aber andere könnten das mißverstehen.

(Quelle: D. Doppler, in: Der Spiegel, Nr. 25, 1977)

Beispiel 6

Vereinsrede

In großem Raum gesprochen. Die Volksmenge bricht beim Erscheinen des Volksredners in Bravorufe und Händeklatschen aus.

Meine lieben Gäste und Gästinnen!

Wenn ich heute das Wort ergreife, so halte ich es für meine Pflicht, einer Sache näherzutreten, die Ihnen und uns und für alle Zukunft ein Problem von schwerwiegender Bedeutung zu bleiben scheint. Gewiß haben wir nicht die volle Gewißheit, was in Anbetracht einer Zerklauberei der ewig unmöglich erscheinenden Begleiterscheinungen in sich vereinigt, denn gerade hier bieten sich einschneidende Bedingungen, die von vorneherein ein für allemal ausgemerzt werden müssen. Die Vergangenheit hat uns gezeigt, daß gerade in diesem Punkte gesündigt wurde, schon aus dem Grunde, weil ein Zusammenkommen jener wichtigen Erscheinungen stets verschwiegen wurde. Wir haben uns mehr denn je über diese Kleinigkeiten immuniert und haben in Sachen herumgewühlt, statt zu sagen: »Freunde, geht ans Werk«, »Greift zu und Ihr werdet es nicht bereuen.«

Glauben Sie nicht, meine Herren, o bewahre, schauen Sie sich selbst ins Gesicht und Sie sehen Ihre eigenen Masken – herunter damit! Nein, fühlen Sie sich nicht dazu genötigt, denken Sie an das Problem der Atomzertrümmerung, denken Sie an die Worte des Sokrates: »Femina, feminina monstrum vivat concenbinatum – o eleonoris causa veni venz vizi.« Meine Herren, Schatten der Gegenwart möchte ich verpflanzen wie Minderwertigkeiten, welche nur zu deutlich aufgerollt werden, wenn uns die Zeit nicht selbst den Stempel des Daseins auf die Stirne drückt. Aber wenn wir der Einsicht nähertreten, so werden die Nebenstehenden die Schäden und Nutzen am eigenen Leibe verspüren, denn zu heiß wurde noch keine Suppe gegessen, und wenn, dann verbrennen sich die den Schnabel, die sich mit den bittersten Enttäuschungen selbst am Ufer der Vernunft ins Lächerliche gezogen haben. Es ist nicht gleichgültig, ob ich sage: »Ich, bin oder ich werde«, nein, meine Herren, Zufälligkeiten und Abdrosselungen eigener Anschauungen haben sich noch nie zu einer Konservierung von Gedanken verbinden lassen. Wehe dem, der sich selbst, wehe dem, dem derjenige nur das ist, was wir uns von diesem erwartet haben. – Selbst ist die Frau! – Meine Herren! Wenn die Besonnenheit uns von unseren Sorgen, deren wenige ein verblendendes Spiel in uns gesetzt zum Zwecke des Mittels, einen wie bei jedem, wir können nicht das gute Gewissen mit derselben Resignation verknüpfen, der unserem Standpunkt von vornherein gegenüberstand. Wenn wir in lückenloser Vergangenheit eine Parallele ziehen, wenn wir uns vergegenwärtigen, daß nur Trotz und ein Gegenspiel von weittragender Bedeutung ein Resultat fördert und damit nie wiederkehrende Gelegenheitsfinumen erzielt werden können und wir hiermit unser Gewissen nicht unnötig belasten, daß eine Voraussagung eventueller Submissionsschwierigkeiten einen spontane Verlauf nehmen, oder nehmen müssen, dann ist es besser, wir vermeiden jegliche Inspirationen, die durch Sicherungen seitens kollektiver Kongreßerörterungen ausgerottet werden. Es gab eine Zeit und diese Zeit läßt sich Zeit, denn im Zeitabschnitte dieses Zeitabschnittes wird die Zeit kommen, die wir zeitlebens nicht vergessen werden. Und wenn es am Sonntag wider alles Erwarten wirklich schlechtes Wetter ist, müssen wir unser Stiftungsfest auf den nächsten Sonntag verschieben. *Bravorufe – Applaus.*

(1937)

(Quelle: Das große Karl Valentin Buch, München 1973, 263 f.).

Beispiel 7

Wo geboren?	In Pommern bei Stettin, bei Stettin. Das ist ein Dorf, wo ich bbbbbin zu zu Schule gegangen.
Sind Sie in der Schule gut mitgekommen?	Ja.
Ist Ihnen das Lernen schwer gefallen?	Ich konnte ganz gut lernen, aber bloß das Rechnen konnte ich nicht behalten. Aber nachher wegen meines Sprechens ja.
Sie stottern?	Das habe ich schon von meine meine Kindheit an.
Können Sie schreiben?	Schreiben kann ich.
Wie alt waren Sie beim Verlassen der Schule?	14 Jahre.
Wieviel Klassen haben Sie durchgemacht?	Das war ja man eine Klasse.
Haben Sie Kinderkrankheiten gehabt?	Nein, gar keine. Denn habe ich müssen arbeiten. Bei meinen Großeltern bin ich ja doch gewesen. Ich habe müssen arbeiten.
Waren Ihre Großeltern Landleute?	Ja.
Waren Sie als Mädchen krank?	Nein.
Wie alt sind Sie?	Jetzt werde ich 41.
Wann geboren?	9. Juli 61.
Datum?	18. Mai 1902.
61 von 102?	Pat. schweigt.
7 × 9?	63.
63 – 9?	Kopfrechnen kann ich überhaupt nicht.
Wie viel Groschen hat ein Thaler?	Nein, das weiß ich nicht.
Wieviel Mark ist ein Thaler?	Drei Mark ist ein Thaler.
Wieviel Pfennige ist ein Groschen?	10 Pfennige
Haben Sie früher Geld verdient?	Nein.

(Quelle: A. Liebmann–M. Edel, Die Sprache der Geisteskranken nach stenographischen Aufzeichnungen, Halle 1903, 128 f.)

Beispiel 8

(Quelle: Gesicht unserer Stadt, Marie Marcks: Straße)

321

Beispiel 9

Die leere Wohnung

Signor Veneranda läutete die Türglocke und wartete. Da niemand kam, um ihn einzulassen, läutete er viele Male, bis ein Herr die Treppe herunterkam und ihm sagte, daß die Wohnung leer sei.

»Leer?« fragte Signor Veneranda, »sind auch keine Möbel drin?«

»Die Möbel sind wohl drin«, sagte der Herr, »aber die können nicht an die Tür gehen und aufmachen.«

»Auch wenn sie es könnten, interessiert es mich nicht«, sagte Signor Veneranda, »ich will gar nicht, daß mir aufgemacht wird. Wenn ich wollte, daß man mir aufmacht, würde ich an der Wohnung gegenüber läuten. Ich bin sicher, daß diese bewohnt ist.«

»Sie wußten also, daß da niemand drin ist?« fragte der Herr, der langsam begriff, daß er nichts verstand.

»Sicher wußte ich es«, sagte Signor Veneranda, »und gerade deswegen habe ich geläutet. Wenn Leute drinnen wären, würde ich mich hüten, zu läuten.«

»Ich verstehe nicht«, stotterte der Herr.

»Läuten Sie bei Leuten, die Sie nicht kennen?« fragte Signor Veneranda.

»Natürlich nicht«, sagte der Herr.

»Ich auch nicht«, sagte Signor Veneranda. »Da ich also die Leute, die in dieser Wohnung hausen, nicht kenne, hüte ich mich zu läuten, wenn sie zu Hause sind.«

»Und wenn sie nicht zu Hause sind?«

»Wenn sie nicht zu Hause sind, sind sie eben nicht da und kommen nicht aufmachen, ist das klar?« sagte Signor Veneranda.

»Leider nicht . . .«, stotterte der Herr, überwältigt von der seltsamen Logik.

»Leider nicht, leider nicht . . .«, schrie Signor Veneranda, weil er die Geduld verlor, »Sie sind ein alter Schwätzer, sonst nichts«!

Und Signor Veneranda zuckte de Achseln und stieg brummend die Treppen hinunter.

(Quelle: Carlo Manzoni, 100 × Signor Veneranda, München 1976, S. 23 f.)

Beispiel 10

Kommunikationsbezogene Sprichwörter

arabisch:

Die Wohlfahrt des Menschen beruht darauf, daß er seine Zunge hüte.
Gib wohl acht, daß du dir nicht mittels deiner Zunge den Kopf abschneidest.
Wer den Hund notwendig braucht, ruft ihn mit »Onkel« an.
Sprich zu den Menschen nach Maßgabe ihrer Verstandeskräfte.

römisch:

Eine Lüge drängt sich an die andere.
Das ist fürwahr kein weiser Mann, der sich nicht selber raten kann.
Schlechter Rat bekommt dem, der ihn gibt, am schlechtesten.
Einmal entsandt, entfliegt das Wort unwiderruflich.
Wage es, weise zu sein.

Wahrheit findet einfachen Ausdruck.
Ein Lügner muß ein gutes Gedächtnis haben.
Kein Buch ist so schlecht, daß es nicht irgendwie nutzen kann.
Der ist Gott am nächsten, der mit Verstand zu schweigen weiß.
Wer sich entschuldigt, klagt sich an.

persisch:
Was im Herzen ist, kommt auf die Zunge.
Die Antwort des Unwissenden ist Schweigen.
Sage nicht Dinge, bevor man nach ihnen fragt.

griechisch:
Wer sich verspricht, sagt die Wahrheit.
Ein Sklave dauert mich, der mehr weiß als sein Herr.
Befehle nicht, wo die Macht gebricht.

hebräisch:
Wer ist weise? Wer von jedermann lernt.

deutsch:
Reden ist Silber, Schweigen ist Gold.
Eines Mannes Zeugnis taugt nicht und wäre es ein Bischof.
Wer viel fragt, der kommt nicht weit.
Gar zu höflich sein, ist auch Grobheit.
Einmal trauen ist nötig, zweimal trauen töricht.
Schöne Worte helfen viel und kosten wenig.
Schöne Worte machen den Kohl nicht fett.

jiddisch:
Weh dem, der im Recht ist!
Der Zorn ist ein schlechter Ratgeber.
Schweigen heißt einverstanden sein.
Ein Lügner glaubt keinem.
Frag den Feind um Rat – und tu das Gegenteil.
In traurigen Zeiten blüht der Witz.
Fragen stellt man weder dem lieben Gott noch dem Gendarmen.
Zweifeln darf man nur an Wahrheiten, die von fremden Propheten gepredigt werden.
Zur unpassenden Zeit verkündet ist auch die größte Weisheit eine Ketzerei.
Mit der Wahrheit hat noch keiner die Welt erobert.
Die eigene Schande verdeckt man am besten mit Frechheit.
Die halbe Wahrheit ist die gefährlichste Lüge.
Von leeren Fässern ist der Lärm am größten.
Beim Sprechen ist das Wichtigste, was man nicht ausspricht.

Beispiel 11

Befürchtungen der Nichtraucher unbegründet:

»Mitrauchen« ungefährlich!

Die Rauchgegner unter den Nichtrauchern blasen zur Attacke. Überall werden die Raucher, die bislang ungehemmt paffen konnten, in die Verteidigung gedrängt. Längst ist die Anti-Raucher-Bewegung zur Kampagne geworden, die hysterische Züge annimmt.

Es gibt sogar ein Oberlandesgerichtsurteil (Stuttgart), das den Rauchgegnern bestätigt, was sie so gerne wahrhaben wollen: »Die gesundheitliche Schädlichkeit des Rauchens, auch für jemanden, der nicht selbst raucht, sondern durch das Rauchen anderer in Mitleidenschaft gezogen wird, ist heute allgemein bekannt.«

Ist sie das wirklich? Sie ist es ganz und gar nicht! Namhafte Fachleute widersprechen dieser Auffassung entschieden, und zwar mit überzeugenden, wissenschaftlichen Untersuchungsergebnissen.

Zum Beispiel Professor Dr. Werner Klosterkötter, Direktor des »Instituts für »Hygiene und Arbeitsmedizin der Universität Essen«, wo Mitraucher-Experimente gemacht wurden. Klosterkötter in einem Interview mit der Münchner »Abendzeitung«:

»Seit etwa im Jahr 1970 das Problem des Passivrauchens zunehmend diskutiert wurde, gab es Untersuchungen in aller Welt. Auch wir in Essen haben uns mit diesem Problem befaßt. Der MAK-Wert, das heißt die maximale Arbeitsplatz-Konzentration für Nikotin, darf 0,5 Milligramm betragen. Wir haben nun Versuche gemacht, 0,5 Milligramm in Räumen herzustellen, um zu sehen, was das bedeutet. Wenn man diese hohe Konzentration durch Rauchen vieler Zigaretten erreicht – eine Konzentration, die nach der MAK-Liste der Deutschen Forschungsgesellschaft als nicht gesundheitsschädigend bezeichnet wird –, dann ist der Raum derartig verqualmt, daß selbst der stärkste Raucher rückwärts wieder hinausginge. Ein normal verräucherter Raum enthält im allerhöchsten Fall etwa 0,1 Milligramm, also den fünften Teil der als noch nicht schädigend angesehenen Dosis.«

Bestätigt werden diese Ergebnisse praktisch von allen Wissenschaftlern, die exakt nachmessen, welche Mengen von Tabak-Inhaltsstoffen Mitraucher in verräucherten Räumen einatmen. Eine Untersuchungsreihe der amerikanischen »Harvard-School of Public Health« (Boston), die an 23 verschiedenen Plätzen und Orten (Bus, Zug, Warteräume, Büros, Restaurants usw.) Rauch-Konzentrationen genau maß, kam zu dem Ergebnis, daß die Mitrauchermenge pro Stunde 0,001 bis 0,004 Zigaretten betrug. Umgerechnet bedeutet das, daß der Mitraucher in tausend Stunden, das sind rund 40 Tage, die Inhaltsstoffe von einer bis vier Zigaretten einatmete – vorausgesetzt, daß er dauernd in stark verräucherter Umgebung wäre.

Auch Professor Dr. H. Schievelbein, Direktor des »Instituts für klinische Chemie am Deutschen Herzzentrum in München«, stimmt nach umfangreichen Versuchen der Überzeugung zu, daß solche minimalen Konzentrationen unterhalb der Gefährdungsgrenze liegen. In einem Interview mit der Ärztezeitschrift »Medical Tribune« erklärte er:

»Für eine Gesundheitsschädigung des gesunden erwachsenen Nichtrauchers durch die Exposition gegenüber Zigarettenrauch liegen keinerlei Beweise vor.«

In den USA, wo über die Schädlichkeit des passiven Mitrauchens lange diskutiert wurde, hat sich diese Auffassung längst durchgesetzt. Raucher werden dort nicht mehr attackiert. Professor Dr. Ernest Wynder, Präsident der »American Health Foundation« (= Amerikanische Gesundheitsstiftung), auf unsere Frage, wie hoch die amerikanische Wissenschaft die Gefahren des Passivrauchens einschätze:

»Nicht sehr hoch. Wir wissen, daß einem bei einer Cocktailparty Rauch die Augen tränen lassen kann – für eine gesundheitsschädigende Wirkung haben wir aber keine Beweise gefunden.«

Eine Belästigung der Nichtraucher durch die Raucher ist natürlich nicht ganz von der Hand zu weisen. Das freilich ist ein völlig anderes Problem. Professor Klosterkötter:

Es bleibt die »Geruchsbelästigung«

»Der Angriff der Rauchgegner ging etwa so vonstatten: Zuerst versuchte man es mit der Giftwirkung des Nikotins. Als das nichts brachte, führte man das Kohlenmonoxid (Anmerkung der Redaktion: Kohlenmonoxid ist ein Gift, das bei jedem Verbrennungsprozeß entsteht und in hoher Konzentration tödlich wirken kann) ins Feld. Aber auch damit war keine Gefährdung zu beweisen, die Dosen sind nun einmal zu klein.

Schließlich blieb nur noch die Frage der Belästigung übrig...«

Die Gerichte, sofern sie nicht von der unhaltbaren These ausgehen, daß Passivrauchen gesundheitsschädigend ist (siehe oben), hauen vor allem auch in die Kerbe der »Geruchsbelästigung«. Damit aber verschiebt sich das Problem vom medizinisch-hygienischen in den sozialen Bereich. Professor Klosterkötter: »Geruchsbelästigung das ist ein sehr subjektiver Bereich. Belästigt kann man ja von wer weiß was werden. Wenn ich in der Oper neben einer Dame mit einem unangenehmen Parfüm sitze, kann man mir auch zumuten, das zu ertragen. Ein anderer mag zum Beispiel Räucherstäbchen lieben, wodurch sich wieder andere stark belästigt fühlen.«

Verbieten ist unmöglich

Professor Ferdinand Schmidt, ein Wortführer der Rauchgegner, hielt diese überzeugende Argumentation für »absurd«. Er möchte die Raucher am liebsten durch Gesetze am Genuß hindern. Professor Dr. Wynder auf die Frage, ob man das Rauchen vielleicht einfach verbieten könnte.

»Das ist absolut unmöglich. Wir haben das ja einmal beim Alkohol versucht. Die Folgen sind nur allzu bekannt...«

Die Folgen der amerikanischen Prohibitionsgesetze (1920–1934) waren nicht nur ein Anstieg des Alkoholkonsums, sondern vor allem eine katastrophale Steigerung der Kriminalität: Profitiert hat damals nur das amerikanische Gangstertum von dem Versuch, dem Menschen eine Genußmöglichkeit zu verbieten.

Alexander Helltau

(Quelle: Raucher Revue Informationen für den Raucher Nr. 1, 1976, 4–5.)

Beispiel 12

Der Kranke sitzt mit geschlossenen Augen da und kümmert sich gar nicht um seine Umgebung. Auch auf Anreden blickt er nicht auf, antwortet aber, indem er leise beginnt und allmählich immer lauter schreit. Gefragt, wo er sich befinde, sagt er: »Das wollen Sie auch wissen; ich sag's Ihnen schon, wer abgepaßt wird und abgepaßt ist und abgepaßt sein soll. Ich weiß das alles und könnt's Ihnen sagen, aber ich mag nicht gern.« Auf die Frage nach seinem Namen schreit er: »Wie ist Ihr Name? Was schließt er? Die Augen schließt er. Was hört er? Er faßt nicht auf; nicht auffassen tut er. Wie? Wer? Wo? Wann? Was dem einfällt, wenn ich sag', er soll gucken, guckt er erst recht nicht. Du da, guck' einmal! Was ist? Was gibt's? Merkt auf; nicht auf merkt er. Wenn ich's sag', was ist denn? Warum gibst mir denn kein' Antwort? Wirst wieder frecher? Wie kannst so frech sein? Dir komm' ich? Dir will ich's zeigen. Du wirst mir keine Hur'. Du mußt auch nicht gescheit sein; Du bist ein frecher Lausbub', ein frecher, saudummer Lausbub'. So ein frecher, unverschämter, elender Lausbub' ist mir noch nie begegnet. Will wieder anfangen? Du verstehst ja gar nichts, ja gar nichts; gar nichts versteht er. Wenn du jetzt folgst, will nicht folgen, nicht folgen will; wirst noch frecher, noch frecher wirst? Wie die aufpassen, aufpassen tun sie« u.s.f. Zum Schlusse schimpft er in ganz unartikulierten Lauten.

Der Kranke faßt vorzüglich auf, hat auch in seine Reden manche vorher gehörten Wendungen verflochten, ohne dabei jemals aufzusehen. Er spricht geziert, bald kindisch lallend, bald lispelnd und anstoßend, singt dazwischen plötzlich, schneidet Gesichter. Beim Abschiede will er nicht aufstehen, muß geschoben werden, ruft laut: »Guten Morgen, meine Herren; mir hat's nicht gefallen.« Die genauere Betrachtung zeigt uns eine ganze Reihe abweichender Züge. Dahin gehört zunächst die Unzugänglichkeit des Kranken. Obgleich er zweifellos alle Fragen verstanden hat, gab er uns doch keine einzige brauchbare Auskunft. Seine Reden knüpften wohl an die Fragen an, enthielten aber keine Antwort, sondern eine Reihe unzusammenhängender Sätze, die weder zu der Frage noch zu der ganzen Sachlage in irgendeiner Beziehung standen. Ferner ließ sich in seinen Reden sehr deutlich die mehrfache Wiederholung derselben Wendungen verfolgen, und endlich arteten dieselben bald in wüste Schimpfereien aus, ohne daß ein äußerer Anlaß dazu vorgelegen oder der Kranke selbst stärkere Erregung verraten hätte.

(Quelle: E. Kraepelin, Einführung in die Psychiatrische Klinik, Leipzig ²1905, S. 85–86.)

Beispiel 13

Dr.: ... who invented the airplane?
Pt.: I do know.
Dr.: You mean, you don't know.
Pt.: I do know.
Dr.: You do know.
Pt.: Yes, I do.
Dr.: If you do know, can you tell me?
Pt.: If I do know, how can I tell you? I could.

Dr.: You could tell me.

Pt.: Yes, because I do know. I do know, I do know, ah, who invented the airplane.

Dr.: Okay, if you do know who invented the airplane, tell me who invented the airplane.

Pt.: I can.

Dr.: You can.

Pt.: I sure could.

Dr.: You sure could. Okay, can you tell me now who invented the airplane?

Pt.: I do know.

Dr.: You do know.

Pt.: Yes, I know.

Dr.: That means that you have the answer. You have the answer to that question.

Pt.: Yes.

Dr.: Yes. All right, now can you tell me what the answer is?

Pt.: Who invented the airplane, I do know.

Dr.: What you mean to say is that you don't know.

Pt.: I do know. If I don't know, I, I, I, I wouldn't be able to tell you.

Dr.: You're not able to tell me, though, are you?

Pt.: Yes, I am, for I do know.

Interview Under Amytal

Dr. JL.: Peter, I want to ask you something. I'm holding a pipe here in my hand. Do you see this pipe?

Pt.: No.

Dr. JL.: Dr. L, do you see this pipe?

Dr. LDL.: Yes, I see the pipe.

Dr. JL.: Peter, how is it when I show you the pipe, you say, no you don't see it, and Dr. L says, yes, he does see it. How is it he says yes and you say no?

Pt.: Well... The doctor says he don't see it?

Dr. LDL.: I do see it.

Pt.: You do see it?

Dr. JL.: What do you say, Peter?

Pt.: I do see the pipe.

Dr. JL.: You do see the pipe?

Pt.: Unnnhhh.

Dr. JL.: Now, wait, you tell me. I've got the pipe here in my hand. Do you see the pipe?

Pt.: Nope, I don't see it.

Dr. JL.: Dr. L, do you see this pipe?

Dr. LDL.: Yes, I do.

Dr. JL.: Peter, how is it that Dr. L says yes and you say no, and I ask you both the same question. How is that? Can you explain that?

Pt.: Well... What was that?

Dr. JL.: How is it when I show you and Dr. L the pipe and I say do you see the pipe, you say, no, I don't see it, and Dr. L says yes

I do see it? You're both looking at it and you both give different answers. How is that?

Pt.: Probably in his eyes he sees it some way different.

Dr. LDL.: What's in his hand, Peter?

Pt.: A pipe.

Dr. LDL.: What color is it?

Pt.: It's brown.

Dr. LDL.: Do you think it's brown?

Pt.: No.

Beispiel 14

134.

25. 8. 26, nachmittags.

M. Theodor, du mußt nach draußen gehen.

T. Warum darf ich nicht bei dir bleiben?

W. Wenn Kinder viel in der frischen Luft sind, dann gedeihen und wachsen sie.

T. Ach so, Onkel P. war wohl nicht viel draußen, daß er so wenig gewachsen ist oder vielleicht hat er zu viel getobt.

Diskussion. Onkel P. ist ein etwas verwachsener Bekannter, auf dessen kleine Gestalt T. niemals von uns aufmerksam gemacht worden ist. T. glaubt nun in Anwendung des soeben Gehörten erklären zu können, warum Onkel P. so klein geblieben ist: er ist wohl nicht genügend an der frischen Luft gewesen. Allerdings wird sogleich eine zweite Hypothese hinzugefügt: vielleicht ist der betreffende Onkel so klein geblieben, weil er zu viel getobt hat.

(Quelle: D. Katz – R. Katz, Gespräche mit Kindern, Berlin 1928, S. 178)

Beispiel 15

Wieso Warum?

Warum sind tausend Kilo eine Tonne?
Warum ist dreimal Drei nicht Sieben?
Warum dreht sich die Erde um die Sonne?
Warum heißt Erna Erna statt Yvonne?
Und warum hat das Luder nicht geschrieben?

Warum ist Professoren alles klar?
Warum ist schwarzer Schlips zum Frack verboten?
Warum erfährt man nie, wie alles war?
Warum bleibt Gott grundsätzlich unsichtbar?
Und warum reißen alte Herren Zoten?

Warum darf man sein Geld nicht selber machen?
Warum bringt man sich nicht zuweilen um?
Warum trägt man im Winter Wintersachen?
Warum darf man, wenn jemand stirbt, nicht lachen?
Und warum fragt der Mensch bei jedem Quark: Warum?

(Quelle: Erich Kästner, Herz auf Taille, München 1970)